U0610353

国家社会科学基金一般项目“大数据时代高智价值识别及工作嵌入反哺跟踪模型研究”(项目号为：15BGL101)

国家社科基金丛书

GUOJIA SHEKE JIJIN CONGSHU

高端人才价值识别及工作嵌入研究

Research on Value Identification and Job Embeddedness of High-end Talents

殷凤春 著

人民出版社

目　录

前　言

人才特别是高层次人才，是衡量一个组织核心竞争力的重要指标，是企业自主创新的关键。坚持人才引领发展的战略地位，把人才资源开发放在最优先位置，是当前和今后一段时间人才发展必须坚持的重要理念。

高端人才是在组织活动中能进行创造性劳动、拥有丰富的创新思维和专业素养、把握国内外市场动态及环境变化、对企业组织改革与发展作出较高贡献的高层次人才。为了更好地从事高端人才价值识别及工作嵌入反哺跟踪方面的研究，本人先后主持江苏省“333 工程”资助项目“高端引智价值识别与工作嵌入反哺跟踪研究”（项目号为：BRA2013247）、江苏省“333 工程”资助项目“大数据时代高智价值识别及嵌入行为生态耦合研究”（项目号 16SRB-453）、江苏省“六大人才高峰”资助项目“互联网 + 时代高智价值识别及工作嵌入反哺跟踪模型研究”（项目号：JY-030）、国家社会科学基金一般项目“大数据时代高智价值识别及工作嵌入反哺跟踪模型研究”（项目号为：15BGL101）、江苏省社科应用研究精品工程重点项目“‘破五唯’背景下科技人才多维测度与评价机制研究”（项目号：22SYA-08）、“江苏省社科基金重点项目”教育科技人才一体化推进江苏企业实现颠覆性创新的路径研究（23EYA001），这一系列项目为本研究奠定了人力、物力和财力基础。

全书分三大部分，共十五章内容。

第一部分为第一章至第三章，高端人才价值识别研究。对高端人才的内涵、特征、价值定位和市场价值进行学理性分析；分析了高端人才价值识别的内涵、特征、现状，从高端人才、组织、社会和政府层面分析了影响高端人才价值识别的变量因素，运用市场供求关系和边际效用理论分析了高端人才消费对价值识别的影响机理；分析了人工智能穿戴技术、机器有效学习技术、数据移植技术、多维数据描述技术、数据库营销推广技术、搜索引擎平台共享技术、社交网络平台可视技术、云媒体信息对比技术等对高端人才价值识别的影响，并对高端人才价值识别的困境和根由进行了分析；在分析高端人才价值识别的原则和要求基础上，确定了高端人才价值识别的评价要素标准：一级指标1个、二级指标5个、三级指标17个，并对其基础标准和效能标准进行了剖析。

第二部分为第四章至第十一章，高端人才工作嵌入研究部分。分析了高端人才工作嵌入的内涵、嵌入过程及其对组织的影响和贡献率；分析了高端人才工作嵌入行为理论，提出高端人才工作嵌入存在能力和态度催生组织智力资本的规律、组织支持影响工作投资规律、自我效能感与组织承诺正相关规律、个性化差异影响工作嵌入程度感知规律、组织归属感强化组织依赖性规律、要素驱动向创新驱动转变的规律、个体嵌入行为向云组织嵌入行为转变的规律、个体价值创造向云价值创造转变的规律、个体信息专享向云组织信息快速迭代转变的规律、个体有限归属向云生态归属认同转变的规律；对高端人才工作嵌入过程、特征、影响机理和应对策略进行了剖析；分析了高端人才工作嵌入的满意度和信任度的内涵、特征和影响因素，并构建了满意度和信任度模型；对高端人才工作嵌入评价与激励机制存在的问题、原因进行了分析，并对评价和激励机制进行了优化；从产业结构升级化、信息技术快捷化、技能溢价显性化、投入产出差异化、非线性定价角度分析了高端人才工作嵌入过程中收入分配的影响因素，提出要注意价值空间聚集马太效应、潜能和收入分配U型关系效应、产业升级对高端人才工作嵌入收入水平的正负向效应、劳动报酬偏离劳动贡献效应、劳动收入补偿效应、相对收入溢出效应等；分析了高端人才工作嵌入网络经济模型的内涵、特征和嵌入程度，构建了高端人才工作嵌入网络降价摩尔模型、网络倍增梅特卡夫模型、马太正反馈模型、网络经济内生模型、网络经济报酬递增模型、网络经济路径依赖模型；分析提出高端人才工作嵌入程度与价值波动强度存在正相关性，从工作嵌入联结、匹配、牺牲层面识别价值波动的稳健态、增强态、熵值态、扩展态和谐展态；分析了高端人才工作嵌入的生态思想、生态角色、生态链，构建了高端人才工作嵌入非对称生态耦合机制。

第三部分为第十二章至第十五章，工作嵌入反哺价值识别研究部分。分析了高端人才工作嵌入反哺价值识别存在的问题，从情感承诺、工作满意、价值认可、自我特征等维度，分析建构起价值识别数据跟踪、价值贡献率动态数据评价、反哺价值控制数据模型、反哺价值评估技术数据分析等高端人才工作嵌入反哺价值识别的方法；构建了高端人才工作嵌入反哺价值识别的正、负回馈模型，提出加强智能数据共享打通价值识别反哺通道、加强工作嵌入数据源建设精准对接价值识别、多维数据描述工作嵌入有效回馈价值识别、利用穿戴技术实时监控工作嵌入有效捕捉高端人才价值识别因素、以价值最大化为目标促进价值提升、以完善的工作嵌入为前提建立价值增值机制、以客户为中心促动工作嵌入和高端人才价值提升；分析了高端人才价值识别与工作嵌入互馈信息系统构建的理论基础、技术基础和实践基础，构建了智能化信息管理系统、数据库辅助决策系统、互馈人脸识别数据处理系统、互馈智能云盘处理系统、互馈物联网虚拟系统的概念模型；从功能、空间布局和发展趋势三个角度构建了高端人才工作嵌入反哺价值识别的大数据跟踪服务平台；分析了面向工作嵌入的人才价值实现评测机器人的开发技术、技术设计路线、实施方案，设计了评测机器人硬件端识别流程和评测大数据分析数据中心。

第一章　高端人才的内涵、价值定位及其市场分析

发展是第一要务、创新是第一动力、人才是第一资源[①]。人才兴则国家兴，人才强则国家强。人才特别是高端人才是社会主义现代化建设的重要组成部分和关键支撑。数字技术是未来识别高端人才价值的有效手段，高端人才工作嵌入的程度与价值的识别呈现正相关。

本章分析了高端人才的内涵、特征；从自我价值、社会价值和价值实现的条件与途径分析了高端人才的价值；从优势、劣势、机遇和威胁四个方面对高端人才的价值进行了基于内外部竞争环境和竞争条件的（SWOT）市场分析。

一、高端人才的内涵

人才是指具有一定的专业知识或专门技能，在社会主义物质文明、精神文明、政治文明、社会文明和生态文明建设过程中，进行创造性劳动并对社会作出价值贡献的人，是人力资源中能力和素质较高的劳动者。

高端人才是指能进行创造性劳动、拥有丰富的知识素养和高级技能、

① 参见习近平：《深入实施新时代人才强国战略　加快建设世界重要人才中心和创新高地》，《求是》2021 年第 24 期。

有效把握市场动态及生产环境变化、对组织或社会作出较高价值贡献的高素质劳动者。高端人才从事生产或创造性劳动的知识储备比较深厚，能将知识融会贯通并有效转化为现实生产力，对其所从事的岗位认知、工作环境、行业竞争态势都有较清晰的认知，耐挫抗压能力强、团队协调能力好、创新思维比较活跃，是组织或社会高质量发展短缺且急需的人才。

（一）自我管理能力强

高端人才能够按照组织或社会发展确定的战略目标，有意识、有目的地对自己的思想、行为和心态进行控制、调整和转化，能够运用所学的专业知识对自身进行分析、反思和提升，从而达到有效管理的目的。比如对权属范围内的人、财、物等资源进行有效配置，对工作、学习和生活环境进行和谐管理，及时化解可能出现的危机和潜在威胁等。高端人才在职业生涯发展过程中，善于在危机中育先机、于变局中开新局，善于变挫折为机遇，善于创造条件实现其社会价值。

（二）多维协同能力好

高端人才在组织内上、下、左、右 360 维度人际关系协调过程中能力强，对组织战略目标认同度高①。高端人才制定好工作计划并履行监督职能，参与制定组织的各项规章制度，协调处理好团队成员与各协同部门间的关系，能认同并保证生产经营活动正常有序运行。高端人才善于激励鼓舞团队成员士气，积极塑造向上的企业文化，用独特的人格魅力和亲和力感染影响团队员工，不断增强团队和组织的凝聚力和向心力。高端人才作为组织内利益相关者的主体，从根本上已适应数字时代的变化以及不确定性环境的要求。

---

① 参见陈传明：《管理学》，高等教育出版社 2019 年版，第 23 页。

（三）高效的决策执行能力

数字时代，高端人才能力和素质在不断提升，敏锐的市场洞察力和捕捉商机的能力及自我修正和自适应能力在不断增强①；能够识别和理解关键问题和有效把握机遇，能够理性分析并作出科学决策；通常高端人才的快速判断、快速反应、快速行动和快速修正的能力都比较强，决策目标明确、执行的手段和方式可行和可控，执行能力强，能带领团队高效完成组织的设定目标，并能很快投入下一个新的任务目标中。

（四）前瞻的创新思维能力

高端人才创新思维缜密，能用可持续发展的思维看待事物未来的趋势和可能性，懂得随机应变，对新生事物和可能发生的新变化充满好奇心理，能够准确把握、分析市场环境的变化，整合各种可利用资源，为组织提供具有建设性和创造性的建议，并结合实际很好地运用到日常生产、生活和学习之中。高端人才能够审时度势，及时调整生产、经营策略以适应市场需求，并在不断地学习中弥补自身的不足。

二、高端人才的特征

在人才成长的不同时期，人才所体现出的特征是不同的。据社会学家分析，高端人才在新时代所享受的待遇和地位，通常是异于常人的。市场在资源配置中起决定性作用，高端人才作为稀缺资源，组织会不惜一切聘请高端人才，也会更加注重培养和留住高端人才。数字时代，高端人才呈

① 参见辛晔、王琛：《后疫情时代高端人才汇聚的流变、成因与建议——基于个体化理论的分析》，《南京工程学院学报》2021 年第 3 期。

现出高匹配、高技术、高创新、高价值等特征[①]，自身的综合素质也越来越高，融入管理团队越来越强，一般呈现以下几个特点：

（一）数字管理力强

数字管理力是高端人才利用计算机、通信、网络等技术，运用数据分析技术实现决策、计划、组织、领导、控制和创新等职能的管理活动和方法的能力。数字时代，高端人才要善于通过数字说话、以数据为依据、借助数据事实进行科学决策，运用数字分析工具实现工作量和质的提升。在组织内，高端人才在不同的岗位上对库存数据、财务数据、销售数据、流程数据、品质数据、研发数据等数据进行分析研判，对工作内容、信息情报、知识管理、智能管理、创新管理进行数据管理，实现管理要素数字化、管理模块数据化。

数字时代，高端人才的信息迭代速度更快、工作内容更加充实和工作模式更加自主。从时空性来看，高端人才空间维度上虚拟化程度越来越高，时间维度上更加自由和片断化；从真实性来看，高端人才更关注创新性和挑战性项目和成果；从独立性来看，高端人才独立性更强，与外部真实世界交互能力强，与虚拟世界融入性和对话性更坦然；从连接性来看，高端人才善于将自己与网络、硬件终端和用户整合起来形成一个永续的、广覆盖的虚拟现实系统。数字时代，高端人才的信息素养（Information literacy）在外部知识转化为创新绩效和创新能力的进程中起着关键作用[②]。高端人才的信息素养能够更好地运用知识转化所产生的内部效应，实现产品或技术上的改进，能促进员工对新知识的吸收和利用，激发更高效的创造性，这不仅有助于组织内部资源的效益最大化，而且能够催生技

① 参见萧鸣政、应验、张满：《人才高地建设的标准与路径——基于概念、特征、结构与要素的分析》，《中国行政管理》2022 年第 5 期。

② 参见殷丽梅：《知识型员工信息素养、知识共享对创造力的影响研究》，西南大学硕士学位论文，2018 年。

术上的突破性创新[①]。高端人才具备的数据挖掘能力，对市场的深度和广度理解透彻，在时间与空间上对真实世界和虚拟世界定位准确，在有形无形的竞争中，占领数据场域制高点，快速传递信息，准确利用信息，实现信息迭代增殖。

（二）创新思维力好

“一个民族要想站在科学的最高峰，就一刻也不能没有理论思维。”[②]创新思维力是因时制宜、知难而进、开拓创新的科学思维能力。数字时代，高端人才应具备将理论转化为现实生产力的能力，更要有敢于创新、敢于推陈出新的能力和勇气。创新思维是基于多元化知识的融合、发展、突破、提升再创新的过程。“问题导向→关联强度→知识融通→创新能力→创新成果→业绩评价”是提升高端人才创新思维力的关键路径。[③]高端人才创新思维力的形成过程实际上就是思维活动的不断求新求变求异的过程，表现为创造性地提出问题、分析问题和解决问题，具备探索、求新、求异的能力和思维素养，拥有创新意识、创新能力，推动组织核心竞争力提升。

（三）学习整合力快

学习整合力是对传统知识、专业知识和业务知识等方面的知识综合运用的能力。高端人才的学习整合力是把知识资源转化为人力资本的能力，包含学习数量、质量、流量和增量等。学习数量即学习内容的宽广程度和开放程度；学习质量即学习效率、学习品质和学习成果及产出；学习流量即学习的速度及吸纳和扩充信息流的能力；知识增量即学习成果的创新程

---

① 参见《马克思恩格斯选集》第3卷，人民出版社1995年版，第467页。

② 《马克思恩格斯选集》第3卷，人民出版社2012年版，第875页。

③ 参见刘和东、徐亚萍：《联盟网络提升企业创新能力的统计验证》，《统计与决策》2020年第1期。

度以及把知识转化为资本价值的实现程度。学习动困、学习资本、惯习表征影响着学习力的形成与发展①。

学习整合力的本质是核心竞争力。高端人才通过建立愿景、团队学习、改变心智、自我超越、系统思考等途径提高自身的学习整合力。高的学习整合力主要体现在：高的自觉性，即自觉、主动地去学习，而不是被动压迫式学习；高的能动性，即富有创造性地对知识进行原始创新、集成创新和吸收运用再创新，充分发挥主观能动性，主动思考、主动作为、主动推陈出新、吐故纳新、融会贯通。

（四）抗击挫折力强

抗挫折力是个体在遭受困难和挫折时，所表现出的耐压能力、心理承受力和行为的稳定能力。数字时代，风险和挑战更多，高端人才面临的困难和压力更大。高端人才拥有强的风险与危机意识是在市场竞争中立于不败地位的秘诀，常怀忧患意识、居安思危才能时刻提醒，不因环境的安逸而放松对自己的严格要求。高端人才对风险有足够的敏感度，能够时刻保持足够的警惕和居安思危的心态，正确认识和分析挫折、随时保持理智和乐观心态，不断在总结中求生存、在反思中求突破、在发展中求超越。

三、高端人才的价值定位

高端人才的价值包括社会价值和自我价值两个方面。高端人才的社会价值是其所发挥的作用对社会需要的满足程度及其对社会进步作出的贡献程度。高端人才的自我价值是其存在的现实价值和个体自我满足的程度，

① 陈武林、张伟诗：《场域理论视域中创新创业学习力的影响机理及提升策略——基于11位大学生深度访谈的质性分析》，《教育发展研究》2023年第7期。

也是社会对其的尊重和认可的程度。在高端人才的价值定位中，自我价值和社会价值都很重要。

（一）高端人才的自我价值

1. 知识储备雄厚和工作动力强劲

高端人才知识储备一般比较好，基础知识、专业知识和社会知识呈现系统性和科学性。基础知识相对扎实、专业知识相对精深、社会知识相对丰富。高端人才对自己的知识储备一般有较清晰的判断，能够有效研判职业选择和岗位匹配性。工作动力源于对自我的认知、自我肯定和对工作的满意程度。高端人才表现出的工作能力、人际交往能力、语言表达能力以及数字信息处理能力比普通人才要具有显著优势。不同的职业、不同的岗位和不同的工作要求，对人才特别高端人才的要求也是不一样的，但高端人才源于内在的工作动力能比普通人才创造出更多更优质的工作成果和业绩，从而在组织不断认可的过程中实现自我价值的超越。

2. 创新能力超群和心理素质稳定

高端人才拥有着超群的创新能力、熟练运用数字技术、捕捉整合敏感信息和稳定的心理品质等突出优势。数字时代，高端人才对自己所学专业的特点、特色及其变化趋势、发展前景和社会对其的需求程度等都应准确认识到位，在向组织展示自身专业素养时能准确定位自身价值，及时满足组织需求。在凸显专业特色的同时更要体现自身独特的创新能力和创新价值，真正让组织感受其能为组织创新发展带来的价值增值所在。当然，高端人才稳定的心理素质也是组织十分看好的重要素养，稳定的心理素质是应对复杂环境和风险挑战的必备要素。

（二）高端人才的社会价值

1. 高端人才的市场价值

高端人才的市场价值是指其将自身的潜在价值通过生产、分配、交换等环节后，对市场或社会产生的影响力、示范性和带动力。高端人才的市场价值体现为物质价值、精神文化价值、制度规范价值、自然环境价值，从个体价值向市场价值转换过程中体现出的价值，是高端人才个体价值产生到价值分配、交换再到市场价值实现的过程。高端人才是经济高质量发展的主力军，是产业数字化和数字产业化的有生力量，是推进数字技术创新的引领性力量。高端人才积极发挥市场价值，能为组织优化和社会进步作出应有的贡献。

2. 高端人才的经济价值

高端人才是将前沿理论有效转化为现实生产力的实践者和开拓者，是经济发展的核心力量，是促进经济快速增长的关键要素。数字时代，高端人才的创新能力对经济社会发展起着主导性作用。高端人才在科技前沿和产业高端，为组织和社会带来高价值的回报。高端人才的个体价值是实现其经济价值的现实基础，高端人才的经济价值是其自身经济行为在服务市场或组织过程中呈现的获利水平和经济衡量。

（三）高端人才的价值实现

价值是凝集在商品中的一般的无差别的人类劳动。高端人才的价值实现就是其自身在劳动价值创造的过程中，通过社会交换实现其社会价值的过程与价值体现。高端人才的价值实现，对组织和社会发展起着至关重要的作用。

1. 高端人才价值实现的含义

高端人才的价值实现是指通过一系列创造性的活动和成果来满足社会和他人发展的需要，将自身的良好内在素质通过社会实践活动转化为社会财富，同时将自我价值和社会价值不断充分实现的过程。

2. 高端人才价值实现的条件

高端人才价值的实现受到主客观条件的影响和制约。高端人才价值实现的主观条件主要包括两个方面：一方面是存在于个体内部，个人所拥有的知识、技能、能力和经验等；另一方面是个人主观能动性的发挥程度，包括对组织或社会需要的认知、个体创新潜能开发的程度、创新愿望的强度等要素。这些要素在高端人才价值实现的过程中发挥着十分重要的作用，也充分体现了高端人才与普通人才在内在素质优越性和劳动成果创造性方面的显著差异。

高端人才价值实现的客观条件包括制度因素、机制因素、法律因素、文化因素等。这些客观条件中最关键的是机制因素，如竞争机制、价格机制等。市场竞争机制能够激发高端人才不断开发自身潜力，还可以驱使自身不断提高知识、能力和经验，提高自己的使用价值。价格机制可以在一定程度上保证高端人才价值实现的公平、公正，使其在激烈的市场竞争环境中能够充分展现自身价值。高端人才在重视自身价值实现的内在个人因素的同时更要关注价值实现的外在因素，在充分合理使用内外部条件的基础上充分实现其价值。

3. 高端人才价值实现的途径

接受高层次的教育和参与高质量的社会劳动活动是高端人才价值实现的主要途径。高端人才满足组织和社会的需要是在社会劳动实践中进行的，通过接受高层次的教育来获得先进的科学文化知识、形成优秀的思想品质和具备超于普通人才的能力、经验等方面的优势，以自身的特性和功能通过创造性的劳动满足组织和社会的需要，从而真正做到价值实现。

高端人才通过更新、调整和提升自身原有的能力和潜能，使个体价值实现增值，是高端人才提高素质、发挥更大作用的有效途径。数字时代，高端人才应该借助数字平台不断通过努力，及时发展和更新自己的综合素质，在学习中获取新知、实践中增长才干、在平台中展现能力，从而不断挑战自我实现价值增值，努力成为“复合型”人才。

高端人才价值有形化就是将价值进一步转化为看得见、摸得着的有形成果的过程。高端人才价值的实现过程实质上就是将其价值由“潜”到“显”的过程，是价值的自我彰显和更大社会价值实现的过程。通过促进高端人才价值有形化，呈现其社会劳动创造的物质成果，从而推动高端人才的价值实现。

四、高端人才的市场价值 SWOT 分析

	优势（Strengths）	劣势（Weaknesses）
内部因素	**可控并可利用的内在积极因素** 1. 高端人才技术含量高 2. 高端人才创新能力强 3. 高端人才服务理念新	**可控并努力改善的内在消极因素** 1. 高端人才团队协作水平不高 2. 高端人才与岗位匹配度较低 3. 高端人才培训周期长成本高
	机会（Opportunities）	威胁（Threats）
外部因素	**不可控但可利用的外在积极因素** 1. 高端人才资源稀缺 2. 数字时代呈现新机遇 3. 产业升级换代速度加快	**不可控但可以使其弱化的外部消极因素** 1. 市场变动快人才适应不确定性 2. 市场对高端人才需求不确定性 3. 政府人才政策支持的不确定性

表 1–1　高端人才的市场价值 SWOT 分析

（一）高端人才市场优势分析

1. 高端人才技术含量高

高新技术产业已成为我国经济持续增长的主动力，而其创新性、不确定性、外部性等特征决定了产业政策在其发展中扮演着重要角色①。高端人才技术创新能力和水平与高新技术企业创新绩效呈现正向相关性②。高端人才相对于传统人才需要更高的技术含量，他们不但需要熟知新兴产业所含的技术含量，自身提供的服务也需具有较高的技术含量。高端人才所

① 参见华斌、康月、范林昊：《中国高新技术产业政策层级性特征与演化研究——基于1991—2020 年 6043 份政策文本的分析》，《科学学与科学技术管理》2022 年第 1 期。

② 参见薛佳慧、彭华涛：《创新投入、国际人才流动与国际创业——基于国家级高新技术产业开发区的实证研究》，《中国科技论坛》2022 年第 2 期。

直接面对的高新技术产业与提供的高品质服务，必然是需具有较高的高新技术与强的专业知识。因此，如果高端人才自身所拥有的技术含量与其接触的产品和服务相匹配，且具有较高技术含量，其在提供相关服务时，就能给高新技术企业带来更好的价值回报。

2. 高端人才创新能力强

数字时代，高新技术产业不仅是各国竞争的焦点，同时也是传统产业在第四次工业革命、产业融合的操刀者、装备者，担负着一个国家在第四次工业革命的历史使命。① 通过与传统产业进行对比，最突出的差别就是一个是针对普通市场，一个针对高端市场。针对高端市场的方法就是提高产品科技含量，提升高端人才对高新技术产品所蕴含科技的深度了解和新技术应用。高新技术依托于新兴技术的不断创新和发展，高新技术企业在同行业中必定拥有最强的科学技术创新能力，能够更加快速地获得富有技术含量的新型服务。高新技术企业竞争力随着高端人才技术创新能力的提高而不断优化升级。高端人才对于高新技术引领力越强，那么其自身价值目标的实现就越明确，价值实现率就越高。

3. 高端人才服务理念新

高新技术产业的发展态势已成为判断这个国家国际竞争力水平的标志。② 高新技术产业的快速发展在促进经济增长和技术进步中发挥着重要作用。高端人才通过知识的创造、累积和溢出效应所带来的集群效用，已经超过了传统意义上通过要素投入和供应链优化配置所带来的优势，高端人才知识服务高新技术企业的溢出价值，通过提高人力资本生产率促进创造价值递增，对经济社会发展产生出很大的促进作用。③ 高端人才服务理

① 参见康学芹、廉雅娟：《中美高新技术产业竞争力比较与中国的战略选择》，《河北经贸大学学报》2020 年第 1 期。

② 参见刘长江、张小丽：《科技创新驱动高端服务业集聚效应研究》，《科学管理研究》2014 年第 4 期。

③ 参见史欢、李洪波：《中国高新技术产业集群知识外部性效应分析》，《技术经济》2022 年第 1 期。

念的更新，选择更高端产业和新兴产业进行服务，如计算机与通信技术、电子技术、生命科学技术、计算机集成制造技术、航天航空技术、生物技术等行业或产业，催生高新技术产业良性快速发展，而高新技术产业的发展又会正向影响高端人才提升自身的素质和服务水平。

（二）高端人才市场劣势分析

1. 高端人才团队协作水平不高

数字时代，劳动的复杂程度在不断增加，单个的个体越来越不能胜任日益复杂的社会劳动，复杂劳动对团队协同作战的要求越来越高。高端人才在竞争的市场环境中独自转化为市场价值和社会价值的能力相对偏弱，单兵独斗自身的作用常常难以有效发挥，对组织和社会发展的推动作用不够显著。而且，由于我国高端人才在不同区域上的高度集聚呈现不均衡态势①，组织内高端人才流出加快导致很多高新技术产业发展速度放缓，新流进高端人才常常因水土不服导致团队凝聚力不强，高端人才的作用难以有效发挥。

2. 高端人才与岗位匹配度较低

高新技术企业的资产是无形的，具有极高流动性的，包括知识、技能以及品牌美誉度等。② 高端人才人力资本的前期教育投入，对行业全要素生产率的影响取决于高端人才带来的产出增长与投入增长的对比。在技术创新效率处于良性状态时，高端人才研发投入对于全要素生产率会有促进作用，但当高端人才技术创新效率偏低时，高端人才研发投入就可能产生制约作用。③ 数字时代，高新技术产业对人才特别是高端人才的研

① 参见孙畅、唐菁：《中国高端服务业的分布动态、区域差异及空间收敛特征》，《统计与决策》2022 年第 10 期。

② 参见麦启安：《发展高端服务业势在必行》，《国际人才交流》2014 年第 2 期。

③ 参见陈抗、战炤磊：《规模经济、集聚效应与高新技术产业全要素生产率变化》，《现代经济探讨》2019 年第 12 期。

发能力和产出效能期望特别高，但高端人才在选择就业岗位时，一般很难做到专业与岗位之间完全匹配。高端人才人岗不匹配，就需要有新的学习期、磨合期和创新期，这在一定程度上影响着高端产业的整体发展速度。

3. 高端人才培训周期长成本高

科技创新是高新技术产业升级换代的重要前提条件，高端人才自身也需要不断适应数字时代日新月异的变化。目前我国熟练掌握并能有效运用数字技术的人才相对于其他发达国家数量还是不足的，在生产过程中有些核心技术还需要向国外学习，很多核心技术西方国家还对我国进行垄断，这就大大增加了高新技术产业的生产和支出成本。加快对高端人才数字能力和数字思维方面的培训，一方面需要更多的高新技术软硬件设施，这就需要加大这方面的投入，而这种投入和产出在短期内成效不明显，很多企业家不愿意在这方面投入过多；另一方面培养高端人才目前没有一个比较健全的过程性评价指标体系，对高端人才专业知识、实战经验以及科技创新能力的培养和提升也不是短时间就能够完全实现的，这势必会延长高端人才的产出周期，使用成本自然就会增高。

（三）高端人才市场机会分析

1. 高端人才资源稀缺

市场竞争推动的产业重组不仅推动了企业层面的技术创新和全要素生产率的增长，而且更大程度地推动了高端人才创新效能的提高和高新技术企业创新和全要素生产率的增长。① 数字时代，产业结构在不断调整优化和升级。企业向高新技术方向发展，对高端人才的需求比以往任何时候都显得急迫得多。随着对高端人才创新能力要求的上升，市场对高端人才的

① 参见李平、简泽、江飞涛、李晓萍：《中国经济新常态下全要素生产率支撑型模式转变》，《数量经济技术经济研究》2019 年第 12 期。

渴求度也逐级递增，高新技术领域的高端人才更显得稀缺，争夺高端人才的战争更是显得白热化。

2. 数字时代呈现新机遇

新经济条件下，经济增长方式从高速增长变为中高速增长，经济结构由原先的粗放式经济向集约型转变。工业化后期，第三产业不断扩大成为国民经济的主导产业，创新驱动成为主要发展动力①。数字时代，我国高新技术企业将面临新机遇，高端人才也面临更多机会和选择。大多数企业为了推陈出新自己的高新技术产品，会引进或者培养一批富有高技术含量的人才。这些人才拥有的新思想、新理念和新方法能影响更多的人才，通过研发、生产和销售等诸多环节影响市场或消费者，从而推动企业快速扩占市场，树立产品的品牌地位。

3. 产业升级换代速度加快

产业升级是以技术升级、产品升级、管理升级和市场升级为手段，从“量”和“质”上实现产业内及产业间资源配置合理化和产品优质化的过程。数字时代，以“量”为基础，网络化、数字化与智能化成为产业升级“质”变的新特征和新路径。② 产业升级换代的关键是技术进步，在引进先进技术的基础上消化吸收，并加以研究、改进和创新，建立属于自己的技术体系。产业升级换代，必须依赖于市场起决定性作用和政府科学有效指导，以及资金、政策的支持，需要把产业转型升级与高端人才培训、创业、就业结合起来。产业升级就是使产品附加值提高的生产要素改进、结构改变、生产效率与产品质量提高、产业链升级。产业升级换代势必对高端人才的需求和综合创新能力提出更高的要求。

① 参见张爱英、张明：《第三产业份额提高的产业结构变迁是否促进经济增长》，《江西师范大学学报》（哲学社会科学版）2023 年第 2 期。

② 参见张梦霞、郭希璇、李雨花：《海外高端消费回流对中国数字化和智能化产业升级的作用机制研究》，《世界经济研究》2020 年第 1 期。

（四）高端人才市场威胁分析

1. 市场变动快人才适应不确定性

经济的高速发展在很大程度上得益于对要素和技术比较优势的利用以及市场在资源配置过程中的作用发挥。当经济进入中高速发展阶段，比较优势将越发凸显，资源约束和劳动力成本优势丧失问题将更加突出①。市场需求主导着高端人才培养的方向和类型，缺乏政府调控，市场变动方向无法准确预测和有效防范。

2. 市场对高端人才需求不确定性

市场在资源配置中起着决定性作用，市场引导有利于实现高端人才资源配置的效益最大化和效率最优化②。新兴技术产业发展势头迅猛，对于高端人才的需求量会在短时间内增加，但产业的发展是一个长期积累和发展的过程，有其内在的规律性。一些传统产业升级转型为高新技术产业的企业，对高端人才的市场需求并不是预想的在短时间内会呈现爆发式增加；一些新兴的高新技术产业短时间内的爆发式增长，但很快将会进入平稳期，对人才的需求将呈现直线下降趋势。市场的瞬息变化对行业和产业人才的需求会产生很多不确定性因素。

3. 政府人才政策支持不确定性

很长一段时间以来，政府常常处于“主动”引领市场的地位，并将自身的角色赋予更多宽泛的角色，甚至会通过国有企业、政府性基金等诸多形式主动参与市场竞争性领域③。新型社会治理模式，呈现出以政府和市场的动态平衡为基本特征的组织模式。随着改革的不断深入，“充分发挥

① 参见彭文平、揭阳扬：《比较优势推动产业结构升级中政府与市场的作用——基于新结构经济学视角的研究》，《上海经济研究》2019 年第 10 期。

② 参见乐云、李永奎、胡毅、何清华：《“政府—市场”二元作用下我国重大工程组织模式及基本演进规律》，《管理世界》2019 年第 4 期。

③ 参见杨灿明：《关于政府与市场关系的再思考》，《中南财经政法大学学报》2019 年第 11 期。

市场在资源配置中的决定性作用”和“更好发挥政府作用”将成为经济高质量发展的基本方向。[1] 市场在资源配置中起决定性作用将影响着高新技术企业发展的方向，当市场发生变动而引起企业发展不顺畅时，政府将主动协调市场与高新技术企业之间的关系，采取政策手段，自觉依据和运用价格杠杆的调节作用，对产业结构进行宏观调控；可以通过法律手段，依靠法制力量，运用经济法规来调节产业经济关系和产业经济活动，从而达到宏观调控的目的。

① 参见习近平：《高举中国特色社会主义伟大旗帜　为全面建设社会主义现代化国家而团结奋斗——在中国共产党第二十次全国代表大会上的报告》，《党建》2022 年第 11 期。

第二章　高端人才价值识别的内涵、特征及影响因素

数字时代，数字技术的快速发展为高端人才价值识别带来了全新机遇与挑战。本章从对象可视、载体融合、过程智能这三个方面介绍了高端人才价值识别的内涵，分析了信息融合化、数据多元化、高端人才流动性、价值稀缺性这四个高端人才价值识别的特征，从人才层面、组织层面、社会层面、政府层面分析了影响高端人才价值识别的一些变量，从囚徒困境、虚拟困境、英雄困境、技术困境和变数困境五个方面分析了高端人才价值识别所面临的困境，并从人工智能穿戴技术、机器有效学习技术、多维数据描述技术、数据移植技术、高端人才数据库营销推广技术、搜索引擎平台共享技术、社交网络平台可视技术、云媒体信息对比技术这八个方面分析了高端人才价值识别的技术因素，提出利用智人合一、建构智能识别数据、数媒结合和强化终端伦理传输的技术等提升高端人才价值的识别。

一、高端人才价值识别的内涵、特征及现状

（一）高端人才价值识别的内涵

高端人才价值识别即对高端人才在组织中与各类物质资本或非物质

资本结合时所创造的物质价值及精神价值总和的识别，具体表现在三个方面：一是对高端人才自身价值进行有效识别；二是对组织的核心岗位进行识别；三是对高端人才组织、社会价值创造贡献率进行识别。对高端人才价值识别的实践意义在于对高端人才自身价值进行有效识别，使得人岗匹配更加科学合理化，从而让高端人才为组织社会创造更多的价值。

1. 高端人才价值识别对象可视

可视化是一种将科学计算问题以可见图表、动画等方式呈现的技术手段，可视化可分为数据可视化、科学计算可视化、信息可视化以及知识可视化。① 高端人才价值识别对象可视具体表现为通过科学计算可视化，将工作过程中的抽象的、碎片化的工作行为信息通过虚拟现实技术直观地呈现；通过数据可视化，将高端人才工作过程中形成的各类数据可视化表达，以进行人机交互处理；通过信息可视化，能够对海量的高端人才价值实现信息进行数据挖掘，从而发现这些数据之间的相互关联；通过知识可视化，能够将高端人才的知识素养进行可视化传播，从而实现高端人才知识创新。

2. 高端人才价值识别载体融合

载体融合是指在高端人才价值识别过程中，将海量的信息数据的传播媒介融合起来。平台载体的融合，包括高端人才数据库平台、搜索引擎平台、社交网络平台、云媒体信息平台等的融合，建构云平台，形成数据元宇宙。识别高端人才的价值，需要将上述平台载体综合运用、相互融合。高端人才价值识别的载体融合，能够最大限度打破时间空间的限制，做到高效、快速、科学对高端人才价值进行识别，从而实现人岗匹配，降低高端人才离职率。

---

① 参见李林国、查君琪、赵超、叶文、李淑敬：《基于 Hadoop 平台的大数据可视化分析实现与应用》，《西安文理学院学报》（自然科学版）2022 年第 3 期。

3. 高端人才价值识别智能控制

智能控制即识别高端人才价值的过程是智能化控制的，就是在高端人才生产、存储、处理、交换或使用智能数据的过程中拥用电子工具、智能系统、智能设备和资源等的控制能力。① 这需要运用到人工智能穿戴技术、机器有效学习技术、多维数据描述技术、数据移植技术等相关技术。将智能化与高端人才价值识别有机融合，运用搜索引擎平台的智能搜索，精准、快速地对高端人才信息进行搜索服务，有效弥补传统的高端人才价值识别方法具有局部性、片面性、覆盖率低的缺陷。

（二）数字时代高端人才价值识别的特征

1. 数据融合化

数字时代，个人相关的信息在社交网络的语言、交往模式、行为特征等信息早已不再是秘密；高端人才数据库涵盖了不同行业、不同地区的人才信息；在搜索引擎平台，例如百度或者智联招聘等，可以搜索到各行各业的求职信息。在高端人才价值识别的过程中，要综合各个渠道的数字信息，将不同的数字信息融合起来，通过人工智能、模式识别或者专家系统等各种方式对高端人才价值进行精准识别。数据融合成熟化是指将各种不同类型的技术相互融合使用于某一领域的方法越来越成熟。利用数字融合技术，建构数据查询平台，对高端人才价值识别提供高效的数据查询服务，利用数据分析技术从数据库中提取有效信息，进行数据整合和数据对比来识别高端人才价值。

2. 数据多元化

数字时代，数据呈现井喷式的增长，高端人才数据呈现出五大特征，即高端人才数据是大量的、高速增长、类型多样、极具价值并且真实可靠

① 参见胡尹燕：《智能化转型对劳动力市场的影响》，《中国社会科学报》2022 年 6 月 16 日第 1 版。

的。这些数据可能是高端人才的工作经历、薪酬待遇、学历水平等，也可能是高端人才的血型、星座、兴趣爱好等，通过对这些非结构性的数据、半结构化的数据，还有高端人才与社交网络媒体的交互信息等多元化的数据进行分析，找出其中的相关性，对于高端人才价值识别无疑是一种很好的创新性方法。

3. 价值稀缺性

价值稀缺性是指高端人才由于数量偏少、培养周期长、投入成本大等因素导致高端人才成为稀缺性资源。高端人才在组织、社会经济的创新中发挥着主导作用，能够带领产品创新以及产业升级，在组织中具有相对核心地位。高端人才在某些领域的高端性以及其工作的不可替代性，成为各类组织竞相争夺的对象，这就加剧了高端人才的稀缺。数字时代，高端人才往往不是具有某一方面单一知识、技能或能力的单一型人才，而是能够兼具多种知识与技能的多功能复合型人才，这样的复合型人才也显得更为稀缺，其使用价值更大。高端人才并非一朝一夕培养而成，其成长难度大、培养周期长、投入成本高。例如，组织为了留住高端人才，往往会给予较高的薪酬，还会提供高额的人才引进费，以及数量充足的科研经费，并且配备优质的硬件设施及环境，这就大大加剧了高端人才的投入成本，也增加了高端人才价值的稀缺性。

4. 人才流动性

数字经济作为一类新型经济形态，技术密集度高、技术更迭快，其开发与应用都需要人才的推动。然而，不同于技术具有先天的“外溢”特性，人才流动则存在着诸多障碍，包括城市经济、就业、生活、房价等。[①] 人才流动性是指高端人才职业及工作岗位的变动性。具体而言，包括高端人才在不同的地区之间、不同的行业之间、不同的职业之间以及不同岗位之

① 参见余博、潘爱民：《数字经济、人才流动与长三角地区高质量发展》，《自然资源学报》2022 年第 6 期。

间的变动及转换。[①] 高端人才的流动性分为两种：一种是高端人才以各种形式在社会范围内的流动；另一种则是高端人才在组织内部的岗位调换及职位变更。高端人才处于人才结构的上层，更加剧了流动的不稳定性。数字时代，各种经济竞争归根结底是人才的竞争，尤其是高端人才之间的竞争。高端人才是国内外以及各个地区所争夺的对象，一旦对高端人才的管理及使用不当，很容易造成高端人才的高流动性，不管是高端人才的外部流动还是内部流动，对于组织自身而言，都可能会在一定程度上造成高端人才的流失（如图 2–1 所示）。作为驱动创新的第一资源，高端人才在区域内部的自由流动和共享是促进区域人才一体化发展、建设区域创新共同体的重要条件[②]。人才的高流动性易导致高端人才价值识别呈现出不稳定性特征[③]。

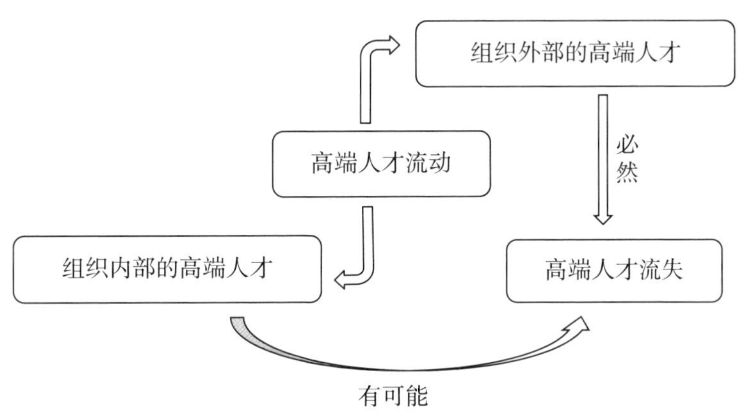

图 2–1　高端人才流动性图

① 参见郭洪林、甄峰、王帆：《我国高等教育人才流动及其影响因素研究》，《清华大学教育研究》2016 年第 1 期。

② 参见杨峰、徐付娟、郭江江：《京津冀、长三角、粤港澳科技人才流动模式研究——基于国家科技奖励获得者的实证分析》，《科学学研究》2022 年第 3 期。

③ 参见汪志红、谌新民、周建波：《企业视角下人才流动动因研究——来自珠三角 854 家企业数据》，《科技进步与对策》2016 年第 5 期。

5. 智能新颖性

智能新颖性是指智能化通过积累或学习新的知识来适应新环境。数字时代，高技术与高的服务能力将对整个社会提出更多更高的要求，而高端人才为更好地适应社会的变化，会自动地进行行为和状态的调整，不断推陈出新，以新的姿态迎接社会的挑战。在高端人才智能体不断推陈出新的过程中必然会产生更多新的数据，这也就给高端人才价值识别工作增加了难度，高端人才价值识别变得复杂多元化。因此，在高端人才价值识别工作中就需要及时获取并整合高端人才最新的数据信息，以便准确地识别高端人才价值。

6. 云媒网络化

云媒普及网络化是利用互联网通信技术将不同地点的各类终端互联互通，实现数据资源的全面共享。在各行各业甚至在家庭生活中计算机网络都已得到广泛应用，因此将云媒普及与网络融合为客户提供智能服务显得尤为重要。现代社会越来越多的高端人才受到云媒普及网络化的影响而聚集在云媒平台上，这样就能方便快捷地通过云媒终端捕捉到对高端人才价值识别有利的文字、数据或者图像信息，还可以利用这一特点将高端人才识别工作网络化，提高高端人才价值识别的工作效率。

（三）高端人才价值识别的现状

高端人才价值贡献作用的充分发挥是高价值创造、高人力资本投资、高成就动机与创新创业意识、高社会资本和知识信息需求等综合因素共同作用的过程①，越来越强大的收集、存储和分析数据的能力改变了高端人才价值识别的方式②：

① 参见李永周、张宏浩、朱迎还、李静芝：《创新支持感对来华境外人才创新行为的影响——基于创新网络嵌入的中介作用》，《科技进步与对策》2022 年第 4 期。

② Cf. Chuck Russell，Nathan Bennett.Big data and talent management: Using hard data to make the soft stuff easy[J]. Business Horizons，Vol.58, pp.237—242, 2015.

1. 人脸识别技术增强高端人才价值识别中的精度

人脸识别技术，可以简单归纳为通过深度学习算法对脸部信息的特征提取和分类识别，从而进行身份识别的一种生物识别技术。在识别过程中可以通过实现“人脸”的数据化，进而间接地实现“人”的数据化①。通过这些数据可以分析并了解到高端人才的过去资料，根据现有工作过程数据监控和分析预测其当下和未来价值，从而可增强高端人才价值识别的精确性。将人脸识别技术合理地应用在高端人才价值识别领域，首先要做的就是采集并录入个人信息，建立个体人脸识别数据系统。需要注意的是，数字时代数据迭代速度更快，这就要求及时更新高端人才有关的数据，以便更精确地识别高端人才价值。

2. 云媒普及技术缩短高端人才价值识别的距离

云媒普及技术是指高效整合四大媒体，借助使用频率最高的显示终端，为客户提供全方位服务的一门技术。用传统的方法识别高端人才价值还存在着一些问题，主要表现在两个方面：第一，高端人才价值信息传输不及时；第二，高端人才价值识别空间距离较长。在云媒普及技术未能广泛使用之前，高端人才在某个区域作出贡献后，由于空间距离等原因，易导致获知时间较长，价值信息传播滞后。随着云媒普及技术的运用，高端人才一旦有新的消息出现，APP、微信、微博、抖音等会即时发布消息，瞬间大家都能知道这个消息。除此以外，还可以利用可视化技术对远距离的高端人才进行远程跟踪，距离再远只需要通过平台终端就能面对面识别其价值，这样不仅节约了费用和时间，还大大缩短了高端人才价值识别的距离。

3. 高端人才价值识别难及智人迭代速度

智人是指人工智能与人脑的结合，更准确地说，是将人的能动思维融

① 参见张溪瑨、王晓丽：《人脸识别技术与应用的风险及治理研究》，《科学学研究》2022年第7期。

入计算机科学。为适应社会的不断进步，智人方面的研究也随之不断更新换代，智人不仅能拥有最先进的技术还能更接近人的思维，因此智人的迭代速度很快。而在现实中，高端人才价值识别是难及智人迭代速度的。一是组织不能及时按照社会发展需求对高端人才进行培训学习；二是高端人才价值识别标准不能及时制定。数字时代，要做好高端人才价值识别的工作，就要不断定期根据社会发展的要求制订高端人才学习计划，使高端人才能以最快的速度适应最新的社会环境变化，从而创造更多的价值。除此以外，数字时代对高端人才的能力要求更高，因此还要不断制定新的识别标准来识别高端人才价值，使高端人才价值识别的速度能赶上智人迭代速度。

4. 高端人才创新集中表层化使价值识别缺乏基础

高端人才创新集中表层化是指高端人才的创新不能从深层次、全方位的角度进行价值创造。就目前而言，对高端人才的定位既没有一个合理的界定范畴，也没有一个明确的评价标准。对高端人才创新的生成机制处于摸索阶段，高端人才的创新也并没有突破原始创新、集成创新和吸收运用再创新的边界。各地从加强顶层设计、创新协同机制、建设载体平台等方面提出促进高端人才引进和培养协同发展机制①，社会投入了大量的财力、物力和精力给高端人才创造最好的平台与条件，让其实现价值最大化。要充分意识到高端人才的创新不是局部的、表面化的创新，而是整体的、深层的创新，它牵涉创新的方方面面，亟须建立科学、客观的评价标准来界定高端人才价值。高端人才价值识别过程中会产生许多行为，行为是创造价值的前提，对高端人才的发展潜力和价值创造具有预测作用②。同时，高端人才是一个系统而不是个体，应综合考虑培养高端人才的方方面面才

---

① 参见徐刚：《发展错位到错位发展：地方高层次人才引进同侪效应的治理逻辑》，《软科学》2022 年第 5 期。

② 参见于立影、赵希男：《基于行为能力培训的组织人才战略管理研究》，《上海管理科学》2015 年第 32 期。

能按他们的想法重构资源。

5. 互联网扁平化与高端人才特有价值形成制约

互联网扁平化指随着互联网浪潮的迅猛席卷，网络将供应链条中的各种繁杂的中间环节逐渐给取消掉并直接作用于终端环节的过程。高端人才可以为社会各层次创造出更多、更有利的价值，同时推动社会的快速发展。因为高端人才存在这些巨大的价值，组织为了吸引留住高端人才会优选优待，给高端人才提供更多便宜条件。互联网所创造的便利的信息交换与资源共享，使每个人随时随地可以获取自己想要的信息，无形中对高端人才的特有价值形成了一定的制约。数字时代，人才信息流通得更加频繁，人才资源的数字化建设更迅速，线上线下的人才流动模式逐渐形成，直接或间接的打破了高端人才特权价值，相对制约了这种不公平的事情。

6. 组织认知泡沫使高端人才价值消费常陷信任危机

组织认知泡沫是指组织通过自身的理解和推理意识对高端人才价值消费形成的一种表面上的推崇与信任。用户认知泡沫使高端人才价值消费脱离了实际，陷入了一种信任危机：一方面，不排除组织在高端人才价值评价中出现的一些不规范或恶意欺诈的现象；另一方面，组织认知水平的参差不齐也会对高端人才价值的消费产生差异。除了这些因素之外，组织因高层管理者情绪波动而给出与客观实际大相径庭的评价，都会使高端人才价值消费常常陷入大大小小的信任危机。组织应尽可能本着客观公正的评级原则，尽量排除外界环境和主观情绪的干扰并努力提高自身认知水平，给出一份与高端人才价值消费相符的评价。

7. 互联网争抢用户使高端人才可用时间价值降低

高端人才可用时间价值是指高端人才在工作和使用的过程中，其知识、信息、才能和经验会与时间长短形成反比特性。高端人才价值增值所产生的连锁反应及其释放出的能量，对社会进步和经济建设形成的巨大推动力是无法估算的。因此，在数字时代争抢用户的超强阵势中，组织对高端人才的渴求更是如狼似虎。一方面，组织在采取各种手段，消耗各种精力来争抢高端人才的过程中，易导致高端人才的流动时间增加；另一方面，面对组织开出的高薪诱惑和提供的各种福利，高端人才容易迷失自己，变得浮躁、自负、不思进取，从而降低高端人才的可用时间价值。组织应避免盲目抢夺高端人才、建立有效的激励机制、创建浓厚的组织文化底蕴。同时高端人才自身也应该努力进取，不断增值。

8. 价值识别的智能化日益复杂

智能化是将计算机网络技术、通信技术、智能控制技术、行业技术这四个方面汇集起来并应用于某一方面的智能集合，比如家电、住宅、医院等各方面。智能化随着信息技术的不断发展，其技术含量及复杂程度越来越高，智能化的内容也不断有新的概念融入。高端人才因具有主观能动性、思维性与优越性而不同于可控的物体，所以智能化在识别高端人才价值方面水平依然有限。智能化在精准识别高端人才价值方面仍有重重困难，需要不断优化智能化系统。

9. 价值识别的云端化距离变短

云端化指运用虚拟化技术，将软件搜索、下载、使用、管理、备份等功能融为一体。在云端虚拟平台的云端运算整合管理服务中，多重操作系统开机、系统与个人硬盘分离和试用无盘模式，不仅可以防止病毒入侵，同时使高端人才享有个人弹性的存储空间，营造出一种安全、多元化的使用环境。云端资源库所提供的服务，可大大降低设备和高端人才的管理维护成本，云端备份的方便省力、流程审批的快捷高效、信息共享的一键搜索，将使高端人才价值的识别手段变得更简单，也将更好地解决传统高端人才价值识别的手段烦琐与资源浪费现象。

10. 价值识别的数据化虚拟更强

数据化管理就是指将工作业务通过翔实的数据分析体系、基础统计报表体系来进行明确的科学分析、计量以及精准定性，通过数据报表的形式来进行汇报、查询、记录、公示以及存储的一系列过程。数字时代，在数据与算法的共同作用下，高端人才常常被数据所控制和塑造[①]。数据化管理为高端人才的价值识别提供了一个真实可靠的科学依据，倡导与时俱进的深度挖掘信息技术资源，促进了企业管理的可持续发展。数据本身是虚拟的而非量化，在数据化模块中价值识别的虚拟性更强，但它能够为高端价值识别带来极大的便利，这就迫使人们寻求更好的解决方案突破数据的虚拟化特质，让数据化更好地为价值识别服务。

二、高端人才价值识别的影响因素

（一）影响高端人才价值识别的变量

数字时代，高端人才价值的识别受到多方面变量的影响，除了高端人才本身，还包括组织、社会、政府几个层面的变量。

1. 高端人才层面的变量

哈佛大学社会学教授加里·金说："这是一场革命，庞大的数据资源使得各个领域开始了量化进程。"[②] 因此，可以通过高端人才价值表现力数据比对和主体贡献率数据比对来分析其对高端人才价值识别的影响。

高端人才价值表现力就是高端人才在完成某项工作的过程中，所凸显出来的自身特点及潜在能力。高端人才的价值表现力是抽象的，而且有可能随着时间、环境的变化而变化。可以将高端人才价值表现力量化用数据显示表现力，然后对这些数据进行数据比对识别高端人才价值。可以将高端人才再学习或工作中取得的成就或荣誉、获得的奖金或报酬等用数据表现出来，然后经过严密的数据比对发现高端人才的特长或预测出高端人才

① 参见彭兰：《数字化与数据化：数字时代生存的一体两面》，《人民论坛》2023 年第 1 期。

② 引自林光明：《数字时代的组织、人才与领导力》，《清华管理评论》2019 年第 7 期。

的潜在能力，从而识别出高端人才的价值。

高端人才主体贡献率是指高端人才本身对社会经济的发展所作出的贡献的多少。组织为了使高端人才能在工作中创造出更大的价值贡献，会对高端人才本身进行不同程度的知识、技能方面的投资。在识别高端人才价值的过程中，可以将高端人才获得组织投资后所带来的贡献率进行数据比对来识别高端人才价值，但这个贡献率中还包括了因组织对高端人才的投入所带来的贡献率，这个部分并不能算进高端人才主体贡献率。因此只有剔除掉组织的投资贡献，才能得到高端人才主体的贡献率。最后通过对高端人才主体贡献率的数据比对，准确地识别高端人才价值。

2. 组织层面的变量

数字时代，智能思维与数据能力成为高端人才的核心素质。人才工作场景设计与体验数字化，人才配置与协同数字化，人才价值评价与管理数字化，人才发展与组织赋能数字化，人才决策与洞察大数据化成为未来发展的一种趋势①。

数据部门共享就是组织将各个部门搜集记录的各种信息互联互通，最大限度的发挥数据价值。高端人才在学习、工作等活动的过程中会产生各种数据，包括个人基本信息数据、日常数据。个人基本信息数据是静态信息，包括姓名、性别等；日常数据是动态的，包括日常考勤、加班情况、日常行为等，其来源广、数据量大。日常数据由不同部门记录，彼此间缺少互联互通，无法实现全流程信息交互与资源共享，② 加上所记录的数据，有无效数据和有效数据之分，无效数据对结果的影响几乎可忽略。所以要想准确识别高端人才价值，就要求各部门系统地将这些高端人才价值识别数据进行加工和处理，整合有效数据资源建立数据库，组织再将可用的数

① 参见彭剑锋：《“十四五”中国人力资源管理十大观察》，《石油组织人事》2021 年第 4 期。

② 参见刘维亚、李明、马宏伟：《结构分析模型互相转换统一数据交换平台关键问题研究》，《建筑结构》2019 年第 11 期。

据共享给各个部门，让各部门能够用科学的数据分析来识别各自所需人才，使高端人才发挥出最大价值。

智人融合指的是在高端人才价值识别的过程中，将高端人才在学习与工作过程中产生的数据和智人的发展相结合。人工智能的不断发展与应用使得智人将在某种程度上超过人，而且智人的迭代速度非常快。因此，我们既要考虑高端人才价值识别数据，又要结合考虑智人的不断进步来识别最适应社会的高端人才。将数据与智人融合，预测出潜价值，准确识别高端人才价值。

3. 社会层面的变量

社会的不断发展，高端人才需要改变自己来适应社会，而社会也要给高端人才提供足够其发挥的平台。云媒体技术普及后，我们在移动终端上就能查阅到想要的图像文字信息。随着云媒技术的普及应用，更多的高端人才价值数据通过云媒平台展现出来，这些数据通过云媒平台在多个渠道以多种形式在社会上快速传播开来，这样组织总是能够在第一时间获得最新的高端人才价值识别数据，从而以最快的速度采取措施去识别高端人才价值，使其在高端人才竞争中取得优先权。

数据迭代速率是指新数据不断更新替代旧数据的速度。数据迭代推动了社会产业形式的变革，提高了对高端人才的价值要求，在高端人才价值识别过程中存储数据更新成为最基本的要求①。产业的升级换代要求高端人才不断进步以适应其发展需求，在此过程中数据更新速度太快也将对高端人才价值数据的记录与存储提出更高的要求。因此，我们可以利用信息通信技术以及互联网平台，推动移动互联网、云计算、大数据、物联网等技术与现代社会各行业相结合，记录并存储高速迭代的高端人才价值识别数据。互联网 + 数据迭代速率加快了高端人才价值识别数据的迭代速度，

① 参见许吉斌、展勇忠、冉玉忠:《远程同步高速数据采集控制系统》,《探测与控制学报》2019 年第 4 期。

也加快了高端人才价值识别的进程。

4. 政府层面的变量

在高端人才价值识别的过程中，政府起到主导性的作用。规范统一的高端人才价值数据识别体系，全面实施识别体系统一管理，以规范高端人才价值识别的过程，旨在建立一个数据共享、运行高效、服务同质的高端人才价值识别平台，按照统一标准建立一些高端人才价值数据识别服务机构，提高公共服务的能力，为高端人才价值识别提供方便。建立一个可以共享的、统一的高端人才价值识别数据库，提高识别数据的准确率和使用率。制定统一的高端人才价值数据识别体系管理条例，以确保高端人才价值识别的公平性与精准性。政府为高端人才价值识别制定一个面向大众的数据共享政策，在政策引导下更公平公正地识别高端人才价值，给数据共享设定一个范围界限和使用方式，凭借政府统一的数据共享交换平台，在政策的引导与保障下，加快数据安全和高端人才队伍建设，公开透明地共享高端人才价值识别数据，为高端人才价值识别提供保障。[①] 建立科学有效的高端人才价值识别网络推广技术，网络推广技术包含的内容很多，但并不是所有的都适合高端人才价值识别推广，盲目地使用网络推广技术只会投入无谓的人力与财力。可以通过高端人才经常用的网络平台比如博客、贴吧、论坛、抖音等进行宣传，还可以建立一个网站然后通过网址导航进行推广，让更多的高端人才知道高端人才价值识别平台或行业协会的存在从而加入其中。科学有效的网络推广技术不仅节省了传统方法的宣传费用，还能使高端人才价值识别工作达到更高的效率。

（二）高端人才消费对价值识别的影响

高端人才消费是一种特殊的商品消费，其消费主体是社会或企事业单

① 参见苏玉娟：《大数据技术与高新技术企业数据治理创新——以太原高新区为例》，《科技进步与对策》2016 年第 6 期。

位，在高端人才消费过程中与商品消费一样也存在一些规律。

1. 高端人才消费规律

第一，高端人才消费水平与经济发展水平相谐规律。高端人才在经济发展中起着不可替代的促进作用。一般来说，经济发展的水平影响着高端人才消费的规模、质量、类型①。经济发展水平对高端人才消费规模的要求。不断扩大的经济规模、日益丰富的社会实践活动、日渐提高的人民生活水平，对高端人才消费的规模提出越来越多的要求，为了与经济发展水平相符合，与经济发展规模相协调，提高高端人才消费的规模势在必行②。经济发展水平对高端人才消费质量的要求。高端人才消费水平与经济发展水平息息相关。高端人才消费质量水平与企业经济发展水平成正相关性，一个企业经济发展水平越高，那么该企业的高端人才队伍质量就越高，高端人才消费水平就越高③。经济发展水平对高端人才消费类型的要求。不同企业的高端人才要适应经济发展水平的要求，如技术型企业发展需要更多技术型高端人才；而资本型企业发展更需要一些决策型的高端人才。第二，高端人才消费与供求规律相平衡规律。任何商品的价格都受需求与供给两方面因素的影响，高端人才作为一种特殊的商品，在其消费的过程中也符合供求规律④。

2. 高端人才供给变化规律

图 2-2 中横轴 Q 表示供给量或供给机会，纵轴 V 表示高端人才价值或价值补偿，S 表示一般高端人才供给曲线，S_1、S_2 表示供给曲线的

---

① 参见樊文婧:《数字时代企业人力资源管理变革分析》,《中国管理信息化》2020 年第 2 期。

② 参见王通讯:《世界人才高地观察报告》,《中国人才》2013 年第 5 期。

③ Cf. Mezzina M P, WetzlerD E, Almeida A, et al. A phasin with extra talents: a polyhydroxyalkanoate granule-associated protein has chaperone activity[J], Environmental Microbiology, 2015.

④ 参见卿玲丽:《中国区块链行业人才供求现状及发展研究》,《科技创新与生产力》2021 年第 1 期。

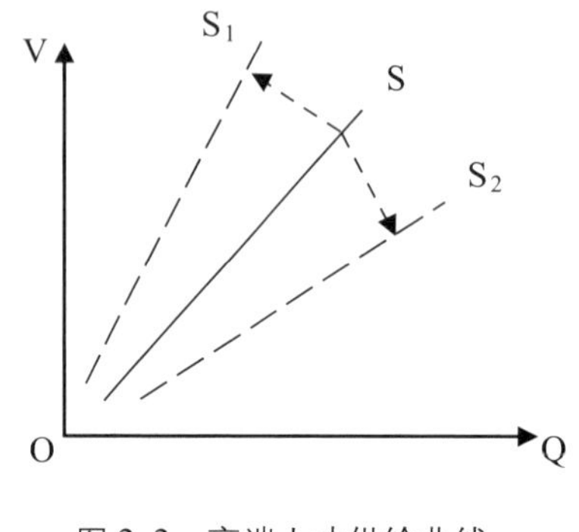

图 2–2　高端人才供给曲线

上下移动，从图 2–2 我们可以得出以下结论：高端人才价值与供给量或供给机会呈正相关，高端人才价值越大，供给量或者供给机会就越大。高端人才供给曲线因特殊原因可能发生向上方或下方转动的变化。如热门稀缺专业高端人才和特别优秀的杰出高端人才，这些特殊因素推动供给曲线会向上方转动至 S_1 曲线位置，其特点是供给量或机会可能相对减少，但其实现的价值却会大幅度提升；相反，如果由于外部条件或自身价值贬值，使供给曲线向右下方转动至曲线 S_2 位置，虽然供给机会将会多一些，但其实现的价值则会下降。从以上高端人才供给曲线变化规律我们可以看出，高端人才在消费过程中，在市场竞争的条件下，高端人才必须不断增加自身价值，这样才能获得更多的就业机会。同时，我们也可以看到，高端人才自身所具有的价值越稀缺，其竞争力就越强，所获得的机会就更多，但如果价值出现降低，那竞争力就会削弱。

3. 高端人才需求变化规律

图 2–3 中，横轴 Q 表示需求量和需求机会，纵轴 V 表示高端人才价值或价值补偿，D 表示一般高端人才需求曲线，D_1、D_2 表示需求曲线的上下移动，从图 2–3 可以得出以下结论：高端人才价值或价值补偿与需求量或机会呈负相关，高端人才价值或价值补偿越大，需求量或机会就越小。高端人才需求曲线因特殊原因可能发生向上方或下方转

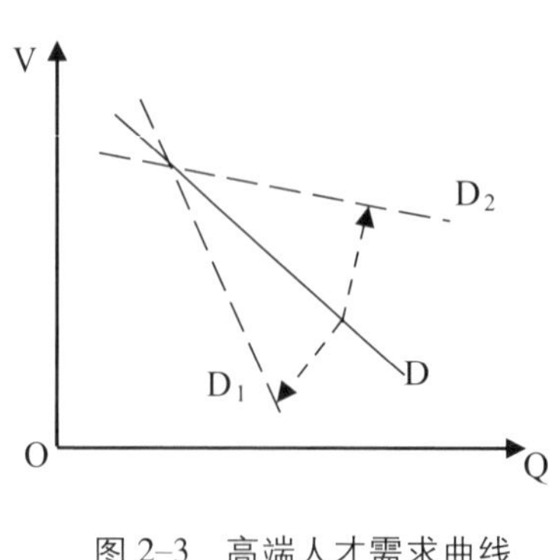

图 2–3　高端人才需求曲线

动的变化。如高端人才的价值和价值补偿很高，那么其需求量或机会就相对减少，竞争就会较激烈，曲线 D 变动至曲线 D_1；当高端人才价值及价值补偿相对降低时，需求量和机会就会增加，曲线 D 变动至曲线 D_2。从以上需求曲线可以看出，当需求量或机会越小时，高端人才价值和价值补偿就会越高，即当竞争较激烈时，高端人才能实现更高的价值①。这说明高端人才需要不断提升自己的水平和层次才能在竞争中取得优势。因此，高端人才在消费过程中需要提高自身价值，包括高端人才竞争力、人才发展潜力等，以在价值识别中取得相对优势，从而在人才消费过程中以自身较高价值与优势获得更高的消费效益。

4. 高端人才消费与边际效用递减理论相符规律

数字时代，高端人才作为一种特殊而昂贵的商品同其他商品一样被消费着，在被消费过程中也符合边际效用递减规律，即随着组织对高端人才消费量的增加，组织从消费过程中获得的边际效益会逐渐减少②，主要体现在以下两个方面：

第一，客观物质资源增长速度与高端人才有限资源增长速度不协调。今后一段时期，我国经济发展呈中高速发展趋势，国内基本面控制相对较好，这无疑会推动用人单位吸引更多优质的高端人才资源。同时，由于对教育的不断重视与投入，培养的优秀硕士、博士数量也不断增加，这些都促进了高端人才资源数量的不断增加。然而，与高端人才资源的有限增长速度相比，我国一些客观物质资源发展速度相对滞后，如实验仪器设备的超前度、科研经费的追加度和研发环境的舒适度等。这就造成了早期部分高端人才享有较充裕的物质资源，能获得较好的个人发展，也为国家和社

① 参见朱伯伦：《数字化转型下制造业服务人才培养路径研究——基于供求视角》，《教育教学论坛》2021 年第 39 期。

② Cf. Bourgain J, Shao P, Sogge C D, et al. On L p -Resolvent Estimates and the Density of Eigenvalues for Compact Riemannian Manifolds[J] . Communications in Mathematical Physics, 2015.

会的发展发挥了促进作用，但随着时间的推移，组织物质资源的有限追加，在一定程度上限制了高端人才价值的有效实现。

第二，高端人才发展空间的压缩。在组织发展初期，高端人才相对稀缺，很多企事业单位高薪聘请高端人才，他们进入组织后委以重任，可以有较多的发展机会和发展空间，从而凸显个人知识水平的优势。但随着组织的快速成长与发展，引进高端人才资源质与量不断提升，有时在部分组织内出现相对过剩现象①，而另一些组织内的岗位却出现无人应聘的尴尬局面。因此，后期引进的高端人才与前期相比就不能获得较大的发展空间，实现个人价值的速度也就相对缓慢。

以上两个因素就造成了高端人才消费的边际效应，即在不同时期引进的水平相当的高端人才不能实现同等的价值，也就不能获得相同的效用。因此，组织应结合经济和社会实际发展水平和组织自身发展要求不断改进高端人才价值识别体系，使其能不断适应高端人才消费水平提高的现实需求。从另一个方面来说，提高高端人才价值识别标准，也是促进高端人才提升自身价值与竞争力，以减少高端人才消费中的边际效应现象的一种现实要求。

（三）高端人才消费规律对价值识别的影响分析

1. 高端人才消费水平影响价值识别

从高端人才消费与经济发展水平相谐规律可以看出，经济发展水平在宏观上希望高端人才消费与之相适，要求组织适应经济发展水平引进、培养和使用高端人才，任何拔高或降低高端人才消费水平的行为势必造成高端人才资源的浪费。这就要求组织在制定高端人才价值识别标准的过程中，要充分考虑组织所在地区的经济发展水平，根据经济发展的规模、速度和层次制定出符合高端人才消费规律的价值识别标准。如地区经济发展

① 参见殷凤春：《中外引才思路差异有多大》，《光明日报》2015 年 4 月 18 日。

水平层次较低，劳动密集型产业较多，那么所制定的价值识别标准就要适合招聘一些偏向技术型、组织型的高端人才，而不能制定过高的标准，大量招聘创新型高端人才，这就不符合经济发展的水平，从而造成高端人才的高消费。

2. 高端人才消费供求规律影响价值识别

从高端人才消费供求规律可以看出，高端人才自身价值较高时，能获得较多的就业机会，并且高端人才越是杰出、优秀和紧缺，实现个人价值和获得价值补偿的机会就会越多。这就要求组织通过科学的高端人才价值识别体系来选拔不同层次的高端人才。如对于需求量较低的岗位（如高管职位），就需要制定较高的识别标准，以招聘到具有较高的竞争力和发展潜力的特殊杰出人才。

3. 高端人才消费边际效应影响价值识别

从高端人才消费边际效应可以看出，一定条件下，用人单位消费越多的优质高端人才，其所获得的高端人才边际效益越小。因此，相关部门与单位应结合经济和社会实际发展情况不断改进高端人才价值识别体系，使其适应高端人才消费水平的提高，科学控制高端人才数量的增加，同时提高高端人才价值。从另一个方面来说，提高高端人才价值识别标准，也是变相促进高端人才不断提高自身价值与竞争力，从而减少高端人才消费中的边际效应现象①。

（四）数字技术对高端人才价值识别的影响

1. 人工智能穿戴技术对高端人才价值识别的影响

人工智能是研究开发用于模拟、延伸和扩展人的智能的理论、方法、技术及应用的一门新的技术科学。穿戴技术是新的智能技术，能够将多媒体、传感器、无线通信等创新性的融合嵌入高端人才的日常穿戴，或者随

① 参见殷凤春：《消费新思维对高端人才择业创业的影响》，《社会科学家》2016 年第 3 期。

身携带的物品中①，从而实现人工智能与高端人才的日常工作、生活相融合。人脸识别技术，可以通过对人脸图像扫描采集高端人才面部特征，对高端人才面部人脸检测和定位，对面部特征进行提取与特征学习，从而实现人脸识别。人工智能是所有智能硬件的最高级应用，而可穿戴技术则可以透过设备实现信息的有效采集与传递，能够实现高端人才、环境以及网络的无缝对接，从而建立高端人才为中心的智慧人才价值识别系统。

2. 机器有效学习技术对高端人才价值识别的影响

机器有效学习的目的，主要是研发学习系统和知识获取的工具，并且能够在高端人才价值的数据挖掘中具有深远的影响。机器有效学习是人工智能的核心，也是计算机具有智能的有效途径。一是分类，通过有效的应用进行分类，将高端人才数据归类，这样便于高端人才数据的整理；二是预测，通过有效观察，将收集的高端人才数据进行筛查，并且将有价值的高端人才数据筛选出来；三是关联，寻找高端人才价值的内部相关性，探寻其内在的规律；第四是侦查，侦查是为寻找得到的数据中的异常，并且寻找原因。运用机器有效学习技术，能够实现对高端人才的信息化管理，建立信息化的高端人才管理系统。

3. 数据移植技术对高端人才价值识别的影响

数据移植就是将高端人才数据从不同的业务处理平台中，通过各种数据处理手段导入到高端人才数据库。数据移植技术主要是对异构性的高端人才数据进行处理，以便最终能对高端人才数据进行统一的归纳整理②。数字时代，海量的高端人才数据呈现半结构化或非结构化，而用于组织数据挖掘的高端人才数据迅速增长，这中间的各类高端人才数据质量参差不齐，往往存在数据错误，数据过于冗长，数据不完整或者数据失效等各种

① 参见孟靖达、冯岑：《智能可穿戴技术的发展与应用》，《现代丝绸科学与技术》2021年第36期。

② Cf. Chuck Russell，Nathan Bennett.Big data and talent management: Using hard data to make the soft stuff easy[J]. Business Horizons，2015（58）: pp.237—242.

问题。为了解决这一系列的问题，提高高端人才数据的准确性，必须对高端人才数据进行预处理，数据移植技术就是对高端人才数据导入高端人才数据库前进行数据的清洗与集成。通过数据移植技术，能够面对海量的高端人才数据，对高端人才价值进行最准确、最高效的识别，具体如图 2–4 所示。

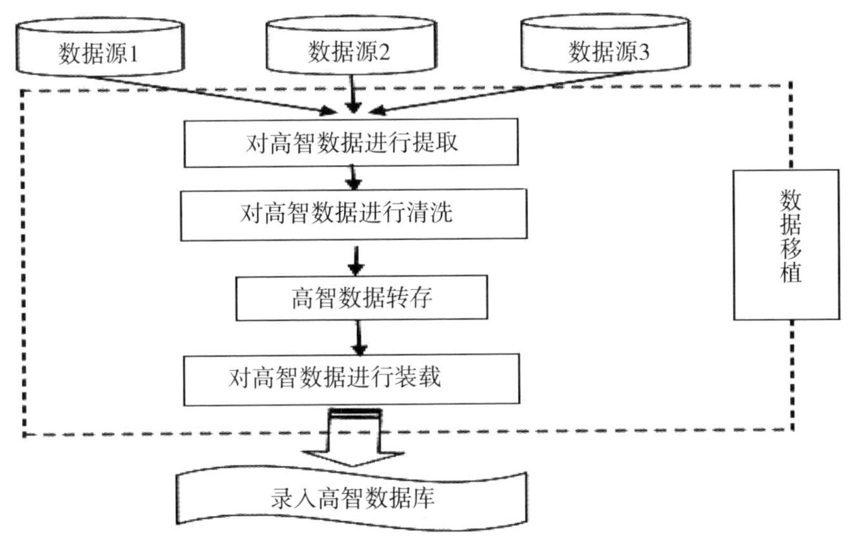

图 2–4　高端人才数据移植方案图

4. 多维数据描述技术对高端人才价值识别的影响

多维数据描述技术是指基于二维或三维及以上的，通过几何映射或图标等显示技术将高端人才工作数据进行分析归类，从而对高端人才工作数据进行精准的定位及描述的一项技术[①]。通过多维数据描述技术，组织能够对数量庞大、类型复杂、变化多样的高端人才工作数据进行准确的描述，发现高端人才工作的相关性，从而对高端人才工作过程进行精准预

① 参见郝澜宇、李艳婷、潘尔顺：《基于 Copula 模型的多维数据空间扫描监测方法》，《统计与决策》2022 年第 14 期。

测。通过对不同维度的描述能够深入了解什么样的高端人才适合什么样的岗位，能够有效改变以往重定性轻定量的旧思维，做到对高端人才质量、数量、结构等一清二楚，通过对高端人才数据的多维描述，实现高端人才岗位配置的精准化，不断提高高端人才工作嵌入过程的科学化。另外，使用大数据技术，通过数据搜集和联机分析，能够有效实现企业、生产链以及区域的动态数据，改变以往的静态孤立的数据报告形式，从而有效识别高端人才的价值，实现高端人才的精准投放。

5. 数据库营销推广技术对高端人才价值识别的影响

数据库营销推广技术即将各类高端人才的基本信息整理归纳，录入高端人才数据库，并且将市场营销推广技术结合进数据库，以达到高端人才价值识别的目的①。高端人才数据库是组织储备的“蓄水池”，能够为组织的长期发展作出巨大贡献。高端人才数据库可以分为外库营销推广与内库营销推广。外库营销推广就是将社会各类的高端人才信息集合起来，主要目的是高端人才信息储备。内库营销推广则是针对组织内部而言，搭建一个组织内部交流沟通的平台，提高高端人才与组织岗位的嵌入度，使高端人才明白什么岗位是真正适合自己的，同样能够让组织更了解到高端人才的具体价值。

6. 搜索引擎平台共享技术对高端人才价值识别的影响

搜索引擎是指根据一定的策略、运用特定的计算机程序从互联网上搜集高端人才信息，再对高端人才数据信息处理后，为组织提供检索服务，将组织检索高端人才相关的信息展示给用户的系统。② 通过搜索引擎平台的信息共享技术，可以充分利用计算机算法，建立一个在海量的高端人才简历中自动搜索的算法。例如，某平台为了提高组织绩效，有效识别人才

① 参见王海艳、曹丽英、邵喜武：《数字时代下的地方高校教育智库建设研究》，《情报科学》2015 年第 6 期。

② 参见孙雨生、雷晓芳：《国内可视化搜索引擎研究进展：核心内容》，《现代情报》2020 年第 1 期。

建立起“数字画像”，通过发放调查问卷“喜欢订阅什么样的杂志”“看过什么书籍”等，将收集到的数据搜集之后交给人力资源数据分析师，通过对数据内部的相关性分析，最后归纳出一套搜索识别高端人才的有效算法。搜索引擎的平台共享能够让组织精准快速地识别高端人才的价值，从而实现人岗匹配。

7. 社交网络平台可视技术对高端人才价值识别的影响

数字时代，媒介的社交性需求已经成为一种常态需求，无论是聊天软件还是视频软件，不管是销售平台还是交通平台，几乎所有的应用都具备了社交功能①。社交网络平台可视技术即将高端人才在工作过程中的信息用可视化的方法分析研究的技术。因为社交网络平台拥有海量的上网记录，这些信息大多数以电子的形式进行存储，信息的读取和利用远远比纸质档案方便快捷，信息更为真实可靠，大大减少了造假的可能。随着数据量的爆发式增长，传统的数据呈现方式已经不能够满足数据输出的需求。

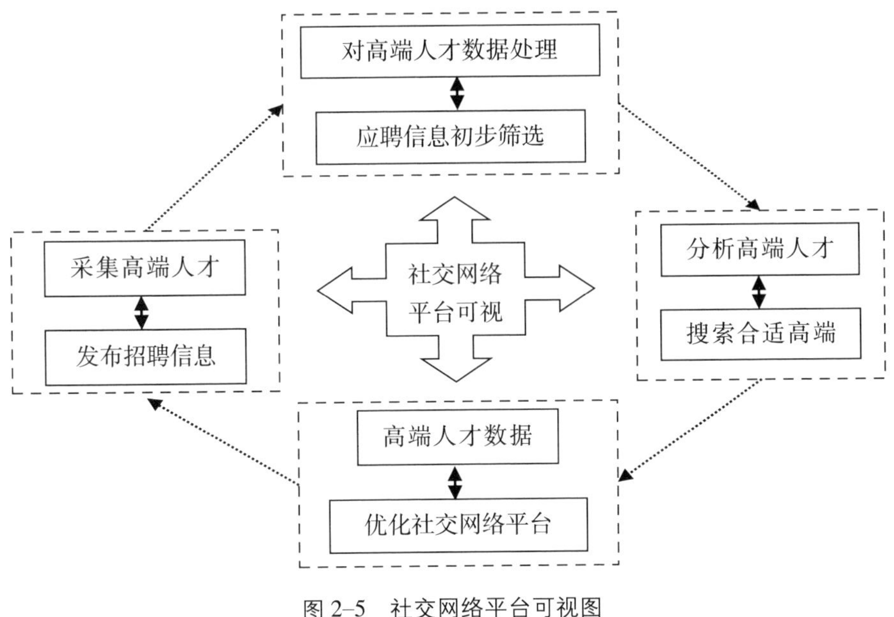

图 2–5　社交网络平台可视图

① 参见冯韶丹:《我国移动社交平台的发展现状与未来趋势》,《传媒》2019 年第 9 期。

合理运用社交网络平台的可视技术，能够帮助组织有效识别高端人才。随着组织信息化的发展，可视化越来越重要，它能以直观的方式探究数据的内部结构及规律，合理利用社交网络平台的可视技术，帮助组织探究大量的高端人才工作数据信息，发现工作信息数据中隐含的现象，提高信息的使用率，[①] 如图 2–5 所示。

8. 云媒体信息比对技术对高端人才价值识别的影响

数字时代，媒体呈现碎片化趋势。每个人都变成了一个媒体，这个媒体既可以传播信息，也可以发布信息，这种媒体以个人博客、微博、空间主页、群组等形式展现出来。数字时代，每个人都是媒体，这对于高端人才价值的识别提供了大量的信息，只要能对这些信息进行分析筛选，那么我们就能透过云媒体发现识别高端人才。

（五）数字时代高端人才价值识别的困境

高端人才资源是稀缺性资源。要做到准确识别高端人才的价值，最大化使用高端人才的价值为经济发展作出贡献并没有想象中那么容易，在实行的过程中也会遇到很多困境。

1. 高端人才流动性增加价值识别的不确定性

高端人才的流动性是指因工作岗位的变化而转变工作状态，主要表现为从经济或技术欠发达地区向相对发达地区流动，这就造成高端人才区域聚集不均衡。高端人才流动是经济社会发展的需要，能够有效提升人力资源使用效率。[②] 高端人才从经济欠发达地区向经济发达地区流动，但发达地区竞争更加激烈，高端人才必须充分发挥自己的才能与智慧才能够生存下去。由此看来会出现两种结果：一是他们会比在欠发达地区时表现得更

① 参见殷凤春：《网络媒介对人才价值实现的影响及对策研究》，《社会科学家》2016 年第 8 期。

② 参见崔璨、于程媛、王强：《人才流动的空间特征、驱动因素及其对长三角一体化高质量发展的启示——基于高校毕业生的分析》，《自然资源学报》2022 年第 6 期。

好，可能作出的贡献更多；二是他们会因发达地区的巨大压力造成行为的波动，导致表现出的价值与本身具有的价值不符的行为。这就增加了高端人才价值识别的不确定性。

2. 高端人才高期望值增加价值识别的动态性

高端人才高期望值是指在工作过程中组织对高端人才赋予了更多的希望和期待。任何组织总是对高端人才有着高期望的，总是希望人才完成的工作越多越好，能创造的价值越高越好，但有时候对高端人才的期望却远远超出了人才的胜任能力，这样反而会适得其反。随着社会的变化，组织对于高端人才匹配岗位的要求越来越高，岗位契合能力对于高端人才的要求也越来越高，这就需要组织及时对接高端人才价值信息，适时地对高端人才配备进行调整，确保每个高端人才都做着最适合自己的工作。在对高端人才抱有高期望的同时，工作岗位对高端人才的要求也在不断提高，但是高端人才对岗位要求的这个变化需要有一个慢慢适应的过程，过高的期望值会影响高端人才心理或情感上的波动，导致其表现出的价值具有动态性。在种种不确定因素的影响下，会产生能级不对应、岗位不匹配的问题，这会给高端人才价值识别带来动态性的结果。

3. 云媒普及平台不健全增加价值识别的复杂性

云媒普及平台是将四大媒体结合通过网络终端显示并且为高端人才提供各种服务。组织可以利用云媒平台将移动客户端融合，实现不同设备间的数据交换与共享，所有的设备只要连接上局域网络就可以访问和使用相同的内容，为用户创建无缝对接的场景体验。然而，现在的云媒普及平台还不健全，这就导致在想要获取一些需要的信息和数据的时候不会像想象中的那么容易。原本只需要一步就能完成的事情现在可能就需要多个环节，这样也就增加了高端人才价值识别过程的复杂性。

4. 高端人才价值识别地理空间消失的囚徒困境

地理空间消失是指物质、能量、信息的数量及行为在地理范畴中的广延性存在形式逐渐消失。“囚徒困境”是指两个被捕囚徒之间因信息不对称而产生的特殊博弈。数字时代，时空的日益缩小与信息的极速传递使地球村逐步建立，但囚徒困境依旧存在，这大大阻碍了高端人才价值识别的实际发展利益。处在网线两端的角色，都期望获得自身利益最大化而责任最小化，因此会频繁出现“囚徒困境”的局面。他们明白合作所创造的价值，但在信息不对称而引发的不信任情况下，双方都知道出卖对方能给自己带来最大利益，在这种极不信任的基础上，显然不会出现单方背叛，最终结果是两败俱伤。走出“囚徒困境”需要高端人才双方加强信任，友善宽容；注重合作，力求双赢；加强沟通，多渠道获取信息。

5. 高端人才价值识别消费动态平台的虚拟困境

高端人才价值识别消费动态平台指人才价值的消费在信息化时代快速发展的背景下处于一种运动变化的状态。虚拟世界作为一种全新的业态，其管理问题备受人们关注。虚拟组织的核心要素是创设虚拟世界的人，虚拟组织的人才价值与传统的人才价值有诸多不同，如何管理虚拟组织的人才是个值得探讨的新问题。主要表现在人力集成、文化差异、独特的价值观、流动意愿强、职业生涯多变。由于虚拟组织和高端人才的特点，对高端人才的管理总是会存在一定的不明确性，激励制度也难以制定。可以从培养团队精神，促进协调合作、制定与落实工作分析设计、加强有效沟通，促进信任合作、建立有效激励机制和约束机制、招聘与有效配置合适的人才、注重培训与开发这几个方面识别虚拟组织中高端人才的价值。

6. 高端人才价值识别极客文化熏陶的英雄困境

极客文化作为一种新兴的反主流文化，起初是带有贬义的，后来随着数据文化的兴起，极客被赋予高智商和勤奋的意思。极客骨子里迸发出的崇尚自由、热爱技术和充满创造性的精神造就了他们成为一股时代新流。苹果原 CEO 史蒂夫·乔布斯万年不变的黑 T，Facebook 掌门人马克·扎克伯格经典的套头衫、圆领 T 恤、睡裤、拖鞋的打扮行头都在引领时尚的风向标。高端人才也想利用互联网的优势打造属于自己的商业模式、尖端技术和时尚潮流，但因缺乏相应的条件和自身因素的限制，高端人才很容易盲目地走入一种英雄困境。他们自我感觉才能勇武过人，无畏困难相信自己一定可以创造自己的辉煌，值得一说的是，不是每一种成功都可以被复制、被模仿。极客文化其实代表的是一种生活态度，新奇和原创是我们需要学习的地方，而盲目地跟从是不可取的。

7. 高端人才价值识别海量数据处理的技术困境

数字时代，数据量大并不是一件好事，因为数据的筛选和清理是一个极度枯燥烦琐的过程，更何况，数据量越大，审核系数越多，由此而带来的“数据杂质”也会越多，模型就会越失真。目前海量数据处理的技术运用还未成熟，技术跟不上数据的海量汇入。这种数据处理技术的不成熟运用使高端人才价值的识别存在很大困难，不仅程序烦琐，而且结果不一定准确，因此在提升数据处理技术的同时，对高端人才价值识别的手段也应实现多样化。

8. 高端人才价值识别因行业垄断增添变数困境

行业垄断指行业主管部门为了保护某些特定行业的企业和它们的经济利益而实施的限制或排斥其他行业来参与竞争的行为。行业垄断是客观存在的，就目前而言，在人才市场，高端人才的竞争力虽强①，但其数量相对偏少，在高端人才稀缺的情况下，各行各业为了吸引和留住高端人才，不惜一切代价地使用各种方式，但并不是所有留下的高端人才都能发挥其才能，也不是所有组织都会珍惜与利用，有的甚至宁愿将其束之高阁，也不愿让肥水流入外人田。行业垄断造成的对高端人才的漠视，不仅仅使得培养高端人才的心血付诸东流，更给组织带来难以估量的损失。这样不仅侵害了组织的利益，也使高端人才无法得到充分的利用，对组织发展和社会进步也是大有弊端。每个行业都有其自身的规则，行业巨头的高端人才资源优势使得其拥有足够的垄断资本，但行业垄断也增添了高端人才价值

① Cf. Anca Serban, Marcela Andanut. Talent competitiveness and competitiveness through talent[J]. Procedia Economics and Finance, Vol.16, pp.506—511, 2014.

识别的难度。我们应该努力突破行业垄断，深度挖掘高端人才价值并利用好高端人才，使其发挥最大的作用。

（六）数字时代高端人才价值识别的困境根由分析

1. 网络价值驱动高于高端人才生产力的驱动发展

网络价值驱动是指大数据利用自身得天独厚的优势所创造出来的价值。高端人才价值创造需要整合各种资源，数据资源正变得越来越重要。[①] 数据革命是一次新的革命，将带来颠覆性的改变。在人类文明不同的发展阶段，起核心作用的生产力要素是不一样的。网络价值在促进人的全球性普遍交流与交往的同时也极大地激发了人的创造性思维，由于无地域和时间的限制，再加上良好的互动性和反应快速的优势，数据所引发衍生的价值无法估量。高端人才个体生产力的驱动发展却在技术革命中时常有滞后性，有时一直在线性收敛型方向徘徊，不可避免地造成高端人才价值识别的困境。

2. 智能发展不确定性增添高端人才价值识别的未知性

智能发展不确定性指机器的发展将具备如同人脑的不确定性信息和知识的表示、处理和思维能力。智能发展在模拟人类的确定性智能，即逻辑思维方面，早已取得辉煌业绩，但是在不确定性智能方面却遇到了瓶颈，就更不用谈还处于探索阶段的认知思维方面。这种发展的不确定性是智能发展中的重要内容，它主要是由两个方面的原因引起的：一是由于随机性而引起的不确定性；二是由模糊性所导致的。这种智能发展的不确定性使得高端人才的价值识别也具备了一定的未知性，人们需要寻找一座可以架在模糊性和形式化思维之间的桥梁，通过这座桥梁把多年累积起来的形式化思维成果运用到由模糊性所引起的不确定性的研究

① 参见刘祎、王玮：《工业大数据资源转化为竞争优势的内在机理——基于资源编排理论的案例研究》，《华东经济管理》2019 年第 11 期。

中去。

3. 去中心化与高端人才价值识别精准定位的矛盾

去中心化指随着主体对客体的相互作用的深入和认知机能的不断平衡、认知结构的不断完善，个体能从自我中心状态中解除出来的过程。去中心化打破了信息传输的单向性，摧毁了原有的信息中心，它的传播不再按照人为设定的路径进行，而是在节点上呈散布辐射，每个人都可能成为他所在人群中发布这一信息的中心。同样的社会问题信息，可能会在这样一个人人都可以成为中心而又根本无中心的网络中瞬间到达每一个人那里，这个时候，处于社会治理中心地带的高端人才也就完全丧失了垄断信息和主导信息发布权的条件。去中心化使高端人才的地位受到了动摇，高端人才的价值识别也变得模糊。数字时代，去中心化已经成为一种不可阻挡的趋势，我们可以通过提升高端人才自身价值和增加高端人才价值识别手段的多样化来解决去中心化与高端人才价值识别精准定位两者之间的矛盾。

4. 智能新业态使高端人才价值识别远离伦理制约

智能新业态指根据不同产业间的不同环节的分化、融合、行业跨界整合以及嫁接信息及互联网技术所形成的新型的组织形态。网络的自发性、技术垄断等问题引发社会道德监督功能实现中出现隐私侵犯、力量滥用的倾向。① 随着科技的一直进步，智能新业态的发展依旧不完善，高端人才为了自我价值追求与精神领域的自我实现，对智能科技应用可能带来的严重后果考虑还不充分，有时会不自主的偏离伦理道德的主线。如果高端人才价值识别的发展缺少正确的方向引导与伦理道德规范的界限，其结果就会与人们的美好愿景背道而驰，甚至会损害人类的自身利益。智能新业态可以利用信息技术为高端人才提供个性化定制服务和精细化全程服务的手段将高端人才价值识别限定在伦理范围之内。

① 参见王晓莉：《数字时代的道德监督功能》，《伦理学研究》2019 年第 5 期。

三、数字技术在高端人才价值识别中的应用

（一）人工智能穿戴技术在高端人才价值识别中的应用

人工智能穿戴技术能够真正实现将智能芯片、传感器、无线通信、射频识别、定位系统、多媒体等信息整合在一起，轻松采集海量的人才信息。[①] 人工智能穿戴技术能对高端人才价值识别信息进行实时监控以及有效捕捉，有效避免传统信息采集方式的弊端，加快信息采集与处理的速度。人工智能穿戴技术包含人机交互、人体传感以及信息处理技术，运用人工智能穿戴技术中的人机交互技术，高端人才可以根据可穿戴设备特殊的交互方式，实时进行信息交流与探讨；运用人工智能穿戴技术中的人体传感技术，将高端人才的兴趣爱好、社交生活、个性需求等一切数据信息可视化，这就能让组织通过服务器真实了解高端人才的信息以及需求，从而能够有效实现人岗匹配，大大增强高端人才对组织的满意度，继而降低高端人才的离职率；人工智能穿戴技术的信息处理技术，能够实现高端人才信息反馈以及对高端人才信息的实时监控。

（二）机器有效学习技术在高端人才价值识别中的应用

机器有效学习技术能为高端人才价值识别的数据挖掘提供有效支持，机器有效学习作为人工智能的一种类型，能够让软件根据大量的数据对高端人才价值识别进行阐述或预测。将机器有效学习技术运用到高端人才价值识别中，构建人才信息识别模型，能够有效识别高端人才价值信息。机器有效学习能够帮助组织决策者发现高端人才信息的内在联系，从而有效

---

① Cf. Cooke F L.Human resource development and innovation in China:State HRD policies,organizational practices,and research opportunities[J] . Journal of Chinese Human Resource Management，Vol.2, pp.144—150,2015.

进行测评，改进高端人才测评的机制。

（三）多维数据描述技术在高端人才价值识别中的应用

运用多维数据描述技术可以构建高端人才多维数据模型，组织可以利用高端人才多维数据模型，以最直观的方式查询高端人才数据，多角度评估高端人才。① 例如，我们可以从高端人才职位结构、基本信息、胜任能力、调整配置、培训与开发、绩效考核、薪酬结构这七个维度建立起高端人才多维数据模型，通过该模型组织有效识别高端人才价值，将高端人才放置在组织的最佳岗位，实现人力资源最大化，如图 2–6 所示。

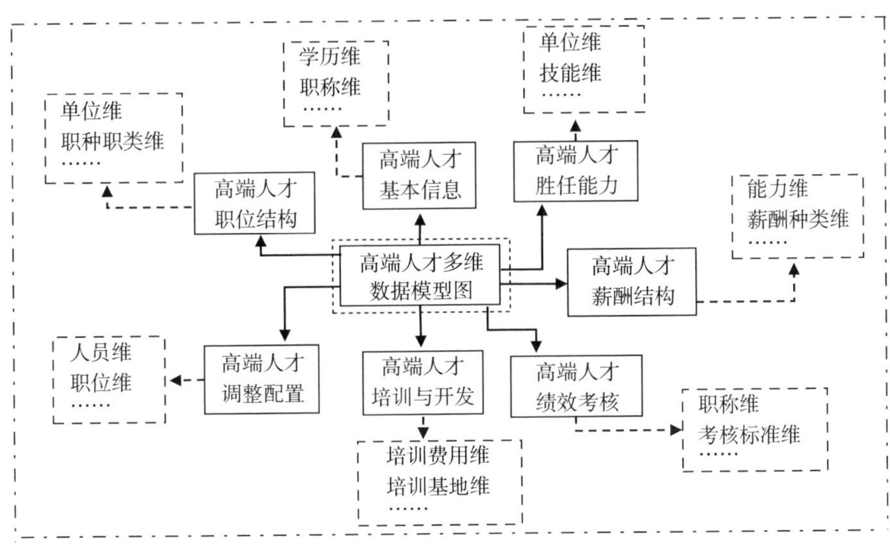

图 2–6　高端人才多维数据模型图

（四）数据移植技术在高端人才价值识别中的应用

数字时代，丰富的场景技术催生了新技术的融合，也促进了新技术产

① 参见宋鹏：《基于大数据挖掘的多维数据去重聚类算法分析》，《现代电子技术》2019 年第 12 期。

业的发展，数据已成为人才高质量发展新引擎和推动经济转型发展的新动力。区块链和元宇宙带来了新的机遇，数据移植技术是数据技术渗透进人力资源管理，推动管理创新的新方法。[①] 区块链技术则开拓了新的空间，数据移植就是将高端人才数据从数据源中移植、转换到高端人才数据库中的复杂过程，它能够避免“信息孤岛”现象，有效利用信息资源，实现组织间的信息共享。通过数据仓储技术，建立数据模型，能够有效地提高高端人才价值识别的效率。数据移植技术在高端人才薪酬绩效以及培训方面有着显著成效。利用大数据强大的获取和处理数据的能力，将高端人才每天的工作量以及具体的工作内容和完成情况都做到详细的记录，利用云计算处理技术对这些数据进行分析处理，结合企业的薪酬绩效标准，自动生成高端人才工作考核结果以及工资。元宇宙不断膨胀、碰撞的数字和形成的现实与虚拟交互空间场景，实现对高端人才的分析、控制与评估。在培训方面，可以利用在线培训，分析高端人才的培训需求，进而有针对性开展培训工作；进行在线能力测评，通过分析高端人才的各种数据信息包括高端人才的技能水平、业务能力、职场适应力等，为高端人才提供有利建议，并应用于高端人才培训中；还可以结合高端人才的职业发展规划，提供相对应的职业培训和职业引导，让高端人才能够与组织共同发展。

（五）数据库营销推广技术在高端人才价值识别中的应用

数据库营销推广能够有效创新组织的用人理念，将组织对高端人才价值识别从被动向主动转变。[②] 例如，组织从原本的依照岗位需求来选拔高端人才向组织主动根据自身的发展需求识别高端人才转变；组织从岗位出现缺口搜寻应急人才向组织主动挖掘高端人才价值转变；组织从满足当前

---

① 参见颜爱民、郭好、谢菊兰：《新时代下中国情境人力资源管理的创新与发展——第 7 届中国人力资源管理论坛暨国际研讨会述评》，《管理学报》2019 年第 5 期。

② 参见缪晓琴：《上海依靠创新构筑人才库、畅通人才路》，《人才资源开发》2021 年第 19 期。

的生产需要向组织实现长期的战略目标转变。高端人才数据库的营销推广主要有五个步骤：第一是要建立高端人才数据入库的条件及分类标准；第二是要确定高端人才储备的安全缓冲系数，从而形成高端人才安全预警机制；第三是要设计高端人才数据入库的内容；第四是要建立高端人才信息查询；第五是要及时更新高端人才数据，并且定期与高端人才联络。高端人才根据其价值稀缺性以及其重要性可以分类为一级高端人才库、二级高端人才库、三级高端人才库以及高端人才储备库（如图 2-7 所示），其中一级高端人才库是稀缺性较高的并且已有突出贡献的高端人才，属于组织的顶尖人物或行业领导者；二级高端人才库是稀缺性相对于其岗位重要性并不那么高的高端人才，主要是管理型高端人才；三级高端人才库是技术型高端人才，其价值稀缺性高于岗位重要性。高端人才储备库主要是指符合标准的高端人才，或者还在成长阶段的高端人才。高端人才数据库的营销推广其意义在于能够有效防止高端人才的流失，并且能够降低组织内部由于岗位的不嵌合导致的损失；还能够打破时间与空间上的隔膜，打造一

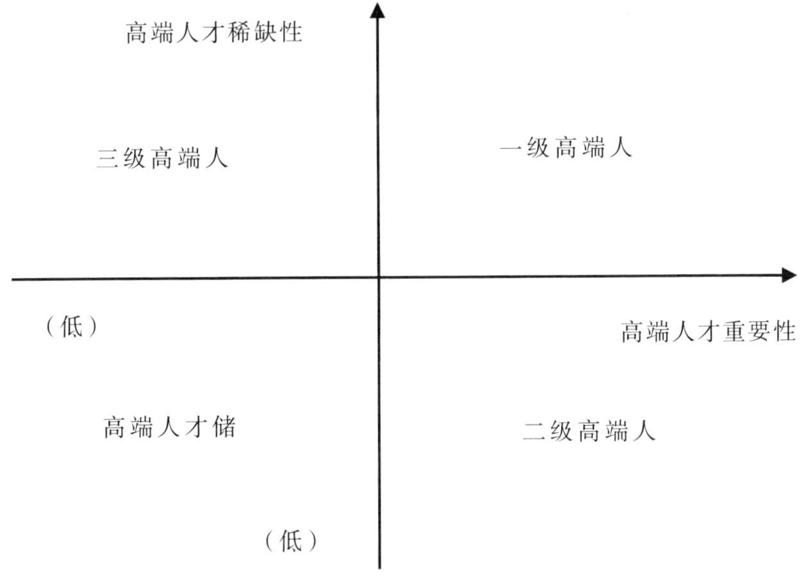

图 2-7　高端人才数据库坐标式分类图

条高端人才供应链快速有效搜寻高端人才价值，大大降低了人力资源的成本。

（六）搜索引擎平台共享技术在高端人才价值识别中的应用

搜索引擎平台共享运用计算机程序从网上搜集信息，对信息进行组织与处理，实现信息资源共享。通过搜索引擎平台得到大量高端人才行为模式的数据，并对这些数据进行研究，通过搜索引擎自动匹配招聘单位对岗位人才的需求，依照契合度进行排序，每一位被系统推荐的高端人才都会展现一个职业背景、专业影响力、好友匹配、性格匹配、职业倾向、工作地点、求职意愿、信任关系、行为模式九维人才雷达图，以方便企业管理者挑选（如图 2-8 所示）。通过这个九维的人才雷达图，可以有效节约招聘成本，并且能够以科学智慧的方式识别筛选高端人才。

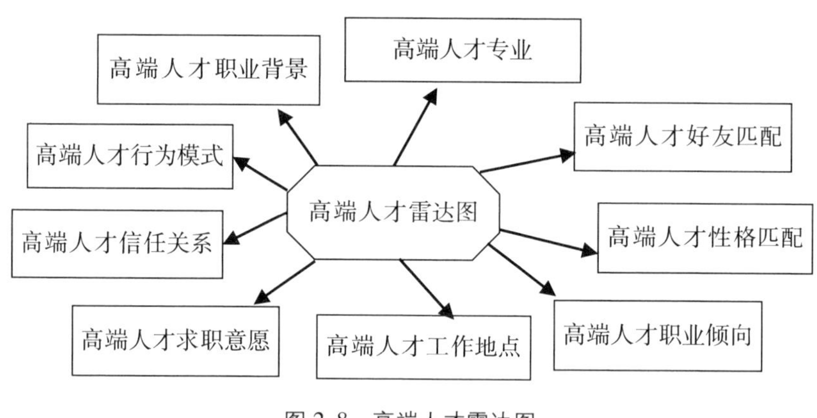

图 2-8　高端人才雷达图

（七）社交网络平台可视技术在高端人才价值识别中的应用

社交网络是动态化的，社交网络平台的可视技术为高端人才价值识别提供了新的方法。越来越多的企业招聘者可以通过一个人在社交网站上的展示以及“朋友圈”中的评价或者在网络平台上与人的沟通交流等信息来识别评价高端人才，而不仅仅是通过传统的工作经验、就业经历等的传统指标来识别高端人才。运用大数据定向挖掘和分析，可以帮助企业更容易去发现和识别高端人才。运用数据挖掘的方法对用人成本、候选人供应量、招聘风险和人才质量等多因素进行权衡，根据不同的人才获取策略选择细分对象。数字时代，每个人都会在社交网络平台留下大量的信息数据，里面包含了每个人的生活方式、兴趣爱好以及社交行为等，通过对这些数据分析筛查，可以清晰绘制出他们的性格特征、兴趣图表以及评估他们的能力，所以说社交网络平台的可视技术为高端人才的价值识别提供了新的平台。

（八）云媒体信息比对技术在高端人才价值识别中的应用

云媒体的信息比对技术使得管理者把注意力放到了非结构化数据上，挖掘人才在微博、QQ 上如何展示自己，以及朋友对他的评价等信息能够更加全面的识别高端人才的个体特征、行业人脉、行为特征等，这就为高端人才价值识别提供了新的渠道和方法。云媒体信息比对技术还可以直观了解到高端人才在不同时间段内的需求，可以有效收集分析该时间段内的动态数据来发现高端人才需求，这不仅对于提高组织绩效有着明显作用，而且能提高高端人才的忠诚度，有效避免其流动性与不稳定性。

四、高端人才价值识别的技术提升

既然高端人才价值识别的过程中存在困难，那就要结合最先进的技术方法进行改进，争取能使高端人才价值识别工作过程更简单结果却更精准。

（一）构建区域高端人才信息交换数据中台

构建高端人才信息交换数据中台，就是要建立一个用于高端人才数据信息交换的平台，实现高端人才数据信息共享交流，更快捷识别高端人才价值，更精准引入所需的高端人才。大数据信息比对高端人才价值的表现力。利用区域高端人才大数据信息交换中心将各区域高端人才的价值表现力进行比对，从而识别优质高端人才。各区域所存储的数据将通过这个平台互联互通，每一个高端人才在各区域产生的价值数据有效整合，并通过严密的数据信息比对技术，识别高端人才价值的表现力和潜在价值。借助区域高端人才数据中台，不仅能使高端人才价值识别的过程更容易，也使识别结果更准确，同时能实现信息共享。通过建立区域高端人才数据中台，在人才市场与用人单位间搭建起信息沟通的桥梁。组织各部门通过高端人才数据中台可以查询到大量的高端人才有关的数据信息，将这些数据信息进行专业规范的数据分析后筛选出优质高端人才。庞大规模的大数据信息推动了各部门间的信息共享，不仅准确识别了高端人才价值，还节约了人力、物力、财力等资源。

（二）利用人脸比对技术吸引高端人才聚集

人脸识别技术的应用逐渐成熟，可以将人脸比对技术用于吸引高端人才聚集方面。人脸识别甄别高端人才加速聚集。可以对高端人才进行人脸识别，然后在人脸识别库中调取高端人才的基本信息、个人追求等方面的信息。通过人脸识别技术分析来甄别高端人才，在人脸识别库中提取信息并分析得出高端人才过去的价值和其对未来发展的展望等，根据这些信息采取相应的措施，最大限度地满足高端人才内心诉求，为高端人才提供最大的便利。人脸识别技术甄别高端人才的这个方法不仅为高端人才价值识别提供便利，而且还推动了高端人才的加速聚集。人脸比对优选市场高端人才组织汇集，每个高端人才都会存在相关联的高端人才资源。人们在利用人脸比对技术识别高端人才价值的同时，还可以间接获得与其相关联的竞争对手或合作伙伴的数据信息，在此基础上进行数据分析和比对就可以识别更多的高端人才，促进高端人才组织汇集。

（三）善用数据技术挖掘高端人才价值创造

数据技术为经济新常态注入了新动能，推动了产业结构的调整和变革。在数据技术激发下，高端人才不仅需要不断学习新的知识和技能，还要将一些新的技术巧妙运用于工作中，在这个学习与进步的过程中创造出更大的价值。数据挖掘技术精准定位高端人才个人价值创造。拥有了高端人才潜在价值的数据，可以精准地制定每个高端人才个体的价值目标，使得高端人才在价值创造的过程中有一个具体奋斗目标，从而使其个人价值创造实现最大化。数据挖掘技术加快高端人才群体价值创造。巧妙运用数据挖掘技术可以对数据库中的数据信息智能地进行筛选，大大提高数据处理的效率。高端人才工作指向性强，所需的数据更加复杂多样，数据挖掘技术通过对数据筛选、整合与深层次剖析，更快地得出有价值的信息。高端人才在工作过程中可以方便快捷地得到直接用于其工作中的信息，大大提高高端人才的工作效率，加快高端人才群体价值创造。

（四）巧用智人合一，力推高端人才生产力价值驱动发展

智人合一指通过对人脑及人的器官的模拟将先进的科学技术与人类的智慧相结合，既具有人的情感、意识、智慧，又有机器的特征。从人类现代社会的发展经验中得知，科技变得越来越重要，为了使其不断推进高端人才生产力价值驱动发展，要实现人机融合并预防人机结合所产生的伦理与社会安全问题，构建一种全新的智人思维管理体系，严格约束人机的发展速度，为人类社会的可持续发展提供保障。

（五）关注高端人才价值动态消费，建构智能识别数据平衡态

高端人才价值动态消费是指高端人才的价值消费表现出一种非线性的动态发展趋势，并呈现出一系列新特点。在数据爆炸的时代，互联网使得

高端人才管理基于数据开展活动，并依靠数据说话和决策成为可能。[①] 高端人才的消费需求量越来越大，盲目“抢高端人才”现象，容易造成高端人才积压过剩，难尽其才。高端人才也因自身存在的差异性与社会需求的不同而导致其价值消费呈动态性变化，今后社会的发展历程将会需要相当数量的高端人才，因此建构智能识别数据机制在平衡高端人才价值消费中显得尤为重要。

（六）通过数媒结合来打破高端人才价值识别的“囚徒困境”

数字时代，数媒产业因其巨大的发展潜力而被看作是数字信息时代的朝阳产业。数媒是根据二进制数的方式来记录、传播、处理、获取信息的过程。经过不断地发展，数媒早已不再只是涉及互联网和 IT 行业的事情了，而将成为驱动整个产业发展不可或缺的动力。数媒结合有利于高端人才的挖掘、培养与创新，使高端人才更注重团体意识，明白合作的重要性，不会将个人利益建立在团体利益之上。因此，数媒的结合能快速提升高端人才的发展创造性，制造差异性，加强沟通等。同时能够充分调动高端人才的积极性，有效地提升高端人才价值识别效率的改进与提升[②]，使得高端人才价值识别面临的“囚徒困境”得以缓和。

（七）强化终端伦理传输，打造高端人才价值识别新业态

终端伦理约束是网络安全的重要组成部分。在这种虚拟而不受约束的环境下，高端人才会放纵自己的欲望和情感，进而做出不理智的行为。利用互联网技术提升高端人才的价值识别，需要从源头抓起。强化高端人才的伦理观念，打造高端人才价值识别新业态。通过各种形式的教育和社会

---

① 参见李晓楠：《5G 网络大数据时代人力资源管理的挑战及创新》，《人力资源管理》2022 年第 12 期。

② Cf. Miller M S.HR and big data: Not yet, first things first. Workforce Soiutions Review, 2013（4）：pp.39—41.

舆论的力量，弱化高端人才的自然属性，强化善恶、荣辱、正邪的观念，真正从“人”的强化终端来进行伦理传输，承担个人对社会的发展所应尽的义务和责任。要制定相应的法律法规来约束终端行为，尽量满足个人欲望和情感，不要让网络成为人们发泄情绪的温床。

总之，数字时代，促进了人力资源管理的更新与变革，将数据技术与高端人才价值识别结合起来，巧妙地将当前社会最先进的技术运用到高端人才价值识别工作中去，将数字时代的各项技术融合使用于高端人才价值识别，能够准确快速的识别高端人才价值。高端人才作为价值稀缺的群体，是社会各界所争夺的资源，用传统的方式很难较好的识别高端人才，容易造成高端人才与组织嵌入度不高，从而造成高端人才流失，所以将数据技术与高端人才价值识别结合起来，将会为组织带来意想不到的惊喜。

第三章　高端人才价值识别的要素确定与标准制定

数字时代，对高端人才的需求呈现出一种供不应求的态势，高素质和高技术的高端人才更呈现稀缺状态。高端人才资源的增长是促进组织迅速增长的核心要素。具有高素质、高技术、高水平、高能力的高端人才所产生的价值对世界各国政治、经济、文化的影响深远。因此，对高端人才的价值进行要素确定和标准制定就显得至关重要。

一、高端人才价值识别标准制定的原则

（一）公平性

高端人才收入分配公平性数值与研发投入强度之间呈倒 U 型关系，且该倒 U 型关系拐点值位于资本偏向性分配状态，组织缓解高端人才内源性融资约束会使倒 U 型关系拐点值左移，而组织过于依赖高端人才外源性融资，则会使拐点值右移。[①] 制定高端人才价值识别的标准过程和手

---

① 参见张伯超：《制造业企业生产要素收入分配公平性与研发投入强度》，《上海经济研究》2019 年第 12 期。

段要公平。公平地识别高端人才的价值，是识别出真正高端人才的重要保证。识别高端人才的价值公平性虽然不是唯一条件，却是必要条件。如果在识别时丧失了这个必要条件，对高端人才价值的识别就失去了其应有的意义，也就不会识别出高端人才的真正价值。

（二）实践性

制定高端人才价值识别标准必须是可行的，是可以用实践加以验证的，同时也能经得起实践的考验。实践性主要体现在高端人才的价值不能只是简单的掌握知识、掌握技能或拥有较高的文凭学历，更重要的是考察其在工作实践中发现问题、分析问题、解决问题的能力，是否能让高端人才所学的知识技能付诸实践，具有实践性。

（三）客观性

制定高端人才价值识别标准的内容应是客观的。在识别高端人才时，应该遵循高端人才成长发展的客观规律，考虑到高端人才所处的时代背景，在社会大背景下对高端人才所造成的影响，预测高端人才在客观环境影响下的未来发展趋势。

（四）德才兼备性

制定高端人才识别标准应充分考虑德才兼备原则，如果缺少职业道德、工作作风、团队意识等品德的话，那么这个高端人才本身就是存在缺陷的，即使再有才，也不能重用这类人才。只有德而缺乏才能，对组织而言不能创造更多实际价值，组织也不会重用这类人才。

二、识别高端人才价值的要素确定

（一）职业修养是识别高端人才价值的首要因素

职业修养（S）是反映高端人才的气质和涵养、社会公德、爱岗敬业、诚信意识的体现。一个人连做人的基本道德都没有了，那么即使他的个人能力有多强，也都不能算是人才。连道德修养都没有的高端人才所作出的贡献，呈现出的价值又有什么值得我们去识别评价呢？职业修养包括职业道德、个人魅力、工作作风、团队合作精神等。

1. 职业道德（S1）

职业道德表现在高端人才热爱自己的岗位、热爱工作、兢兢业业，在自己的岗位上办实事、办好事，认真负责、诚实守信，具有敬业奉献精神，尽自己的所能完成任务，履行责任，能够为自己的事业奋斗终生。

2. 工作作风（S2）

工作作风指高端人才在工作中的特点、一贯的工作风格，是在工作或称为劳动过程中所体现出来的行为特点，它是贯穿于工作或生产全过程中的一贯的风格。高端人才在工作中形成的优良作风：办事认真，一丝不苟；讲究效率，雷厉风行；谦虚谨慎，忠于职守；勤奋好学，精通业务；遵守纪律，严守机密；尊重领导，团结群众；任劳任怨，脚踏实地；勇于开拓，顾全大局；事必躬亲；等等。

3. 团队合作（S3）

团队合作精神指在高端人才认真负责地完成自己工作的同时也具有团队精神，在遇到困难时凝聚集体智慧，相互合作，共同分析、解决问题，重视团队中其他人提出的意见，虚心听取别人的正确意见，增强主动与他人配合的意识。

（二）知识素养是识别高端人才价值的重要要素

知识素养（Z）包括学习经历、学缘结构、继续教育、专业知识以及其他社会常识。随着我国经济的不断发展，综合国力增强，对人才的知识水平要求也不断增强。高端人才不仅要有高的学历，较为丰富的职场经验，还应掌握相关学科、专业技术领域最新、最前沿的发展动态，并能够综合运用。

1. 学习经历（Z1）

学习经历是高端人才作为学习主体的一段学习历程。学习动力是高端人才发挥主体作用、提升发展质量的关键方面。[①] 学习经历是高端人才在学校获得文化知识、专业技术能力、学位、荣誉以及奖励的过程。

2. 学缘结构（Z2）

“学缘”指科技人才在求学阶段就读的高校、所学的专业、从师的权威教授、受教的学术流派等。组织内人才的不同组合就构成了学缘结构。[②] 高端人才能够对学习到的知识，合理的贯通运用，在遇到问题时，能够使用所学知识加以解决，能够在自己最突出的领域做到游刃有余，在最擅长的领域综合运用各方面的知识化解各类矛盾。

3. 继续教育（Z3）

继续教育指高端人才拥有特定专业领域的知识后，在全日制学历教育之后又继续接受新领域知识的过程。通过学习高端人才在各方面的能力都显著提升，综合能力明显增强，专业技术水平不断提高。

（三）基础条件是识别高端人才价值的重要保证

基础条件（J）是实现高端人才价值的基础，它包括语言表达能力、

---

① 参见吕林、海龚放：《求知旨趣：影响一流大学本科生学习经历质量的深层动力——基于中美八所大学 SERU（2017—2018）调研数据的分析》，《江苏高教》2019 年第 9 期。

② 参见侯剑华、耿冰冰、张洋：《中国高校科技人才学缘结构和流动网络研究》，《农业图书情报学报》2021 年第 6 期。

情绪稳定能力、身体素质、心理素质等。

1. 语言表达能力（J1）

语言表达能力即口头表达能力，是指高端人才的想法、观点、建议通过语言能清楚并准确无误表达给别人听，并尽可能让人听懂。文字表达能力是指高端人才能用生动形象的文字、准确无误表达自己的思想，传播自己的观点，充分体现自己的叙述描写能力，人们不仅能看得懂，而且高端人才的字体应清楚工整。

2. 情绪稳定能力（J2）

情绪稳定能力是高端人才在内外因素的影响下能有效控制好自己的情绪，不会因为情绪影响自己的判断和能力的发挥。同时，在他人理解的基础上建立起沟通的桥梁，各抒己见，使沟通过程向有利于自身方向发展。与人相处融洽，待人和善，自己的想法与他人的想法能否得以交流，在和他人相处时、遇到问题时是否能心平气和地解决这些问题，这些都反映了高端人才的情绪稳定性。

3. 身体素质（J3）

身体素质是高端人才产生个体价值和社会价值的基础。识别高端人才价值的一个必不可少的因素就是身体素质，高端人才如果连一个健康的身体都没有，那么他哪有更多体力和精力去发挥自己的价值，更别说是去识别他产生的价值了。

4. 心理素质（J4）

心理素质是在遗传基础之上，在教育与环境影响下，经过主体实践训练所形成的性格品质与心理能力的综合体现。良好的个性体现在自知、自信、自强、自律、乐观、开朗、坚强、冷静、善良、合群、热情、敬业、负责、认真、勤奋等方面；较强的心理适应能力体现在自我意识、人际交往、心理应变、竞争协作、承受挫折、调适情绪、控制行为等方面；积极而强烈的内在动力体现在合理的需要、适度的动机、广泛的兴趣、适当的理想、科学的信念；健康的心态体现在智力正常、情绪积极、个性良好、人际和谐、行为适当、社会适应良好等方面。

（四）价值创造能力是识别高端人才价值的核心要素

高端人才价值创造能力要素（N）包括知识转化能力、创新能力、组织协调能力、管理决策能力、随机应变能力和投入实践能力。

1. 知识转化能力（N1）

知识转化能力是指高端人才在获取知识、吸收知识、运用知识、分享知识等各方面的能力。高端人才的知识得不到转化就无从谈起对产出价值的识别。

2. 创新能力（N2）

创新能力即创造形成和发展新事物的能力，这是区分高端人才与一般人才最显著的要素。高端人才拥有比一般人才更渊博的知识，涉及的范围也更广泛一些，应不拘泥于现有的观点理论，拥有自己独到的见解和认识，善于独立思考，拥有自主创新的意识。高端人才的创新能力往往会成为识别高端人才价值的一项重要因素。

3. 组织协调能力（N3）

组织协调能力是指高端人才组织调动一切有利因素，包括人、才、物等各种资源，去实现既定目标或者领导其他人才将计划付诸实践的能力。协调能力包括协调自己与组织的能力，即能够清楚地认识到自己是组织的一部分，服从组织的安排，协调好自己与组织中其他人员的关系、协调自己与他人的能力。在高端人才进入组织后，必然会与其他人发生接触，有接触就会有摩擦，要尽量避免和减少摩擦，这就要求高端人才在为人处世时，协调和处理好自己与同事之间的关系，情商要高，有较高的组织协调能力。

4. 领导决策能力（N4）

领导决策能力是指高端人才在遇到事情时能够沉着冷静，保持清醒的头脑，果断进行判断，使损失降到最小，决策效果的好坏可能直接影响到组织的未来。所以，领导决策的能力是判断高端人才价值的重要因素之一。

5. 应变能力（N5）

应变能力是能够反映高端人才头脑灵活的一个要素，可以随着社会大环境的改变而改变，不呆板、不沉浸于已有的思想之中，能够抓住机遇，适应变幻莫测的环境，遇到突发事件能够随机应变，第一时间想到解决的方法，帮助他人解决难题。

6. 实践能力（N6）

投入实践的能力，对于高端人才而言，就是将知识转化为社会生产力的能力。实践能力本质上就是高端人才将思想付诸行动的能力。

（五）产出业绩是识别高端人才的标志要素

产出业绩是指高端人才在一定时期内，运用所学的科学知识、专业技能、自身具备的能力等通过组织平台，为组织增添有用价值的数量与质量大小。产出业绩包含工作绩效和荣获的奖项。在高端人才价值识别的各个要素中，绩效的识别是非常必要的，业绩在一定程度上是对某一特定时期高端人才所产生价值的一种总结和肯定。业绩可以分为显现的业绩和潜在的业绩。

1. 显现的业绩（Y1）

顾名思义，显现的业绩就是能够显现出来的，从表面上就能体现高端人才的价值。比如说，获得的奖项、工作绩效、为组织获得的盈利等。

2. 潜在的业绩（Y2）

潜在的业绩就是指高端人才在组织中创造的隐形的价值，这些价值往往不会在短暂的时间内或者轻易地被人发现。例如，高端人才在组织中创造的精神财富，在同事间产生的竞争意识、团队意识等。这些潜在的价值不会被人轻易地发现，但等到一段时间后，这些潜在的业绩会变成显著的业绩。

业绩识别处理得好可以对高端人才和其他员工起到激励作用，在组织中形成一种竞争意识，高端人才间的竞争对组织的飞速发展起到重要的推动作用；高端人才的价值识别如果处理得不好，就会出现高端人才觉得分配不公，价值得不到体现，高端人才就会找寻最适合自己的地方。这样就会使组织蒙受损失。对于高端人才的科研成果及发明创造等有助于国家社会发展的都应该给予嘉奖、表彰，加以鼓励，促进高端人才创造出更大的业绩，实现更高的价值。

三、高端人才价值识别标准的制定

（一）高端人才价值识别基础标准制定表

识别高端人才价值的要素确定后，通过对要素进行分析制定相应的标准来识别高端人才的价值。根据调查统计与德尔菲访谈，制定出大多数受调查者心目中认为的识别高端人才价值的标准（见表 3–1）。

表 3–1　高端人才价值识别基础标准制定表

要素分类		高端人才	一般人才	普通人才	产生价值比重（%）
职业修养（S）	职业道德（S1）	4.7	4.0	3.5	4.5
	工作作风（S2）	4.8	4.2	3.8	4.8
	团队意识（S3）	4.7	4.3	4.0	4.7
知识素养（Z）	学习经历（Z1）	5.0	4.5	4.0	5.0
	学缘结构（Z2）	4.8	4.0	3.8	4.8
	继续学习（Z3）	4.7	4.0	3.6	4.7
基础条件（J）	语言表达能力（J1）	4.8	4.0	3.8	4.8
	情绪稳定能力（J2）	4.6	4.1	3.6	4.6
	生理素质（J3）	4.6	4.2	3.9	4.5
	心理素质（J4）	4.6	4.3	3.9	4.5

续表

要素分类		高端人才	一般人才	普通人才	产生价值比重（%）
价值创造力（W）	知识转化能力（W1）	4.6	4.0	3.3	4.6
	创新能力（W2）	5.0	4.2	3.3	5.0
	组织协调能力（W3）	4.8	4.0	3.4	4.8
	领导决策能力（W4）	4.8	4.1	3.2	4.8
	应变能力（W5）	4.8	4.0	3.1	4.8
	实践动手能力（W6）	4.6	4.0	3.8	4.8
产出业绩（Y）	显著业绩（Y1）	4.9	4.0	3.0	4.9
	潜在业绩（Y2）	4.9	4.0	3.0	4.9

（二）高端人才价值识别的基础标准制定

调查问卷的对象是江苏、上海、浙江、广东四省，中国前500强企业中的高端人群，调查问卷的内容是总分为90分，将18个要素每一要素赋予5分，要求参加调查对象把每一个要素在自己心目中认为的分数填写在表格中。然后通过计算机统计出每个要素中所占的比例，再根据比例制定出高端人才价值识别的标准。

根据表3–1，可以清楚地看到高端人才价值识别的各项要素。假设把五大要素分别命名为S、Z、J、W、Y（如表3–1划分）。如果，S+Z+J+W+Y>85分以上则高端人才产生的价值比例较高。上述表格，可以表明高端人才价值识别受调查者所关注的内容，通过对各个要素所占的比重进行求和比较，再根据表格中的要素就可以分析出高端人才产出的价值倾向。

从表3–1中可以发现，大部分受调查者认为，在高端人才的价值识别要素中，职业修养是非常重要的，占整个要素比例的14%，职业道德修养包括职业道德、工作作风、团队意识。职业道德是其他要素的前提。知识素养是高端人才价值识别的重要要素，占整个比例的14.5%，它是区分高端人才和其他人才的标准。价值实现的基础条件是高端人才的最基本要素，占整个要素的18.6%。价值创造能力是高端人才综合能力的体现，是高端人才价值识别的综合要素，占整个要素比例的28.6%。产出业绩要素是高端人才价值识别中，能够最直接表现人才价值的要素，所占比例为9.8%。

四、高端人才价值识别指标体系构建

为科学识别高端人才价值，以高端人才价值的内涵与特征为依据，通过查阅相关的文献资料，综合专家的知识、智慧、经验，在高端人才价值识别标准制定的基础上构建起高端人才价值识别的指标体系（见表3–2）。

表3–2　高端人才价值识别指标模型

<table>
<tr><th rowspan="2">一级指标（Ai）</th><th rowspan="2">二级指标（Bi）</th><th colspan="3">三级指标（Ci）</th></tr>
<tr><th>指标名称</th><th>指标内涵</th><th>指标识别标准</th></tr>
<tr><td rowspan="5">高端人才价值识别指标模型（A_i）</td><td rowspan="2">高端人才贡献率（B_1）</td><td>高端人才资本投入（C_{11}）</td><td>为促进自身发展而进行的投入</td><td>（1）高等教育投入
（2）高层次培训投入
（3）其他个人专项投入</td></tr>
<tr><td>高端人才资本产出（C_{12}）</td><td>在投入后所获得的实际产出</td><td>（1）知识产权数量
（2）新技术新产品数量
（3）科技成果数量</td></tr>
<tr><td rowspan="3">高端人才竞争力（B_2）</td><td>综合知识水平（C_{21}）</td><td>涵盖经济、社会、文化等各方面的知识储备量</td><td>（1）接受教育的程度
（2）平均每年阅读书籍数量
（3）个人写作水平</td></tr>
<tr><td>业务能力（C_{22}）</td><td>能够高效率地完成工作业绩的能力</td><td>（1）超额完成每月营销工作量
（2）超额拓展每月业务量</td></tr>
<tr><td>人际交往能力（C_{23}）</td><td>能够协调组织内外关系的能力</td><td>（1）与组织内人员关系情况
（2）组织外客户满意度</td></tr>
</table>

续表

一级指标（Ai）	二级指标（Bi）	三级指标（Ci）		
		指标名称	指标内涵	指标识别标准
高端人才价值识别指标模型（A_i）	高端人才发展潜力（B_3）	学习潜力（C_{31}）	学习新事物、新知识的能力	（1）对新事物、新知识保持高度好奇心 （2）能在短时间内掌握新知识、新技能
		创新潜力（C_{32}）	在已有知识经验基础上经过科学思维产生新观点、新思想、新技术等的能力	（1）乐于对已有观点、成果提出自己的见解和建议 （2）每月产生的新营销理念
		适应变化的潜力（C_{33}）	能对新环境和新条件作出积极应对的能力	（1）从容面对危机情况，冷静思考 （2）快速适应新营销环境

（一）高端人才贡献率

高人力资本投入显著地提升了高端人才创业绩效，并表现出一种“强者愈强，弱者愈弱”的马太效应。①“高端人才贡献率”即高端人才资本增长对经济增长的贡献率，通俗地讲，就是高端人才对组织经济发展作出的贡献程度。② 对于此问题，需要考虑以下两个指标因素，包括高端人才资本投入和高端人才资本产出。

1. 高端人才资本投入

对于高端人才来说，在自身方面的投入主要包括在高等教育、高层次培训以及其他为提高高端人才发展所进行的专项投入。高端人才作为人力资源中层次较高的一部分，其接受的教育程度肯定会高于其他层次的人力资源，所以高端人才在对自身接受高等教育方面的投入多少体现出一个高

① 参见李新春、马骏、何轩：《制度演进、创业人力资本和社会资本贡献率》，《科研管理》2019 年第 12 期。

② 参见李光全：《中国城市人才资本及其组成要素竞争力变化的空间格局分析》，《科技管理研究》2014 年第 8 期。

端人才对自己发展所愿意进行的投入。高端人才在接受高等教育的同时，为了增强自身竞争力需要接受额外的高层次培训，以促进自身的发展。那么其在接受高层次培训方面所投入的费用和精力也体现出其对自身的投入水平。高端人才在接受教育和培训之余，为谋求自身进一步提高与发展，仍需要对自己进行适合自身的一些专项提升，这就需要一些专项投入，如个人出国进修的投入等。

2. 高端人才资本产出

与高端人才资本投入密切相关的就是高端人才资本产出。高端人才资本实际产出包括知识产权、新技术、新产品和科技成果。知识产权包括专利权、著作权、商标注册权等。新技术新产品包括一些投入市场产生实际价值的技术和产品，比如华为公司不断推陈出新的手机，就体现了其公司高端人才的实际产出。科技成果包括一些对国家社会有促进作用的科研成果，比如我国高铁和动车技术的发展，就体现了我国科技高端人才资本的产出。

（二）高端人才竞争力

下面从高端人才综合知识水平、业务能力和人际交往能力三个要素来分析高端人才竞争力。

1. 综合知识水平

传统观念中，知识水平等同于文化程度。数字时代，知识水平涵盖经济、社会、文化等各个领域，是一个广泛、综合、系统的范畴。如果高端人才能拥有较高的综合知识水平，那么其在市场竞争中就具有比较优势。

2. 业务能力

影响高端人才工作质量的因素很多，但最重要的还是业务能力。业务能力表现在能为组织创造多大的业绩，从而提升组织的核心竞争力。因此，业务能力是体现高端人才竞争力的关键因素之一。

3. 人际交往能力

人际交往能力就是对于组织内外关系进行协调处理的能力。如果没有较高的人际交往能力，高端人才就无法更好地实现其自身价值。人际交往能力主要表现在高端人才与组织内人员的关系以及与组织外客户的关系。所以人际交往能力也是衡量高端人才竞争力的一个重要因素。

（三）高端人才发展潜力

每个人在职场中的发展潜力是不同的，每个人都能通过努力挖掘自身潜力而晋升到不同级别的职位。高潜力就像一块等待雕琢的高价值玉石，未来一切皆有可能。[①] 下面从学习潜力、创新潜力和适应变化的潜力三方面来讨论高端人才的发展潜力。

1. 学习潜力

高端人才所取得的已有成果或业绩虽能说明其具有一定的能力水平，但过去的成绩并不能代表其未来的表现。数字时代，一切知识信息都以最快的速度更新变化着，如果不具有学习潜力，不与时俱进，及时更新自己的知识储备，那必然会跟不上这个时代的节奏。

2. 创新潜力

新技术的创新潜力可通过其在不同的创新轨迹上解决原技术与市场冲突、自身技术发展与市场冲突的能力进行。[②] 创新潜力是指高端人才不被已有的知识和经验禁锢，而能通过自己的学习和思维产生新的知识、观点和技术等的能力。高端人才拥有的知识与经验是有限的，如果只局限于吸收已有的知识经验，就不能为组织创造更大的成果。不管是高端人才还是组织，只有激发自己的创新潜力才能够促使高端人才和组织的进一步发展。

① 参见李文武：《企业创新人才价值分析》，《山东社会科学》2013 年第 3 期。

② 参见许泽浩、张光宇、黄水芳：《颠覆性技术创新潜力评价与选择研究：TRIZ 理论视角》，《工业工程》2019 年第 10 期。

3. 适应变化的潜力

高端人才如果禁锢于现有环境条件，不能对变化的环境作出积极应对，那么就会逆水行舟、不进则退。相反，如果善于适应各种不同变化情况，则能对各种环境应付自如，那也就能在任何环境中实现自身价值。

五、高端人才价值识别标准的应用

将高端人才识别基础标准和指标体系运用到实际生活中，有效识别高端人才，可能会带来更大的经济效益。

（一）政府层面

1. 建立完善的继续教育机制

建立合理的考试录用制度，对设有博士研究生、硕士研究生的高校强化引导和管理，加大与海外名校的生源互派联盟，定期输送高端人才接受新技术新思维培训，让更多的高端人才接受先进的技术技能，为更多的高端人才提供宽松的物质条件。

2. 完善高端人才引进制度

完善人才引进制度，给予高端人才有利条件，树立全球视野和战略眼光，充分开发利用国内国际人才资源，主动参与国际人才竞争，完善更加开放、更加灵活的人才吸引和使用机制，不唯地域引进人才，不求所有开发人才，不拘一格用好人才，确保人才引得进、留得住、流得动、用得好。这就要求建立更加开放的人才体制机制，把世界一流的人才吸引过来、集聚起来，从而吸引更多的高端人才回国作出贡献。

3. 针对高端人才的特殊薪资政策

真正的高端人才可以为社会经济带来的价值远远高于他所消耗的社会能源，所以人才得到的薪资福利应该与他们所付出的成正比。政府应加大支付报酬和给予福利方面的政策引导，例如高学历补贴、海归人才项目补贴等。

（二）企业层面

1. 完善的人事招聘培养制度

要与招聘公司或者职业介绍所建立长期合作的关系，定期挑选与岗位匹配的高端人才。要有完善的制度，针对高端人才，采用独特的招聘晋升制度，给予高端人才更大的发展平台。针对不断变化态势，主动研发一套针对高端人才评价的体系，进行专业性的考核，制定出科学严谨的招聘培养机制。

2. 合理的薪资福利制度

要留下高端人才，不仅要靠组织硬实力，还要靠组织的软实力。高端人才的流动率是比较大的，高端人才离职、跳槽是经常会发生的。组织要想留住高端人才，就要给予其更优的工资和福利，给予其在组织发展中的广阔平台，高端人才才可能为组织带来较大的价值回报。

（三）高端人才方面

1. 文化方面

文化力是软实力的核心。高端人才要以全球的视野和前瞻性的眼光，用大量的数据、事实，透过语言、历史、心理、教育、政治、经济、管理等众多层面，证明在组织成长演进中的个人意义和价值。高端人才应不断提高自己的文化力，为组织创造价值打下坚实的基础。

2. 经历方面

有条件的高端人才应该抓住出国深造的机会，学习外国先进的思想和技术，增强自己的视野，如果没有条件出国，可以通过到经济发达的大城市，或者是世界知名企业，感受氛围，学习先进的技术，在全新的环境中成长。

3. 工作态度

高端人才想要有业绩，就要靠认真的态度。遵守职业道德和公司制度，尊重他人，协同他人，积极进取，完成自己的本职工作，努力开拓新市场，并且向自己的目标靠近，具有责任感，勤劳踏实的耕耘，才有收获。

4. 业务能力

业务能力是指高端人才在完成业务活动的过程中所具备的能力体现。良好的业务能力，可以促成组织业务交往与客户情感往来。高端人才在工作中，需要运用多方面的专业能力，如生产能力、研发能力、市场调研能力、沟通能力、谈判能力等。高端人才要注意换位思考，从客户角度来研究其心理动态及相关问题，妥善耐心处置组织与消费者之间发生的争端；养成随时关注客户动态、做好客户相关信息大数据处理的良好习惯，注重对客户群体分类整理、加以分析，以便能够随时查询任何一个客户的具体信息。有时要善用团队力量，遇到超出自己能力范围的状况，可以向他人寻求帮助。

5. 自我绩效管理

自我绩效管理是指高端人才为了达到组织目标共同参与组织的绩效计划制定、绩效辅导沟通、绩效考核评价、绩效结果应用、绩效目标提升的持续循环过程，绩效管理的目的是持续提升高端人才、部门和组织的绩效。自我绩效管理强调组织目标和高端人才工作目标的一致性，强调组织和高端人才同步成长，形成“多赢”局面；自我绩效管理体现着“以人为本”的思想，在绩效管理的各个环节中都需要高端人才与管理者的共同参与。自我绩效管理有利于激发高端人才的工作积极性，同时又能有效规范高端人才的工作行为，其核心目的都是有利于提升组织的整体绩效。

第四章　高端人才工作嵌入及行为规律研究

数字时代，高端人才的工作嵌入及行为呈现独特的规律性。分析高端人才工作嵌入行为的内涵、维度、特征以及显性方式，着重研究高端人才工作嵌入行为规律即要素驱动向创新驱动转变、个体嵌入行为向云组织嵌入行为转变、个体价值创造向云价值创造转变、个体信息专享向云组织信息快速迭代转变和个体有限归属向云生态归属认同转变等规律，分析这些规律在创新执行业务中进行云组织转变以及云生态理念方面的应用。高端人才工作嵌入行为规律充分利用大数据的快捷性进行分析，解决了传统高端人才工作嵌入的偏离性、不及时性以及归属感不强等问题，实现了高端人才工作嵌入行为的转型创新。由此可见，对数字时代高端人才工作嵌入行为规律的内涵、维度进行分析有利于改善传统嵌入模式的弊端，提高嵌入力度，降低离职率。

一、高端人才工作嵌入的内涵、过程及其对组织的影响

（一）高端人才工作嵌入的内涵

1. 工作嵌入的概念

2001 年，米切尔（Mitchell）和李（Lee）等在对员工行为进行研究

时结合“嵌入论”，创造性地提出了“工作嵌入”理论。工作嵌入是指使员工保留在原有工作岗位的所有因素集合，包括联结、匹配和牺牲三个维度。[①] 刘蓉、薛声家（2013）认为，高端人才工作嵌入反映了高端人才对自己与工作环境匹配、联系和牺牲的权衡。[②] 吴杲、杨东涛（2014）从社会网络理论、匹配理论和资源理论的视角对高端人才工作内和工作外的联结、匹配和牺牲三个维度展开讨论。[③] 李永周、黄薇、刘旸（2014）认为，将工作嵌入概念中的“社区”层面理解为与特定空间及高端人才之间深层次心理和情感上的关系。具有高工作嵌入度的高端人才能否通过充分发挥创新能力，提升个人创新绩效，从而给企业带来持续竞争力，成为企业越来越关注的重要问题。[④] 陈勇强、宋歌、张文静（2014）认为，高端人才工作嵌入与以往用于预测离职的变量的主要区别在于综合考虑工作内外因素，即组织和社区；既考虑高端人才理性上的判断，也考虑高端人才感性上的态度。工作嵌入是高端人才对于一份工作的依附。[⑤] 周荣辅、刘博、赵欣勃（2014）认为，高端人才嵌入组织内，获得自己需要的薪酬福利待遇等，高端人才又必须提供组织需要的各项技能，高端人才和组织之间互相依赖形成一种联系。[⑥] 杨春江、蔡迎春、侯红旭（2015）认为，工作嵌入程度高者，心理授权对高端人才行为的影响不显著，且为负向。另外，将工作嵌入整合到研究框架中，不仅能更准确地

---

① 参见姚山季、郑新诺：《工作嵌入与工作绩效关系的元分析》，《安徽大学学报》（社会科学版）2022 年第 1 期。

② 参见刘蓉、薛声家：《中高端人才工作嵌入对个体与组织影响的实证研究》，《科技管理研究》2013 年第 15 期。

③ 参见吴杲、杨东涛：《工作嵌入的理论思考：社会网络、匹配理论和资源理论的启发》，《华东经济管理》2014 年第 9 期。

④ 参见李永周、黄薇、刘旸：《高新技术企业研发人员工作嵌入对创新绩效的影响——以创新能力为中介变量》，《科学学与科学技术管理》2014 年第 3 期。

⑤ 参见陈勇强、宋歌、张文静：《中国国际工程外派管理人员工作嵌入与离职意愿关系研究》，《工程管理学报》2014 年第 12 期。

⑥ 参见周荣辅、刘博、赵欣勃：《基于工作嵌入模型的中国情景下企业保留员工的主要因素研究》，《科技与管理》2014 年第 3 期。

掌握心理授权与高端人才行为的关系，而且顺应了组织理论与心理学理论相融合的发展趋势。① 宋常青、周庆行（2015）认为，工作嵌入影响因素有 16 种，分为职内嵌入和职外嵌入。职内嵌入有雇佣关系、上下级关系、同事关系、专业对口、企业文化、工作压力、薪酬福利、晋升机会、上司司龄；职外嵌入有配偶、家人、挚友、治安环境、自然环境、服务环境以及居民素质。研究发现，职内嵌入因素影响大于职外嵌入因素影响。② 殷凤春（2015）认为，高端人才工作嵌入价值是指在工作嵌入过程中与各类资源结合所创造的物质及精神价值的总和。这些价值通过高端人才的素质和能力加以体现，主要包括开拓发展绩效价值、规划管理能力价值、模范榜样价值。③ 王向红（2015）提出，工作嵌入学习指导主要包括三种途径：认知嵌入、技术嵌入、关系嵌入。④ 赵鹏、刘晓冰（2015）认为，工作环境和氛围使高端人才陷入组织之网，陷入的程度高低决定了高端人才从中离开的难易程度。高端人才获得的领导信任、支持以及授权越多，高端人才的工作嵌入程度可能越高。⑤ 刘薛（2015）提出，个体的价值观、职业规划和发展方向与组织文化、岗位要求、周围环境的匹配程度越高，高端人才越不容易产生离职意愿。⑥ 赵波、李瑞芝（2016）提出，工作嵌入理论从员工保持性视角出发，探讨员工留职的客观机

① 参见杨春江、蔡迎春、侯红旭：《心理授权与工作嵌入视角下的变革型领导对下属组织公民行为的影响研究》，《管理学报》2015 年第 2 期。

② 参见宋常青、周庆行：《“工作嵌入”因素的重要度分析及其对人才保留的启示》，《贵阳市委党校学报》2015 年第 1 期。

③ 参见殷凤春：《高端青年人才工作嵌入价值识别研究》，《科技进步与对策》2015 年第 24 期。

④ 参见王向红：《大学生学习指导的社会工作嵌入：原因、路径与保障》，《高等教育研究》2015 年第 2 期。

⑤ 参见赵鹏、刘晓冰：《知识型团队领导——成员交换关系差异对工作嵌入的影响：成员公平感的中介效应》，《科技与管理》2015 年第 9 期。

⑥ 参见刘薛：《面对 90 后高离职率现象企业应该如何转变管理思路》，《现代经济信息》2015 年第 1 期。

制。[①] 徐茜、张体勤（2018）认为，工作嵌入能够帮助高端人才跳出个体层面，从社会网络和人际互动层面，建立起高端人才与组织之间的连接，从工作和态度以外探求员工流动倾向的新的前置因素。[②] 温珂等（2018）认为，科研管理体制使能性高时，工作嵌入与离职意愿的负向关系被弱化，而当科研管理体制使能性低时，工作嵌入与离职意愿的负向关系被强化。[③] 杨咸华、蔡瑶（2019）认为，高嵌入水平的员工更有可能做出较为隐蔽的行为，比如社会阻抑、怠工。[④]

2. 工作嵌入的维度

工作嵌入划分为工作内嵌入和工作外嵌入两个方面。联结是指个体与其他成员或活动的联系程度；匹配是指个体的价值观、能力、兴趣和爱好与组织和环境相容性的程度；牺牲是指个体离开当前的工作所造成的物质和精神上的损失。研究结果显示，工作嵌入能够正向影响员工的积极行为和绩效，缓解或消除负面行为。因此，嵌入性表现在组织及社区联结、匹配、牺牲上。[⑤] 工作嵌入概括了使得员工留职的与组织和社区相关的各种因素，当对工作产生不满或者具有吸引力的新工作出现时，雇员依然选择继续留在组织而不是离职。杨春江等（2022）提出，扎根中国情境，全面地检验工作嵌入的总体水平、两个领域嵌入（组织和社区）和三类嵌入力量（联系、匹配和牺牲）对离职意愿的预测效力。[⑥]

---

① 参见赵波、李瑞芝：《快递企业员工离职的“推拉模型”及验证——基于展开模型与工作嵌入理论》，《江苏商论》2016 年第 2 期。

② 参见徐茜、张体勤：《工作嵌入与员工流动倾向：工作价值观为调节变量》，《管理工程学报》2017 年第 3 期。

③ 参见温珂、于贵芳、吕佳龄、苏宏宇：《工作嵌入、制度环境与离职意愿——中科院人才流动的影响因素分析》，《科学学与科学技术管理》2018 年第 11 期。

④ 参见杨咸华、蔡瑶：《职场排斥与网络怠工：工作嵌入的调节作用李锡元》，《技术经济》2019 年第 6 期。

⑤ 参见刘蓉、薛声家：《工作嵌入研究综述与展望》，《科技管理研究》2012 年第 12 期。

⑥ 参见杨春江、陈亚硕、赵新元、陈奥博：《中国情境下一项关于工作嵌入效应的元分析研究》，《管理评论》2022 年第 7 期。

（二）高端人才工作嵌入的过程

高端人才与企业完全相融是需要一个过程的。企业要把握好那些可能会影响高端人才工作嵌入的关键因素，找出解决的办法以提高工作嵌入程度，防止他们离职。

1. 工作适应过程

高端人才进入一个全新的企业组织时，需要一段调整适应时间。虽然高端人才具备很强的适应调节能力，但是企业的工作方式、工作环境、文化理念以及工作伙伴之间的关系等都会成为影响高端人才去留的关键因素。首先，企业要为高端人才创造更便利的生活条件和工作空间，如舒适的住房和精密的实验室。其次，企业的价值观要尽可能为高端人才着想，为其创建一个能够自由交流、组合的工作机制，人际关系要和谐，能够让他们充分发挥自己的创造力与创新力。最后，随着工作时间的推移，表层的社会联系会发展成为情感联系。[①] 企业与高端人才之间建立感情上的红扣线，用企业的真诚打动他们，让其与组织的联系越发紧密，让他们更加愿意留在企业中。

2. 工作嵌入过程

首先，企业要下放更多的权力，让高端人才有更多的自主权与决策权，这样不仅提高了效率，还能让其充分了解到企业对自己的信任与肯定，增强其对企业的归属感。其次，高端人才对企业作出了巨大贡献后，企业要对他们进行嘉奖。除了物质上的奖励之外，适当的休假旅游能让他们舒缓压力，一个新的环境空间也有利于他们创新创造。最后，因为高端人才有很强的事业心，期望获得事业上的成功。所以，企业要及时创造各种各样的条件为他们事业上的成功铺路搭桥，及时为他们提供多种学习交流方式并对他们进行有效栽培，适当地提拔晋升不仅能让其感受到企业的

① 参见张明：《工作嵌入在中国情境下的适用性讨论》，《企业活力》2011 年第 2 期。

重视，也有利于自我价值的实现，增强他们的嵌入性。

（三）高端人才工作嵌入程度对组织的影响

企业必须拥有自己的核心竞争力以应对日益激烈的市场竞争，现在企业间的竞争实质上是人才的竞争。高端人才的知识素养、营销技巧、实践能力等是企业核心竞争力的重要构成要素。高端人才的工作嵌入程度会影响企业组织经营的稳定性和持续性，对组织的长远发展甚至会起到决定性作用。其影响主要有：工作嵌入职场排斥高端人才怠工；情绪耗竭部分中介职场排斥对怠工的正向影响；工作嵌入正向调节职场排斥对情绪耗竭的正向影响；工作嵌入正向调节情绪耗竭在职场排斥与怠工之间的中介作用。①

1. 高嵌入性对组织的影响

当高端人才具有很高的工作嵌入性时，其他组织具有诱惑力的工作机会及晋升机会都会被拒绝。高端人才更倾向于留在当前的组织，这里有他们熟悉的工作伙伴、舒适的工作环境和居住空间、丰富多彩的组织和社区活动、便利的交通及令人满意的薪酬福利等。工作之外的事不会过多的分散他们的注意力，他们能全心全意地投入工作之中。高端人才的个人价值与企业价值能够很好地融入一起，二者的利益能够实现统一，从而对企业具有强烈的归属感，衷心效力于企业，在实践中不断总结创新，为企业的发展作出贡献。积极向上的工作态度不仅会为组织创造更多的绩效，更能带动身边的工作伙伴认真工作，有利于形成良好的工作氛围。

2. 低嵌入性对组织的影响

当高端人才的工作嵌入性很低时，会产生较为强烈的离职愿望，由于他们要分散精力去寻找新的工作机会，会出现消极的工作态度。高端人才

① 参见李锡元、杨咸华、蔡瑶：《职场排斥与网络怠工：工作嵌入的调节作用》，《技术经济》2019年第6期。

是企业的核心员工，有示范作用，若是这类人才产生厌倦消极的态度，势必会打破之前那种和谐的工作氛围，这不仅会使其他员工产生不安心理，导致更多的员工离职，更是一种人才的浪费。同时，企业培养出一个高端人才所付出的资本也是不可小觑的，高端人才的离职让企业投入的这些资本无法回收。高端人才离职会带走组织的重要信息和客户资源，给公司业务带来巨大冲击。高端人才的离职更会为企业带来不良影响，外界会认为企业的经营管理不善致使高端人才外流，向外界传达了一种不好的信号，组织的声誉随之下降，影响组织的稳定性，企业无法正常运转。

二、高端人才工作嵌入对企业的贡献率

高端人才能力突出，专业素养高，是推动组织发展必不可少的中坚力量，成为组织间争夺的目标。高端人才贡献率可以衡量出一个地区或组织的人才资源状况和利用率，能够优化地区或组织人力资源的配置。如何满足高端人才的期望，如何保持和培育高端人才，都是组织亟须解决的问题。

（一）高端人才工作嵌入对企业的期望

高端人才是处于金字塔顶端的极少数的人才，给组织创造的价值要远远高于普通高端人才，所以对企业的期望也异于普通高端人才。企业可以从不同方面来满足他们的期望要求，调动高端人才的工作积极性，激发其潜力，以期其为企业作出更大的贡献。

1. 重视高端人才的个体特征

高端人才有独特的个性与追求，自我表现欲强烈，成就感和事业心都极强，自我要求极高，责任心重，为了组织的发展甘愿奉献自己的一切。组织要充分尊重高端人才的独特个性特征，让其工作在一个既能够发挥想象力和创造力又相对自由的环境之中，激发他们的潜力，标新立异，让其

个性得以更好发展，而不是压制他们的个性。同时，组织为高端人才提供更为广阔的职业发展路径，满足他们的事业追求，增强自信心，让他们为组织的发展作出不懈的努力。

2. 塑造适合高端人才的组织文化

组织要塑造一个良好的人文氛围，以人为本，将组织与个人的利益有机地结合起来，增强他们的嵌入性，这样高端人才会将组织的目标当成是自己的使命，全力以赴地完成组织目标。组织要努力打造一种以创新、自由开放为主的文化氛围，这样置身于其中的高端人才能够感知到这种文化的力量而不断的求知求新。组织实行人性化的管理措施，在情感上与高端人才多沟通，排忧解虑，与其建立感情上的羁绊。

3. 满足高端人才的自我价值实现需要

高端人才作为组织团队中的精英，期望组织能够满足自我价值实现的需要。建立利益分享机制，让其切实分享到组织发展带来的经济效益[①]；适当的授权是对高端人才能力的肯定与信任，能增强其主人翁地位，他们掌握的实权越多，参与组织经营管理的热情越高涨；高端人才期望在组织内外部能够受到人们的尊敬和赞扬，高层管理者要重视与关注高端人才，认同理解他们，员工要尊敬他们，以他们为努力学习的榜样。组织要不断为高端人才提供学习及出国深造机会，实现自我价值，提高管理技能，与国际接轨。

（二）基于“工作嵌入”的高端人才保持

传统的物质薪酬奖励并不能维持高端人才对组织的满意度及组织承诺，这样的激励措施都只是短暂而浅显的。实施基于“工作嵌入”的高端人才保持策略，企业管理者化被动为主动，将关注的焦点放在那些影响高

① 参见郑志强：《基于成就导向的企业营销高层人才激励研究》，《洛阳理工学院学报》（社会科学版）2012 年第 4 期。

端人才留职的核心因素上，可以有效防止他们产生离职行为。

1. 增强联结

增强高端人才与组织和团队的联结，营造和谐融洽的人际关系。允许高端人才自行选择工作团队和工作伙伴，增进他们之间的合作交流，培养深厚的工作情谊，建设积极向上的企业文化，实现个人与企业的统一；通过定期的会议，组织善意的听取高端人才的意见并加以改善，提高他们的满意度；支持鼓励他们积极参加社区服务活动，定期为高端人才提供丰富多彩的专业性社团活动，让其能够全方位发展。通过这样的联结让高端人才得到身心上的满足，从而效力于组织。

2. 促进匹配

基于组织的价值观选拔高端人才，应当雇佣那些与组织价值观相匹配的高端人才，这样个人与组织的利益能够很好地结合在一起；创造令高端人才满意的工作环境，如办公设施、工作氛围、人员配置等要达到高端人才的要求；了解高端人才的职业规划及目标，在各个阶段及时为他们提供工作机会和学习机会；采取多样化的方式奖励高端人才，让其能够根据自身特点及生活方式选择报酬组合；弹性的工作时间能提供生活及工作上的便利，让他们工作上更加自由。

3. 预防控制“震撼事件”

有时高端人才离职并非是对组织不满，而是由于一些“震撼事件”引起的。震撼事件主要包括配偶工作的变换、怀孕、住地搬迁等。这些事件在一定程度上迫使员工重新审视自己的工作，促使他们改变现状，寻找新的工作机会。① 企业要及时发现这些“震撼事件”，并给他们提供帮助和解决对策。企业要多关心高端人才的实际生活状况，尤其对他们配偶的就业问题及子女就学问题给予适当帮助，让高端人才无后顾之忧。当他们对

① 参见张明：《工作嵌入的理论进展及在离职管理中的应对策略》，《生产力研究》2012年第2期。

工作或生活产生困惑时，企业及时给予指导，舒解他们的疑惑，以达到最佳状态工作。

（三）高端人才的组织培育与价值回报

由于高端人才稀缺，组织要想纯粹地通过招聘途径获得高端人才是很难的。高端人才对所选的组织要求很高，看中的不仅是个人利益能够获得满足的程度，更加注重的是组织在业界的知名度及文化相关度等因素。而目前大部分中小企业相对较难达到高端人才的要求，要通过组织培育来满足其需求。

1. 校企协同培养

加强校企合作，共同培养高端人才。高校是孕育人才的摇篮，企业则是锻炼人才的地方，双方的合作是共赢的。高校需要大力创新教育教学模式，提升师资力量，合理设置课程，增加与企业生产、销售和管理等有关的课程，提供更多的机会让学生参加社会实践活动。高校可以经常性地请企业高端人才进行演讲，传授经验，加强互动性。演讲者可以向学生传达企业的经营理念和人性化的管理方式，吸引优秀的学生目光，为日后的招聘打下基础。

企业一方面要不遗余力配合高校的社会实践活动，提供更多适用的实习岗位，对于那些在实习期间表现优秀的学生提供物质性的奖励或签订合同；另一方面应该从内部培养出更多高端人才，如挑选出有潜力的营销人员加以塑造，提供他们在岗培训、出国深造、外访交流等机会来提升他们的专业素养。为防止这类人才学有所成后产生跳槽离职等行为，用合同约束高端人才离职行为。[①] 企业要和其签订保证协议，用高额的违约资金约束高端人才，用法律手段维护企业自身的利益。

---

① 参见朱家春：《基于工作嵌入理论的营销人员离职行为探讨》，《全国流通经济》2019年第31期。

政府要发挥其影响力，广泛招揽国内外的高端人才。现在，各地政府都在大力实行自主培养与引进人才并存的机制，不断创新人才政策，完善各项体制机制，目的就是广泛招揽人才；企业在此基础上，采取一系列有效措施吸引政府招揽的那些高端人才，合理安排他们的职位，发挥他们的最大效用。政府与企业间的合作，既能带动政府和企业的经济发展，又能加强政府的公信力和号召力。

通过高校、企业、政府及其相互间的共同努力，高端人才的数量必将有所增加。这样能在一定程度上缓解企业日益增长的人才需要。

2. 高端人才的价值回报

企业招聘、培养高端人才都是为了获得现实利益，希望以最小的投资得到最大化的回报。只有企业全心全意的对待高端人才，他们才会效忠于企业，全力以赴，不负期望，为企业带来良好的收益。

第一，高端人才的产出以知识高附加值形态为主，不受时间、地点的限制。他们随时随地思考着实际工作中遇到的难题，并运用自己掌握的专业知识和技能来解决这些问题。高端人才具有积极进取的开拓精神，在实践中创新思想、创新体制，在激烈的市场竞争中使企业能够分一杯羹。高端人才不安于现状，自觉地通过各种途径学习以完善充实自己，善于识别并抓住各种机遇，为企业创造更多的效益。

第二，高端人才具有团队示范作用，他们的行为一直被其他员工模仿。一般的员工将高端人才当作是自己努力奋斗的目标，通过不断地学习提高知识与技能，向高端人才不断地靠近。这样一来，企业的学习创新氛围愈加浓厚，团队合作愈加默契，工作绩效不断提升，为企业带来的经济效益也日益增多。

第三，高端人才以其广泛的人脉关系和良好的口碑能够吸引更多的高端人才加入企业，壮大营销团队，提升企业地位。高端人才的多少也从侧面反映出企业发展的状况，高端人才越多，企业发展得越好，就能够有效扩大企业知名度，从而吸引更加多的人才加入企业。

三、高端人才工作嵌入行为基本理论

（一）高端人才工作嵌入行为的内涵

高端人才工作嵌入行为是一个动态的过程，它是指高端人才凭借其较强的能力和积极向上的态度，为满足自我需要而主动嵌入一个组织中去的动态行为与心理过程。同时，该组织的环境和团队也会触动个体，转而促使个体留在组织中。所以高端人才的工作嵌入行为并非单向的，而是和所在集体、工作单位的双向互动。在心理层面上，这里更多强调的是高端人才的主动嵌入性。以往对高端人才工作嵌入的研究大多从个体和组织以及所在社区的角度停留，研究三者之间的嵌入程度关系，很少去分析高端人才在工作嵌入过程中的行为与心理特性及状况，忽视了个体的行为拥有目的性、意识性。所以，了解高端人才的个性特征能在心理层面上掌握高端人才的想法，促使其与组织更好地“嵌入”。

数字时代，高端人才工作嵌入行为规律是指高端人才和组织与工作有关的情境所形成的关系网络密切程度，利用云计算新型网络技术阻止个体离开组织的各种力量组合的规律。具体表现：要素驱动向创新驱动转变、个体嵌入向云组织嵌入转变、个体价值创造向云价值创造转变、个体信息专享向云组织信息快速迭代转变、个体有限归属向云生态归属认同转变等规律。

（二）高端人才工作嵌入行为的特征及显性方式

1. 特征

（1）嵌入过程跨界融合。高端人才在嵌入过程中实现专业、部门、行业等方面的融合。主要体现：第一，专业跨界。数字时代，高端人才在嵌入时会进行专业跨界，因为高端人才所学专业不同，专业跨界有利于高端人才把本专业与其他专业内容相互融合，以便各种能力迸发；第二，部门跨界。部门跨界是指不同部门的高端人才通过工作嵌入进行融合，有助于部门之间信息沟通顺畅；第三，行业跨界。互联网、移动互联网等网络基础设施，包括移动终端、PC 等智能终端，依托互联网整合、聚集的海量信息数据资源实现了行业跨界。[①] 各行业高端人才在嵌入过程中使各种优势互补，从而提升组织和行为的竞争力。因此，高端人才通过大数据实现专业跨界、部门跨界、行业跨界，使个体在组织中充分发挥自身能力，避免人才资源浪费，提高工作效率。

（2）嵌入行为要素重塑。在数字技术推动下，高端人才把嵌入工作中所需的各种要素重新塑造。之所以要进行要素重塑，是因为形形色色的要素在大数据的融合下使高端人才在有效时间内完成工作嵌入。嵌入行为主要体现：第一，积极要素。积极要素是指组织能够给高端人才嵌入行为带来积极影响并使高端人才的嵌入行为更为多样化、更具灵活性的要素，如薪酬福利、人格尊重和发展机会。第二，消极要素。消极要素则是指阻碍高端人才嵌入行为顺利进行的要素，如上司支持感不强、组织声誉差等方面。因此，要将这些要素进行整合重塑，利用好积极因素为组织服务，避免消极因素的滋生。

（3）嵌入状态智能生态化。嵌入状态是指高端人才在嵌入过程中所呈现的一种稳定、本质、必然的状态。嵌入状态智能生态是指高端人才的嵌入状态将与智能体相融合并逐步生态化的一种形式。高端人才嵌入状态智能生态，具体表现：第一，硬件处理。硬件处理是指高端人才以完备的云计算技术和物联网技术为基础，形成具有特定功能的新硬件的一种新产业形态并将嵌入工作中海量信息进行分析处理，从而达到智能化水平。第二，软件处理。软件处理是指高端人才根据现有云程序系统内部生成的软件应用 APP 对嵌入行为发生携带的错误信息进行生态化处理，使整个嵌

① 参见马彦：《“互联网 +”时代我国产业转型升级研究》，《领导科学》2019 年第 5 期。

入工作过程更为绿色无阻。[①] 因此，嵌入状态智能生态的处理方式更加高效安全，对改变传统工作嵌入状态有很大的提高。

（4）嵌入结果人脸识别。嵌入结果人脸识别是指高端人才工作嵌入行为运用人脸识别技术完成后表现出的形式。人脸识别是数字时代下的一种较为常见的识别模式，将其应用于高端人才工作嵌入中对嵌入结果进行优劣分析很有必要。采用人脸识别技术对嵌入结果分析表现：第一，人脸识别的精准性。人脸识别技术在高端人才工作嵌入的过程中，对嵌入结果采用三维立体技术和红外线光感采样对高端人才嵌入行为进行人脸识别，从而增强了识别的精准性。第二，人脸识别的高效性。高端人才工作嵌入行为通过运用嵌入结果人脸识别技术不仅提高结果分析效率，还提升结果处理技术速率。因此，采用人脸识别技术对嵌入结果进行分析，将提高整个嵌入过程的速率与精确度。

2. 显性方式

（1）智能工具控制高端人才工作嵌入行为流程。高端人才利用智能工具控制嵌入行为流程。通过融合大数据技术、图形用户界面、客户服务器结构、云计算辅助工具等新型智能工具，对高端人才工作嵌入行为过程中各种要素进行了有效的集成。组织利用智能工具控制工作嵌入行为流程具体表现：第一，智能工具可以帮助组织实现工作嵌入体制“以人为本”的创新；第二，智能工具能够在高端人才工作嵌入过程中形成一种以客户关系为前台的重要支撑；第三，智能工具还能实现用虚拟电子技术，全面整合组织内外资源，从而达到控制工作嵌入流程的目的。

（2）人脸识别增强高端人才嵌入行为的能力。人脸识别是指对人的脸部特征信息进行身份识别的一种生物识别技术，它是利用新型高端人才工具采集含有人脸的图像或视频流，并自动在图像中检测和跟踪人脸，进而

---

① 参见汤英蓉：《高科技企业知识员工工作嵌入和组织公民行为关系研究》，南京邮电大学硕士学位论文，2013 年。

对检测到的人脸进行脸部识别的一系列相关技术，通常也叫作人像识别、面部识别。将人脸识别技术运用到高端人才嵌入过程，具体表现在人脸检测、跟踪和比对方面具有自然性和不被察觉性。第一，自然性。所谓自然性是指高端人才嵌入行为发生时是基于一种自然环境中，无形中有利于增强嵌入行为能力。第二，不被察觉性。人脸识别的不被察觉是对高端人才进行声音、指纹识别的一种进步，使高端人才嵌入行为的速率提高，并且嵌入行为能力也随之增强。因此，在嵌入过程中，采用人脸识别有分辨率高、操作便捷和安全可靠等诸多优点，基于改进的 Ada-boost 算法的人脸识别系统较于 PC 机人脸识别系统，具有价格低廉、占用空间小、扩展能力强、响应速度快和操作简便等优点。①

（3）云计算强化高端人才嵌入行为智人融合。智人融合是指人工智能和人的融合，更精确来说，是指人工智能即模拟人的思维、意识等智能行为的科学和人脑的融合。高端人才嵌入行为智人融合是指在嵌入行为发生时，高端人才能够识别自身与周围之间内在的联系，将其所处环境构织成相互联系、相互依托的万物互联网络，从而达到智人融合目的。云计算强化高端人才嵌入行为智人融合是高端人才利用云计算新型智能工具迅速将个体自身与周围有用的信息、人际、设备进行融合，并为自身服务，提高高端人才嵌入行为效率。同时，云计算以其独特的整合方式与信息处理能力，将现有信息加以融合、分类、处理，从而提升自身优势。因此，高端人才要积极利用数字时代下的云计算强化嵌入行为。

（三）高端人才工作嵌入行为的维度构成

工作嵌入行为的维度构成主要有高端人才本身的个性特征以及外部环境。而在外部环境中，组织、社区、国家政策都能够影响到这种嵌入，与

① 参见王志磊、顾梅花、陈文浩：《基于改进 Ada-boost 算法的人脸识别系统设计》，《西安工程大学学报》2020 年第 1 期。

高端人才本身息息相关的外部环境主要还是来自组织。下面从个性特征（包括能力和态度、需要和动机、心理契约）以及组织层面入手，分析高端人才此项工作嵌入行为的维度。

1. 个性特征维度

个性即个体独有的、与其他个体能区分开的、代表个体全部的心理特征。由于个性的特殊性和复杂性，掌握高端人才的个性，不仅能判断其目前的行为，甚至可以预见他接下来的行为。对个人行为的影响不仅仅是受其主观因素（个性）的影响，也受制于客观因素。主观心理特征可概括为能力和态度、动机和需要以及心理契约三大模块，客观环境则概括为组织层面的因素。

（1）能力和态度。通常情况下，能力被认为是具有观测、记忆、思维、联想等水平的本领。它是人们进行某种行为所必需的，是构成个人行为能力中看似一般又最重要的部分。特殊能力则是对高端人才专业知识和技能丰富程度的具体指代。高端人才的一般能力毋庸置疑，特殊能力则是由他们的专业知识或专业技能赋予他们的，也正因为如此，他们才是人才中的佼佼者。在对高端人才工作嵌入行为过程的研究中，组织更加需要重视他们这种特殊能力的发挥。

高端人才对组织的态度也是其工作嵌入的一个不可忽视的指标。他们在进入组织最初，受到各个方面的影响，对组织的态度或积极、或消极，这种态度会影响他们的行为倾向，或选择主动嵌入，或选择消极对待，时间一长，他们还会越来越受到群体观念的影响。群体的工作嵌入程度对高端人才本身也有潜移默化的影响。① 群体意识虽然会使其他成员有某种相似的态度，但成员之间的个性不同，在态度的形成过程中必然存在着个别差异。

---

① 参见苏晓艳：《组织社会化策略、工作嵌入及新员工离职意向研究》，《软科学》2014年第5期。

（2）需要和动机。需要就是人对事物的欲望和要求，它分为自然性需要和社会性需要。前者对于高端人才来说无非是其生存生活问题的解决，而后者在马斯洛的“需要层次”理论中可以总结为尊重以及自我实现的需要。① 正是有这么多的需要，才会使得高端人才产生动机；换句话说，需要是高端人才工作嵌入行为的原动力，动机则是推动高端人才进行工作嵌入的直接原因。

高端人才在工作嵌入行为过程中影响较大的动机分别是成就动机和亲密动机。高端人才在进入组织时，就是为达成某一需要或目标而努力工作的。研究表明，高成就动机者的行为方式、工作态度、工作绩效，明显高于低成就动机者。同样，受到亲密动机的催促，高端人才想要建立、维持与一个人或一群人的积极情感关系，他也会积极地进行工作嵌入。② 所以，组织要及时了解个体的需要，创造条件满足这些需要，才能激发出高端人才积极向上的动机，从而更好地进行工作嵌入。

（3）心理契约。组织行为学中认为心理契约是员工和组织共同的责任和期望，这种期望是看不见的，但却能对个体行为产生较大影响。如果组织能够了解每个高端人才的心理盼愿并予以成全，将对他们起到巨大的激励作用。在实际工作中，员工相信组织能实现他们的期望，也愿意为组织的发展贡献出自己的力量。可以将心理契约想象成是一座隐形的桥梁，它横亘在员工与组织之间，它的核心是员工对工作的舒适程度，而又与组织承诺、工作绩效息息相关。

（4）组织层面。人作为社会人，从来不是单独存在于社会上的，他都要与其周围的环境发生联系，并在一定程度上受到环境影响。高端人才在工作嵌入过程中受到组织的影响是最大的。首先，组织的工作效率

① 参见［美］马斯洛：《动机与人格》（第三版），许金声等译，中国人民大学出版社2012年版。

② 参见刘蓉、薛声家：《中高端营销人才工作嵌入对个体与组织影响的实证研究》，《科技管理研究》2013年第15期。

和收益决定能够给高端人才提供的工作机会。一个组织要想长远发展，必然要重视自己的效率和收益，这两者提高了，才能吸引高端人才的到来，而高端人才凭借其知识和能力又能反过来为组织的效率和收益贡献出自己的力量，相互作用，良性循环，组织才能为高端人才提供更好的工作机会。其次，有利于组织制定对高端人才的保持策略。一个组织对高端人才如果采取较为积极的保持策略，则其工作嵌入也会变得积极；反之，如果组织对高端人才的保持策略消极甚至不作为，则会大大降低其工作嵌入的程度。最后，组织和高端人才价值观的相互契合也很重要。价值观是指导个体持久的行为或状态的信仰。在组织中，高端人才的价值观直接影响他对组织的看法以及他接受或抵制组织目标和组织水平的压力。所以，组织的价值观若能与高端人才契合的好，高端人才会接受、认同并逐渐加大工作嵌入的程度；反之，则会使高端人才拒绝甚至背离组织而去。为此，组织要重视对高端人才价值观的测量以及组织本身价值观的建构。①

2. 工作嵌入维度

影响高端人才工作嵌入行为规律的因素包括与个体或者组织的联结程度、与工作的匹配程度、离开组织需要做出的牺牲程度三个维度。②

（1）联结（link）。高端人才与组织联结是指高端人才在组织中与他人或组织间联系的紧密程度，包含各种正式或非正式的依赖性关系。由于高端人才在嵌入过程中利用互联网技术将个体与组织加大嵌入性，从而形成一种紧密的关系，这种联结性使得个体各种社会关系如社会或者心理的网络联结起来。主要体现：第一，人际联结。人际联结是指高端人才与同事或者组织高层之间人际关系网络的联结程度。高端人才与这

① 参见杨春江、逯野、杨勇：《组织公平与员工主动离职行为：工作嵌入与公平敏感性的作用》，《管理工程学报》2014 年第 1 期。

② 参见刘蓉、薛声家：《中高端人才工作嵌入对个体与组织影响的实证研究》，《科技管理研究》2013 年第 15 期。

个网络联结的程度与其嵌入程度成正相关，联结程度越高，嵌入程度越强。第二，思想联结。思想联结即为高端人才的思想观念与组织的整体规划理念关联。这种心理联结程度越高，高端人才为组织提供技术支撑程度也就越大。因此，在联结方面，高端人才嵌入行为在组织中发挥了很大优势，要加大高端人才与组织的联结程度，从而减少高端人才离职行为。

（2）匹配（fit）。高端人才工作匹配是指高端人才与其所在组织的匹配程度通过他对这个组织的相容性来判断的。匹配体现在个体与组织融合、人岗契合、价值吻合方面。第一，个体与组织融合。高端人才通过嵌入行为与组织融合，一方面能够使个体融入组织的速度加快并且提高工作绩效，另一方面使组织能够提升管理能力和分配能力。第二，人岗契合。人岗契合是指高端人才的能力素质与组织所提供的岗位是吻合的，通过给高端人才安排恰当职位以增加其归依感与满意度，从而为组织创造更多产能。第三，价值吻合。价值吻合是高端人才的价值观与组织长久以来的管理方式与组织内部秩序相吻合，有助于培养高端人才更好地适应组织的能力以及协调组织与高端人才的匹配程度。因此，要加强高端人才与工作的匹配程度来提升高端人才的嵌入积极性。

（3）牺牲（sacrifice）。高端人才离职牺牲是指高端人才在离职后所面临物质和心理上的损失。高端人才需要作出离职牺牲是因为离职意愿、牺牲条件与自我实现方式存在矛盾，因此便会自愿放弃留职机会，从某种程度来讲牺牲也是一种机会成本。避免高端人才离职牺牲的方法表现：第一，搭建职业发展平台。发展平台是指组织为高端人才所提供的发展或者晋升的捷径。高端人才通过组织为其搭建的平台提高工作嵌入效率，实现自我价值创造。第二，获得组织认同。组织认同是指组织中的领导高层以及同事下属对高端人才在组织中各方面的认可，包括人际关系、工作能力、沟通技巧等方面。高端人才如果得到组织对自身的正向反馈，就会感受到肯定的满足，从而改变个体牺牲意愿、条件，以更大热情为组织服务。①

四、高端人才工作嵌入行为规律

基于以上对高端人才的个性特征以及组织层面要素的分析，不难发现，高端人才在工作嵌入行为过程中还是有规律可循的。通过探索这些规律，能为组织保持高端人才提供理论参考，使组织清楚地了解到高端人才真正需要什么。同时，高端人才能从自己的个性特征映射到工作嵌入中去，增强其工作嵌入程度，促进组织与高端人才之间关系的良性发展，实现高端人才与组织的双赢。

（一）能力和态度催生组织智力资本的规律

高端人才所具备的能力和积极的态度使得他们愿意进行工作嵌入，通过知识的发挥、能力的运用在不知不觉间为组织形成了智力资本，组织运用这些资本为高端人才和组织自身带来收益和社会价值的规律。

1. 能力和态度的重要性

高端人才作为人才中的精英，其知识的储备是其能力发挥的先决条件。高端人才一般掌握着极高水准的专业知识和专门技能，而他们的能力、技能和知识又恰恰是组织核心竞争力的重要组成要素。高端人才对组织态度的形成并非一成不变，而是会随外界条件的变化而出现一致性或非一致性的改变，前者可以使高端人才对组织从顺从到认同到同化，而后者的改变会使高端人才否认组织，甚至离开组织。所以，组织在看重高端人才能力超群的同时，也不应忽视其对组织态度的测量和评定。

① 参见袁庆宏、陈文春：《工作嵌入的概念、测量及相关变量》，《心理科学进展》2014年第6期。

2. 态度是工作嵌入的前提条件

高端人才对组织的态度会决定他日后的行为倾向：喜欢和赞成组织会使得高端人才留在组织中并进行工作嵌入，而讨厌和反对则会使高端人才产生离职情绪。高端人才态度的形成具备自主性，它是由个体自发、自觉、自主形成的，对个体的行为倾向起到主导作用，也是高端人才进行工作嵌入的前提条件。

3. 能力以及态度组成智力资本

当高端人才拥有了积极的态度，凭借他们自身的知识和技能能够形成组织的智力资本。当今社会数字经济已是主流，一个组织要想在竞争中脱颖而出，其竞争力的提升就要倚靠组织智力资本，而智力资本正是由高端人才的特殊能力所组成的。组织凭借智力资本，进行智力运作，在发展的过程中给组织乃至社会带来经济价值和积极影响。①

（二）组织支持影响工作投资规律

组织对高端人才在薪酬、福利、工作前景甚至感情上的支持能够内化高端人才，促使高端人才对这种支持产生感知，反过来高端人才能够稳定地、连续地、持久地进行工作嵌入。

1. 组织感情上支持高端人才具有必要性

亲密动机会使高端人才持久地进行工作嵌入。个体在组织中工作，会不自觉地与周围同事产生联系，对亲密、温馨的人际关系的渴望，会让高端人才拉近与同事间的距离。其中，高端人才对于婚姻机会的感知能够起到重要的作用。因为高端人才正是面临谈婚论嫁的阶段，若亲密动机促使高端人才感知到了婚姻机会，则他们会充满信心和满怀希望，表现出更多的自愿行为，其工作嵌入的程度也会大大加深。从这一现象不难看出，组

① 参见王智宁、王念新、吴金南：《知识共享与企业绩效：智力资本的中介作用》，《中国科技论坛》2014 年第 2 期。

织对高端人才感情上的关心也必不可少。[①]

2. 组织支持感的重要性

组织支持感是高端人才对组织赞成、器重自己的一种经验感知。随着社会的发展，高端人才对组织的期望不再局限于硬件设施，而更倾向于对积极的组织文化、良好的同事关系、长久的工作机会等的渴望，这种渴望会给员工个人带来更多的工作动力、成就感和归属感，而员工一旦在硬软件设施上与组织磨合良好，则这种组织支持感就会促使高端人才开始稳定地进行工作投资（如择偶、买房会选择离组织较近的地方，对组织态度从顺从到同化等）。由此不难发现，组织支持感可以培养员工良好的态度，它的重要性我们不应忽视。

3. 组织支持感是个体连续进行工作嵌入的重要保障

工作嵌入行为是一个动态的心理过程，也就是说，高端人才工作嵌入的程度是不断变化的。人的行为是一种持续不断的过程，高端人才在感知到组织支持以后，这一想法具有相对稳定性，那么，高端人才便会开始进行工作投资；同时，也可以帮助员工提升自信。换句话说，组织支持感是员工的工作动机的来源，它是能够提升高端人才保留率和满意度，降低他们离职率的重要保障。[②]

（三）自我效能感与组织承诺正相关规律

美国当代著名心理学家班杜拉认为，自我效能感是一个人对自己是否能够实现某种行为的自信预判。贝克尔（Becker）（1960）认为，组织承诺是个体认同且愿意参与一个组织的心理合同。高端人才自我效能感越强，则在工作嵌入的情绪和态度上以及深入性、坚持性上都会加深其工作

① 参见温珂、于贵芳、吕佳龄、苏宏宇：《工作嵌入、制度环境与离职意愿——中科院人才流动的影响因素分析》，《科学学与科学技术管理》2018 年第 11 期。

② 参见卢纪华、陈丽莉、赵希男：《组织支持感、组织承诺与知识型员工敬业度的关系研究》，《科学与科学技术管理》2013 年第 1 期。

嵌入的程度，进一步加深高端人才对组织的自觉认同和自愿奉献，这种认同和奉献就是组织承诺；换言之，自我效能感、工作嵌入程度和组织承诺度三者呈正相关倾向。

1. 自我效能感影响工作嵌入行为的态度和情绪

自我效能感低的员工在完成任务时，会过多想到自己的缺点，放大挫折，这不仅会使个体抑郁，且这种消极情绪会影响他们面对问题的态度，大大影响了他们能力的发挥和任务的完成，从而降低工作嵌入的程度。相反，自我效能感强的高端人才，往往活力四射，积极思考，具有较好的预测任务的水平和遇到困难时解决问题的能力，并积极寻求解决办法，很少受紧张、焦虑和其他消极情绪的束缚，能够正常甚至超常发挥完成任务，在基础上深化其工作嵌入的程度。

2. 自我效能感作用于工作嵌入行为的深入度和坚持度

高端人才在工作嵌入之前会推测和预估他完成某项任务的成功几率有多大。自我效能感强的人能够大大提高估算的程度，同时用他们坚韧的意志力去迎接挫折和挑战，花比平常更多的时间，投入更多的努力，坚持不懈地完成任务，获得较为成功的结果，而这些成功的经验和结果反过来又能提高高端人才的自我效能感，这种自我效能感的增强也会影响他们对工作嵌入的深入度和坚持度。自我效能感低的高端人才面对挫折时会不相信自己的本领，看到眼前的困难就会退缩，直接放弃努力，这些人往往失败的可能性也会加大，这一结果反过来又会影响到他们工作嵌入的程度。

3. 组织承诺对工作嵌入行为的自觉踊跃性有重要作用

组织承诺代表高端人才对组织的信心和忠诚程度。员工往往随着对组织的认同感提升，其投入程度也会增大，进而自觉自愿地为组织奉献，正是这种认同能够大大提高员工工作嵌入的积极性和主动性。

（四）个性化差异影响工作嵌入程度感知规律

高端人才的能力、气质、性格等不尽相同，这种个性化的差异使得他们对自己工作嵌入程度的感知也不同，而这种感知又会反过来或积极或消极地影响他们之后的工作嵌入程度。

1. 高端人才的个性具备差异

个性差异是指每个人都拥有不尽相同的心理特点，如能力、性格、气质等。譬如在能力方面，不论是能力的类型、发展水平或是出现的早晚都有差别；而性格方面差异就更多，如理智型、内倾型、独立型等等千差万别，也正是这些差异构成了高端人才的个性化。

2. 个性化差异作用于工作嵌入行为的感知

首先，外向型的人格对于工作嵌入程度的感知明显要高于内向型人格的高端人才。外向型人格的员工在工作中更多地表现出正面情绪，对任何事都有较高的正面感受，因此对于自己工作嵌入的程度也有正确的感知；内向型人格受性格等因素干扰，对这种感知会低一点。其次，无论是组织支持感、自我效能感还是组织承诺，在这三者中感知程度高的高端人才普遍工作绩效要高于较低的人。

3. 个性化差异对工作嵌入的感知具有反作用

因为高端人才知道自己工作嵌入的程度，如果他想留在组织中，就会更加努力，投入更多心血，加深自己工作嵌入的程度，从而完成任务，证明自己的价值。而感知较低的高端人才不知道自己工作嵌入的程度，这就影响了他下一步的目标，从而影响他未来的行为倾向。所以，组织注重高端人才能力突出的同时，不应忽视他们其他个性的差异，并且要多加测量及培训，提升这种感知能力。①

（五）组织归属感强化组织依赖性规律

组织归属感是指个体认同组织的宗旨和文化，企图成为组织大家庭的

---

① Cf. Van Den Broeck A, Vansteenkiste M, Dewitte H, et al.Capturing Autonomy, Competence, and Relatedness at Work:Construction and Initial Validation of the Work-related Basic Need Stisfaction Scale[J] . Journal of Occuptional and Organizational Psychology, 2010, 83（4）: pp.981—1002.

一分子，甘愿为这个大家庭的全部而奋斗的一种状态。

1. 工作嵌入程度与组织归属感呈正向性关联

高端人才通过各种信息途径对组织有一个大致的了解，当组织的薪酬、福利和企业文化与他们的价值标准线相符时，高端人才会加入组织。组织通过对高端人才培训，使其逐渐感受、感知、熟悉、适应组织的各个方面，高端人才对组织也产生了基本的认同感，这时候也是他们工作嵌入的开始。随着工作嵌入程度的加深，高端人才对组织会大力支持，把组织利益作为个人的最终目标，增强对组织的归属感，提高和组织的相容性，提升工作效率。①

2. 组织归属感和组织依赖性呈正向性关联

高端人才对组织归属感越强，其对组织依赖性越高。组织归属感一旦形成，组织的依赖性对于高端人才来说也是必不可少的。不论是物质还是情感上，归属感能够给高端人才带来一种自我约束力和责任感，进而带动员工进行自律，从而形成自我鞭策，加大对组织的贡献，加强对组织的依赖。

（六）要素驱动向创新驱动转变的规律

1. 及时性工作嵌入向智能体动态驱动创新

及时性工作嵌入是指组织对正在嵌入或已经嵌入组织中的高端人才应当及时进行组织联结、岗位匹配以及离职分析，不得提前或延后。智能体是指在一个环境下能够主动作出反应的主体，它可以是计算机、机器等实体。智能体动态驱动创新一方面是一个不断发展的动态驱动过程，另一方面是指组织运用智能体实现高端人才迅速嵌入组织的创新形式。及时性工作嵌入存在盲目性、滞后性和不对称性等弊端，由及时性工作嵌入向智能

① 参见王帮俊、杨东涛：《新生代农民工组织认同、工作嵌入及其对工作绩效影响的实证研究》，《软科学》2014 年第 1 期。

体动态驱动转变势在必行。智能体动态驱动创新是采用众设众包、网化协同、云计算动态驱动等模式构建创新竞争新优势，这种创新模式对高端人才工作嵌入集聚资源、集成创新提出了更高要求，避免了整体重构所带来的低效性。

2. 试岗性工作嵌入向云平台推演管理创新

试岗性工作嵌入是指高端人才在嵌入过程中，组织为其安排试用期岗位，以便考察高端人才是否适合这一岗位的工作嵌入形式。云平台推演管理创新是指云媒场域为高端人才提供人性化、科学化的管理方式以及利用大数据建立稳定高效的云平台进行推演管理创新。高端人才追求自我价值实现和自身优势发挥不仅仅是为了获取一定的报酬，更主要是为了追求自我满足感。试岗性工作嵌入的缺陷是高端人才如果未通过试岗期，心里会存在一定落差感，对工作失去信心、丧失积极性，从而影响高端人才创新力的发挥。因此，试岗性工作嵌要向云平台推演管理创新转变。① 在工作嵌入时，云组织要为高端人才搭建云平台进行广泛宣传、合理安排、科学试岗，还要严守纪律来达到高效嵌入的目的。

3. 互动性工作嵌入向物联网络技术创新

互动性工作嵌入是指高端人才在嵌入时与其他一般个体或组织领导之间彼此发生作用和变化的嵌入形式。物联网络技术创新则是指运用移动计算技术加速智能硬件、智能嵌入式、物联网快速发展的创新模式。传统互动性工作嵌入存在耗时长、效率低等弊端，但是物联网络技术却有着更新速度快、更换频度高等优点使得高端人才在云组织中提升了嵌入过程和服务过程的速率，相较互动性工作嵌入更为成熟、灵活、快捷。因此，高端人才采用云计算、物联网等高效智能工具对数据进行分析处理，将真正实现传统互动性工作嵌入向物联网络技术创新的转变。

① 参见赵波、李瑞芝：《快递企业员工离职的推拉模型及验证——基于开展模型与工作嵌入理论》，《江苏商论》2016 年第 2 期。

（七）个体嵌入行为向云组织嵌入行为转变的规律

1. 云组织工作嵌入发展机会增多

云组织是在互联网时代形成各企业所合作的形态，它是一种利用云计算、物联网技术发展起来拥有精确数据分析能力的组织。云组织工作嵌入发展机会是指高端人才工作嵌入时，云组织为其提供职业需求机会、投资培养机会、岗位提升机会等。第一，职业需求机会是指云组织根据高端人才本身的特征来满足其职业需求，那么就容易增强其与云组织的联结。第二，投资培养机会指云组织成立创新基金以及加强与行业中领先组织的合作，让高端人才有足够的资本去实现职业目标，从而调动其积极性，形成云组织与高端人才共同成长发展的良好发展前景，使高端人才更好地为云组织服务。第三，岗位提升机会是指云组织根据高端人才工作嵌入能力以及工作绩效来对其进行岗位提升。这能够更好地运用岗位提升整合人力资源，同时高端人才利用自身的专业知识和技能，完成既定工作任务，提高工作绩效。

2. 云组织工作嵌入效率不断提升

云组织工作嵌入效率是指云组织把各种资源进行整合传到云平台上，根据需求者来进行调动，提高财力、物力、人力资源的利用效率。数字时代，云组织工作嵌入效率不断提升主要体现在嵌入用时、嵌入效率、嵌入资源等方面。[①] 第一，在嵌入时效方面，云组织工作嵌入充分体现了大数据的优越性，利用智能工具使高端人才嵌入工作顺利进行，从而缩短了嵌入用时。第二，云组织制定翔实方案使嵌入过程能够井然有序进行，一定程度提升了嵌入效率。第三，在嵌入资源选拔方面，云组织也能够运用高端人才价值识别标准对其进行甄别调动，从而达到人岗嵌合，避免人才资

① 参见杨春江:《从留职视角预测离职——工作嵌入研究述评》,《南开管理评论》2014年第2期。

源的浪费。

3. 云组织工作嵌入组织承诺感增强

云组织承诺感是指高端人才对于云组织的感情依赖，或者也可以描述为高端人才所表现出的一种积极态度。随着人们生活水平的提高，特别是高端人才这类优秀群体，在嵌入组织中比起报酬福利，更关注组织承诺感。这种组织承诺感是相互的，云组织带给高端人才精神依靠，高端人才也会对云组织表现出极强的心理依赖，提高其嵌入程度。组织承诺感表现在高端人才对云组织的归属感的增强和离职率的降低。同时，云组织承诺感还表现在云组织对高端人才信任感提高，高端人才与云组织间的信任可以明显降低由地域、个性等差异所导致的个体间的冲突行为，从而更有效地团结合作，为组织效力。高端人才与云组织的相互信任感产生的合作使得高端人才与一般个体之间、高端人才与云组织之间在情感上产生联结，从而在组织层面上的嵌入程度越深，高端人才归属感越强。

（八）个体价值创造向云价值创造转变的规律

1. 云价值创造的高扩展性

云价值创造的高扩展性是指高端人才以创新的技术和产品构筑云计算价值创造以高速率向外扩展，主要内容为快速响应、按需服务、降低成本、提升产能。具体是指高端人才工作嵌入时，在可用的计算机集簇间分配数据并完成计算任务，这些集簇可以方便地扩展到数以千计的节点中供云组织服务；同时，高扩展性又表现为当云组织对高端人才嵌入有需求变动或者新增需求时，组织者能够基于以前的系统架构做出最及时且达到极大扩展的解决方案。因此，云价值创造的高扩展性对工作嵌入有正向影响，有利于高端人才嵌入工作顺利进行。

2. 云价值创造的高产出性

云价值创造的高产出性是指高端人才从实际出发与其他伙伴协同创

新，为组织量身打造云应用，最终实现整个云组织产业链创造的高产能。云价值创造之所以拥有高产出性的优势，是因为云组织集聚了众多的人力物力资源，积累了丰富的经验，建立了严密的嵌入准则。所以，组织的云价值创造具有高产出性。云价值创造的高产出性表现为云组织对数据信息分析方法的创新，进而能够提升云价值的产出效应。具体是通过云计算，从数据上的联系出发，广泛收集数据信息，对相关数据信息进行分析并建立信息资源库，从而提高云价值创造的产出能力。与此同时，云价值创造的高产出性也跟随经济新常态发展要求，在价值生产过程实现耗时小、投入低、产出高等目标，逐步进行生态化的云价值创造。

3. 云价值创造的高标准化

云价值创造的高标准化是指高端人才嵌入行为在发生、发展以及生成的每个环节都存在高度识别标准。第一，高端人才依据高标准严格要求自身状态自愿嵌入云组织；第二，在嵌入过程中，组织不仅会利用高标准对个体进行检验，而且只有当高端人才真正完成检验才能顺利进入云组织；第三，高端人才将各种混合状态的云价值进行整合处理，实现云价值的集中统一管理，形成一种高标准的管理模式。云价值创造的高标准化有利于提高云组织对人才资源的使用率，降低资源的总体成本。

4. 云价值创造的行为数据保护

云价值创造行为数据保护是指高端人才行为创造出的价值数据归属权利的保护，具体是指高端人才对海量数据进行鉴别、分类、分析、整合以及保护的过程。任何嵌入云平台上工作的个体都有义务遵循组织内部的管控体系和内部的管理制度，而且要尽可能去保护其数据的私密性和完整性。因此，在云组织中，其他一般个体不仅要为高端人才提供多种数据资源，而且要对这些数据进行保护，这就必然会加强高端人才与组织其他个体的联结程度，从而形成良好的合作氛围，实现高端人才融入组织的意愿。这种云价值创造的行为数据保护与工作嵌入呈正相关并且要对这些行为数据进行保护，保证新应用数据库的稳定安全。

（九）个体信息专享向云组织信息快速迭代转变的规律

1. 嵌入信息专享向共享转变

嵌入信息专享是指高端人才在嵌入时将信息自我定制化的享有，部分重要信息难以及时迅速传递到各部门中。嵌入信息共享是指高端人才嵌入云组织中，出于对自身职业规划以及对组织发展责任，自愿将自己所掌握信息进行协同享有。嵌入信息专享向共享转变主要体现在：第一，点到点式。点到点式（P2P）共享突出了嵌入系统间的直接连接或调用，主要通过数据的直接访问或接口的直接调用来实现，这是在嵌入专享向共享转变初期常用的方法。第二，自顶向下共享。自顶向下共享通过高端人才工作嵌入的架构与标准从上往下依次进行的信息共享。第三，基于 Web 服务共享。它是通过基于通用的初始数据标准结构和 XML 传送格式实现嵌入资源信息共享。因此，需要高端人才之间通过信息的交换共享，整合分析，使这些信息能快速传递，以便解决工作中由于信息阻塞所造成的各种问题。

2. 嵌入信息有限处理向快速迭代处理转变

嵌入信息有限处理是指高端人才将从外部收集的信息在范围、数量、时间等方面进行有限制的处理，其特征为数量不多和程度不高。快速迭代处理则是指高端人才将信息迭代化处理即一种重复反馈的处理方式，其目的是逼近所需要的目标或结果。每一次对这种过程的重复称为迭代，而每一次迭代所得到的结果会作为下一次迭代的初始判断值，在迭代过程中高端人才及时与其他个体进行沟通，强化对信息的操作以便下一次使用的正确性。信息快速迭代处理具体表现：第一，自动化信息迭代。自动化信息迭代是指利用云计算、物联网的发展，嵌入系统自动更新信息并对信息进行科技化、个性化迭代转变。第二，高效化信息迭代。高效化的信息迭代是基于迭代本身的力量逐步推展信息的采集量以及传播速度，从而使高端人才工作嵌入的信息处理实现快速迭代的转变。因此，云组织需要聚集高端人才使其提高整合数据能力以及将信息进行快速迭代处理，从而有利于信息准确无误的传递下去。

（十）个体有限归属向云生态归属认同转变的规律

1. 嵌入行为的有限性向云生态智能化融合

嵌入行为的有限性是指高端人才的嵌入行为在时间和空间上都是有限制条件的。云生态智能化融合是指高端人才通过对周围环境的认知，主动与周边环境相互作用，并迅速与其他智能体相互融合的过程。云生态智能融合则指高端人才工作嵌入行为受到社会关系、技术条件、机会成本、有限理性等因素的限制。因此，高端人才工作嵌入也逐渐由有限嵌入向一种智能化、生态化发展融合。高端人才工作嵌入行为的云生态智能融合是高端人才之间的快速融合，具有交互性，它突破了专业、部门、行业之间的界限，嵌入行为有限性之所以可以向云生态智能融合，是因为高端人才突破了割裂事物之间联系的传统个人智能的局限性，融入了将人、事、物联系起来当作整体来考察的云生态智能。高端人才透过事物现象观察事物的本质，形成对云生态归属认同，提升了自己的思想力、统筹力以及执行力。①

2. 嵌入行为的协作度向云生态智能化延伸

嵌入行为协作度是指高端人才与组织建立起一种稳定高效的协作模式，其识别标准有协作能力、协作方式、协作技术等。云生态智能化延伸则指高端人才在嵌入过程中由于数字时代万物互联引起超常规的人力信息资源的高速传播，促使高端人才之间增强合作竞争能力以及提高其创新执行力。嵌入行为协作度向云生态智能化延伸主要体现在嵌入时，要求高端人才与合作伙伴共同努力，建立一种由可靠技术、通用标准和最佳实践组

---

① 参见苏美文：《物理网产业发展的理论分析与对策研究》，吉林大学博士学位论文，2015 年。

成的解决方案，从而向云生态智能化延伸转变。

五、高端人才工作嵌入行为规律的应用

（一）加强组织与高端人才的联结

高端人才的核心竞争能力是组织的稀缺需求，而他们对组织的态度则是工作嵌入的第一步。组织要想高端人才嵌入组织，就不得不加强组织与高端人才的联结。

1. 组织联结的重要性

在众多需求中，高端人才更多关心的是自我价值和社会价值的实现，他们渴望得到的是更多的尊严与自豪感，而这一需求只有组织能够满足，对高端人才高工资和晋升空间的影响识别，了解高端人才期望在组织的未来发展，都是组织需要做到的。但如果组织对高端人才的这些物质需求，甚至是情感需求都漠不关心，则会造成青年员工不能及时认清其职业发展路线，容易导致高端人才失去信心和希望，渐渐地脱离组织。此外，高端人才和团队的协调，以及在组织中的归属感，将成为高端人才对组织或工作本身满意度的一个重要考核标准，而这些标准又会反过来促进员工与工作的联结。

2. 组织联结的具体方式

组织要想促进员工与工作的联结，可以采用导师制或伙伴制、团队制等较有新意的领导和团队建设措施。导师制或伙伴制，就是用老员工作为高端人才的导师或者伙伴，在高端人才进入组织之初为他们提供帮助，这样一来，可以让高端人才在心理上对导师或伙伴产生感情，进而对组织产生心理依赖。同时，组织要注重团队建设和领导体制建设，让高端人才不论在个体或集体都可以感受到来自组织的关心。

（二）创造机会提高高端人才与工作的匹配度

高端人才之所以会进行工作投资，是以获得组织支持感为前提的。高端人才只有感受到自己是被组织所需要的，自己是对组织有贡献的，他们才会进行工作嵌入。所以组织就要创造机会，让高端人才与当前的工作匹配程度不断加高，才能为高端人才工作嵌入打下扎实的基础。

1. 组织通过沟通明白员工的职业需求

组织要通过沟通等方式帮助员工了解组织，制定有利于其职业发展的途径政策等，多为员工创造专业教育和职业培训、交流机会，高端人才是组织中的核心力量，其嵌入性与它们在组织中的时间成正相关，所以组织要注重向员工提供它们工作生涯不同阶段的机会，完成个人与组织的有机统一。

2. 建立员工与组织之间流动的配合

组织在不断完善相关配套措施，诸如薪酬、福利等物质条件的同时，精神方面也不能忽视，如组织工作外的集体活动（专业学术团体活动、社区组织活动等），提供以工龄为基础的休假制等。总之，人是有思想、有意识的个体，那么组织也要随机应变，不能墨守成规，要结合组织内外环境，动态地与员工实现人岗匹配，个体工作嵌入程度的高低与它们在组织中的人岗匹配程度也是息息相关的。

（三）建立员工工作满意度和组织承诺评价制度

心理契约的核心是员工对工作的满意程度，而工作满意度的最高表现就是员工组织承诺的形成，它代表着员工从内心喜爱这个组织，想要嵌入这个组织。自我效能感是工作满意度的指标之一，同时又影响着工作嵌入的深入度和坚持度，为此，对高端人才工作满意度和组织承诺度的测量就显得尤为重要。

1. 工作满意度和组织承诺指导个体行为

高端人才的工作满意度和组织承诺与工作绩效成正比，与离职愿望呈反比，而工作绩效和员工流失率又都是组织最为注重的领域。高端人才只有对自己工作满意度较高，才能不断激发潜能，最大限度地发挥聪明才智，为社会作出贡献，为自己实现个人价值。员工的组织承诺度越高，则他更能积极寻求任务、解决困难，不知不觉间也提高了敬业程度，接着其工作嵌入程度会大幅增加。①

2. 评价制度确立的意义

组织做好对高端人才工作满意度和组织承诺度这两个指标的测量，有助于组织在实际操作过程中发现潜在问题，从而有针对性地改进管理措施和方法，提高员工的工作积极性，提高组织的工作绩效，降低高端人才的流失。同时，当高端人才看到组织改善管理措施，那些产生离职愿望的员工可能会减少甚至打消离职的念头，而本身就对工作满意的员工看到组织积极正视自身问题，则会更进一步加深对组织的认同，加大工作嵌入的程度。

（四）注重组织精神文化建设和高端人才自我价值的实现

高端人才是具有个性的特殊群体，他们对自我价值的实现看得较为重要，这就反向影响了他们对组织文化的重视。为此，组织要注重自身精神文化建设，满足高端人才精神需求的同时也要帮助他们实现自我价值。

1. 组织文化的重要性

组织需对自身文化有清晰的定位，能够满足高端人才的精神需求，从而增进高端人才工作嵌入程度。为此，组织要培育共同的价值观念，塑造企业文化，做好企业形象设计，唯其如此，才能吸引高端人才的到来，保

① Cf. Klein H J, Molloy J C, Brinsfield C T. Reconceptualizing Workplace Commitment to Redress a Stretched Construct: Revisiting Assumptions and Removing Confounds[J]. Academy of Management Review, Vol.37, pp.130—151, 2012.

持住高端人才，从而提升组织的整体水平。

2. 注重高端人才自我价值的实现

根据马斯洛的需求层次理论，组织应该以人为本，多关心高端人才的工作和生活，充分考虑其个人需要，建立长效机制，完善发展平台，让高端人才的能力得以最大限度的发挥，更好地为组织贡献力量。而高端人才也正是从这种能力的发挥以及对组织的贡献中完成了自我价值的实现，提高了工作嵌入的程度。

（五）培育组织智力资本进而提升组织的核心竞争力

随着高端人才工作嵌入程度的不断加深，他们对组织从一开始态度上的犹豫，到组织承诺的出现，到最后变成对组织心理上的归属以及依赖感。一直到组织依赖感出现的时候，高端人才就彻底嵌入了组织之中，他们愿意为组织发挥能力，奉献自我，创造价值，不知不觉中组成了组织的智力资本。组织要做的，就是如何将智力资本转化为它们的核心竞争力。

1. 培育组织智力资本的重要性

组织智力资本的来源就是高端人才能力的发挥，通过这些能力的聚集，组织便可掌握和应用，从而生产更高价值的一种资本。这种资本是组织资本的增长源，在组织运作中起着关键作用，而这种作用无形间变成了组织的核心竞争力。①

2. 智力资本能够提升组织的核心竞争力

组织快速了解高端人才这样一个特殊群体的共性，方便组织掌握他们的心理，改善管理以迎合高端人才的要求，省时省力。组织的稀缺资源之一就是智力资本，谁能够抢先将其开发出来，就可以在市场竞争中为自己

① 参见周宇、方至诚、米恩广：《包容型领导、心理资本和员工敬业度的关系研究——工作嵌入的调节作用》，《技术经济及管理》2018 年第 11 期。

的优势加分。因此，组织要最大化地挖掘高端人才的潜能，将个体的创造力转化为组织资本，让组织充满效率和收益，大幅度提高组织的竞争优势，推动组织前进，进而推动整个社会的发展。

（六）高端人才工作嵌入在创新执行业务中的应用

1. 移动互联技术对高端人才工作嵌入创新效能的正向影响

移动互联网技术是指移动通信与互联网的结合，它是互联网的技术、平台和应用与移动通信技术结合并实践的活动的总称。移动互联技术的井喷式发展给高端人才工作嵌入带来了契机和动力。因此，要充分发挥移动互联技术对高端人才工作嵌入创新效能的正向影响。从工作嵌入自身定义去理解，当高端人才工作嵌入度越高，表明高端人才与组织的联系越紧密，高端人才的创新效能也越容易提升。尤其是在移动互联技术加入后，帮助高端人才嵌入程度加深，使得高端人才对组织产生正向情感，有利于提升高端人才对组织的外显行为表现，也能够使高端人才自愿为组织创造更多效能。①

2. 万物互联技术对高端人才工作嵌入个体协作能力的导向作用

万物互联技术是将人、流程、数据和事物结合在一起使互联网连接变得更加相关、更有价值。万物互联将信息转化为行动能力，给需要嵌入的高端人才提供紧密结合的功能，并给云组织带来更多发展机会。万物互联技术使得人、事物、数据联系得更加紧密，数据信息成为动力，给经济社会的发展带来前所未有的机遇。万物互联对个体协作能力的导向作用表现为正向和反向作用。第一，正向作用指万物互联技术使高端人才由单向发展转向全体协作，从而增强了高端人才对组织的向心作用以及个体自身价值的实现。第二，反向作用则是在经济社会发展的同时，高端人才在嵌入

① 参见李永周、黄薇、刘旸：《高新技术企业研究人员工作嵌入对创新绩效的影响》，《科学学科与科学技术管理理》2014 年第 3 期。

过程中受到经济利益驱动之下会存在一些不良竞争，从而使协作能力下降。因此，应该正确使用万物互联技术，与此同时还要增强高端人才辨别能力，增强万物互联技术对高端人才工作嵌入个体协作能力的正面导向作用。①

（七）高端人才工作嵌入在进行云组织转变中的应用

1. 高端人才工作嵌入在云组织联结中的应用

高端人才工作嵌入云组织联结是指高端人才与所在组织、上层和同伴之间的依存关系，这种关系可能来自生产、生活和情感等方面。高端人才工作嵌入在云组织联结中的应用主要体现：第一，人际关系。人际关系是指高端人才与上层和其他同伴之间的紧密程度。高端人才在云组织联结中可以通过嵌入时与同伴之间的沟通，建立良好的人际关系，从而提高高端人才融入组织的意愿。第二，价值认同。价值认同是指云组织对高端人才在工作中所创造价值多少的认同，通过工作嵌入增强组织对高端人才自身价值以及工作中所创作价值的认同，让高端人才实现自我和工作价值从而加强与组织的联结程度。②

2. 高端人才工作嵌入在云组织匹配中的应用

高端人才工作嵌入在云组织匹配是指高端人才对所在云组织感知的相容性，在组织中高端人才自身塑造、职业生涯规划、人生价值观等与组织都存在匹配的过程。高端人才工作嵌入在云组织匹配中的应用，可以从嵌入准则制定过程中、招聘过程中、能力培训过程中以及职业规划过程中加以理解。第一，嵌入准则制定过程中，组织要制定详尽的工作嵌入标准，

---

① Cf. Kaifeng Jiang，Dong Liu，Patrick F. Mc Kay，Thomas W.Lee，Terence R. Mitchell. Research ReportWhen and How Is Job Embeddedness Predictive of TurnoverA Meta-Analytic Investigation [J] . Journal of Applied Psychology, 2014（5）:pp.1077—1096.

② Cf. Lee T W, Mitchell T R, Sablynski C J, et al. The effects of jobembeddedness on organizational citizenship, jobperformance, volitional absences, and voluntary turnover[J] . Academy of Management Journal, 2014, 5 : pp.711—722.

尽可能使高端人才自身价值观、职业生涯需求、岗位晋升与组织内部标准的匹配；第二，高端人才招聘过程中，组织也要重点关心高端人才与组织未来发展的前景以及高端人才自身价值的匹配程度；第三，高端人才能力培训过程中，云组织要多方筹措资金，加大人力物力投入，使高端人才能力进一步提高，从而实现高端人才自身能力与云组织对人才需求的一致；第四，高端人才职业规划过程中，云组织根据高端人才能力安排合适的职位，从而能够使高端人才感到云组织对自己的支持与信任，以更大的激情投入工作。

3. 高端人才工作嵌入在云组织牺牲中的应用

高端人才工作嵌入在云组织中牺牲是指高端人才通过离职后所失去的各种好处。云组织牺牲中的应用是通过组织为高端人才提供物质精神补贴，从而使高端人才内心预期的机会成本降低。第一，云组织通过为高端人才搭建工作发展平台，使高端人才能够通过这个极速发展的云平台创造更多的创新成果；同时，组织根据高端人才所带来的工作绩效提高薪金和物质补贴。第二，云组织通过提高对高端人才在精神方面的信任与支持，从而减少高端人才之间或者与组织之间的冲突行为，使高端人才自身预期的机会成本降至最低，更愿为组织服务。①

（八）高端人才工作嵌入行为在云生态理念的应用

1. 高端人才工作嵌入智能情感在组织云生态中的应用

高端人才工作嵌入智能情感是指高端人才在嵌入过程所展现出的一种能够根据周围因素改变并进行自动调节与组织联结度的情感。高端人才工作嵌入智能情感在组织云生态中的应用是指将高端人才工作嵌入的智能情感运用到组织的云生态建设中。智能情感在组织云生态中的应用体现：第

① 参见张健：《知识员工组织嵌入、组织忠诚与组织公民行为的作用机理》，《技术经济及管理》2014 年第 4 期。

一，可以使高端人才通过工作嵌入智能情感，将数据计算、分析，并分段、模块化处理，从而提升实现交易创新的成功率。智能情感还会使高端人才之间在合作博弈下共同分享价值空间，创造更为绿色、和谐的产业价值。第二，高端人才工作嵌入智能情感会使高端人才思维模式转变。高端人才思维模式是指高端人才固有的知识、感情、意志，在长期重复过程中会形成懈怠、依赖等不良情绪，甚至会使高端人才自身价值观偏离组织构建的云生态理念。因此，智能情感在组织云生态中的应用是一把“双刃剑”，要正确使用智能情感为高端人才嵌入工作服务，提高高端人才对组织云的满意度，实现组织的云生态建设。

2. 高端人才工作嵌入行为融合构建生态云组织

高端人才工作嵌入行为融合构建生态云组织是指高端人才通过嵌入行为和其他个体或组织进行融合，从而利用自身创新力将组织构建为一个平衡、和谐、绿色的生态云组织。高端人才是新型复合高端人才，作为组织中领军人物，在嵌入过程中必须实现与一般员工和组织的行为融合，从而提高彼此协作能力。高端人才工作嵌入行为融合具体在信息融合、体制融合、绩效融合等方面有广泛应用。第一，高端人才工作嵌入行为将收集的信息进行筛选、分析、整合，一些无用或者与社会主流不符的信息被去除，绿色安全的信息被保留以及传播，有助于信息融合；第二，构建体制健全的云生态组织有利于高端人才进行自我价值创造；第三，高端人才将创造的工作绩效进行融合，提升高端人才利用率，充分发挥高端人才的才能，从而共同打造云生态组织。

第五章　高端人才工作嵌入影响机理及策略分析

数字时代，高端人才工作嵌入过程受很多因素的影响。本章分析了高端人才工作嵌入过程的特征，即优品质、高智能、融合性、自主性、迭代性的五个特征，继而从个人因素、组织因素、市场环境、新媒体四个角度与信息整合力、资源辨识力、数据增值性、智能化管理水平、市场信息利用率、工作嵌入过程智能控制程序、市场高端人才数据精准定位、市场高端人才数据有效挖掘、市场高端人才可视化数据识别这九个方面，来分析数字时代高端人才工作嵌入过程的影响机理，并从高端人才联结、高端人才匹配策略和高端人才工作嵌入这三个方面得出了云聚合提升高端人才获取知识联结能力、强智能提升高端人才信息整合联结水平、智人融合提升高端人才嵌入与组织承诺的匹配性、人脸识别提升高端人才数据使用与价值创造的匹配性、构建高端人才市场发展大数据平台、发展高端人才云媒普及榜样示范作用这六个策略。

一、高端人才工作嵌入过程的特征

高端人才工作嵌入过程是高端人才与工作载体相融合的过程。工作嵌入涵盖了三个维度：匹配、联结、牺牲。数字时代高端人才工作嵌入过程呈现优品质、高智能、融合性、自主性和迭代性的特征。

（一）优品质

优品质是指高端人才具有的过硬的专业技能、较高的知识文化水平和高尚的思想境界。数智能力是高端人才创新创造的生命线和作出科学有效决策的基础。数字时代，高端人才凭借过硬的专业能力和综合素养在工作嵌入过程之中将信息数据价值发挥到极致，为组织带来更多的创造价值。

（二）高智能

高智能是指高端人才包含着广博的知识面，蕴藏着惊人的技术技能和拥有着无数的实践经历，在相应领域的人才群体中处于比较高超的水平的一种能力。高智能人才往往有着高学历、高职位，还有比常人更胜一筹的专业技能，在数字时代，更能快速地适应新兴的工作环境，以全新的工作模式，在各自的领域中发挥更大的作用，给其他从业人员树立杰出的榜样。

（三）融合性

融合性是两种及以上的不同事物聚合在一起，逐步形成一致性特征的属性。在这个瞬息万变的世界，高端人才须及时充电，不断丰富自己，才能跟得上时代的节拍，才能不被这个社会所淘汰。同时，由于一些客观成分和主观成分的相互影响，高端人才流动性较强，稳定态经常被打破。面对新环境、新机遇、新挑战，高端人才需要不断融入新的工作团队、新的工作平台，在不断融合中寻求新的生机和活力。

（四）自主性

自主性是指人才按自己的意愿表达想法、作出决定或做出的行为活动。在高端人才学习、工作、生活等诸多方面，时时刻刻都凸显出人才的自主性特征，由于他们掌握比普通人更多的知识和技能，对上不迷信权威，对下敢打破俗套，善于自我探究、自我钻研，用最合适最快捷的方法去解决现实问题，所以他们自己在工作中敢于突破，勇于挑战自我，这对开拓性工作是十分有利的。

（五）迭代性

迭代是一个过程不断重复的活动，旨在逐步逼近预期的目标或结果。在这个过程中，每一次重复都被称为“迭代”，而每一次迭代的结果都会作为下一次迭代的起始点，以此循环往复。在数字时代，高端人才在工作嵌入的过程中，也遵循着这一原则，他们不断尝试，反复接收反馈，将这些反馈整合起来，持续完善、进步和优化，直至达成既定的目标值。

二、高端人才工作嵌入过程的影响机理

（一）个人因素

1. 信息整合力

信息整合力即对信息资源的序列化、共享化和协调化，实现信息资源的最佳配置、最佳挖掘、最佳拓展的整合管理能力。[①] 高端人才把各种各样的信息进行联想、分析、推理，从而实现信息资源的共享和协同。为了提升信息资源整合能力，高端人才必须高效地收集组织内外部所需的所有信息，并对这些信息进行深入的分析、挖掘、整理和合并等处理，以形成一条完整的数据分析资源链。这样不仅能够为决策者提供科学依据，辅助其做出明智的决策，还体现了高端人才在数字能力方面的外在表现力。这

① 参见刘震元、邓天任:《基于多维设计信息整合的设计目标定位方法》,《包装工程》2020 年第 1 期。

种信息整合力不仅满足了信息使用者的需求，更是高端人才主观能动性和专业素养的集中体现。

2. 资源辨识力

资源辨识力是指高端人才对各种资源辨认识别的能力。高端人才在工作嵌入过程中，首先要对身边资源有辨识能力。数字时代，高端人才凭借专业知识和丰富的工作经验，通过对工作环境内外多资源的有效辨识，整合可用资源形成合力，推动工作高质量呈现其价值。拥有卓越的资源辨识力首先要有辨识动机，就是要在工作嵌入过程中辨认识别有利于工作成效的动因和影响因素。其次要有辨识依据，即在辨识工作嵌入过程中，高端人才须具有较强的辨识能力。① 最后要拥有辨识技巧，辨识技巧是工作得以完成的有效支撑。高端人才在辨识资源是否有益于工作开展时，要有自己独特的见解；在辨识人才能力和水平时，也要能够因人而异，尽最大可能挖掘人才的潜能和水平。

3. 数据增值性

"增值"不仅意味着时间的缩减、质量的提高，还意味着成本得到有效的控制。② 数据增值性是指数据在特定条件下价值实现增值。现在互联网的便宜性可以给每个人建立起私人的信息库，大量的数据信息需要我们在工作中能够将有用信息转化为可用的价值数据。面对纷繁复杂的数据信息，可借助于第三方信息采集、处理和分析工具，获得特别私人订制的数据服务，从而节省时间、提升数据的利用价值空间。如高端人才可以选择将自己的健康数据授权提供给特定的医疗服务机构，分析监测身体状况，制订私人的康养计划，也可把高端人才金融数据授权给专业的金融理财机构，以便制定相应的理财规划并检测收益；高端人才可以把工作中的财务

---

① 参见殷凤春：《高端青年人才工作嵌入价值识别研究》，《科技进步与对策》2015 年第 24 期。

② 参见王红、张俊、蔡元启：《海尔 HR 大数据增值服务系统构建》，《中国人力资源开发》2015 年第 10 期。

等情况用数据的形式直观地表现出来，分析财务变化的趋势，以便于下一步的决策。

（二）组织因素

1. 智能化管理水平

智能化管理水平是指组织中的管理运用现代通信与信息技术、计算机网络技术、行业技术、智能控制技术集成起来针对组织进行管理的水平。数字时代，组织管理发生了翻天覆地的变化，继经验化管理、科学化管理、系统化管理时期之后，现在正快速进入智能化管理时期。①组织管理进入智能化管理的一个全新的时代，智能化管理为高端人才工作嵌入提供了机遇和提出了新的挑战，智能化管理水平的提高将直接导致新的社会分工，组织内无论管理层还是高端人才群体，他们的职责任务都将重新定义。现在很多种类的工作可以由人工智能来完成，高端人才的职责将逐步转向创新性、智能性方向，从而形成新的组织结构、新的核心业务流程。数字时代，任何信息都能用数据来表示，智能化的管理系统对于分析处理海量的数据优势明显。因此，把这些数据进行分析、推测出新的发展趋势或投资热点，为企业寻找新的商机增加更多可能性，这是超越传统管理方式的新的智能化的管理。所以，在大数据信息化时代，组织智能化管理水平的提高，对高端人才在组织工作嵌入过程中起着很大的影响作用。

2. 市场信息利用率

市场信息利用率是指组织对各种经济关系以及对市场形势的预判，有效利用信息、图形、数据表的能力和价值程度。数字时代，市场中更是充斥着数量庞大的各种数据。但组织对市场信息的利用率在一定程度上影响着决策水平。首先，市场信息的利用率直接影响组织的经营策略与前

---

① 参见韩箫奕、董京京、许正良：《制造企业动态能力对其服务智能化绩效影响的研究》，《工业技术经济》2020 年第 1 期。

景。高端人才制定经营策略，理应依赖于信息，制定适当的战略，需要适应外部市场环境，在竞争中赢得胜利。其次，需充分分析市场规律，从企业经营状况的变化，主观和客观环境的变化开拓商机。发现市场机会，把握主观优势，是与某些主导业务分不开的。高端人才应及时组织收集和分析业务信息，及时发现商机。最后，市场信息的利用率决定着组织的经济效益，通过组织中的高端人才分析市场信息，及时有效掌握和利用经营机会，提高企业的经营收益。与此同时，市场信息作为一种市场资源，可以用于直接的交换，用于市场信息利用率的提高。因此，数字时代，组织中市场信息的利用率对高端人才在工作嵌入的过程中起着重大的影响作用。

3. 智能控制程序

工作嵌入过程智能控制程序就是说在工作嵌入过程之中，将先进的科学技术与行业技术结合起来，进行智能化控制工作的一种程序。随着时代的发展，智能控制程序是科技进步的一个重大标志，智能控制程序也慢慢开始运用于高端人才的工作嵌入过程中。“智能”是取得和使用知识的能力。实际上，如果人、动物或者笼统来说，某个生物的一个部分可以用程序设计出来，然后赋予它该有的功能，通过完美的程序编辑来达到最佳性能，随着这样的高级智能系统的完善，可以慢慢给高端人才提供各种需要的服务，完成各种任务。数字时代，高端人才将智能控制程序慢慢运用于工作中，在工作嵌入过程中一个理想的智能控制程序的学习功能、适应功能、容错功能、组织功能能够充分显现出来。在高端人才工作嵌入过程中，智能控制程序可以在工作的过程中认识、辨别未知的信息，并把相关经验用在控制程序的设计、分析、制定决策或者进一步控制过程之中，程序的性能在这个过程之中也可以得到改变和完善。当高端人才的工作环境有所变化时，智能控制程序能够掌控控制对象的动态变化、环境变化和适应工作条件变化的能力。在工作过程之中出现故障的时候，智能控制程序能够进行自我诊断，并进行自我纠错，智能控制程序可以拥有一系列的任务要求范围内的决定，主动出击，当有更多的相互矛盾的目标时，有一定的限制，每一个控制程序可在一定范围内来解决，从而使程序能够满足多目标、高标准。这些功能使得高端人才在工作嵌入的过程中更加游刃有余，大大地提高了工作效率。

（三）市场环境

1. 高端人才市场数据精准定位

高端人才市场数据精准定位是指在市场中，通过大数据，对高端人才的信息进行精准的筛选和定位。数字时代，大数据通过采集市场中的信息，建立数据库，对数据进行分析，最后进行精准定位。高端人才工作的嵌入过程离不开市场中对高端人才数据的精准定位，市场数据的精准定位，可以帮助高端人才推荐合适的岗位，创造更多良好的机遇。

2. 高端人才市场数据有效挖掘

高端人才市场数据有效挖掘是指从市场数据库的海量数据中找出隐藏的、未知的但是对于高端人才有效的信息的过程。大数据不仅仅拥有数据，更在于通过专业化处理生产重大市场价值。数字时代的技术基础聚焦在数据挖掘，通过特定算法分析市场中的海量数据，其中揭示了隐藏的数据模式和趋向，以新知识，分析市场中的数据，并且作出归纳和推理，从中挖掘出关于高端人才的有效信息，为决策者提供参考，调整市场策略，作出更合理的决策方案。现在，信息技术已经能够向市场推动高端人才的流动，每个背景资料都记录下来，然后通过有效的数据挖掘，为高端人才量身定制，有效实现人岗匹配。经过对市场高端人才数据的有效挖掘，高端人才在工作嵌入过程中更加得心应手，适应得更快。

3. 高端人才市场可视化数据识别

高端人才可视化数据识别是指在市场中，将海量的有关高端人才的数据集中起来，利用图表、图像等形象的方式表示出来，进行识别分析的一个信息处理的过程。数字时代，市场中的数据信息很多，因为涉及个人隐私、商业机密等一些问题，这些数据都严格受到法律保护，第三方机构必须按照法律规定授权使用，数据使用必须接受公开透明、可视化的监管。在高端人才工作嵌入过程中，这些可视化数据是有举足轻重地位的，对这些数据进行怎样的识别，决定着高端人才工作能否顺利快速展开。因此，虽然有了很好的背景条件，有了海量的可视化数据，但还要好好地去进行有效识别，将这些数据物尽其用，用到点子上。

（四）新媒体因素

1. 新媒体发展的四个阶段

随着信息网络技术的进步，新媒体经历了新纸媒体、新电子媒体、云媒体和大数据媒体四个阶段。

新纸媒体阶段。纸媒体正处在不断没落的状态，但是纸媒体不会就此消失，纸媒体所具备的特点是任何新媒体都无法代替的，新纸媒体正在发展。新纸媒体是指以报纸、杂志为载体结合网络传播信息的媒体。[①] 利用纸媒体进行传播，使信息更加全面、丰富，消费者更准确地了解信息，纸媒体成为人们的生活中不可缺少的一员。但纸媒体传播速度慢、效率低等缺点限制了纸媒体的发展。

新电子媒体阶段。电子媒体和信息网络技术不断结合，网络电视出现了，云电视成为一个流行事物，新电子媒体成为一个潮流，为人们的生活带来了便利。新电子媒体是指通过一些电子手段，结合网络来实现信息交流的媒体，如电视、广播、电话等。[②] 新电子媒体以更加快速、便捷的电子手段传播着信息，新颖的电视广告购物给人们的生活带来了很大的方便。然而电子媒体同样存在着信息传播数量小、限制条件多的缺点。

云媒体阶段。云媒体是指以聚集、融合为基本理念进行资源整合的新媒体形式，在信息交流、信息收集中发挥了很重要的作用。云媒体将移动

---

① 参见白灿明：《新媒体时代传统纸媒体微信公众号发展研究——以〈广西日报〉为例》，《新媒体研究》2019 年第 9 期。

② 参见朱耀华：《论纸质媒体与电子媒体的共存互补》，《编辑学刊》2014 年第 4 期。

客户端与电脑PC联合，有利于信息的传播、保存以及资源的共享[①]，但云媒体无法更好地处理大数量的信息。

大数据媒体阶段。大数据媒体是指将巨大的数据、巨量的资料进行快速传播和整合的媒体。大数据媒体环境下，传播和整合信息更加快速。[②]但是大数据媒体的研究还不全面，理论构建也不完整，大数据媒体还没有融入人们的生活中，对于高端人才的技术要求非常高。

2. 新媒体四个阶段对高端人才工作嵌入的影响

新纸媒体阶段对高端人才工作嵌入的影响。第一，信息驾驭能力强。信息驾驭能力是指高端人才能够利用信息传播达到推销自己的目的以及收集信息、整合信息的能力。第二，收集信息的方式相对单一。高端人才可以通过报纸、杂志准确地传播信息，不用担心真实的信息会淹没在虚假信息中。第三，绩效评价指标刻板。绩效评价指标是指评估高端人才工作情况、效率以及能力采用的指标。在纸媒体环境下，对于高端人才的绩效评价是以价值实现为指标的，价值实现高成为衡量高端人才工作能力的主要表现。[③]然而只通过价值实现多少衡量人才的工作能力是不全面的，这就需要构建更多的指标，更好地衡量高端人才的工作能力。第四，信息沟通方式单一。在纸媒体环境下，高端人才进行信息沟通主要是通过报纸、杂志。报纸、杂志所载的信息准确度更高，这就保证了高端人才信息沟通的准确度，但信息传播速度慢也成了一个主要问题。

新电子媒体对高端人才工作嵌入的影响。第一，采用的推销方式多样化。新电子媒体环境下，电话、电视、广播成为高端人才信息传播的主要载体。高端人才可以使用电话进行电话推销，也可以利用电视播放推销广

① 参见袁晔：《“互联网 +” 的广电云媒体技术平台探讨》，《传媒论坛》2019 年第 5 期。

② 参见洪玮铭：《数字时代个人信息面向及精准营销模式变革》，《社会科学家》2019 年第 2 期。

③ 参见刘蓉、薛声家：《中高端人才工作嵌入对个体与组织影响的实证研究》，《现代管理科学》2013 年第 15 期。

告，推销方式的多样化使高端人才个体价值实现效果更为明显。第二，宣传产品便捷、高效。产品宣传是指高端人才运用设备推广的方式。在电子媒体环境下，高端人才可以运用电视、广播、电话进行营销宣传，促使自我营销宣传更加的便捷。消费者接收产品信息更方便，受广告影响前去购买产品，这也使得产品宣传更加高效。第三，传播准确信息更困难。准确信息是指高端人才为了准确宣传产品而发布的真实信息。在电子媒体环境下，随着信息传播方式以及信息数量的增多，信息的准确度却在降低。高端人才发布的消息，在众多虚假信息中被置之不理。消费者对于消息的真实性有了怀疑，加大了高端人才传播真实信息的难度。

云媒体对高端人才工作嵌入的影响。第一，共享信息更方便。信息共享是指高端人才与消费者、领导以及同事互相进行信息传播的方式。高端人才只要将信息存入云盘中，便可将信息与多数人共享。同时也可以在云盘中下载自己需要的信息，使得信息共享更为方便。第二，存储信息更安全。信息存储是指高端人才利用设备对信息进行保存的方式。在云媒体环境下，高端人才将信息存储在云盘中，手机与电脑丢失了也不会导致信息的泄露。高端人才只要通过一个账号就可以在任何时间、地点登上自己的云盘，便可以将信息重新下载。这种方式不仅使得信息的存储安全性加强，而且使得高端人才能够更便捷地传播信息，与消费者的互动加强。消费者互动是指高端人才利用电话、网络等设备与消费者进行交流的方式。在云媒体环境下，云盘的使用已经渗入大众的生活中。高端人才可以通过云盘进行信息共享，消费者可以通过云盘进行信息反馈，增加了与消费者的交流。第三，在营销渠道中的地位降低。营销渠道是指参与原材料购买、产品制造到产品销售过程的组织。高端人才在营销渠道中处于销售这部分，在云媒体环境下，出现了一些独立的销售平台，供应商和消费者可以在这个平台上进行买卖，高端人才在渠道中的地位也随着这种直销方式的出现而降低。

大数据媒体阶段对高端人才工作嵌入的影响。第一，处理信息快速多量。信息处理是指高端人才对信息进行删除、重组、转化以及整合的过程。在大数据媒体环境下，高端人才通过媒体机构进行大量数据的处理。巨量数据的处理不再需要耗费高端人才过多的时间成本。第二，信息技术要求高。高端人才搜索、整理、共享信息技术的需求大、要求也高。

（五）收益共享契约因素

在收益共享下，高端人才的工作嵌入会提升供应链协调价值和扩大发展规模。从供应链协调模式的层面去看待高端人才的工作嵌入问题，从不同的角度分析收益共享契约，具有特别的意义和时间需求。接下来依次从收益、共享及收益共享的角度对高端人才在嵌入的联结环节受到的影响进行分析。

1. 收益共享契约对高端人才工作嵌入的影响

收益契约对高端人才联结的影响。联结是个体与他人、组织及其他活动的正式或非正式的社会联系。它是一个非情感性的维度，大都受到组织的福利程度、硬件配备、地位高低以及环境情况的影响。

组织收益对高端人才联结的影响。组织收益除指经济性的收入外，还包括个体对组织的创造以及个体对组织的忠诚。组织收益与高端人才的联结呈正相关。组织收益的程度越深，代表着高端人才与组织紧密关联，高端人才对组织的嵌入性就越高。提升和保持个体对组织的创造，可以从几个方面来加强：第一，组织内建立利益形式的激励措施，主要包括现金及非现金的形式，如股票等长期激励薪酬、带薪休假等。满足高端人才对财富及学习、生活等方面的需求，由此保证高端人才能够持续为组织效劳。第二，为高端人才提供工作所需的软硬件配置，如设备、交通、通信、和谐向上的工作氛围等。维持和确保个体对组织的忠诚，可以从如下方式加强：第一，组织内上司能够对高端人才予以赏识和支持，提供发展的机会，如个人技能得到提升、知识增长、职位的升迁以及获得培训的机会等。第二，组织对高端人才的工作给予认同和重视，让高端人才在组织工作中能看到自身的发展前景。

高端人才收益对高端人才联结的影响。高端人才收益宏观上是指劳动所获得的报酬。但随着经济的发展，高端人才对组织的选择上不再一味地看重收入，往往还会考虑到个人的爱好、目标计划、配偶和孩子方面的福利以及个人职位上的升迁机会等。由此可见，只有满足了高端人才的各方面需求，与组织间的联结才能根深蒂固，高端人才联结的嵌入性才能更高。为了建立稳定的联结，可以从以下几点进行改善：第一，根据高端人才的特点、喜好及自身在工作上的目标和追求，合理安排工作岗位。第二，组织能够为高端人才提供一个只要努力工作就能够获得职位提升的机会。第三，加大对高端人才的家庭生活照顾。

组织、高端人才双收益对高端人才联结的影响。从组织层面的多个维度以及高端人才自身方面的维度对工作嵌入联结阶段的影响进行分析，得出组织、高端人才双收益同高端人才的联结呈正相关。两个维度相互依存，互相影响。为了能够使高端人才工作联结的嵌入性更高，与组织的联结更紧密，必须注重高端人才的情感性维度，同时也要保证组织与高端人才之间的依附性，只有这样，高端人才才能与组织产生很强的依附性，才能在组织中实现自身的价值，为组织创造更多的利益。

2. 共享契约对高端人才工作匹配的影响

信息共享对高端人才匹配的影响。信息共享指的是成员共同所有的知识或计划，在组织内快速传递，便于成员间密切合作。① 信息共享影响着高端人才工作的匹配。在高端人才工作嵌入的匹配环节，传递的需求信息、技术知识等能够让高端人才的需求与组织的需求步调一致，高端人才能够找到与自身价值匹配的工作，最终实现双向的选择。信息共享的失败或者不全面都会加重高端人才工作匹配的难度。常见的问题主要有信息的共享使得重要信息的公开，让高端人才失去了竞争的优势，在与同行竞争

---

① 参见孙静云：《基于主从博弈的收益共享契约协调性研究》，《物流经济》2017 年第 9 期。

岗位时不能形成绝对的优势；信息的共享会使得组织内的利益分配不均，直接影响到高端人才的个人利益，进一步影响到高端人才在工作中的积极性；信息共享的存在，也会使得组织内的结构相对发生改变，冲击了原有的管理工作，会有裁员的可能性，造成了高端人才工作的不稳定性等。为了避免相关问题，组织需要以信息共享为基石、技术为保障、系统作支撑、制度为关键的方针，保证高端人才所得利益不低于共享前的所得，以此来确保高端人才工作的匹配稳健态。

价值共享对高端人才匹配的影响。价值共享定义为高端人才和组织之间的共同生存、共同创造以及一起享受由此带来的价值增值，同时也需要共同承担过程中的诸多风险。将价值共享从高端人才个体、群体以及组织三个维度，对高端人才工作匹配的影响进行分析。在工作嵌入的过程中，高端人才个体的价值体现在发展绩效、规划管理能力以及在组织之中的模范榜样，它是组织的一种稀缺的资源，同时也是组织的核心能力；群体的价值体现在团队的创造，帮助组织在技术和人力资源方面取得对手不能复制的垄断核心技术，同样也是组织核心能力；对于组织价值，它主要表现在生产能力的价值、生存的环境等。从个体以及群体的角度来看，价值给高端人才带来的都是积极的影响，在工作匹配的环节上能让组织看到自身的优势，提升自身在组织内的核心地位。从组织自身价值的角度来看，价值的共享能与高端人才之间培养一种共鸣，形成共同的语言、同样的价值观。进一步促进高端人才的工作匹配，无论是为了组织能保持核心竞争力，还是助力高端人才的工作匹配，采取适当的措施是必要的。比如，在激励机制上，既要有短期的利益上的激励，又要在中长期上，组织需要确立一种“招得进、留得住、用得好”的激励机制，激发高端人才的积极性和主动性；同时组织需要对行为的规范上实施理性化的制度。

风险规避共享对高端人才匹配的影响。风险规避是一种组织和个人针对风险或者风险条件而采取的应对措施，以此来避免受到风险带来的诸多影响。[①] 风险的规避方法主要从事前、事中及事后补救的角度进行。联系到高端人才的工作匹配，只有组织能为高端人才提供一个相对稳定的环境，高端人才才能与组织间建立紧密的联系，工作的嵌入性才会更深。具体而言，主要存在机遇识别与把握的风险、组织制度风险、技术创新以及组织成本过高风险等，无论哪一种风险都会影响到高端人才在组织上的选择。为了能够引进高端人才，让高端人才嵌入组织的程度紧密，为组织创造收益，组织需要加强风险的识别能力，在组织内营造出和谐稳定的氛围，明确强化组织文化，促进组织内成员间的交流等。

3. 收益共享契约对高端人才工作牺牲的影响

组织收益对高端人才牺牲的影响。研究高端人才在工作嵌入的三个过程中，组织收益主要指的是个体对组织的创造以及个体对组织的忠诚。组织的收益与高端人才工作嵌入的牺牲过程紧密相关，收益越多代表着高端人才对组织的创造越多，与组织间的联结也越多。组织离不开高端人才，高端人才的牺牲会对组织收益带来巨大损失。所以，为了确保组织收益的同时，避免高端人才的牺牲，需要在组织的收益同高端人才收益之间建立一个平衡。通过组织对高端人才工作的认可、为高端人才提供一个职位上升的机会、为高端人才的家庭提供一定的福利保障等来消除高端人才的不稳定情感维度，以此获取组织和高端人才的双赢。

高端人才收益对高端人才牺牲的影响。嵌入过程中的高端人才收益主要是指高端人才个体的爱好、目标计划、配偶和孩子方面的福利以及个人职位上的升迁机会等。高端人才的牺牲，一部分缘由正是高端人才收益的这些情感性维系，由此可见，高端人才收益与高端人才牺牲成正相关。无法满足高端人才的收益，必定会导致高端人才的牺牲。为了避免高端人才的牺牲，可从以下几点采取措施：第一，根据高端人才的特点、喜好及自

① 参见简惠云、许民利：《风险规避下基于 Stackelbery 博弈的供应链回购契约》，《系统工程学报》2017 年第 6 期。

身在工作上的目标和追求，合理安排工作岗位。第二，加大对高端人才的家庭生活照顾。第三，为高端人才提供一个职位上升的平台，只要通过努力就有机会升迁，以此来稳固离职的不稳定因素。

组织高端人才双收益对高端人才牺牲的影响。由前两个维度对高端人才牺牲的影响可以得出：组织和高端人才的收益均对高端人才的牺牲有绝对性的影响。收益的程度直接影响到高端人才牺牲的情感性维度，只有稳定了不安的因素即从组织层面满足高端人才的情感及非情感因素，让高端人才的个人利益得到最大限度的保障，才能让高端人才嵌入组织的程度更深，与组织的联系更密切，最终才能达到避免高端人才牺牲的目的。

三、高端人才工作嵌入过程策略分析

（一）高端人才联结策略

1. 云聚合提升高端人才获取知识联结能力

云聚合即在网络时代，互联网上各种信息在云端的集合。云聚合的出现给人们带来了很大的便利，方便了人们搜集各种数据，从而通过分析各种数据，制定各种解决方案。组织中高端人才在工作嵌入过程中会遇到各式各样的问题，想要解决这些问题，必须不断充实自己，提升自己的能力，拓展自己的知识面，云聚合为人才提供了很大的便利，方便了人才不断获取知识提升自己，从而在工作嵌入过程中提升了联结能力。同时，云聚合中数据的多样性，也无形中提升了高端人才对知识的联系结合能力。

2. 强智能提升高端人才信息整合联结水平

信息整合是系统论的一种思维方式，是将企业内和外相互贯通，形成合作伙伴但又有独立的经济核算系统，可合并成为为客户服务的系统。信息整合就是把各种各样的信息通过某种方式进行联想、分析、推理，从而实现信息系统的资源共享和协同工作，最终整合成能对资本增值有用的信息。信息整合是为了便于利用和管理信息资源，将多元、离散、无序、异构的信息资源通过一定的方式组织起来。① 数字时代，高端人才在工作中的信息整合力尤其重要，强效的智能能够将各种数据进行分析，从而使高端人才的信息整合联结水平得到了提升。

（二）高端人才匹配策略

1. 智人融合提升高端人才嵌入与组织承诺的匹配性

智人融合提升高端人才嵌入与组织承诺的匹配性是指智能体与高端人才的高度融合匹配可以提升高端人才在工作嵌入过程中与组织承诺的匹配性。从工作匹配来看，高端人才的现有岗位具有挑战性，有利于自身技能、特长的发挥，有助于实现自我理想。组织承诺即高端人才对组织的认同并参与到组织中的程度，高端人才对组织的认同感和归属感，其包含三个维度，即情感承诺、持续承诺和规范承诺②。在组织承诺里，对许多合同内不能规定的工作以外的行为做了规范，并且都是得到高端人才的高度赞同和支持的，这使得高端人才对组织有了高度的认可感和强烈的归属感，智人融合能够提升高端人才工作嵌入与组织承诺的匹配性。

2. 人脸识别提升高端人才数据使用与价值创造的匹配性

人脸识别提升高端人才数据使用与价值创造的匹配性是指通过人脸识别技术来提升对高端人才的数据使用，加速对内容的判断，提高办事效率，提升数据的价值，使得高端人才数据与它的价值更加匹配。人脸识别产品利用 AVS03A 图像处理器，可以检测人脸部光线的明与暗，会自动调整动态曝光补偿，脸部追踪侦测，自动调整图像。广义上的人脸识别系

① 参见刘春年、张曼：《信息整合研究的定性与定量分析：多学科评估与科学生产趋势》，《情报理论与实践》2014 年第 14 期。

② 参见万元：《工作嵌入、组织承诺对知识型高端人才离职倾向的影响研究》，武汉科技大学硕士学位论文，2015 年。

统实际上是指建立一组包含人脸图像采集、人脸定位、人脸识别预处理、身份证明和身份查找等相关技术的系统①；狭义的脸部识别技术或系统是通过面部辨别身份的技术或系统。人脸识别可以运用大数据根据视频内容判断、分析、推测，加快了办事速度，提高了准确率。根据监控录像的内容，对有人物出现的镜头进行有限处理，没有人像时自动降低分析速度，根据地点、时间调整分析速度，保证抽样检查的精确性，提高处理的效率。将服务器的分析处理量提至最大化，对更大范围的监控地区进行高度精确的视频分析。② 因此，当为了视频数据的需要，以及重要区域的最小范围，分析当前需求的时候，它可以灵活对应。人脸识别提升了高端人才的数据使用与价值创造的匹配性。

（三）高端人才工作嵌入的市场策略

1. 构建高端人才市场发展大数据平台

高端人才市场占有时间短，信息化程度不高，所以很多人才供求信息没有得到广泛的及时收集、发布，导致供应和需求脱节。数字时代，实体化的高端人才市场将慢慢淡出人们的视野，由信息存储、信息技术这无形的区域链、云宇宙所取代，包括统计分析、预测、查询等功能，构建高端人才市场发展大数据平台将成为必然，且可以拥有更多优势，如使用云服务进行招聘，求职者可以在网上填写个人资料用来申请工作。这将大大提高招聘的速度，个人资料也更容易进行审查和评估共享，这也将大大减少人员雇用高端人才所花费的时间。

2. 发展高端人才云媒普及榜样示范作用

高端人才嵌入以互联网为基础的媒体当中，借助云媒体发挥它的榜样示范作用。当前，云媒体、云存储、云安全等概念层出不穷，主要围绕着

---

① 参见章帆、秦宇旋：《国际人脸识别技术景观分析》，《科技管理研究》2018 年第 5 期。

② 参见亢琦、陈芝荣：《人脸识别技术在图书馆的应用实践与发展思考》，《图书与情报》2018 年第 2 期。

一系列的发展和云计算时代的应用进行。虽然“云计算”在人们心目中的印象是虚幻的，但基于云的服务，为用户提供云媒体技术又近在眼前。云媒体是近年来才出现的新的事物，它是一种以互联网为基础发展起来的媒体，秉承“媒体的广泛报道为基础，技术创新为动力，以数据挖掘为保护”的理念，它已成为国内领先的在线互动广告整合传播智能平台，云媒体和云交互等媒体向广告商提供准确的通信网络、综合通信服务的互动广告和交互式服务。云媒体提供从受众调查、创意测试客户、整合媒体策划、广告投放和最终目标优化的整合营销解决方案，为客户提供系统集成服务。

（四）利用新媒体提升高端人才工作嵌入水平

1. 提高组织契合度

组织契合度是指组织能够满足员工对物质、精神和环境的要求，而员工能够为组织的发展起到作用的，并能帮助组织达到愿景的指标。[①] 高端人才提高与组织的契合度，要注意以下两点：

第一，提高组织忠诚度。组织忠诚度是指高端人才对组织保持忠心的程度。高端人才的组织忠诚度，可以作为组织对高端人才进行绩效评价、提拔晋升的标准。[②] 具备较高组织忠诚度的高端人才在较长时间内不会离职，降低了组织培训新人的费用和人力资本，推动了组织的发展，促使了组织目标的完成。同时，高端人才对于组织有着比较深刻的了解，而组织也很明确高端人才的专业实力和工作能力，有利于提高高端人才与组织的契合度。

第二，增加工作满意度。工作满意度是指高端人才对组织环境、所处

① 参见曲庆、高昂：《个人—组织价值观契合如何影响员工的态度与绩效——基于竞争价值观模型的实证研究》，《南开管理评论》2013 年第 5 期。

② 参见杨剑、程勇：《组织忠诚感：概念、研究现状与前瞻》，《现代管理科学》2014 年第 11 期。

职位、工作分配以及薪金报酬等条件感到满意的程度。① 在新媒体环境下，高端人才的专业要求不断提高，组织不能满足每位高端人才升职、加薪以及获得组织认同的愿望，这导致高端人才的工作积极性降低，对组织的发展起不到帮助，留职率降低。工作嵌入中提到的联结、匹配维度就是反映了组织契合度，联结是指高端人才的工作能力满足企业的要求，匹配是指企业能满足高端人才的升职要求。②

2. 提升人际关系融洽度

人际关系融洽度是指高端人才在工作过程中与同事、领导等人相处时的关系和睦程度的指标。加强人际沟通。从纸媒体到大数据媒体，高端人才经过了新媒体的四个阶段，这四个阶段并不是孤立存在的，而是相互联系、相互促进的。随着新媒体技术的不断发展，高端人才之间的关系却越来越淡薄，人际关系融洽度也在降低。在工作嵌入中，人际关系也是影响离职的一个关键因素，包括与管理人员的人际关系、与同事的人际关系以及与竞争对手、合作伙伴的人际关系。与同事的人际关系不融洽，高端人才就处在压抑的工作环境中；与合作伙伴与竞争对手的关系不融洽，高端人才就不能全面地了解市场，难以收集到大量的信息。因此，必须提高工作积极性，提升人际关系的融洽度，从而降低高端人才的离职率。

保持目标一致，高端人才将组织的愿景作为工作前进的方向，为达成组织目标而努力。高端人才要清楚了解组织的生产方向、目标市场和消费者以及组织文化，并明确自身的能力是否能够帮助组织达到目标；同时与组织保持目标一致，可以降低企业的人力资本，提高组织忠诚度，降低离职率。

---

① 参见蔡平、蔡刚、韩琳琳：《如何提高国有企业高技能人才的供给质量？——基于工作满意度的分析》，《宏观质参见量研究》2020 年第 1 期。

② Cf. Mary Bambacas, T.Carol Kulik.Job embeddedness in China: how HR practices impact turnover intentions[J] . The International Journal of Human Resource Management，Vol.24. pp.1934—1937, 2013.

3. 完善个人绩效薪酬制度

个人绩效薪酬制度是将个人绩效与高端人才的薪酬相结合，并以此支付报酬。[①] 人才进入销售行业的门槛比较低，大量的人才涌入，企业的薪酬两极分化比较严重，会导致薪酬较低的人才缺乏积极性，不会主动寻找工作问题解决的方法和升职途径，最后导致离职。为了得到更高的薪酬，高端人才要不断地更新知识储备、掌握信息技术、增强竞争力。只有自身实力强大，高端人才才会得到更多的奖励，从而提高工作积极性，降低离职率。

提高个人绩效。个人绩效是指对高端人才工作业绩和效率进行评价的指标。一个完备的个人绩效薪酬制度应该是能够让员工感受到公平并且能够切实提高员工满意度的，大多数企业所采用的最广泛的销售提成方式就是“佣金 + 绩效”的薪酬管理方式。[②] 每位高端人才可以得到自己的薪酬，但是绩效高的高端人才可以得到高的奖励。在这种薪酬差别的激励下，大多数员工并不满意只拿最基本的薪酬，而提高个人工作绩效成为了员工最推崇的方式。为了提高高端人才的留职率，完善个人绩效薪酬制度是至关重要的。

---

① 参见穆桂斌、孙健敏：《领导者怎样才能拥有高产的下属：领导者可信性与下属绩效的关系研究》，《中国人力资源开发》2015 年第 3 期。

② 参见刘欣、李永瑞：《绩效导向薪酬制度对员工创造性影响评述——基于自我决定理论视角》，《科技管理研究》2015 年第 2 期。

第六章　高端人才工作嵌入满意度与信任度分析

数字时代，高端人才的工作嵌入会提升组织信任度和满意度。本章着眼于数字时代提高高端人才工作嵌入满意度和信任度的技术方法，从联结、匹配、牺牲三个关键维度方面，对高端人才工作嵌入满意度与信任度的内涵特征、影响因素和模型进行分析，并探讨数字时代高端人才工作嵌入满意度与信任度的运用。

高端人才工作嵌入的程度与水平与组织满意度与信任度呈现正相关，被激发出的满意度和信任度系数会随着高端人才工作嵌入的深入而增大，所研究高端人才工作嵌入的满意度与信任度价值也就越有意义。满意是一种需求，满意度体现在这种需求被满足的愉悦程度，又或者说满意是一种期望，满意度体现在这种期望与亲身体验的相关联系，而这种相关联系可以用一种参数来衡量，这种参数就是满意度了。信任是一种依赖关系，信任载体可以是团体或者是个人。在自身的利益实现的过程中需要依赖他人的基础时，这里的依赖程度就是信任度。信任也是一种稳定的信念，维系着利益双方的价值稳定，信任度是指彼此间获得的承诺和信赖的信念度。

一、高端人才工作嵌入满意度与信任度的内涵与特征

（一）高端人才工作嵌入满意度与信任度的内涵

数字时代，高端人才工作嵌入满意度与信任度具体可从以下三点分析：

1. 联结过程中的满意度与信任度

在高端人才工作嵌入中，联结是指高端人才与组织之间正式或非正式的关系。高端人才工作嵌入联结是指高端人才个体与群体和组织及他人之间正式或非正式的联系。这种联系包括高情感承载力、关系张力与联结力等方面。如果把联结作为一种可辨别的联系，其数量越多，高端人才就越被绑定在组织中，具体可表现为生理健康、工作态度、学习行为等方面。在联结过程中，高端人才对这些方面的需求和期望满意程度就体现了高端人才工作嵌入满意度。高端人才对这些方面的依赖的深浅，表现为高端人才工作嵌入信任度。①

2. 匹配过程中的满意度与信任度

匹配是高端人才工作嵌入的重要过程。高端人才工作嵌入匹配是指高端人才与组织匹配的契合程度，包括高端人才与组织职位的契合、高端人才与组织环境的契合等方面。从这两个角度去分析匹配：高端人才职位匹配主要是指高端人才工作嵌入的能力和工作要求之间的匹配；高端人才与环境匹配是指高端人才同所处组织工作环境的和谐相处。在高端人才工作嵌入匹配过程中，高端人才对自身能力、人格、兴趣、文化、价值等方面匹配需求层次会反映出高端人才对组织的满意度。高端人才在工作过程中，也是自身一种价值的实现过程，在此过程中，对于所匹配的工作环境或职位匹配能实现自身价值的一种信念程度或者是说依赖程度反映出高端

① 参见马珂、田喜洲：《组织中的高质量联结》，《心理科学进展》2016 年第 10 期。

人才对组织的信任度。①

3. 牺牲过程中的满意度与信任度

牺牲是指工作者离开组织需要放弃的价值，包括心理和物质两个方面的价值。员工在牺牲的过程中需要放弃的价值越大，员工就越难离开组织。也就是说牺牲越大越难离开组织。高端人才工作嵌入牺牲是指高端人才离开组织可能遭受的各种物质和心理上的损失。物质牺牲具体表现为兴趣、社会赞许、关爱、感激等物质方面；心理牺牲表现为高端人才关系、邀约、帮助、服从等社会交往关系方面。在心理牺牲和物质牺牲的过程中，高端人才对其的需求感知是否强烈，这种感知程度体现高端人才在牺牲过程中满意度，同样在这样的牺牲模式下，高端人才对其信念的稳定动摇程度体现出高端人才对牺牲的信任度。②

（二）高端人才工作嵌入满意度与信任度的特征

1. 联结程度决定高端人才对组织的满意度

满意度是指自身需求或者期望被满足的程度。联结是指高端人才与组织各方面的联系。高端人才因其知识、技能、性格、气质、心理等方面不同的个性化特点，造成对这些方面的需求层次也不一样。因此不可避免高端人才的每个方面的联结程度都达到所期望的程度，导致了高端人才对组织满意度的降低。在高端人才工作嵌入过程中，如何提高高端人才联结程度？第一，从高端人才工作的心理联结来分析，高端人才各个方面的情感反应直接影响高端人才对组织的满意度，组织可以尽量满足高端人才的情感方面的需求；第二，从高端人才工作的环境联结来分析，工作的薪资报酬、个人能力、人际关系等经常是高端人才所关心的问题，如果组织帮助

① 参见赵武、李馥萌、高樱、秦鸿鑫：《个体—组织匹配、内隐协调对跨功能团队创造力的影响：内部人身份感知的调节效应》，《科学学与科学技术管理》2016 年第 12 期。

② 参见周如意、龙立荣、贺伟：《自我牺牲型领导与员工反生产行为领导：认同与心理权利的作用》，《预测》2016 年第 3 期。

高端人才处理好这些方面的问题，将会大大提高高端人才对组织的满意度；第三，从高端人才工作的生理联结来分析，高端人才与组织管理者、工作内容、晋升、直接上级等关系的程度，会影响高端人才对组织的满意度，所以，联结好高端人才直接相关的联系很大程度上可以提高高端人才对组织满意度。①

2. 匹配水平决定高端人才对环境的信任度

信任度是双方共同价值的相互依赖的体系。高端人才工作嵌入匹配水平是体现高端人才的个性特征与组织性质一致程度。高端人才差异是普遍存在的，每一个高端人才个体都有自己的个性特征，而组织的每一种职位环境的性质、条件、方式的不同，对高端人才者的能力、知识、技能、特性、心理素质等方面有不同的要求。因此，要根据每一个高端人才的个性特征来选择与之相对应的组织环境，即进行高端人才工作嵌入匹配。在高端人才工作嵌入匹配过程中，高端人才会对于组织所匹配的水平产生一种信赖感，如果匹配水平越高，则表现为高端人才的特征与组织特征的一致性越接近，高端人才工作效率得到很大的提高。因此，对于高端人才和组织来说，进行高水平的工作嵌入匹配具有非常重要的意义，决定高端人才对环境的信任度。高端人才匹配的前提之一就是需要对高端人才个体或群体的特性有充分的了解和掌握，例如说人才测评就是其中一种较好的办法。

3. 高离职率降低高端人才的满意度与信任度

离职是指员工因为对组织的某些方面的不满或者员工个人的感情方面产生矛盾而离开组织的一种行为。离职率是可以反映出组织内部人力资源变动情况的一项重要指标。通过对高端人才工作嵌入中高端人才离职率的分析，就可以初步了解到组织内部人才流动情况。通过了解发现，在高端人才高离职率的情况下，一方面反映出高端人才的情绪波动问题，劳动关

① 参见李丹、杨建君：《联结强度与技术创新模式：企业间信任的中介作用》，《科技进步与对策》2018 年第 3 期。

系间产生严重矛盾问题，所以，组织凝聚力与效率会出现大幅度下降。那么高端人才在联结、匹配、牺牲过程中所获得的某些需求和期望的满足度一定会降低，因此也就会降低高端人才的满意度。另一方面，在高端人才工作嵌入过程中，高端人才对组织的信赖程度也会降低，即降低高端人才的信任度。可以用以下途径来降低离职率：第一，提高组织的凝聚力，组织具有强大的凝聚力，高端人才一般会围绕组织目标、组织精神、组织信任、组织文化等方面互相帮助、互相协作，从而在组织内部形成积极、团结的一种工作氛围。①第二，组织对高端人才具有完善待遇制度。通常来说，马斯洛的第一个需求层次就是生理需求，那么组织对高端人才的物质激励一直是第一位的。②

二、高端人才工作嵌入满意度与信任度影响因素分析

（一）影响高端人才工作嵌入满意度的因素

1. 组织对社会承诺

组织对社会的目标与价值观的认同和信任，是一种重要的组织态度变量。在高端人才工作嵌入过程中，会影响高端人才的工作绩效，使得高端人才期望与实际的感受存在一定的差距，最终影响高端人才工作嵌入满意度。在高端人才工作嵌入的过程中，组织对社会承诺影响高端人才工作嵌入满意度可以从三个方面去分析：社会情感承诺的影响、社会持续承诺的影响、社会规范承诺的影响。第一，情感承诺是高端人才对组织情感上的依

① 参见于伟、张鹏：《自我牺牲型管理风格对研发员工创造力的影响——基于多层线性模型的实证分析》，《研究与发展管理》2016 年第 4 期。

② 参见张淑华、刘兆延：《组织认同与离职意向关系的元分析》，《心理学报》2016 年第 12 期。

赖关系，是高端人才对组织价值观上的认同，在高端人才工作嵌入过程中，会因为某些业务需要对组织产生依赖。组织给予高端人才所期望的反馈会让高端人才对组织形成满意度。第二，持续承诺是指高端人才留在与离开组织相比，感受到留在组织的价值。也就是说，随着高端人才对组织的投入增加是否能获取到高端人才所需要的自身的价值，包括经济、心理以及生理等方面所需要的价值。如果高端人才从工作嵌入过程中能获得所期望的价值，高端人才就愿意留在组织中。第三，规范承诺指的是基于职业范畴的原因而产生留在组织的责任感。例如，高端人才在某个新活动中存在是因为自身的离开让组织陷入困境的责任感。这种责任感的存在，会让高端人才觉得组织的职业道德体系的构建很完善。因此，对这些方面的心理满足度是比较高的，这也在一定程度上提高了高端人才工作嵌入满意度。

2. 管理服务水平

提高管理服务的水平，增强管理服务意识，对组织而言至关重要。在高端人才工作嵌入过程中，高端人才对于组织的管理服务水平的要求会更高。高端人才的能力体现或者自我价值的实现和组织管理服务水平呈现一定的正相关趋势。比如，高端人才在工作职位匹配中，组织给予的匹配与自我的技能、知识、技术相差很大，那么，肯定会影响高端人才工作嵌入的满意度。因此，组织管理服务水平的高低，会决定高端人才工作嵌入满意度。在高端人才工作嵌入过程中，提高管理服务水平，会增加高端人才工作嵌入满意度。具体的可以从以下几个方面着手：第一，增加服务意识。服务意识至关重要。在如今的员工利益至上、客户利益至上的大环境下，优质服务已经成为组织吸引高端人才的第一核心要素。第二，加快组织内部高端人才的培养，形成具有专业化服务水平、专业技术力量的人才队伍。第三，及时更新组织内部的管理机制。现代企业都是建立在快速发展的模式下，为了使企业能很好地融入快速的发展中，适应市场发展，就要不断改革和完善企业的内部管理机制。第四，在服务技术化手段上，加快科学技术的投入，运用科学化管理技术。

3. 产业发展的规模

产业规模在传统意义上是一个工业指标体系，是指企业年主营业务收入的规模。数字时代，产业发展规模是指以组织现有的发展水平和发展环境，对未来的发展前景、发展规模以及发展潜力的实力评估。结合到高端人才工作嵌入中来说，组织产业发展规模包括组织的核心竞争力、组织业务拓展空间、高端人才自身业务拓展空间和高端人才自身核心技术。因此，在高端人才工作嵌入过程中，组织核心竞争力的强大、业务发展空间范围广会给高端人才自身业务范围的扩大和自身能力技术的提升带来很大的可能性。高端人才在工作嵌入中感受到组织产业规模的强大，对高端人才自身为组织创造价值方面也提供了更多的机遇，也就会提高高端人才工作嵌入满意度。

4. 可视化技术水平

在经济快速发展的时代，可视化技术使用越来越广泛，其原理是结合计算机技术和图像处理技术，运用交互处理的理论、方法和技术将数据用图表的形式显示出来。高端人才工作嵌入的本身就是一项高技术、高水平、高能力的工作。在高端人才工作嵌入过程中，当遇到用三维形体来表示复杂的信息时，需要运用到可视化技术，如果组织缺乏可视化的技术，高端人才对于组织的期望会大大降低，影响到高端人才工作嵌入中对组织的满意度。组织可视化技术水平越高，高端人才工作嵌入的期望度越高，满意度也就越高。

（二）影响高端人才工作嵌入信任度的因素

1. 组织与高端人才的利益匹配程度

利益是指用来满足自身需求物质、精神的一系列产品。在高端人才工作嵌入过程中，高端人才匹配除在金钱等物质产品以外，还包括精神产品的匹配、权利、荣誉、组织情感关心等。组织利益匹配是指组织除了获得资金收入以外，还获得高端人才为其带来的核心技术，高端人才对组织的满意度与信任度以及组织自身形象等方面受益。因此，高端人才与组织的利益匹配程度与高端人才对组织的信任度呈现正相关。当高端人才与组织的物质、精神等方面的利益匹配程度越高，高端人才工作嵌入过程中对组织的信赖度和依赖感就越高，因此要提高高端人才工作嵌入中对组织的信任度。

2. 高端人才与组织的共享价值水平

共享价值是指高端人才对组织存在的意义、经营目的、经营宗旨的信念与看法，是高端人才与组织共同的价值准则。高端人才与组织只有在共同价值的基础上才能产生正确的价值目标。共享价值的水平决定了高端人才的价值取向，高端人才的价值取向影响组织的发展方向。共享价值体现出高端人才对组织的信赖度。一方面，社会需求是巨大的，健康的身体、良好的居住环境和受到的关爱，这些都是期待被满足的巨大需求，也都是高端人才与组织的共享需求，组织能在这些方面让高端人才与组织共同感受到这些需求的被满足，让高端人才在共享需求这方面对组织形成一种依赖感。这种依赖感越大，高端人才在工作嵌入过程中对组织的信任度越大，共享价值的意义作用更大，因为这些都是社会问题。组织捕获这些高端人才群体的需求极为重要。这些需求都为组织制定战略、赢得竞争优势以及提升高端人才对组织的信任度创造了机会。

另一方面，从价值链角度去看，社会进步步伐与组织价值链之间的交集不断增加。当组织运用共享价值链的思维处理问题，并能够以创新的方式解决问题时，高端人才与组织和谐性就能不断地提高。因此，一个组织可以在高端人才与组织之间建立一个价值链，包括组织联结价值链、组织匹配价值链、组织牺牲价值链等方面，随之而来会有更多机会创造共同价值。未来这些高端人才在工作嵌入过程中对组织会逐渐形成依赖感，这种依赖感可以不断上升，使高端人才成为可以依赖的企业骨干，彼此都会形成高的信任度。

3. 高端人才对组织的自我承诺

自我承诺是应允同意，是对他人在某一事情的保证与肯定。在生活中，我们会对很多人作出承诺，而且会尽全力去兑现我们曾经许下的诺言。同样地，在高端人才工作嵌入过程中高端人才对组织的承诺，能表明高端人才有信心或者说有能力完成自我的承诺，从另一方面讲，也体现高端人才对组织的信任度。因此，高端人才对组织的自我承诺越多，表明高端人才对组织的信心越大，对组织的忠诚越大，也就是高端人才对组织的信任度越大。高端人才对组织的自我承诺的行为，会影响其工作嵌入的信任度。例如，在联结、匹配、牺牲三个过程中，可以运用激励模式来刺激高端人才的自我承诺。

4. 高端人才智能体的推广使用

一方面，高端人才智能体形成创造性的思维，而创造性的思维方式会给组织的发展带来突破性的进步，可以加速组织的发展速度或者也可以为组织提供多元化的发展。高端人才个体在学习、交流的过程中互相帮助、互相指导会让高端人才彼此之间存在的依赖和信任慢慢地加深。在高端人才的智能体中，他们可以实现自我价值的超前实现，从而使高端人才不愿意离开组织，因此，高端人才智能体在工作嵌入过程中对组织的依赖度很深。另一方面，高端人才智能体具有高管理服务水平，可以完善组织内部人才的培养机制，让组织形成具有专业化服务水平的人才队伍。拥有多个人才队伍，高端人才智能体可以凭借快速的学习能力，带动组织的学习速度，促进组织的所有成员的快速成长，从而使其自我价值得以实现。当这些高端人才智能体的自我感知存在价值越大时，越难离开组织，渐渐地会加深高端人才与组织之间的依赖关系。所以，高端人才智能体的推广，重在提升高端人才工作嵌入满意度。

三、高端人才工作嵌入的满意度与信任度模型分析

数字时代，高端人才工作嵌入的满意度与信任度模型是对高端人才嵌

入组织的满意度与信任度分析，通过分析可以更全面地得出多个维度对高端人才工作嵌入的满意度与信任度的影响因素，从而提高高端人才工作嵌入过程中高端人才对组织的满意度和信任度。

（一）高端人才工作嵌入的满意度模型分析

高端人才工作嵌入的满意度是通过满意度的指数参数对高端人才工作嵌入过程中的满足感进行度量与分析。指数参数包括感知度、期望度、抱怨度和忠诚度。具体可从以下五个模型来探讨。

1. 联结阶段企业形象信息化感知度模型

感知是利用身体每一个感官对外界物体获得的印象。感知度是从各个方面所获取的印象的深度。联结阶段企业形象信息化感知度模型是指在高端人才工作嵌入联结阶段运用现代通信、网络、数据库技术等信息化手段来描述高端人才对企业形象的各个方面的感知模型（见图 6-1）。可以是企业产品形象、人员形象、文化形象、环境形象等方面的感知。在高端人才工作嵌入联结过程中，高端人才与企业所表现出的人员、产品、文化、

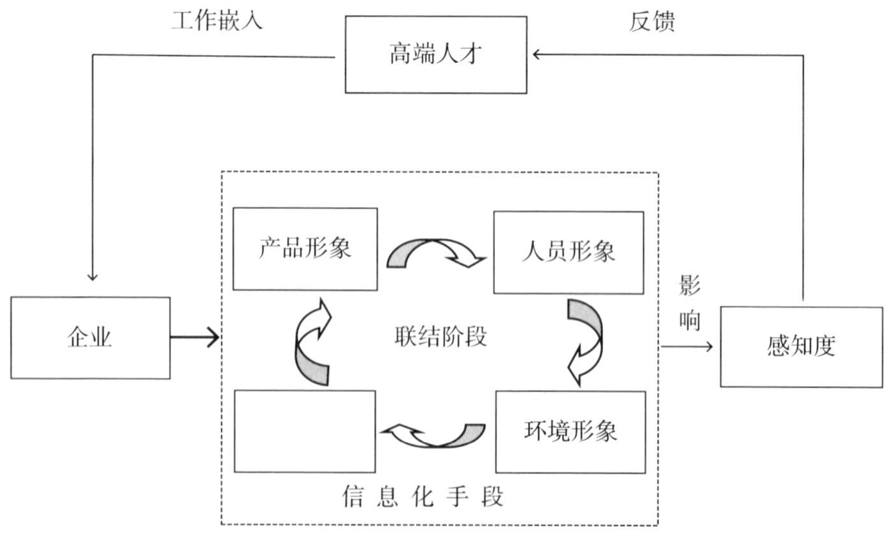

图 6-1　联结阶段企业形象信息化感知度模型图

环境等形象的联结关系，其关系密切程度可以反映高端人才的嵌入程度，而嵌入程度又可以反映出高端人才对企业的感知度。例如，高端人才在工作嵌入过程中对企业的环境要求比较高，那么企业的环境方面的好坏，高端人才会对其产生相应的感知。因此，企业的产品、人员、文化、环境等形象要素，会影响高端人才嵌入联结阶段对企业的感知，感知的程度又会对高端人才进行反馈，最终会让高端人才对企业形成满意度。[①]

2. 匹配阶段组织高端人才可视化期望度模型

期望是指人们对身边渴望的事物提前勾画出一种标准，达到这个标准的程度就是期望度。高端人才工作嵌入匹配阶段可视化期望度是指通过可视化手段来处理高端人才与组织相匹配要素的契合度，包括高端人才的价值观、生涯目标、发展规划等方面与组织的主流文化、组织工作要求（知识和技能）的匹配。高端人才在上述方面与组织的契合度达成一致性就存在一定的期望，所期望与现实中的感受越接近，高端人才在组织中就能感觉到兼容和舒适。因此，期望度越高，就表明高端人才对组织的满意度越

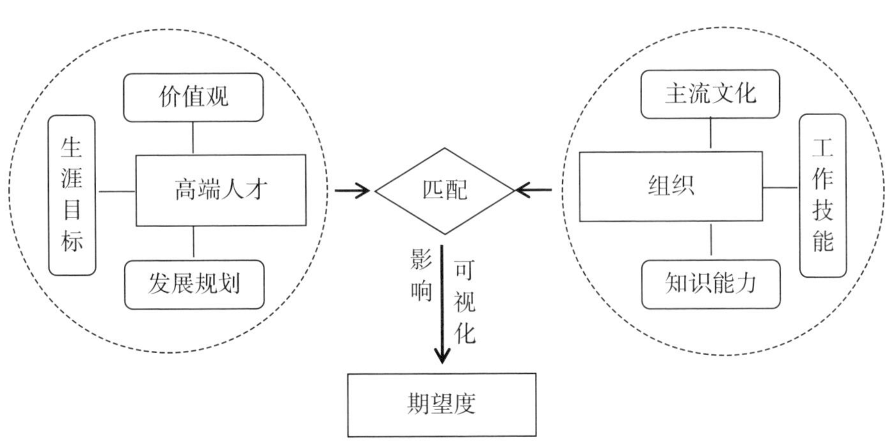

图 6–2　匹配阶段组织高端人才可视化期望度模型图

① 参见苗仁涛、王冰：《心理契约破坏不利于组织认同》，《首都经济贸易大学学报》2016 年第 4 期；李根强：《伦理型领导、组织认同与员工亲组织非伦理行为：特质调节焦点的调节作用》，《科学学与科学技术管理》2016 年第 12 期。

大。其中，可以运用可视化的手段把匹配的要素通过某个表格或者某个数字展示出来，可以建成期望度模型（见图 6–2）。例如，高端人才某个价值观标准与当前组织、主流文化的契合程度，契合程度就表明高端人才对组织的期望度。可以用 1、2、3、4、5 来表示期望度，“1”表示期望度高，“2”表示期望度较高，“3”表示期望度较一般，“4”表示期望度较低，“5”表示期望度低。

3. 牺牲阶段组织高端人才可控性抱怨度模型

抱怨是当受到不公正的对待时，人的一种心理情绪。抱怨原因主要包括组织环境、个人感情、劳动报酬等方面。结合高端人才群体，牺牲阶段组织高端人才可控性抱怨度模型是指在高端人才工作嵌入的牺牲阶段对高端人才产生抱怨，对要离开组织进行预控制的模型（见图 6–3）。牺牲阶段中，高端人才对组织的抱怨也体现了高端人才对组织的不满意程度。对高端人才抱怨进行控制得很恰当，就能在一定程度上减少高端人才的抱怨。也就是说，高端人才工作嵌入牺牲阶段可控性程度越深，高端人才对组织的抱怨度越小，对组织的满意度越大。[①] 因此，提高高端人才嵌入的可控性包括以下三个方面：协调型控制、多方位解决型控制、平等沟通型

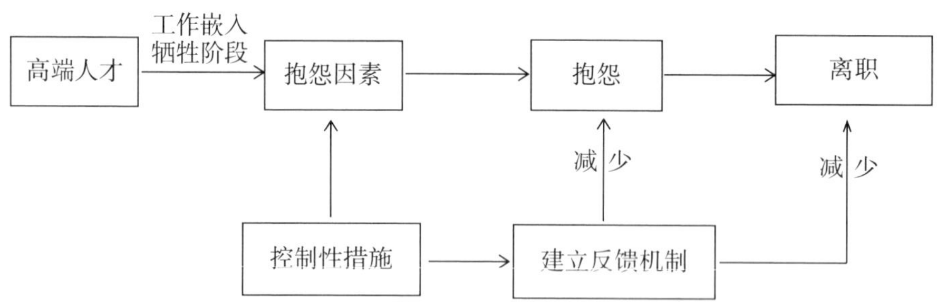

图 6–3　牺牲阶段组织高端人才可控性抱怨度模型图

① Cf. Lee X, Yang B, Li W.The influence factors of job satisfaction and its relationship with turnover intenton taking early-career employees as an example, Anales De Psicología,Vol3. pp.697—707, 2017.

控制。①

协调型控制。通常情况下，组织会使用防御型思维模式，当组织自身陷入困境时，出于本能反应就是逃避和避免，自动进入防御型思维模式。但是，“祸兮福所倚，福兮祸所伏”，因此，组织要采取协调型控制思维，要把高端人才的“祸”处理得当，便可以转化为福。组织者遇到高端人才的抱怨并不可怕，可以在问题之中寻找到关键并且抓住关键，快速地运用协调型思维模式来解决问题。

多方位解决型控制。任何抱怨都有它的原因，当高端人才在个人情感方面出现抱怨，组织除了从高端人才抱怨者口中了解到抱怨的原因之外，还需要了解其他与其相关的高端人才的想法。在高端人才的抱怨原因没有了解清楚之前，组织不能定下结论，如果过早定论，只会使高端人才更加抱怨。这时，可以从高端人才之间的情感抱怨、高端人才对环境的抱怨以及高端人才与所属部门关系之间产生的抱怨等多方位彻底解决抱怨，以便降低高端人才对组织的抱怨度。

平等沟通型控制。实际上，75%的抱怨都是不太合理性抱怨，抱怨的产生是来源于高端人才的个人习惯。例如，当高端人才对自身的劳动薪酬出现抱怨时，其情绪都比较激动，对于这种抱怨，组织首先要做的是聆听高端人才抱怨产生的原因，其次对高端人才提出的抱怨要从多种角度作出耐心的解答，并对其某些不合理的抱怨进行巧妙的批评。

4. 高端人才工作嵌入虚拟性感知度模型

数字时代，计算机三维处理普及化，虚拟性技术得到了快速发展，尤其是与现实世界产生了越来越多的结合技术。虚拟是指人们刻画出的自然界无形的物质或者不存在的物质，在计算机中，它可以以知识、信息、声音、图像、文字等作为自己的形式。高端人才工作嵌入虚拟性感知度模型是指高端人才在工作嵌入的三个过程中，运用虚拟化手段让高端人才感受

① 参见肖克奇：《管控员工抱怨的第三种思维》，《企业管理》2015 年第 2 期。

到与组织的联结程度，自身能力与组织岗位的匹配程度，离开组织需要对自身物质和心理损失的感知程度（见图 6–4）。在联结阶段，组织可以运用虚拟化手段让高端人才体验到与组织形象、文化、环境的联结关系。让高端人才能真真切切地感受到自身与组织各方面的关系以及关系的密切程度，感知程度越大，自身与组织的关系程度越深，高端人才对组织的满意度会不断增加。在匹配阶段，组织可以运用虚拟化手段让高端人才感受到与组织环境、岗位等匹配契合程度。高端人才越能感受到与组织的匹配契合度，对组织的满意度也就越大。在牺牲阶段，组织可以运用虚拟化手段让高端人才了解离开组织需要放弃的物质、情感、关系等方面的东西。高端人才可以在牺牲阶段中感知到离开组织所承受的损失价值。高端人才对组织的感知度又对虚拟的深度进行反馈调节，而进行更加深程度的虚拟化，更能增加高端人才对组织的满意度。①

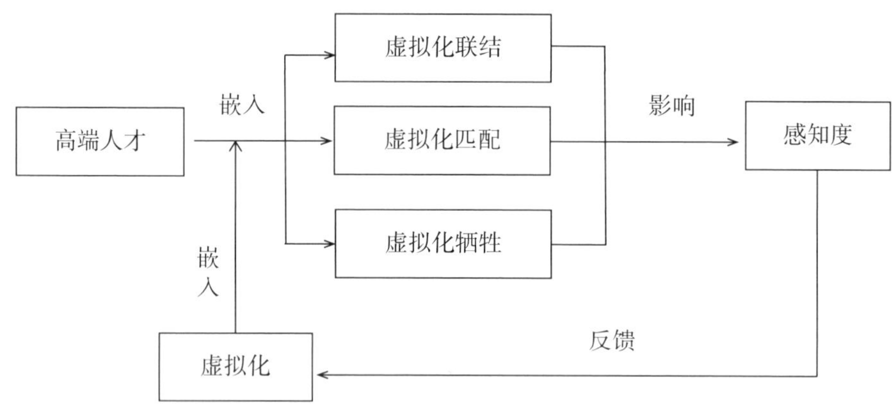

图 6–4　高端人才工作嵌入虚拟性感知度模型图

5. 高端人才工作嵌入过程性忠诚度模型

忠诚意为尽心竭力，赤诚无私。高端人才工作嵌入的忠诚度是指高端

---

① 参见李宪印、杨博旭、杨娜：《职业生涯早期员工工作满意度与离职倾向——基于多维度工作满意度分析》，《经济与管理评论》2016 年第 3 期；张寒冰、叶茂林、陈晓：《牺牲小我，成就大我：自我牺牲型领导研究述评》，《中国人力资源开发》2017 年第 2 期。

人才对于组织所表现出来的行为指向和心理归属，即高端人才对所服务的组织尽心竭力的奉献程度。具体的可表现在工资福利制度、组织发展前景、人才政策、职位晋升空间、领导的才能等。高端人才工作嵌入过程性忠诚度模型是指在高端人才工作嵌入的三个过程中，高端人才对组织的各个方面感知到的忠诚度。忠诚度越高，高端人才对组织的满意度越高。在联结过程中，高端人才与组织的联结程度越高，忠诚度越高（见图 6–5）。例如，高端人才与组织岗位的联结，包括联结岗位的前景、联结岗位的培训机会等。高端人才与这些方面的联结程度，会影响到高端人才对组织的忠诚度。在匹配过程中，比如，高端人才与组织环境的匹配是否可以让高端人才产生自身价值得以实现的优越感，当这种优越感产生的同时，相应地也会提高高端人才对组织的忠诚。在牺牲过程中，高端人才离开组织需要放弃的价值与留在组织存在价值的比较，权衡这两种价值，如果放弃的价值小于存在的价值，那说明，高端人才在牺牲过程中，觉得留在组织更具有价值，表现为对企业的忠诚。通过对忠诚度的分析，又可以建立反馈

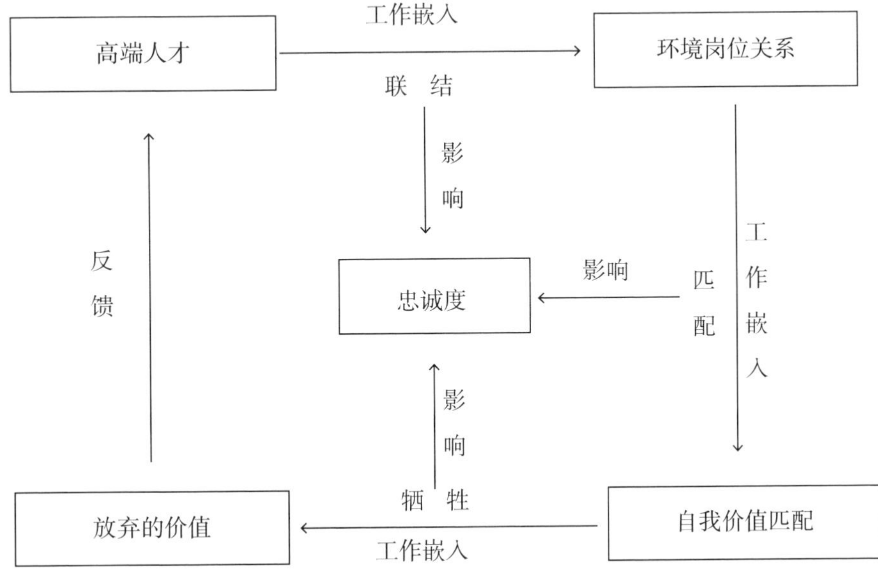

图 6–5　高端人才工作嵌入过程性忠诚度模型图

机制重新优化高端人才工作嵌入过程中的忠诚度的影响因素，再次提高忠诚度。在高端人才工作嵌入的过程性中，忠诚度因素嵌入过程性中程度越深，高端人才越能感受到自身为组织创造的价值，对组织的忠诚度越深。

（二）高端人才工作嵌入的信任度模型分析

随着科技技术的发展，经济全球化等趋势越来越深入；同时，组织内部的关系也发生很大的变化，呈现出员工对组织的信任度有下降的趋势。我们在分析原因的基础上构建了信任度模型，包括联结阶段高端人才对组织网络化信任度模型、匹配阶段高端人才对嵌入环境智能化信任度模型、高端人才对嵌入中产品创新数据挖掘信任度模型。

1. 联结阶段高端人才对组织网络化信任度模型

信任是员工心中对组织持有的信心和支持的情感。它是一种依赖关系，这种依赖程度就是信任度。联结阶段高端人才对组织网络化信任度模型是高端人才工作嵌入联结阶段通过组织网络化管理来评估高端人才对组织的信任度（见图 6–6）。信任度指数参数包括组织目标、组织政策、组织发展前景。在联结阶段组织可以利用网络技术和计算机技术，把高端人才个体与组织目标、政策、发展前景等各信任度参数互联起来，形成一张网络表格，这样可以使高端人才更有效与组织建立起联结。随着联结程度

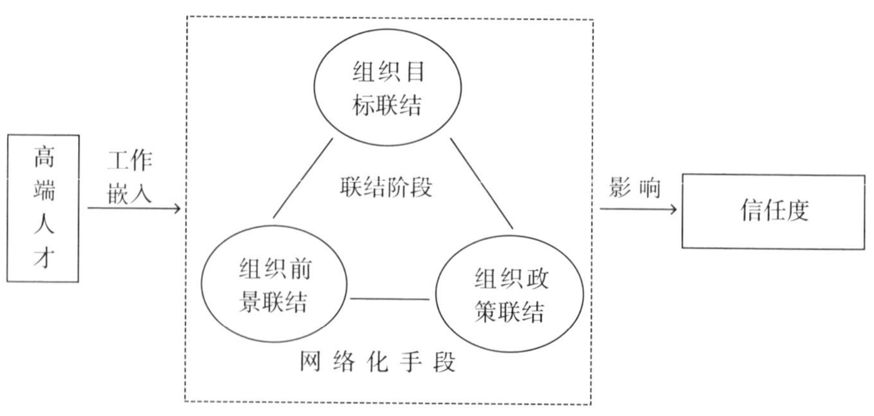

图 6–6　匹配阶段高端人才对嵌入环境智能化信任度模型图

的逐步深入，高端人才对组织呈现出的信任度也会一点点增加。

2. 匹配阶段高端人才对嵌入环境智能化信任度模型

智能化是指事物在网络、大数据、物联网和人工智能等技术的支持下，所具有的能动地满足人的各种需求的属性。组织环境智能化主要包括组织 BA（组织楼宇管理系统）、组织 OA（组织办公系统）、组织 CA（组织通管理系统）、组织 SA（组织安全系统）、组织 MA（组织管理系统）。匹配阶段高端人才对嵌入环境智能化信任度模型是指高端人才对组织环境智能化的五大环境智能的系统的匹配程度的满意度，这种满意度的逐步加深，也就让高端人才对组织产生依赖性，也就是信任度（见图 6–7）。例如，当高端人才与组织的岗位、环境等方面匹配中，组织环境中引入组织环境智能化 CA 系统，这样就会让高端人才在工作中运用环境智能化 CA 系统减轻工作压力，从而提高对组织匹配的信任，形成高的信任度。信任度的形成又反映出高端人才组织匹配的契合度。[①]

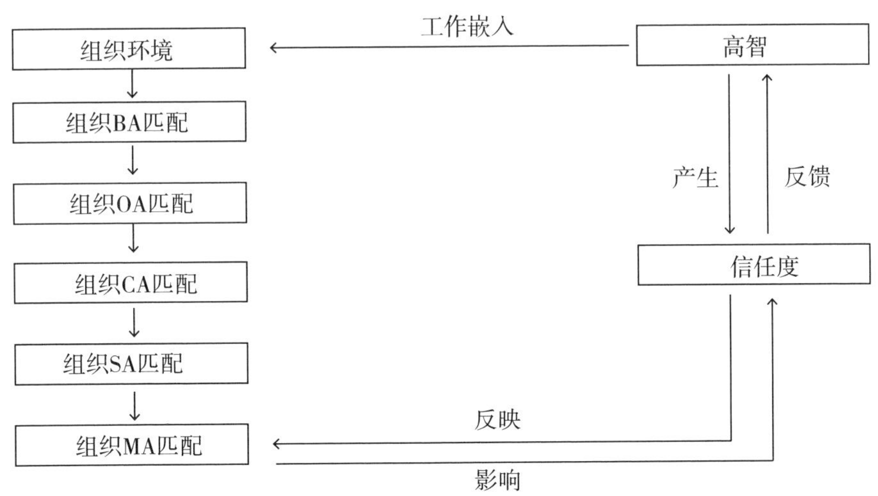

图 6–7　匹配阶段高端人才对嵌入环境智能化信任度模型图

① Cf. Ronald S. Burt, Yanjie Bian, Sonja Opper. More or less guanxi: Trust is 60 % network context 10% Individual difference[J] . Social Network, Vol.12, pp.12—25, 2017.

3. 高端人才对嵌入中产品创新数据挖掘信任度模型

产品创新指针对原先产品的某些功能或特性进行优化改善。结合高端人才智能体，高端人才对嵌入中产品创新数据挖掘信任度模型是指运用数据挖掘手段在产品创新的过程中对高端人才组织信任度的研究（见图 6–8）。信任度因素包括联结阶段产品创新与组织文化、形象的关联度。必须关注匹配阶段产品创新与社会需求的适应度，牺牲阶段产品创新价值与自身创造价值的重合程度。因此，高端人才在运用数据挖掘手段在联结、匹配、牺牲三个阶段进行产品创新过程中三个信任度因素感知值越大，高端人才对组织的信任度就越大。

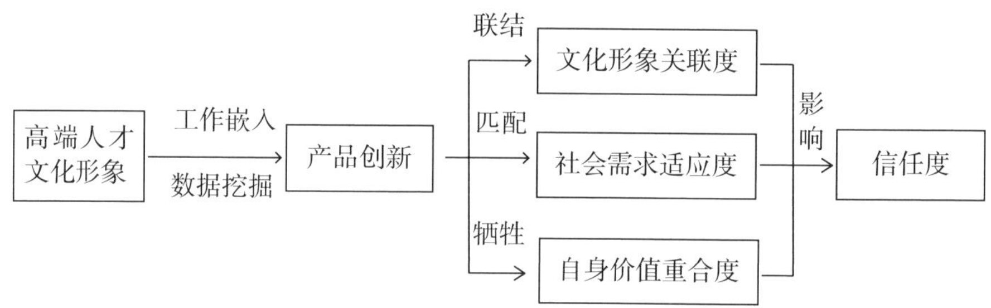

图 6–8　高端人才对嵌入中产品创新数据挖掘信任度模型图

四、高端人才工作嵌入满意度和信任度的提升

（一）高端人才工作嵌入满意度的提升

1. 运用信息化技术提升高端人才对组织联结的感知度

数字时代，信息化技术被广泛应用。高端人才运用信息技术改造自己、强化自己，增强自己的核心竞争力。在高端人才与组织的联结方面，可以运用信息化技术快速了解高端人才与组织的各个方面的联结程度。例如，在高端人才与组织的不同工作岗位的联结、高端人才与组织不同人才环境的联结中，运用信息化技术可以快速地分析出高端人才与不同岗位的

适合度，从而得出与高端人才关系最密切的工作岗位。因此，在高端人才工作嵌入的联结阶段，运用信息化技术可以让高端人才感受到与当前的工作岗位、环境等方面的联结程度，同时也就会提高高端人才对组织的满意度。

2. 运用可视化技术提升高端人才对组织匹配的期望度

可视化技术是指可以运用可视化的手段将现实世界的信息在计算机三维图形中显示出来，并通过这种技术来发挥创造性的思维。结合到高端人才与组织的匹配中来说，可视化技术可以用三维图像或者表格把高端人才与组织的匹配关系一一显示出来。例如，高端人才与组织的环境、文化、技能岗位进行匹配时，高端人才都期望能匹配到最契合自身的岗位、工作环境以及技能岗位等，对实现自身的价值具有很大的可能性。如果组织运用可视化技术让高端人才清晰的了解自身与组织各方面匹配程度关系，那么，就会提升高端人才对组织匹配的期望值，也就会提高高端人才对组织的满意度。

3. 运用可控性技术降低高端人才对组织离职的抱怨度

智能可控制技术是指在企业作业的某一项目中出现问题时，企业对这种问题控制的技术。运用到高端人才工作嵌入中，当高端人才对组织产生不满和抱怨、离开组织时，组织可以运用可控性技术来处理高端人才的抱怨，减少或者是消除高端人才抱怨的行为，最终降低高端人才对组织离职的抱怨度，增加高端人才对组织的满意度。

4. 运用虚拟技术提升高端人才对组织承诺的忠诚度

虚拟性技术是运用虚拟化手段将现实世界复杂、抽象的概念或者场景给予其量化，以直观的形式呈现出的技术。高端人才对组织的承诺是自我的应允，承诺越多，表明高端人才对组织的忠诚度越大。① 而在高端人

① 参见王林、邓沙：《新生代农民工离职倾向机制研究：工作嵌入的视角》，《农村经济》2017 年第 1 期。

才的嵌入过程中，运用虚拟技术让高端人才在一定方面上可以更有利于其创造自身的价值，那么高端人才对组织的满意度越大，对组织的承诺越多。①

（二）高端人才工作嵌入信任度的提升

1. 运用大数据技术提升高端人才对组织联结的信任度

大数据技术是从各个类型的数据中获得相关数据价值的技术。在联结阶段，运用大数据技术对高端人才个体或团体各个方面的特征与组织关系进行分析，可以让高端人才个体或团体更清楚地了解自身与组织的联结程度。因此，高端人才在这过程中会依赖这项技术时时刻刻了解自身与组织的联结，也就是高端人才对组织的依赖，运用到大数据技术越频繁，高端人才对组织的依赖感就越强烈，对组织的信任度越强。

2. 运用智能化技术提升高端人才对匹配环境的信任度

数字时代，智能化优势的体现越来越明显，体现在现实操作和现实应用中。智能化技术是由通信与信息技术、计算机网络技术、行业技术、控制技术集合而成的针对某一方面的一种应用技术。结合高端人才特殊性，在匹配阶段，组织可以在高端人才匹配的环境中加入智能化技术，比如组织 OA，当高端人才需要某项文件时，就不需要每个部门去搜集，直接在办公系统里进行呼叫部门主管或者直接访问有关部门的主页进行寻找。因此，每一个高端人才匹配的环境都是智能化的环境，提高了高端人才对组织环境匹配的满意度，一段时间后，高端人才对当前的智能环境产生稳定的依赖，也就是形成了信任度。

3. 运用数据挖掘提升高端人才对嵌入中产品创新的信任度

从数据挖掘方面来考虑，数据挖掘通常有五个步骤：数据整理、数据

---

① Cf. Gatling A, Kang H J A, Kim J S.The effects of authentic leadership and organizational commitment on turnover intention[J]. Leadership&Organization Development Journal, Vol.2, pp.181–199, 2016.

转换、数据应用过程、数据模式评析、数据表示。数据挖掘技术就是上述五大步骤反复循环的过程，过程中每个步骤如果没有达到预期结果，都需要回到前面的步骤，重新调整并执行。在高端人才工作嵌入中进行产品创新时，数据挖掘技术指导每一个步骤都达到预期的结果，否则就一直不停地循环反复，直到达到满意的结果。因此，运用数据挖掘技术，可以减少数据冗余，增加产品创新速度。高端人才有了数据挖掘技术的支持，在产品创新中更加具有条理性，既能增加产品创新的新度，又增加了高端人才对组织的信任度。

第七章　高端人才工作嵌入评价和激励机制

数字时代，在高端人才工作嵌入过程中，通过评价和激励激发高端人才的创造力、留住高端人才已成为组织关注的重点。本章既分析了高端人才工作嵌入过程中评价机制存在的问题及原因，构建了评价指标，对评价体系进行优化，以期实现对高端人才工作嵌入进行有效评价又对高端人才工作嵌入激励机制的研究现状、问题及原因进行分析，阐述了高端人才工作嵌入激励机制的构成要素，构建了高端人才工作嵌入激励机制。

一、高端人才工作嵌入评价机制

高端人才工作嵌入评价是针对工作嵌入过程展开的全面、系统、具有明确目的性的评价。主要以工作嵌入过程中的高端人才为评价对象，将是否有利于高端人才发展和企业进步作为评价的依据，运用科学的方法对工作嵌入过程中高端人才的发展过程和所取得的成果进行科学、合理的评价。通过评价使高端人才更好地"嵌入"工作中去，以期实现高端人才和组织的持续发展。

（一）高端人才工作嵌入评价存在的问题及原因分析

1. 高端人才工作嵌入评价存在问题

通过对中国学术期刊网、goole 网、百度网和大量外文文献的研究，发现在高端人才工作嵌入评价研究方面存在以下三个问题：

从评价对象上看，对高端人才的研究偏少。从评价对象上讲，对创新人才的研究文献比较多，对高端人才这一对象进行探讨的文献较少。多有对人才、人才绩效等方面的评价研究，但具体到工作嵌入中高端人才评价研究几乎没有。而高端人才是人才群体中处于宝塔尖者，对组织和社会的效用是不可估量的，加强对高端人才关注和研究有强大的应用市场，能够使高端人才创造更多的社会财富。

从评价机制上看，缺少对工作嵌入方面的研究。反映高端人才工作嵌入对其工作内外环境的匹配、联系和牺牲的权衡研究偏少。[①] 在已有对工作嵌入的研究文献中，专门研究评价部分的很少，大部分集中在对理论的概念、意义和具体的离职关系模型上。目前国内外学者对工作嵌入的内容结构、测量模型、前因后效进行了大量的研究，取得了很大的进展，为离职研究开辟了新视角，提出了许多新的思想和解决方法。[②] 但是在评价机制的研究上非常少，尤其是在高端人才工作嵌入评价方面。

从评价结果看，缺少对应用方面的研究。实现对高端人才的评价不是最终目的，将评价应用到工作中，加深工作"嵌入"性，满足高端人才的能力与期望，减少企业和区域的人才流失，才是评价的最终追求。因而，考虑到这一目的性，加强对评价机制中评价结果的应用，配之以相应的惩罚和激励措施，才能进一步提高高端人才个人的生活质量、工作状况和未

① 参见刘蓉、薛声家：《中高端人才工作嵌入对个体与组织影响的实证研究》，《科技管理研究》2013 年第 15 期。

② 参见卢福才、陈云川：《工作嵌入理论述评：结构测量及前因后效》，《江西财经大学学报》2013 年第 1 期。

来职业发展，促进相关领域的进步。

2. 高端人才工作嵌入评价机制原因分析

在理论研究与实践调查的基础上，分析得出以下两个方面原因：

高端人才与工作嵌入理论结合不够完善。学术界对工作嵌入理论已有较深的研究，但是没有将高端人才与工作嵌入很好地结合，没有将工作嵌入的理论成果更好地运用在高端人才这一群体上。高端人才作为人才群体中的重要组成部分，本身具有很强的优越性，他们素质较高、创新能力强，对领域发展起着重要作用，是促进社会转型发展的重要资源。如果能将高端人才与工作嵌入理论很好地结合起来，必将会降低高端人才的离职率，提高工作热情，对区域和组织发展作出不小的贡献。同时，将高端人才嵌入工作中，对其自身的发展也有一定的帮助，有利于自身价值的实现。与工作嵌入的紧密结合能够提高高端人才的工作绩效、素质发展，提高他们的组织意识，进而降低离职率。尤其是现在国家科技发展要依赖于人才，特别是高端人才的作用，在这一趋势下，加强对高端人才工作嵌入评价机制的研究尤为重要，将促进国家科技的发展，保证经济新常态。

高端人才工作嵌入过程中评价经验不足。由于目前对工作嵌入的研究很少涉及评价方面，所以即使将高端人才与工作嵌入结合后，在评价方面的经验也是欠缺的，主要表现在两个方面：一是评价主体不够全面。评价内涵的演变过程，包括评价价值取向、评价主体、评价内容和评价方法。高端人才工作嵌入中评价主体相对单一，传统的评价主体只有专门的中立评价机构、企业相关部门、政府组织机构或者其中之一，很少有在一个评价机制中同时涉及几个评价主体的。① 这样一来，在工作嵌入中对高端人才的评价就会单一，不够全面，甚至某些时候由于特定的评价主体受到自身立场的影响，其评价会不够客观。二是评价标准不够明确。评价经验不足还表现在评价过程中所依据的评价标准不够明确。评价标准是评价的客

① 参考高娟：《新时代中国政府绩效评价研究》，《中国软科学》2019 年第 12 期。

观依据，一个相对成熟的评价体系首先应该有一个相对固定的评价标准，否则难以作出客观的评价。国内外学者对高端人才在工作嵌入过程中评价标准的研究比较缺乏，这直接导致评价标准不明确、不全面，也造成相关的评价体系就不够完善。传统的评价方式多采用单一的评价指标，这无法全面衡量出高端人才所具有的价值，也无法引起高端人才对评价体系的重视，更不能通过评价引导其向更高的层面发展。所以，合理地分析和划分高端人才工作嵌入过程中的具体评价内容，设立多样、权重明确的评价指标，构建联动、循环的评价机制，显得尤为重要。

（二）高端人才工作嵌入评价对象及指标

由于传统的评价方式缺乏科学的评价程序和标准，所以在高端人才工作嵌入评价过程中明确评价对象、建立评价指标显得特别重要。

1. 评价对象

评价对象的内涵。高端人才工作嵌入评价客体对象是工作嵌入中的高端人才。高端人才是在自己的领域具有高深的学术造诣、专业的文化素质（或过高的技术水平）、丰富的现代化知识以及高尚的品质并且能够引领时代发展和进步的高层次优秀高端人才。他们年轻富有活力，属于人才金字塔的顶端者：是某一领域的核心人物，享有一定的声望；有过重大的学术研究成果或技术发明，对领域发展有着突出的贡献；有特殊的专业技术，为某一领域急需的不可替代的人才。

评价对象的特征。（1）自主意识较强。高端人才是人才中的高端者，是高端人才中的创新者，有着比一般人才更强的自主意识和开拓创新精神。他们拥有更为前沿的科学文化知识和专业技能，通常比一般人具有更加敏锐的观察力和良好的规划能力，不偏从大众，能够自主、独立抉择，更能明确自身需要。他们会针对自身的优势选择更适合的职位，创造出更先进的价值成果。（2）渴望被认可与尊重。高端人才学历高、能力强、贡献大，更渴望被认可和尊重。他们在自己的领域创造出比同龄人更高的价值，期待获得上级领导认同和社会的尊重。他们对自己未来的发展具有比较高的期待，期望自己在工作领域中有更好的发展。他们会更多地忠诚于自身专业和理想，把获得社会的认可与尊重作为个人精神上的最大满足。①（3）社会效用较大。高端人才掌握先进的科学技术，具有优秀的思想道德素质、良好的职业规划能力和较高的开拓创新精神，所以善于领导团队合作为企业取得优异的效益。在工作嵌入中他们能够运用各种资源创造出更高的物质与精神价值，社会效用比较大。②（4）动态性和稀缺性。正是由于高端人才体现出的高水平、高素质具有强大的社会效用，所以企业竞相争夺，人才流动相对较小的群体基数流动性强；他们能够清楚地认识到自身的价值，并且在工作中通过不断学习来提升自己，以满足社会需要，所以整体上高端人才自身也处在一个动态变化中。因为高端人才只是人才中具有超强竞争能力、创新能力的一部分高端者，而人才要达到高端性必须满足严格的标准条件，所以人数不会很多；在整个市场中也是比较稀缺的。所以，在评价过程中充分结合高端人才的特征，考虑他们工作中的发展前景、薪资水平，关注到他们思想提高、能力发展、自我满足和组织协调程度。③

2. 评价指标

评价指标的选择和考核标准的制定是评价机制建设中最重要的工作，因为在评价体系中评价指标和标准是评价的具体手段，只有设立具体有效的评价标准才能按步骤实施评价。而一套行之有效的评价指标要能够衡量出评价对象的素质水平和工作能力，同时要能够通过指标的制定来激励评价对象更好的发展，所以要求评价指标的设计具有动态性、实用性、识别

① 参见朱家村：《基于工作嵌入理论的营销人员离职行为探讨》，《全国流通经济》2019年第11期。

② 参见魏立才、黄祎：《学术流动对回国青年理工科人才科研生产力的影响研究——基于*Web of Science*论文分析》，《高等工程教育研究》2020年第1期。

③ 参见李晓东：《创新创业视角下博士后评价体系构建研究》，《技术经济及管理》2020年第1期。

准确。[①] 基于上述基本思想，我们构建起高端人才工作嵌入评价指标体系（见表 7–1）。

表 7–1　高端人才工作嵌入评价指标

一级指标（A_i）	二级指标（B_i）	三级指标与标准（C_i）		
		指标名称	指标内涵	指标标准
高端人才工作嵌入评价（A_i）	思想建设（B_1）	品德（C_{11}）	工作中表现出的个人品格、素质和思想道德	思想政治素质 思想道德素质
		态度（C_{12}）	影响个体工作的思想观念和对工作的认真程度	尊重科学 爱岗敬业
	心理建设（B_2）	心理素质（C_{21}）	影响个体工作的心理健康状况	个性 自信心 意志力 抵抗力
	能力建设（B_3）	绩效结果（C_{31}）	绩效结果直接反映出个体创造的价值和组织中的地位	薪资 成果
		能力水平（C_{32}）	个体本身具有的做好工作的基础水平和拓展空间	能力组成 能力应用
	组织建设（B_4）	组织协调（C_{41}）	工作嵌入过程中通过沟通等方式对组织工作进行协调	协调意识 协调方式
	文化建设（B_5）	组织文化（C_{51}）	组织的软实力，吸引个体为组织工作的文化方面内容	政策环境 教育机制 激励措施

思想建设机制指标。思想是行动的指南，具有先进的思想是高端人才的特征之一，所以在高端人才工作嵌入评价体系中要设计思想建设评价指标。（1）品德评价。高端人才本身具有较高的思想品德，这是创造社会价值的基础。万事以德为先，必须具备良好的道德素质才可以为人类的社会

① 参见何植民：《农村最低生活保障政策评价指标体系的构建——基于群组决策分析模型的运用》，《中国行政管理》2013 年第 11 期。

发展作出贡献。在评价中考察高端人才是否具有高尚的品德，也取决他们是否具有正确的思想政治素质和价值观。思想政治素质是政治意识、思想及态度的综合表现。高端人才坚持共产主义理想信念，热爱社会主义，拥护中国共产党的领导，坚持习近平新时代中国特色社会主义思想，拥有爱国情感、民族精神、时代精神和集体主义观念以及正确的择业观念、高尚的道德水准、健康的心理，那么将在工作中表现出来较高的素质。（2）态度评价。高端人才具有相对正确的人生态度。态度影响人的行为选择，个人对一事物或工作的态度决定着对这一事物的选择或愿不愿意完成某些工作。在评价中考评高端人才是否具有正确的工作态度，取决于他们是否能够尊重科学、爱岗敬业。尊重科学不仅体现在学术研究上更体现在日常的工作中，由于高端人才相比一般群体具有较高的开拓精神和创新意识，所以考察自我创新中的科学态度非常重要。只有根据科学的理论、方法得出相对科学的结果才能正确指导社会发展。同时考察高端人才的爱岗敬业精神可以提高他们工作的认真程度，引导他们通过尊重职业来获得组织对他们的认可。因此，高端人才工作嵌入评价确立品德态度指标是必要的，通过对工作嵌入过程中品德态度的评价，进一步提高高端人才的内在素质。

心理素质评价指标。对高端人才进行心理素质评价是因为心理素质包括人的情感、信心、意志力，制约着人的心理健康状况，影响着人的行为表现。（1）个性与自信心评价。良好的个性有助于工作的开展和更好成果的取得。其中心理资本对工作嵌入有着正向影响，科学、合理、规范、有效的思想评价机制能够进一步提高高端人才职业道德水平，增强企业的竞争力。坚定的自信心可以提高高端人才工作效率，对工作的企业和自身能力具有较强自信的高端人才会更加坚定自己的目标，能够综合运用自身拥有的专业知识和能力素质创新完成工作指标，取得研究成果。（2）意志力与抵抗力评价。坚强的意志力会降低高端人才的离职率，使他们不会因为一时的挫折就把外界的困难和危险扩大，最后引发内心的恐惧、退怯而选择离职。健康的心理会减少外界不良影响。在社会深入变革的时代，如果拥有健康的心理素质就能够抵抗外界诸多诱惑，不会因诱惑太多而偏离了原来目标。因此，心理素质评价是必要的，通过心理素质评价促进高端人才不断强化自己的内心，使自己拥有更加健康的心理素质。高端人才在工作嵌入中突破自身心理瓶颈后，会在高专业素质下更快地脱颖而出。

能力建设机制指标。将高端人才嵌入工作过程中，能否最大限度激发人才的潜力，能否人尽其才，是否有利于人才的能力发展，是衡量嵌入过程成功与否的重要指标之一，所以评价高端人才工作嵌入也要将能力建设作为重要指标。其中绩效结果和能力水平是能力建设的重要组成部分。（1）绩效结果评价。绩效结果评价是对高端人才实际工作成果进行考核，然后以薪资的形式分成几个等级。绩效包括行为和结果，是组织对个人在一段考察时间内取得的工作成效总和。第一，由于认识因素、意向因素和情感因素一样影响着工作嵌入契合程度，而具有较高的专业能力又是高端人才基本特征之一，所以在高端人才工作嵌入的评价实践中，业绩贡献至关重要。[①] 业绩是他们获得报酬的来源，二者呈出正比关系，业绩越好报酬越高。第二，通过绩效评价可以达到提高工作效率、调动人才积极性的目的。所以在对高端人才工作嵌入行为评价过程研究中，组织要更加重视他们能力的发挥。第三，社会工作嵌入直接作用于工作绩效，确立绩效评价标准能够引导高端人才在实际工作中发挥自己的才能，并在工作过程中更加关注行为所带来的结果，所以工作绩效成为考核高端人才最直接可行的指标之一。（2）能力水平评价。个人能力水平直接影响到个人绩效的产生。评价工作嵌入过程中的高端人才不单要看他在工作中取得的成果，而且要看到他实际具备的能力水平（知识、品德、能力与潜力等）。因为只有具备了这些素质的高端人才竞争力才能突现，而这些独特的核心竞争能力是企业成功的关键。评价高端人才的能力水平可以通过企业静态的书面

① Cf. Orin Edword Reitz, phD.The Job Embeddedness instrument: An evaluation of validity and reliability[J], Geriatric Nursing, 2014（35）, pp.351–356.

测试和动态的过程考核来衡量高端人才所具备的能力层次，并依据能力层次给予相当的激励措施。同时，要在工作嵌入过程中考察高端人才是否将自身的能力转化为现实的工作成果，因为能力只有被应用出来才具有价值。因此，对能力方面的评价是必要的，通过对绩效结果和能力水平的评价，引导高端人才在工作中努力提高自身的素质水平和工作能力，从而紧密地嵌入工作中。

组织协调机制指标。组织协调是个人能够正确处理组织内各种关系，配合得当、和谐一致，并且能够以一定的方法手段实行控制，从而实现组织的共同目标。所以评价过程中重点考察高端人才在工作嵌入背景下是否能够处理好组织内外的各种关系。评价高端人才组织协调性可以通过考察高端人才是否能够通过沟通等方式实现对工作的协调。又由于一个人不能单独工作，只要多人一起就必然需要相互调节，比如打篮球和踢足球中需要协调一致，配合得当。高端人才又是嵌入在由他们自己建构的社会结构中的社会行动者，所以对高端人才的评价也应放在整个社会的大范围内进行，结合工作嵌入理论，考察工作嵌入是否有利于实现高端人才的组织协调。按照工作嵌入统一的平台和统一的标准来评价和鉴别他们是否能够实现组织协调。通过对组织协调机制的评价来保持工作嵌入过程中高端人才队伍的凝聚力，强化工作嵌入中高端人才组织机制建设力度，使高端人才保持高昂的组织协调工作能力，因此设立组织协调评价目标是必要的。

文化建设机制指标。企业文化又称组织文化，包涵着企业的精神和价值观。个人在组织中的行为是由各种主客观因素共同作用的结果，那么非情感因素就影响着人才的工作离职倾向，影响着个体的工作发展。而企业文化是非情感因素的重要部分，影响着员工的工作效率和对未来前景的判断，所以要对企业文化进行评价。一方面要考核企业现有的文化是否有利于高端人才的优势智能充分发挥；另一方面要考核高端人才对企业文化的认同度，是否有意识与能力去传承和发展企业文化。职业心理健康学要求员工自身和企业组织共同创造一个安全健康的职场环境，通过环境和员工自身心理相互促进，从而提高员工的工作绩效。① 那么高端人才在工作嵌入过程中嵌入相关联的东西越多，与组织文化连接的程度就越大，所处的关系就越复杂，对组织认同度就越高，依赖性也就越强，就越不容易离职。所以评价高端人才工作嵌入过程的效用，要关注到其关联的文化内容和嵌入的程度。如果一个企业的文化有利于高端人才的发展，能够成为阻碍高端人才流动的影响因素，那么这种文化就是优秀的文化。营造和谐的企业文化，比如娱乐活动、竞技活动、奖励机制、休假制度等。因此，确立组织文化方面评价指标是必要的。高端人才作为核心人才，感知到的组织声誉越好、组织文化越和谐，其工作嵌入性就越强，工作舒适度越高，就越不容易离职。其工作嵌入性高反过来对企业发展也产生正面影响。②

（三）高端人才工作嵌入评价机制优化

1. 高端人才工作嵌入评价主体多元化

工作嵌入体系涉及众多因素，采取多元化评价方法是合理的模式，评价的主体有用人单位、管理机构、服务对象、同行专家、社会机构等。

多样与权威相结合。许多人才研究者认为只有中立的社会人才评价机构参与到评价中来才能实现评价的有效性。但是事实并非如此。独立的评价机构因行政功能过于突出，反而会影响其评价的中立性，不能够得出客观的评价结果，相比评价主体的多样性会更有效益性。目前，由于高端人才工作嵌入机制不完善，仅凭传统“离职率”评价，不仅不容易得出正确的结论，反而会遏制高端人才的能力发展，阻碍工作嵌入理论的结合。而源自霍华德·加德纳“多元智能理论”的“多元评价”方式，恰恰能弥补以“离职率”评价代表的传统单一评价的不足，能更全面、更客观、更公

① 参见祁双翼、西英俊、马辛：《中国人心理健康研究综述》，《中国健康心理学杂志》2019 年第 5 期。

② Cf. Jiang, K., i. Me Kay. P. F., etal. when and How is Job-Embeddedness Prdietive of Turnover A Metoanaly tie Investiation[J] , Journal of Applied Psyehology, 2012（5）, pp.1077—1096.

正地评价工作嵌入工程中的高端人才，减少评价中的一些主观因素的影响，对人才的成长更为有利。高端人才工作嵌入评价专业性较强，非专业人士对其嵌入工作难以把握和理解，所以评价主体中要求具有权威性的专家。当然权威性并不意味着行政化，权威是在熟悉高端人才群体特点的基础上，懂得工作嵌入模式，具有相当的知识结构和评判水平，对高端人才工作嵌入进行客观公正的评价，促进工作有序进行。

自评与他评相结合。评价机制不能仅依靠离职率的单一指标，而要综合考虑到政府、市场、社会以及用人单位的标准，在内部评价的基础上要加强外部评价机制的研究，促进高端人才在工作嵌入过程中健康发展。个人对自身的特点以及所处的环境具有真实的感受易作出忠诚的评价，然而个体具有差异性，个人价值判断和情感因素必然影响评价结果的客观性，所以要求以外评为主。外评通过积累满意性来衡量，外界评价满意度越高，说明高端人才在工作嵌入中联系越紧密、发展越好。所以，工作嵌入中要在外在社会评价驱动下进行职场行为，同时在内心驱动下实行自我评价，进行自我提高。

2. 高端人才工作嵌入评价方法科学性

统计产品与服务解决方案（SPSS）相关性分析法。因影响因素较多，要从众多的评价因素中确定相关性比较强的因素作为评价体系的评价指标，就要通过 SPSS（Statistical Package for the Social Science）统计系统里进行多组样本间 Pearson 相关性分析来验证高端人才工作嵌入评价各构成要素之间的相关程度。在客观权重的基础上结合评价者的主观权重，获得最终评价要素。经过 SPSS 相关性分析后，可以看出高端人才工作嵌入过程中以高端人才的品德态度、心理素质、工作绩效、素质发展、组织协调性以及组织文化为评价指标要素将是可行的。① 在此基础上通过赋权确定高端人才工作嵌入一、二、三级指标权重。

---

① 参见殷凤春：《自主创新人才评价与提升》，南京大学出版社 2013 年版。

层次综合评价法。理论界存在着多种评价方法，有其自身的长处，但也都存在一定的局限性，每种单一的评价方法都不可能全面的衡量出工作嵌入中高端人才工作。分层次评价法是综合运用各种评价方式进行定性和定量评价，使得评价结果更加客观有效。[①] 而拒绝单一的追求目标达成的评价方式，采取分层次综合的评价方法就要以评价指标的权重为依据，构建立体化、多层面、多角度的评价网络体系，有序进行，最终综合考评个人和企业的发展。

3. 高端人才工作嵌入评价内容全面性

评价内容就是评什么的问题。评价内容要求全面、具体，能够结合高端人才自身的高素质特点，关注工作嵌入具体的理论应用和实际工作情况。

能力与思想发展相一致。评价的内容既有素质发展也有工作绩效，既应看业务能力也应看思想态度。在关注静态的学历与职称时，更突出关注高端人才在工作嵌入过程中动态的能力发展与业绩成果。高端人才本身便具有高学历、高素质的特点，只有能力和思想同时进步时才能更好地实现自身的价值，为组织贡献自己的一份力。那么，评价的内容自然要涉及能力与思想，只有这样才能引导高端人才的全面发展，不断推进领域新常态。

个人发展与组织发展相一致。高端人才工作嵌入评价机制的评价的结果既要有利于组织的发展，又要有助于高端人才个人的成长，既着眼于组织的效益，也应注重高端人才潜力的发掘。高端人才的个人价值观和职业规划将一定程度上决定着企业的未来走向，而企业的文化与考评机制又将决定着高端人才的专业素质的提高和思想观念的转变。所以，综合来看，要求评价机制的评价内容既关注到个人进步，也关注到组织发展。

---

① 参见余昭胜、廖艳芬、夏雨晴、顾文露、卢晓鸾、马晓茜：《基于层次和多指标综合评价分析法的能源与动力工程专业校外教学实习基地评价指标体系的研究》，《高等工程教育研究》2019 年第 12 期。

4. 高端人才工作嵌入评价过程有序性

确定评价指标权重。在指标取舍选择后，要按其重要性进行分层排序并确定权重，将是否有利于高端人才的长期发展作为工作嵌入评价的基础（见表 7–2）。通过赋权确定的高端人才工作嵌入评价指标，然后经过 SPSS 相关性分析法来确定指标之间的关系以及各指标与工作嵌入间的切合度。高端人才工作嵌入客观评价是指在绩效结果与主观评价指标素质发展相结合过程中，以业绩考核为主；在思想态度评价与心理素质评价结合过程中，以有效指标为主。[①] 将高端人才嵌入工作中目标定为社会企业留住人才，促进发展，充分激发高端人才的潜能，进一步提高人才的技能和素质。确定的高端人才工作嵌入三级评价指标，按其权重比例依次是绩效结果、素质发展、态度、品德、心理素质，组织协调是除能力、思想、心理外所占比重比较高的要素，相对弱一点的是企业文化建设。

表 7–2　高端人才工作嵌入评价要素指标权重

高端人才工作嵌入评价指标							
思想 23%		心理 16%		能力 38%		组织 12%	文化 11%
品德 11%	态度 12%	个性与自信 7%	意志力与抵抗力 9%	绩效结果 20%	素质发展 18%	组织协调 12%	文化建设 11%

规范评价程序步骤。高端人才评价工作不再局限在评价阶段之中，而是可以贯穿到对于整个组织战略目标的促进与实现活动中。规范评价步骤使评价具有战略导向性，将工作嵌入过程中高端人才的评价标准、评价实施、评价结果与高端人才的价值体现紧密结合在一起，确定多元评价主体，使用正确的评价方法，依照评价指标对高端人才工作嵌入进行评价。规范评价程序步骤使评价的环节具有体系性，将原来相互离散的人才评价

① 参见萧鸣政、陈新明：《中国人才评价制度发展 70 年分析》，《行政论坛》2019 年第 7 期。

活动和工作嵌入评价活动转化为联动的高端人才工作嵌入评价机制，把独立的高端人才工作嵌入评价工作开发成系统的相互贯通。充分发挥出高端人才工作嵌入过程中评价的管理作用与开发作用。评价目的是总结工作嵌入理论管理经验，改进管理高端人才工作嵌入形式，以提高高端人才工作嵌入水平与项目效益。由于高端人才的工作嵌入行为并不是单向的，而是和组织的一种互动。因此，根据评价的结果，及时调整约束和激励机制，调整相应的评价方法和手段，使激励与约束相互促进、和谐统一，最终使评价支撑起约束与激励，这也是我们最终追求的结果。

二、高端人才工作嵌入的激励机制

数字时代，频繁的、大规模的人才流动毫无疑问会给企业和个人带来巨大的损失。[①] 组织要研究的就是如何促使高端人才有效增强这种工作嵌入度，更好地投身到工作中。激励机制的建设与完善是企业实现高质量、可持续发展的重要保障。在统筹考虑薪酬激励、股权激励、晋升激励、心理激励四个维度的基础上，对高端人才进行激励，保障高端人才能有效工作嵌入。[②]

（一）高端人才工作嵌入激励机制的现状及原因分析

在高端人才工作嵌入激励机制的研究过程中，必然会存在各种各样亟待解决的问题，针对这些问题，从高端人才工作嵌入激励机制的现状及原

① Cf. Osman M. Karatepe, Sanaz Vatankhah. The effects of high-performance work practices and job embeddedness on flight attendants’ performance outcomes［J］. Journal of Air Transport Management, Vo.l37, pp.27—35, 2014.

② 参见盛明泉、任侨、鲍群：《企业激励机制错位指数构建及应用研究》，《改革》2020年第1期。

因进行探讨。

1. 高端人才工作嵌入激励机制的现状

在有关高端人才工作嵌入激励机制的研究中，主要存在着三类问题：一是研究者视野相对偏窄；二是激励因素相对宽泛；三是激励效果未达预期。这三类问题导致现今的相关激励机制虽然建立了，但是却起不到应有的作用。企业组织没有根据高端人才在工作嵌入中所表现出来的行为和心理特征建立具有针对性的激励机制，对于这类人才的激励机制的设立仍是一个需要研究解决的问题。

研究对象还需细化。目前，在国内外的相关研究中，研究者的视线总是集中在人才、创新人才，但还需要细化关于人才的研究方向，很多人没有注意到高端人才这样一个定位既具有限制性，又具有包容性的概念。高端人才这个概念定位的限制性表现在它的条件限制的多重性。这个概念区别于一般性人才的定义，还要区别于高端人才的定义；又说它具有包容性是因为，高端人才这个概念不仅仅是单纯的区别于人才、高端人才，而是融合了这两个概念的内容。所以，高端人才是个人思想品质优秀，掌握有先进技术，具备开拓精神和创新能力的高层次优秀高端人才才。在现存的研究中，对人才还需要进行更为细致的分类，找出各类人才的共通之处和各自的特殊之处。因此，研究者细化研究方向，发现高端人才这个群体时，才能够制定出更加适合于高端人才的激励机制。

激励因素宽泛化。当前，造成高端人才工作嵌入激励机制的激励因素宽泛化，是由于研究对象局限在人才、创新型人才等方面，关注面过于狭窄，对高端人才的关注较少，从而对高端人才所必需的激励因素了解不多，使得建立的高端人才工作嵌入激励机制不能够产生预期应有的效果。有关高端人才的激励因素包括很多方面，如薪酬、晋升、股权、住房补贴、竞争、工作自主权等。虽然这些激励因素都会在某种程度上对高端人才产生一定的激励作用，但是，针对性并不强，没有针对高端人才自身的特殊性来选择合适的激励因素。要针对高端人才的特点，研究出相应的激励因素，而不是把所有可以激励人才的因素都加进去，这样不仅不能够达到预期的效果，反而可能会降低激励强度，从而造成一定的资源浪费。

激励效果未达预期。激励效果就是激励机制发挥作用后所产生的结果，激励机制建立是否恰当合理，关键就是要看最终的效果怎样，特别是高端人才自身的潜力是否被充分的激发出来。而根据当前的研究，可以发现，高端人才在现今的激励机制中并没有充分发挥出他们的全部潜力，还留有余地。这个余地就是激励效果没有达到预期，一部分高端人才对企业没有足够的信任，甚至不愿意融入企业中去，他们与企业的联结程度不够强、匹配度不高，更加不会有得失或牺牲心理。也就是说，企业对高端人才所创设的激励机制并没有达到应有的效果，高端人才在企业中的所作所为是不能够让企业满意的。

2. 原因分析

在高端人才工作嵌入激励机制的研究中，根据对大量材料的研究，存在上面所说的研究视野偏窄、激励因素过宽、激励效果未达预期等，针对上述三个主要问题，我们认为是由下面的两个方面原因造成的。高端人才工作嵌入激励方式缺乏整体性与针对性的整合，这是从激励的过程中来论述的，而高端人才工作嵌入激励效果缺乏评价机制则是从激励的结果方面来论述的。

工作嵌入激励方式缺乏整体性与针对性的整合。高端人才工作嵌入激励方式缺乏整体性和针对性的结合，这是从高端人才工作嵌入激励过程中来说的，在目前的研究中，大都过于注重针对性的激励方式，而没有把各种各具特色的针对性的激励方式整合起来，形成多元化的激励方式。针对高端人才的激励方式着眼于高端人才的某几个方面，而没有把这些方法整合起来，形成一个相互联系、相互渗透的、相互影响的整体。例如，企业组织在激励高端人才时，不能够只把目光集中于高端人才自身，而忽视譬如环绕在高端人才周围的同事、上司等，这些人群都会在潜移默化中影响高端人才的行为。所以，高端人才工作嵌入激励方式的针对性和整体性的整合是非常有必要的，而在如今的激励方式中，缺少的恰恰就是这种整合。

工作嵌入激励机制的效果缺乏有效评价机制。高端人才工作嵌入激励效果的评价机制就是在高端人才工作嵌入激励机制发挥作用的整个过程中，对高端人才受到企业组织的激励后所产生变化的评估。在激励机制发挥作用的过程中，高端人才的各种变化就是激励机制所产生的效果，而这种变化是否符合企业组织的预期要求，是否有利于人才的自身发展，却是没有一个明确的标准的，即需要高端人才工作嵌入激励效果评价机制。所以，建立高端人才工作嵌入激励效果的评价机制有利于企业组织对高端人才的未来发展规划进行及时的调整，让高端人才的潜能得到更好的开发利用。

（二）高端人才工作嵌入激励机制的构成要素

高端人才工作嵌入激励机制的构成要素主要包括三大点，分别是激励目标、激励因素、激励效果评价。激励目标是从高端人才工作嵌入激励过程的开端来说的，要想建立一定的激励机制，相应目标的设立必不可少。激励因素是从影响高端人才工作嵌入激励机制发挥作用的方面来论述的。而激励效果评价则是从高端人才工作嵌入激励过程的末端来说的，旨在评估整个高端人才工作嵌入激励过程的好坏。

1. 高端人才工作嵌入中的激励目标

高端人才工作嵌入激励目标主要是从高端人才与企业组织、高端人才与周围同事以及高端人才自身这个三个层面来讲述的，旨在增强高端人才与企业组织的相容性、高端人才与周围同事以及上级领导的联系、高端人才对自己的期待性。

高端人才与企业匹配性更高。从企业层面上来说，高端人才与企业组织的匹配度的高低是非常重要的一环，这直接关系到高端人才将在多大程度上为企业组织作出贡献。在工作嵌入中，匹配性就是高端人才与企业组织的相容性，即高端人才在企业组织中所感受到的舒适度。高端人才自身的行为模式是否与企业组织的规章制度相一致、高端人才的未来规划是否与企业组织制定的员工发展规划相符合、高端人才的才能是否得到了足够的重视并能够充分发挥等，都会影响高端人才在企业组织中感受到的舒适度，从而影响高端人才内在潜力的发掘。因此，提高高端人才与企业组织的匹配性是作为企业层面的激励目标。企业组织只有尽可能地提高这种匹配性，才能够激励高端人才更好地服务于企业组织。

高端人才与上司和同事联结性更强。高端人才与上司同事的联结性就是他们之间的依赖性。企业组织诸多关系构成了一张巨大而复杂的关系网络，同事之间，尤其是员工与上司之间的关系在这张关系网中占据了重要的甚至是最为重要的一部分。高端人才作为企业组织中的一员，也是这张关系网中的一分子。在工作嵌入过程中，联结就是高端人才与周围同事以及与上司领导之间的依赖关系，这种依赖关系越多，高端人才越不可能出现离职的情况，越能够被激发出工作热情，为企业组织贡献自己的力量。所以，把增强高端人才与上司同事的联结性作为一项激励目标，就是要让高端人才融入企业组织中去，让他们产生依赖性，不愿意离开企业组织。

高端人才自身期待性更大。高端人才对自身的期待性其实就是他们的内在动力，这个激励目标是从高端人才的个人层面来说的。他们对自己的期待性越高，就代表着对自己越充满信心，越有动力去完成工作任务，并去挑战更高难度的任务。增强高端人才的自身期待性，就要对他们自身的未来发展有一个合理的规划，树立好一定的目标，每一次目标任务的完成就是期待性的增强。通过这种未来规划的方法，高端人才对自己的未来就有了比较直观的认知，对于可以观察到的已知的东西，显然有助于他们树立一定的期待性。因此，把增强高端人才的期待性作为工作嵌入过程中的激励目标是非常必要的。

2. 高端人才工作嵌入中的激励因素

高端人才的激励因素可能包括很多方面，但是，我们认为在工作嵌入这样一个前提下，它包括以下几个方面：薪酬与福利、晋升与发展、竞争与成就以及工作自主权。首先，薪酬与福利是一种基础性的激励因素，即使不是高端人才，只要是付出了劳动的人，都会受到这个激励因素的影响。其次，晋升与发展、竞争与成就以及工作自主权其实都是在一定程度上用于满足高端人才的内在心理需求，以及这些心理需求所表现出来的对于成就、荣誉、权利等的追求行为。

薪酬与福利。薪酬与福利是影响企业员工稳定性的关键因素，薪酬与福利的人性化和弹性化，能最大限度地留住高端人才。[①] 薪酬一般是从物质上来说的，就是高端人才通过自己的劳动，从企业组织中获得自己应得的报酬，这部分报酬通常是以现金的形式支付的。而福利则包含了精神和物质两方面，从物质上来说，高端人才除了从企业组织那里获得劳动报酬，还能够得到一部分企业组织的奖励报酬，如保险、股票期权和实物等；从精神上来说，福利就是企业组织为了激励高端人才发挥才能而对这类人才开出的具有一定吸引力的政策条件，如带薪休假、职工托儿所等。薪酬和福利在很大程度上影响着高端人才对企业组织、对工作的满足感，所以，要把这两个因素作为高端人才的工作嵌入激励因素。

晋升与发展。要想在工作嵌入的过程中去激发高端人才的潜能，强化他们与企业组织的联结、匹配和牺牲，对这类人才在企业组织中的晋升与发展机会的创设是必不可少的。高端人才作为一群稀缺性人才，有着自身独特的特点，他们有着强烈的进取心和上进心，渴望成功、被认可，并且流动性很强。因此，他们会对自己在企业组织中晋升和发展机会尤为看

---

① 参见王靖宇、刘红霞：《央企高管薪酬激励、激励兼容与企业创新——基于薪酬管制的准自然实》，《改革》2020 年第 1 期。

中，一旦发现自己所处的地方没有发展前景，并且得不到领导赏识，很有可能离职，重新寻找一个有发展潜力，能够进一步提升自己的地方。所以，晋升与发展机会对于高端人才在工作嵌入中来说是极为重要的一环，通过完善职业规划，创造一个让高端人才有机会做事，可以做成事，能够与其他员工产生级别差异，享受较好待遇的职业路径，用发展留住这些有着极大潜力的高端人才。

竞争与成就。竞争和成就能够最大限度地激起高端人才进取心和好胜心。这就导致在一个没有竞争或者说是竞争不够激励的企业组织里，高端人才是无法充分发挥出自己的全部水平的。竞争对于他们来说是一剂强心剂，能够充分调动他们的好胜心，从而对自己的工作投入十二万分的努力，并在竞争中享受到同事之间互相追逐的乐趣。成就同样是高端人才十分看中的一项内容，这类人才恰好处在人生的巅峰时期，他们有足够的精力去创造、追求自己的事业。因此，企业组织能否对高端人才所创造的成就给予足够的肯定或者是奖励，或者是为高端人才创造成就所需要的环境，对激励高端人才是十分重要的。

工作自主权。工作自主权是企业组织能够在多大程度上给予高端人才在工作安排、工作方式上的自由、独立性和裁量权。① 高端人才对于自身的工作具有较强的掌控欲。他们希望能够自己掌控手中的工作任务，而不是事事听从上级领导的指示，只在领导划好的圈子里打转。高端人才手中的工作自主权小，那么他们所能够发挥自身能力的范围就小，而如果他们手中有足够的工作自主权，就能够有机会进行多方面的探索尝试，充分挖掘自身的潜在能力。同时，放宽高端人才的工作自主权，还可以增强他们对企业组织的信任和忠诚，在心理上强化他们与企业组织的联系。所以，工作自主权也是影响高端人才工作嵌入的一个重要因素。

① 参见罗连化、周先波：《加班、工作量自主权与效用——兼论工时约束的存在性》，《经济学动态》2019 年第 3 期。

3. 高端人才工作嵌入中的激励效果评价

高端人才工作嵌入中的激励效果评价在整个激励过程中起着承上启下的作用。从承上方面来说，这种效果评价还是对之前的整个激励过程的一个最终的整体评价；从启下方面来说，这种评价却又是一个诊断性的阶段性评价，它是为下一个激励阶段的开始做准备的。

评价指标一体化与多元化结合。在对高端人才工作嵌入激励过程的评价中，评价的标准即评价指标要把一体化和多元化相结合，这种评价指标是高端人才工作嵌入激励效果评价内容的载体，也是其激励效果的外在表现，是描述整个激励过程的实物材料。① 在评价高端人才与企业、同事、上司之间的联结度、匹配度、牺牲度三个方面时，不只要看到高端人才在受到激励后联结度发生的变化，还要看到由联结度的变化而引起的匹配度和牺牲度的变化，这是评价指标的多元化。而一体化则是一种与多元化发散型思维相反的思路，即归纳型，就是要把高端人才在工作嵌入过程中受到激励机制激励后发生在联结、匹配、牺牲三方面的变化整合起来，用一种高度整合的方法去观察发生在高端人才身上的激励效果，并对其进行评价。所以，高端人才工作嵌入激励机制的评价指标要一体化与多元化相结合。

评价过程动态灵活性与静态规律性结合。在对高端人才工作嵌入激励过程进行评价时，不仅要把评价指标的多元化和一体化结合起来，还要把评价过程的动态灵活性和静态规律性结合起来。激励效果的评价本身就是一个动态的过程，并不是一蹴而就的，而是要通过对高端人才工作嵌入中所逐步表现出来的行为进行观察评价的。人是活动的人，激励机制对他产生的影响自然也是运动着的，而不是静止的，因此对这种激励效果的评价自然是要动态灵活的。而所谓的静态规律性是说，对高端人才工作嵌入激

① 参见易朝辉、陈朝晖：《创新绩效评价指标体系演变的国际比较及其启示》，《科技管理研究》2014 年第 6 期。

励效果的评价并不是毫无章法、凌乱地进行的，而是要遵循一定的规章制度、一定的规律来进行的。只有有规可循，对激励效果的评价最后得出结论才是科学合理的。

评价结果阶段性与发展性相结合。评价结果阶段性与发展性相结合就是说，对高端人才工作嵌入激励机制的评价结果不能只关注最终的结论，而是要把这种评价渗透在整个激励过程之中，在实施每个阶段都给出诊断并作出相应的评价总结。评价结果应符合阶段性的原则，高端人才工作嵌入激励效果是在不断地变化发展中的，每一个评价结果只是其中的阶段性评价结果，不能够作为最终的结论。同时，每一个评价结果又必须是具有发展性的，即具有前瞻性，要能够预见到高端人才在激励过程将来可能发生的变化，以便企业作出相应的高端人才发展规划。所以，对高端人才工作嵌入激励的评价结果必须要把阶段性和发展性结合起来。

（三）高端人才工作嵌入激励机制的实施

高端人才工作嵌入激励机制的实施主要是从四个方面来进行的，分别是组织层面、上级层面、周围同事层面以及高端人才自身层面。第一个层面主要是基于企业的角度，从整体上来论述在企业中要怎样建立激励机制。第二个层面是从上级领导出发，论述上司可以通过怎样的方法来激励高端人才。第三个层面是从周围同事出发，论述同事会从什么地方对高端人才产生激励影响。第四个层面是从高端人才自身来说的，论述的是高端人才自己怎样激励自己，主要是心理方面的建设。

1. 企业整体层面的工作嵌入激励机制建设

高端人才生活在企业组织的大家庭中，企业组织的大环境是否和谐民主，会直接影响到高端人才的工作情绪，进而影响其能力的发挥。在这个层面上，主要是从企业的文化建设、企业制度建设、企业人才发展规划建设这三个方向来论述高端人才工作嵌入激励机制的设立的。

企业文化建设体现民主性与宽松性。在工作嵌入过程中，企业文化对高端人才企业组织之间的联结、匹配、牺牲产生了潜移默化的影响。宽松、民主的企业文化氛围，就是高端人才生活在其中能够感受到自由，而不是束缚，能够最大限度地发挥自己的才干。同时，自己的成果能够受到重视、赏识，这必然会使他们产生责任感和荣誉感，从而促使他们对企业产生归属感和认同感。高端人才由于自身素质较高，不喜欢有过多的规定来限制自己，他们希望自己的观点受到尊重，自己的工作得到肯定，希望自己得到企业的支持，以期接受更多的新挑战。所以，企业文化建设体现的民主性和宽松性要作为企业层面的高端青年工作嵌入激励机制的建设。

企业制度建设体现公平性与激励性。企业制度建设的公平性和激励性是在工作嵌入过程中激励高端人才的软环境。高端人才重视成绩、重视竞争，在竞争环境中能让他们成长得更快。有竞争就要有公平。公平的竞争环境，是良性竞争的基础，通过公平竞争，高端人才的斗志才会被激发出来，也才能在竞争中加强与周围同事和上级领导的契合度以及亲密感。所以，有一个好制度来管理这样的良性竞争，是必不可少的。因此企业制度建设体现公平性与激励性，是高端人才工作嵌入激励机制的重要一环。

企业人才发展规划建设体现整体性与一致性。企业人才发展规划对高端人才在工作嵌入的各个环节中都有着不同程度的激励作用，尤其是在匹配度和牺牲度上。人才发展规划是一项战略性、系统性工作，在整个企业组织的人力资源利用中占据着不容忽视的地位，人才招募、绩效评估、人才激励、人才发展、人才退出，构成了一个统一的整体，人才激励作为其中的一部分起着承前启后的重要作用。[①] 人才发展规划建设得好，人才激励的作用才会充分发挥，而人才激励工作做得好，反过来又会刺激企业制

① 参见孙耀吾、葛平：《政府人才激励政策对高技术中小企业人才知识结构的影响》，《科技进步与对策》2019 年第 8 期。

定出更好更完善的人才发展规划。要让企业人才发展规划真正起作用，这个规划中的每一个环节都必须仔细雕琢，做到环环相扣，力求使整个人才发展规划展现出整体性和一致性。整体性是说人才发展规划中的各个环节的整合；一致性则是说这些环节要与高端人才在工作嵌入过程中展现出来的人才特征相符合。高端人才思维敏捷、洞察力敏锐、流动性强，一旦发现企业的人才发展规划不利于自身的未来发展，即工作嵌入中的匹配度和牺牲度达不到高端人才的要求，很快就会离开企业，另谋出路，哪怕没有离开，在这样的企业人才发展规划制度下，高端人才的未来发展潜能也是很难被激发的。

2. 上级领导层面的工作嵌入激励机制建设

高端人才在企业组织的日常生活中，除了与周围同事接触频繁外，与上级领导的接触也是日常活动，因此，上级领导对高端人才的激励效果是不容小觑的。上级领导把控着员工的行动方向，高端人才就是领导手中的一把剑，这把剑是否发挥了自己的力量，关键就在于握剑的人是怎样对待这把剑的。

行动目标设置体现明确性与坚定性。上级领导制定的行动目标必须要足够明确，对这个行动目标的实施必须要坚定不移，这样才有助于高端人才更好地去实现目标，激发高端人才工作嵌入过程中的才能。在行动之前一定要制定详细明确的目标，这不仅有助于集中高端人才的钻研精力，而且有助于调动他们的行动积极性。同时，在实行这个目标的时候，上级领导要有坚定的信念，一方面，不要被高端人才是不是冒出来的新研究方向转移注意力；另一方面，在行动中遇到困难时，只有自己信念坚定，才能够把这份信念传递给高端人才，激励他们继续完成任务。所以，行动目标设置体现明确性与坚定性是高端人才工作嵌入激励机制建设的重要方面，对激励高端人才的作用不容忽视。

奖惩方式体现灵活性与原则性。奖惩方式在激励高端人才工作嵌入中，有着即时生效的作用。奖惩方式的灵活性就是奖励和惩罚之间转换度的问题，而原则性则是奖励和惩罚要遵循一定的规章制度。在现代化的企业管理手段中，通过改善高端人才的工作环境以及一些奖励来规范他们行为，以实现企业组织的管理预期，这是正面引导；除此之外，还会有一定的惩罚性制度来配合激励。[①] 在奖励的同时，惩罚也是必不可少的，高端人才遇事容易产生骄傲自满，甚至是刚愎自用的情绪，这需要上级领导的仔细关注，在他们产生类似情况时要及时制止。所以，只有运用好了奖惩的灵活性和原则性，高端人才才能够更好地嵌入工作中去，与企业的联结度、匹配度更高，更不愿意牺牲自己的利益离开企业组织。

权限掌控体现松紧多变性。高端人才对工作自主权尤为看中，因此，上级领导在权限掌控上的松紧多变性，对高端人才工作嵌入的激励作用非常关键。高端人才在工作嵌入过程中，与企业、上司、同事之间的联结、匹配和牺牲，在很大程度上依靠的是一种心理的愉悦度。高端人才偏好自己掌握主动权，上级给予的工作自主权越大，他们越觉得自己受到重视和尊重，对工作的热情也就越大。上级领导下放给高端人才的工作权限的时松时紧的灵活多变性，需要上级领导较为准确地把握高端人才的心理状态的变化。这就要求上级领导主动加强与高端人才的联系，去熟悉他们，这样才能在权限的松紧上把握好准确的限度。所以，权限掌控的松紧多变性是高端人才工作嵌入激励机制建设的重要方面。

3. 周围同事层面的工作嵌入激励机制建设

高端人才置身于企业组织之中，与周围同事的接触是无法避免的。因此，在建立高端人才的激励机制时，周围同事层面的激励机制的建设是十分必要的。同事之间的行为可以在一定程度上从外部影响到高端人才的心理和行为，从侧面去激励、鞭策他们。

同事氛围体现凝聚力与归属感。在高端人才工作嵌入中，增强同事之

① 参见谷莉、白学军、王芹：《奖惩对行为抑制及程序阶段中自主生理反应的影响》，《心理学报》2015 年第 1 期。

间的凝聚力与归属感，能够强化高端人才的工作嵌入度。高端人才作为企业组织中的一员，由于过人的才能容易给人造成高不可攀的假象，通过增强同事之间的凝聚力和归属感，可以逐步化解这种误会。凝聚力就是同事之间的团结协作；归属感就是每一个员工对于这个企业组织的融入和认同。为了让企业组织中同事之间的氛围产生凝聚力和归属感，企业组织自身需要作出一些努力，比如，组织一些团体活动，鼓励员工尤其是高端人才参与进来，培养他们的合作精神和默契度；在企业硬件环境布置上，多添加一些人性化的装饰，让员工尤其是高端人才感受到温暖；等等。通过这些手段可以在潜移默化中去感化高端人才，增加他们与同事之间的凝聚力和归属感，让高端人才感受到企业组织的人文关怀，使高端人才的工作嵌入激励机制产生良性循环。

同事相处体现竞争性与友善性。同事相处体现的竞争性与友善性从两个不同的方面对高端人才工作嵌入发挥着作用。高端人才在企业组织之中人数较少，他们不可能自己一个人完成所有的工作，而必须与周围的同事或者是下属相互合作才能够把工作任务完成。因此，周围同事之间的友善势必会影响高端人才对自身工作的完成度，只有置身在和睦的氛围中，他们才能够迸发出更多的活力，来为企业组织创造更多的财富；同时，同事之间的相互竞争可以进一步刺激高端人才的好胜心。所以，同事相处的竞争性和友善性从两个不同的维度激励着高端人才在工作嵌入的过程中保持最佳的工作状态：一方面，融洽的同事氛围，使得高端人才身心愉悦，工作顺利；另一方面，紧张的竞争氛围，使得他们时刻保持着对工作的兴奋度。

4. 高端人才自身层面的工作嵌入激励机制建设

无论外界的激励环境创设的多么好，关键还是要看高端人才自己是怎么去激励自己的。目标和行动是一体的，只有先设定好了合理的目标，行动成功的概率才会大，而心态的保持则是贯穿在整个行动过程中的重要因素。

目标设置体现长期性与短期性。高端人才在工作嵌入过程中，为了保持兴奋的状态投入到工作中去，就有必要给自己一点刺激，来保持这种兴奋状态，而目标就是这样一种刺激物。目标设置包括两方面的内容：一是目标设置的必要条件，就是怎么样去达成目标；二是自我效能感，就是自己对自我的有效认知。① 目标的设置有长有短，短期目标更有利于刺激高端人才的当前状态，而长期目标则有利于帮助高端人才明确未来发展规划，不至于走偏。短期目标比较侧重于强化高端人才与企业、上级领导以及同事之间的联结和匹配，使之产生依赖感。长期目标则侧重于将这些依赖感转化为在高端人才看来离开企业组织所要牺牲、放弃的东西。长期目标与短期目标的结合，共同促使高端人才工作嵌入的强化。

行动实施体现贯彻性与计划性。高端人才作为一群行动能力极强的人才，目标的实现过程即行动过程也是自我激励的过程。在行动中，高端人才会因为行动顺利与否等情况，受到不同程度的激励或打击。这种时候就需要行动的贯彻性和计划性来发挥作用了。行动贯彻实施得彻底，高端人才才能够在行动中感受到追逐目标的兴奋和成功的喜悦。其中，计划性也是至关重要的，有了目标就要按照目标来行动，不能临时转换注意力，这样容易削弱高端人才的积极性。只有有计划地来实施行动，彻底地贯彻目标，才能够在工作嵌入的过程中持续不断地刺激高端人才的兴奋感，使他们自己时刻收到激励鼓舞。

心态保持体现积极性与上进性。高端人才在工作嵌入的过程中必然会遇到诸多困难和挫折，这时，心态保持积极性与上进性会让高端人才在工作嵌入中始终维持被激励状态。在职业心理健康学中，要求员工自身和企业组织共通创造一个安全健康的职场环境，通过环境和员工自身心理相互

① 参见杨婧、杨河清：《人力资源管理与组织绩效关系的实践——国外四大理论的阐释》，《首都经济贸易大学学报》2020 年第 1 期。

促进，从而提升员工的工作绩效等。[①] 高端人才保持心态上的积极与上进，有利于激励自己保持工作热情，要学会在探索中积累一点一滴的成功的乐趣，用无处不在的微小的快乐来不间断地激励自己。所以，高端人才在工作嵌入中要保持积极上进的心态来作为激励自己的一个方式。建立恰当的高端人才工作嵌入激励机制，能够最大限度地激发高端人才在工作嵌入过程中的才能，使高端人才更好地投身到工作中，发挥自己的才能。

① 参见何安明、包灿灿、惠秋平：《把言情绪、共话健康——全国第五届情绪与健康心理学学术研讨会综述》，《心理学探新》2019 年第 6 期。

第八章　高端人才工作嵌入收入分配效应

数字时代，高端人才是社会经济发展进步迫切需要的人才。本章阐述了产业结构高级化、信息技术快捷化、技能溢价显性化、投入产出差异性和非线性定价对高端人才工作嵌入的影响；分析了高端人才工作嵌入收入分配的马太效应、U 型关系效应、劳动报酬偏离劳动贡献效应、劳动收入补偿效应和相对收入溢出效应等。

一、影响高端人才工作嵌入收入分配的因素

（一）产业结构升级影响高端人才劳动趋向

从新的产业结构调整来看，高端人才在劳动趋向选择中，会倾向于选择高新技术产业，并从劳动密集型产业转向技术密集型产业。这不仅加剧了高端人才的快速流动，也缓解了高端人才收入的不平衡。

1. 产业结构升级换代加剧高端人才的快速流动

产业结构升级是产业从低技术水平、低附加价值状态向高新技术、高附加价值状态转变的趋势。在向中高端经济增长的过程中，产业结构逐渐由原来的劳动密集型产业占优势比重发展为资本密集型产业和技术知识密集型产业占优势比重，其中包括中国制造等一些富有高附加值的、高质量

的产业结构的转型。①

为促进产业结构优化升级，我国形成了以高新技术产业为先导、基础产业和制造业为支撑、服务业全面发展的产业格局。与其他产业相比，高新技术产业具有以下的特点：知识和技术密集、科技人员比重高、员工文化技术素质较高；资源消耗低、产品更换快、附加值高、收益高、回报高等优点。因此，高新技术产业对高端人才需求量大，这使得高端人才可以有随时离开雇主的可能资本，这势必加速了高端人才的快速流动。

由于产业结构的调整，我国出现了长三角经济带、珠江三角经济带、沿江经济带、环渤海经济带等经济区域，从地域上看，形成东、中、西部，如西部大开发、东北老工业振兴、中部崛起、东部沿海城市率先发展的战略布局。除此之外，国内中特大城市的建设，都是产业结构影响的结构性的变化，这种结构性的变化导致高端人才向发展速度快、前景好的区域流动，进而加深高端人才流动性的增加。

2. 产业结构合理化缓解高端人才收入不平衡

产业结构的合理化是指在一定的经济发展水平下，对产业结构体系进行内部调整和优化。原有的产业技术水平落后，产品技术含量和附加值低，存在着贫富差距，甚至存在由于产业结构和组织结构的不合理所引发的种种矛盾。通过产业结构的不断优化和调整之后，即产业结构开始重新布局，向合理的、符合社会需要和社会实践需要的情况发展，必然会影响高端人才的收入，在不同的区域出现平衡性。

从高端人才本身来讲，是一个具有高附加值的、高技术的、高学历的、高技能的群体，在不同的组织内，都享有较高的地位、较高的受尊重的权利和高回报率。产业结构一旦变得合理的时候，在不同产业之间，推动高端人才的投资强度与结构的不断调整，一方面促进高端人才劳动力结

---

① 参见苏荟、孙毅：《东中西部地区产业升级水平的区域差距及分布动态》，《科研管理》2019 年第 12 期。

构的调整与优化，另一方面长期显著地提升就业能力与平均收入，缩小收入差距，也就是高端人才的收入水平趋向一致或平衡。

（二）信息技术快捷化影响高端人才工作嵌入劳动产出

工作嵌入是员工与组织间的依赖关系，工作嵌入可以分为三个核心维度：联结（Link）、匹配（Fit）、牺牲（Sacrifice）。

数字时代，信息技术是处理大量数据的强大工具，如云数据挖掘、可视化技术和智人融合技术，而这些信息技术的快捷化在不同的方面直接或者间接的影响着高端人才的工作进度，不断增进高端人才对组织的认同感，更愿意发挥他们的职业效能，提高了高端人才工作嵌入的劳动产出，从长远看，组织因此更加长久稳定。

1. 云数据挖掘影响高端人才工作嵌入的价值创造

云数据技术是基于云计算模式应用的网络技术、信息技术、整合技术、管理平台技术、应用技术等的总称，可以组成资源池，按需所用，灵活便利。数据挖掘也称为知识发现，是提取数据仓库中隐含的有用信息、模式和规则的过程。① 高端人才通过云数据挖掘技术，了解自己的优点与缺点，企业通过云数据挖掘技术更好地对高端人才进行了解，在这不断互馈与互动中，提升高端人才，提高企业竞争力。

数字时代，高端人才工作嵌入的多方面数据都具有潜在的附加值，要利用元宇宙、云数据挖掘技术进行价值创造。高端人才工作嵌入积累了来自多方面的数据，包括前期预测数据和中期成长数据，高端人才可以借助云挖掘技术，也就是说，利用云计算技术并执行数据挖掘来处理嵌入工作的海量数据。在高端人才工作嵌入的后期，对数据进行云数据挖掘，将整合、清洗、过滤后的数据转换成经验数据为高端人才新一阶段的工作嵌入

---

① Cf. Richard Herschel, Virginia M. Miori. Ethics & Big Data[J]. Technology in Society. 49（2017）: pp.31—36.

提供参考。

在工作嵌入的前期，高端人才处理海量数据的过程中，逐渐增加和组织的联结点，为实现自我价值和为组织创造价值做准备；可供参考的经验数据使得高端人才不断调整自己与组织适应，加强和组织的匹配度，不断地创造和发挥自我价值；高端人才与组织的嵌入性越强，自身创造的价值就越大，组织就越愿意提供更高的薪酬待遇，而高端人才在离职时面临的损失和牺牲变大，反过来加深了高端人才和组织的依附程度。①

2. 可视化技术影响高端人才工作嵌入的劳动强度

可视化是处理海量数据的可行工具之一，它可以分为信息可视化、数据可视化和知识可视化等。可视化技术结合了人类知识和数据挖掘，可以加速人们对复杂模型的探索和认知。可视化可以帮助完成模型验证、模型调试和知识发现等任务。可视化技术使高端人才能够在数据内部找到隐藏的信息，进一步发现信息所反映的规律，提高对海量数据的认识。②

高端人才深入分析数据结果，发现和找出干扰劳动工作嵌入深度的因素，包括综合能力、情感态度和行业前景等。高端人才准确判断干扰方向，对影响因素进行预测评估，将这种因素的大小测算过程和结果作可视化的处理，即直观的展示数据之间的内在联系。运用大数据相关关系分析法，构建数据分析模型，把影响工作嵌入深度数据以图表、图形、动画、视频等多种量化形式表现出来，给高端人才主客体最直观、最简洁的可视化体验。组织通过可视化技术知道影响高端人才工作嵌入的因素，在联结阶段，调整好高端人才的福利程度、硬件配备、地位高低以及环境情况，使高端人才加大劳动深度；在匹配阶段，高端人才通过可视化技术加大自己的劳动深度去挑战高难度任务，在工作的过程中尽情地展现自己；高端人才在前两个阶段，不断加强自己的劳动强度和深入度，即工作嵌入性加

① 参见刘蓉：《中高端人才的工作嵌入性研究》，暨南大学硕士学位论文，2011 年。

② 参见潘如晟、韩东明、潘嘉铖、周舒悦、魏雅婷、梅鸿辉、陈为：《联邦学习可视化：挑战与框架》，《计算机辅助设计与图形学学报》2020 年第 1 期。

强，此时高端人才可以通过可视化技术分析离职损失的大小，以此衡量离职与否。

3. 智人融合技术影响高端人才工作嵌入劳动速度

智人融合技术用于高端人才工作嵌入，表现为高端人才与智能体间的有机结合。高端人才是具有多层次需要的自组织生命体，而且是不断向更高层次需求递进发展的人，可以自我发展、自我修复、自我成长。智能体是具有多维度功能的自运行计算系统，可以自我运行、自我调适、自我更新。①

智能体作为高端人才工作嵌入行为的重要客体，充分发挥其价值。组织积极引进先进的智能体，通过智能体的自动运行或半自动运行完成高端人才工作嵌入中基础的操作类常规任务，最大限度地解放高端人才人力劳动，提高高端人才的科学技术生产力，拓展高端人才的劳动能力和水平，从而使高端人才将精力投入高层次绩效的创造中。在工作嵌入的联结阶段，智能体有利于他们工作的顺利开展，增加了高端人才的劳动速度和劳动效率，加深了高端人才与组织的联系程度；在匹配阶段，高端人才通过智能体不断创造高层次绩效，加快劳动速度并增加劳动产出，加强与组织的匹配程度；高端人才工作嵌入性越，高端人才离开组织的损失越大，高端人才为了留在组织中，通过智能体加快自己的劳动速度，创造价值。高端人才工作嵌入充分利用智能体优势，打破传统思维模式的固有偏见，从物联网生态系统中准确抓取所需信息和资源，不断完善主体内在系统各部件的运作，投身于各行业的工作岗位，与岗位形成有效链接，以智人多元融合创造高端人才的额外价值。

（三）技能溢价显性化影响高端人才工作嵌入收入分配

技能溢价是指高端人才劳动工资和普通员工劳动工资的比率。在组织

① 参见刘伟伟、原建勇：《人工智能难题的大数据思维进路》，《新疆师范大学学报》（哲学社会科学版）2018 年第 2 期。

内，高端人才所获取的工资和普通员工所获取的工资存在比率，比率越大，技能溢价显性化程度越高，因付出同样多而获得相对较低工资的员工必定会对工作产生倦怠。如果组织缩小技能溢价，即比率缩小，势必要降低高端人才的工资，高端人才工资的减少会削弱其工作行为和激情，即高端人才工作的嵌入性减弱。高端人才技能溢价的显性化程度决定高端人才工作嵌入收入分配的比率关系。高端人才在工作嵌入过程中，技能溢价能影响到不同阶段的高端人才的收入水平的高低以及高端人才劳动产出的多少。在进行收入分配时，高端人才的收入越高，其对工作越有获得感和满足感，进而认可组织，愿意为组织创造更多的价值，开发自身的潜力，最终选择继续留在组织中；高端人才的收入不断减少，与高端人才投入和产出不相符，以及高端人才与工作的不适应，高端人才愿意离职，去寻找更适合自己的组织。

1. 高端人才工作嵌入劳动力供需分析

高端人才与高端人才所在的组织之间存在劳动力供需关系问题，高端人才个体愿意出卖自己的劳动力，组织愿意接受高端人才的劳动力，这个之间形成了劳动力供需关系。

科学技术日新月异，高端人才能够更快适应并掌握新技术，企业要在第四次工业革命中把握主动，拥有主动权和核心竞争力，就需加大对高端人才的拥有量。现存技术的进步所带来的生产过程中物质资本投资的增加、资本的快速积累，增强了与高端人才的互补性，提高了对高端人才的相对需求。一般而言，物质资本价格下降、技能偏向型技术进步发生、资本投资速度加快等都会引发高端人才的相对需求。

在工作嵌入的不同阶段，高端人才和组织之间的劳动力供需处于一种变动平衡态。如果高端人才愿意服从组织的指挥，则能快速与组织建立非情感性联结；如果高端人才适合组织的岗位和环境，则加大了和组织的匹配度，此时高端人才和组织形成劳动力供需的动态平衡；如果高端人才不适合组织的岗位和环境，高端人才愿意提出离职，这就造成组织对人才的流失，形成了新的劳动力供需动态平衡。由此可见，在工作嵌入的联结、匹配、牺牲的三个阶段都存在高端人才劳动力供需平衡的动态变化问题。

2. 高端人才劳动工资技能溢价的成因

技能溢价作为高端人才劳动力与普通劳动力的相对价值比较，自然会受到高端人才劳动力供给变化的影响。高等教育扩招政策和人才国际化回流政策增加了高端人才劳动力的供给，相对于从事重复性的一般性任务的普通劳动力数量，从事分析、逻辑推理等高难度任务的高端人才劳动力数量正持续增加，并且在被高速计算机化的产业中，这种现象尤为突出。

根据导向型技术进步理论，高端人才劳动供给的变动会通过影响技术变迁而扩大收入差距：第一，高端人才劳动供给增加，引发技术潮与高端人才劳动向更加互补的方向变迁，技术进步显著提高了高端人才劳动的相对生产率及其相对需求，导致高端人才劳动工资报酬上升；第二，由于信息和计算机技术的进步带来更加低廉的资本价格，从而组织增加了对高端人才劳动力的需求，带动高端人才劳动工资上升，收入差距扩大；第三，高端人才劳动供给的变化导致了高端人才劳动工资收入差距的变化（见图 8–1）。

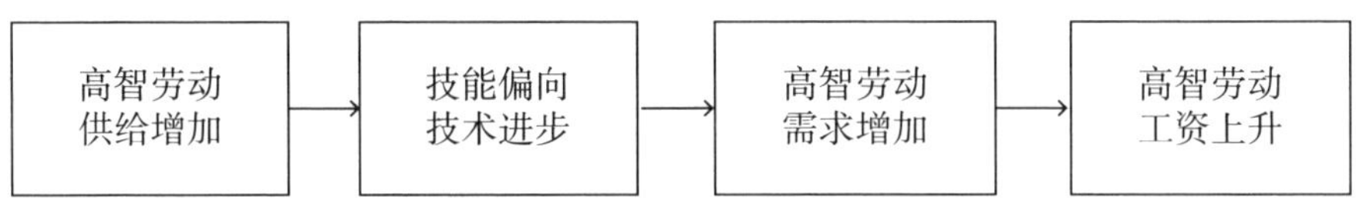

图 8–1　导向型技术进步机制

（四）投入产出差异性影响高端人才工作嵌入收入分配

投入一方面是组织对资本、原材料、资金和高端人才的投入；另一方面是高端人才对原有的教育、接受新知识即对继续教育的投入和选择不同平台的投入。产出一方面是组织的投入后高端人才给组织带来的价值创造；另一方面是高端人才对自身的投入而获得的高薪酬待遇。

根据人力资本理论，高端人才产出水平的大小是决定劳动生产率高低的重要因素，生产率的高低又直接决定着高端人才的工资回报。因此，高端人才价值含量越高，组织中的劳动生产率越高，高端人才得到的工资收益越高；但是，在劳动生产率提高的同时，单位劳动力所需要的劳动量也会减少。

1. 高端人才投入对劳动收入分配的影响

从组织员工收入情况来看，员工收入分配模式可表示为枣核形。根据枣核形状，把员工收入分为 6 部分（见图 8–2），每一部分按枣核两尖距离的 1/6 来分；从图中可以看出：高端人才群体收入和最低群体收入较低，收入较高和较低群体约各占了 13%，中等收入群体相对较多。①

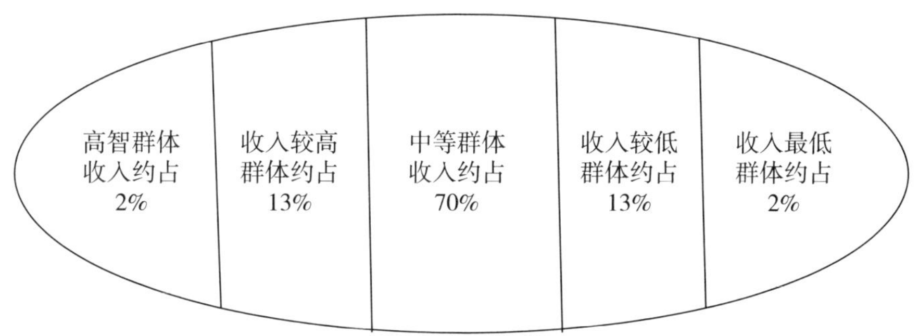

图 8–2　员工收入分配枣核图

枣核形分配模式强调高端人才的价值，并在劳动收入方面拉开了一定的差距。由于经济的发展和技能偏向型技术的进步，组织对高端人才劳动力的需求也相应增加。高端人才进入组织，凭借自身迅速适应环境的能力，与组织建立联结，投入越多，联结越深；高端人才劳动水平较之普通员工劳动水平的作用越来越明显，组织和高端人才的高投入使得他们的匹配程度越深；高端人才在考虑离职或留职时充分考虑损失感、

① 参见《企业职工工资收入分配状况的调查报告》［EB/OL］. https://wenku.baidu.com/view/526ee59babea998fcc22bcd126fff705cd175c3a.html［2020 年 2 月 15 日访问］。

幸福感的强弱，以此作出合理的决定，组织为留住高端人才，会使高端人才劳动力的工资上升。组织对高端人才的投入以及高端人才对自身的投入都影响着劳动收入分配，投入越大，高端人才和普通员工的收入差距越大。

2. 高端人才产出对劳动收入分配的影响

高端人才对自身的前期投入必定会带来自我价值的提升，组织对高端人才的前期投入必定会带来企业收益的增多，这两项产出都会对劳动收入的分配产生影响。第一，高端人才的生产率贡献高于普通员工的生产率贡献，而相应高端人才工资回报也高于普通员工的工资水平；第二，高端人才对自我提升的投入所带来的组织的高薪酬聘用和普通员工的工资水平形成差距；第三，高端人才为组织创造的利润产出在劳动收入分配过程中倾向于高端人才，使得高端人才的收入水平高于普通员工。

组织如何加大高端人才的产出以求自身的持续发展，可通过高端人才工作嵌入的三个阶段进行：第一，在联结阶段，组织为高端人才提供工资薪酬、晋升空间、福利津贴、工作环境等物质性机制，提高高端人才嵌入组织的动力；第二，在匹配阶段，打造优良的组织文化、自由的领导方式、融洽和谐的团队等非物质性机制，使高端人才的精神与组织的灵魂相融合，深深嵌入组织中，并积极为组织的发展出谋划策；第三，在牺牲阶段，促使高端人才与组织紧密联系，当高端人才依附并且嵌入组织中后，便不会轻易离开。

（五）非线性定价对高端人才工作嵌入收入分配的影响

非线性定价泛指消费者的总支出与消费量呈非线性变化的一类定价方式，相对于传统的线性定价方式而言，非线性定价可以增加消费者剩余，同时增加组织利润，从而改善整体社会福利。高端人才的价格选择和价格弹性在高端人才工作嵌入的不同阶段表现不同，组织收益的提高无疑会影响着高端人才工作嵌入的收入分配。

1. 价格选择影响高端人才工作嵌入的收入分配

高端人才对组织外的价格选择上普遍高于普通员工的选择，即 $P_1>P_2$，在同数量的前提下，高端人才比普通员工需花费更多，即 D'>D"（见图 8–3）。高端人才在价格选择的过程中与工作嵌入的联结、匹配、牺牲三个阶段相关。在初期联结阶段，组织为高端人才提供专业入职培训、高端硬件设施和薪酬福利，加速高端人才嵌入组织的速度；在中期匹配阶段，高端人才与组织联系愈发紧密的时候，那么高端人才自己对组织外的价格选择会激发组织内收入分配的增长；在后期牺牲阶段，当高端人才与组织联系产生裂痕，那么高端人才对于组织外部价格的选择会导致组织内部收入分配的降低。①

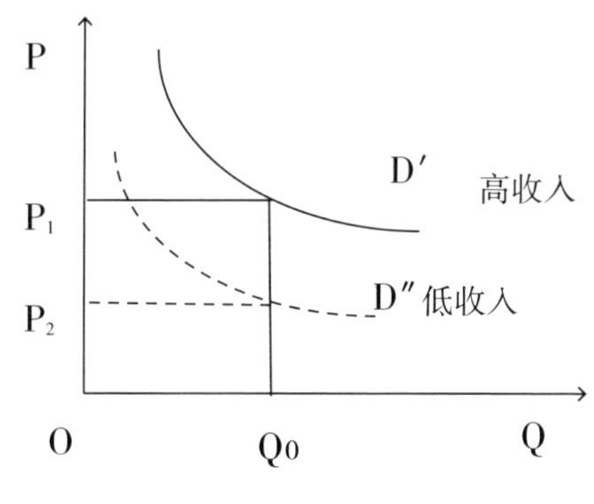

图 8–3　高端人才需求曲线

2. 价格弹性影响高端人才工作嵌入的收入分配

价格弹性是需求与价格之间的弹性，表示在一定时期内一种商品的需求量变动对于该商品的价格变动的反应程度。需求的价格弧弹性有五种类型，在这里主要讨论富有弹性和缺乏弹性两种（见图 8–4）。

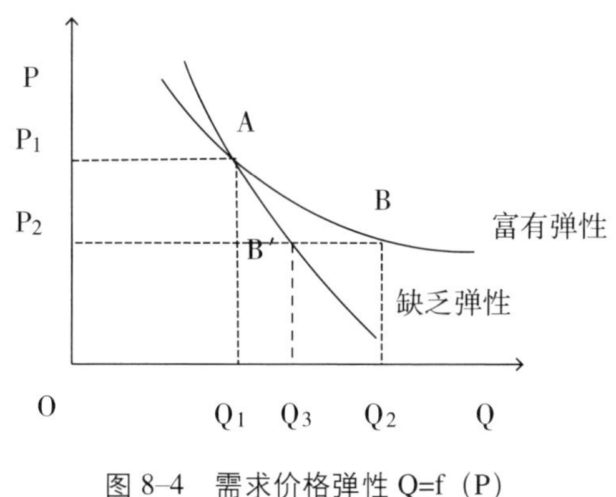

图 8–4　需求价格弹性 Q=f（P）

当高端人才所需的商品是富有弹性的，商品价格略有下降，需求将大幅增加，即高端

① 参见杨莉、陈昌凤、宣芳敏：《核心人才工作嵌入影响因素分析》，《商场现代化》2014 年第 30 期。

人才的需求对价格变化比较敏感；当高端人才所需物品是缺乏弹性的，商品价格下降对需求的变化不大，也就是说，高端人才的需求对价格变化的反应并不敏感。高端人才在工作嵌入过程中，高端人才与组织联系的紧密性决定了高端人才对价格弹性反应后的收入分配情况。高端人才初步进入组织，慢慢适应组织进行联结，价格弹性刺激高端人才对收入的需求，高端人才与组织的联系日趋紧密达到人岗契合后，价格弹性会激发组织内收入分配的增长，后期阶段，当高端人才与组织产生矛盾冲突，组织内部的收入分配会降低。

二、高端人才工作嵌入收入分配效应分析

（一）高端人才工作嵌入价值空间聚集马太效应

在联结、匹配、牺牲三个阶段，高端人才和组织的嵌入程度不同，所产生的价值空间也相差甚远。高者越高，低者越低的效应即马太效应是非常明显的，对高端人才自身来讲，该效应也是非常明显的。

1. 高端人才联结过程中的价值空间聚集马太效应

联结是高端人才刚刚进入组织的阶段，高端人才嵌入工作程度的高与低，与高端人才创造的价值多与少存在马太效应。联结程度越高，高端人才对组织的认可程度越深，创造的价值就越大；联结程度越低，自我认知和对组织的认可程度越低，创造的价值就越小，两者越高越高，越低越低呈现马太效应。

如何提升高端人才和组织的联结程度以获得更高的价值收益，可以从以下两个方面进行：一方面，组织要随时掌握高端人才的适应性和工作能力等，帮助其快速了解企业的基本环境并且融入组织这个大家庭中，加强高端人才的存在感以及其对组织的认同感，使其愿意留在组织中并为组织

创造价值；另一方面，组织也要加强高端人才与组织间非工作性的紧密联系，可以为高端人才的家庭成员提供优良的生活设施和舒适的生活环境等，加大对高端人才的家庭生活照顾。

2. 高端人才匹配过程中的价值空间聚集马太效应

匹配即是契合，在匹配过程中，高端人才对组织高度依赖和信任形成契合性的人岗相配和人岗相适。高端人才与组织的契合程度越高，即匹配程度越高，那么其对组织的认可越强，高端人才创造的价值就多，创新的才能和潜力开发的程度越高，进而高端人才创造的价值空间越大，所呈现的是正向的效应；如果人岗契合度不高，即匹配程度不高，由于高端人才对自身的潜力和才能有所保留，甚至引发私心，那么其创造的价值空间越低。两个方面越高越高，越低越低呈现马太效应。

为了增强高端人才与组织的匹配程度，第一，组织聘用高端人才时，应谨慎选择与职位相匹配的人才，加大高端人才入职后的嵌入可能性；第二，高端人才进入组织后，组织要充分了解高端人才的职业发展规划，提高高端人才的职业性技能，从而加强高端人才与组织的匹配程度。高端人才与组织的匹配程度越高，对组织发展的价值越大，其自身价值也得到凸显。①

3. 高端人才牺牲过程中的价值空间聚集马太效应

高端人才选择牺牲即离职，是由于高端人才对组织产生了厌倦和反感，组织不能满足高端人才自身的需要。高端人才的厌恶程度越高，离职欲望就越强，如果高端人才在组织中获得的人文性的、精神性的、报酬性的东西都能使高端人才满意，那么其对组织的认可越发强烈，离职的愿望就越低。高者越高，低者越低就呈现出马太效应。

提高高端人才牺牲感的组织是留住人才的关键。第一，根据高端人才

---

① Cf. Pelin Kanten, Selahattin Kanten, Mert Gurlek. The Effects of Organizational Structures and Learning Organizationon Job Embeddedness and Individual Adaptive Performance[J]. Procedia Economics and Finance, 2015（23）:pp.1358—1366.

的特点、喜好及自身对工作上的目标和追求，合理安排工作岗位，让高端人才能充分感受到组织对自身的认可。第二，组织要为高端人才提供一个职位上升的平台，以此来稳固离职的不稳定因素。第三，组织要为高端人才提供舒适的工作环境，为高端人才的家庭提供一定的福利保障。当高端人才产生离开组织的想法时，现有的稳定状态会牵制其离职的意愿，导致高端人才最终选择继续留在组织中，创造价值。

（二）高端人才工作潜能和收入分配倒 U 型关系效应

倒 U 型是美国著名经济学家库兹涅茨提出的收入分配情况曲线，随经济发展过程而变化，它又称作库兹涅茨倒 U 型假说。① 在组织的发展过程中，高端人才的工作潜能在工作嵌入的三个阶段也存在着倒 U 型关系，即“倒 U 曲线”假说同样适用于组织发展中高端人才工作潜能开发程度大小的问题。

1. 高端人才联结过程中的工作潜能和收入分配倒 U 型关系效应

高端人才工作潜能即个人的潜能，高端人才进入组织的前期阶段，随着高端人才潜能的开发，收入分配逐渐增长，达到峰值。但随着工作潜能开发到一定程度，高端人才受到身体、心理的影响以及对组织的认知和满意程度出现裂痕，收入分配会逐渐下降，达到底端。

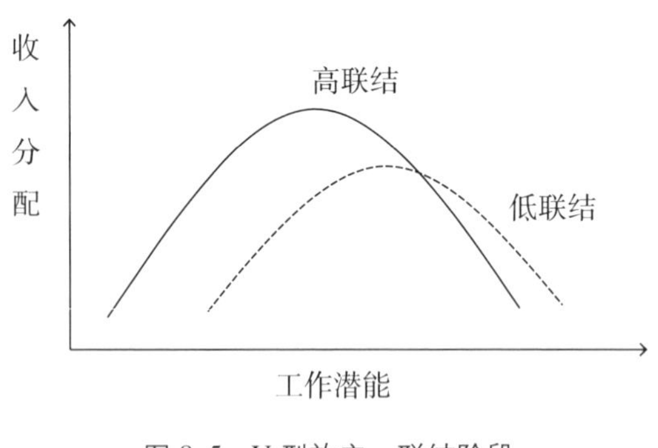

图 8–5　U 型效应—联结阶段

联结作为工作嵌入中的第一个阶段，它具有高联结和低联结的两种状态（见

① 参见邵红伟、靳涛：《收入分配的库兹涅茨倒 U 曲线是必然还是或然——力量对比决定的一般趋势和特殊演变》，《经济管理》2016 年第 6 期。

图 8–5)。在高联结阶段，由于联结程度高，高端人才的工作潜能也高，为组织贡献的价值就大，相对应的收入分配就高。在低联结阶段，由于联结程度低，高端人才的工作潜能也低，为组织贡献的价值少了，相对应的收入分配就低了。

2. 高端人才匹配过程中的工作潜能和收入分配 U 型关系效应

匹配作为工作嵌入的第二阶段，它具有高匹配和低匹配的两种状态（见图 8–6)。在高匹配阶段，由于匹配程度高，组织得到了高端人才的认可，也即高端人才愿意为组织服务，那么高端人才工作潜能的开发程度逐渐变大，此时高端人才的收入分配水平大大提高。在低匹配阶段，由于匹配程度低，高端人才对组织不认可，也即高端人才不愿意为组织服务，相对应而言，高端人才的工作潜能开发就越低，导致收入分配水平就低。

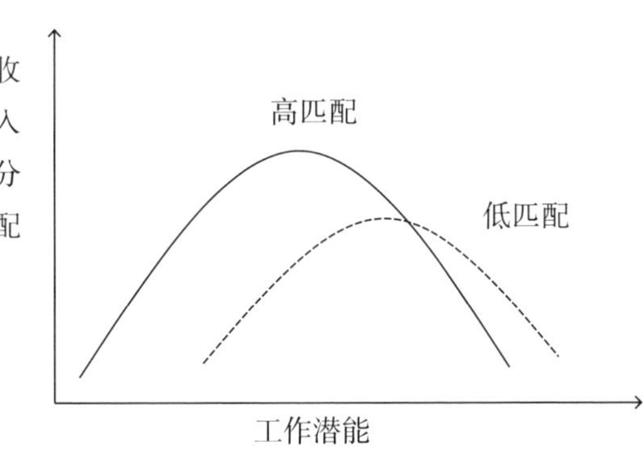

图 8–6　U 型效应—匹配阶段

3. 高端人才牺牲过程中的工作潜能和收入分配 U 型关系效应

在高端人才工作嵌入的牺牲阶段，它具有高牺牲和低牺牲的两种状态（见图 8–7)。在工作嵌入的高牺牲阶段，若高端人才选择离职，那么他的工作潜能不愿意发挥，也即工作潜能越来越少，为组织创造的价值变少，进而导致高端人才的收入越来越少。相反，在低牺牲阶段，高端人才受到了很多的满足，如人文性的、

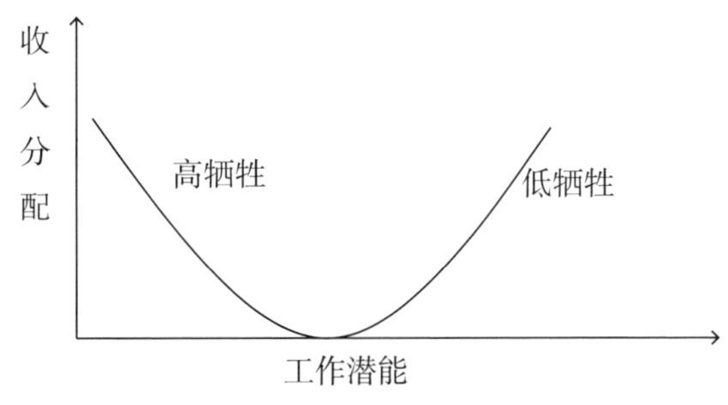

图 8–7　U 型效应—牺牲阶段

精神性的、报酬性的获得，那么其对组织的认可会越发强烈，离职的愿望越低。

（三）产业升级对高端人才工作嵌入收入水平的正负向效应

正负效应是指正和负两方面的效应，也就是双重效应。产业升级对高端人才工作嵌入收入水平的正负向效应是指产业的升级会对高端人才工作嵌入的不同阶段的收入水平产生积极和消极的影响。由于产业革命，企业内部组织需要重新升级，必然会对高端人才产生威胁，此时高端人才的选择会影响自身收入水平。

1. 产业升级对高端人才联结过程中的收入水平的正负向效应

高端人才在工作嵌入的联结阶段，逐步去适应工作岗位和环境，由于产业的升级和组织内部的调整，高端人才会出现以下两种选择：第一，高端人才选择提升个人技能水平来适应产业的升级，增加和组织的联结程度，收入水平逐渐提升，即产生正向效应。第二，高端人才选择离职，不去提升自己适应组织，联结越少，收入水平逐渐降低，即出现负向效应。①

高端人才进入组织，应凭借自身迅速适应环境的能力，与组织建立联结，包括岗位联结、环境联结、团队联结等。产业升级对高端人才产生的正向效应离不开高端人才对所处现状的认真分析，并采取应变措施，提高自身工作嵌入性。

2. 产业升级对高端人才匹配过程中的收入水平的正负向效应

高端人才组织对高端人才的依赖达到一定程度，匹配阶段随之而来。由于产业的不断升级和组织内部的不停调整，高端人才同样会出现以下两种选择：第一，高端人才选择提升更高的个人技能水平来适应组织内部的

---

① Cf. Ebru Beyza Bayarcelik, Mine Afacan Finkikil. The Mediating Effect of Job Satisfaction On The Relation Between Organizational Justice Perception And Intention To Leave[J]. Procedia - Social and Behavioral Sciences, Vol.235, pp.403—411, 2016.

不断调整，继续加深和组织的匹配程度，收入水平随之相应提升，即产生正向效应。第二，高端人才选择离职，放弃原有和组织建立的联结和匹配关系，价值产出减少，收入水平也逐渐降低，即出现负向效应。

在工作嵌入的匹配阶段，产业的升级或多或少的会对高端人才产生压力。但此时的高端人才应理性面对，应继续渗透到组织各个方面，不断地提升自身专业素养、个人价值观和职业目标与组织新的企业文化、新的发展目标与对高端人才工作能力的新要求相匹配。

3. 产业升级对高端人才牺牲过程中的收入水平的正负向效应

高端人才进入工作嵌入的牺牲阶段，产业升级使高端人才面临是否离职的选择。第一，组织给予高端人才以及其家庭关怀和帮助，那么高端人才如果离职，会打破现有生活的稳定，牺牲的损失变大，高端人才选择重新整顿和提高自己，以留在组织中，相应的收入水平渐渐增加，与牺牲呈负向效应。第二，高端人才无法适应因产业升级带来的组织内部的调整，选择牺牲离职，收入水平降低，与牺牲呈正向效应。

在产业升级的大环境下，组织如何留住高端人才或者说高端人才如何继续留在组织中是非常关键的问题。第一，组织要对高端人才工作充满认可，为高端人才提供职位上升的机会。第二，组织要为高端人才的家庭提供一定的福利保障等来消除高端人才的不稳定情感维度。第三，高端人才在考虑离职或留职时应充分考虑损失感、幸福感的强弱，以此作出合理的决定。

（四）高端人才工作嵌入劳动报酬偏离劳动贡献效应

劳动报酬是指高端人才获得的薪资，劳动贡献是指高端人才为组织作出的贡献，劳动报酬偏离劳动贡献是指组织给予高端人才的劳动报酬占比偏离高端人才劳动对产出的贡献。高端人才在工作过程中出现的该偏离效应可以从联结、匹配和牺牲三个环节具体分析。

1. 高端人才联结过程中的劳动报酬偏离劳动贡献效应

联结程度大都受到组织的福利程度、硬件配备、地位高低以及环境情况的影响。若组织提供的劳动报酬和高端人才的劳动贡献不相匹配甚至偏离过大，高端人才会对现有的工作岗位产生厌倦，对组织产生不满，不愿为组织贡献，逐渐减少和组织的联结，工作嵌入性减弱。因此，劳动报酬对劳动贡献的偏离程度影响着高端人才工作嵌入的联结程度：若偏离越大，高端人才贡献就越小，联结性也越小；若偏离越小，高端人才贡献就越大，联结性也越大。因此，在高端人才工作嵌入的联结阶段，组织提供的劳动报酬要与高端人才所付出的贡献相匹配或不可偏离过大。除此之外，组织可以为高端人才提供高福利、齐全的硬件设备、升迁机会和优良的工作环境。通过以上几个方法，可以增加高端人才在联结过程中对组织的劳动贡献程度，进而为组织创造收益。

2. 高端人才匹配过程中的劳动报酬偏离劳动贡献效应

在高端人才工作嵌入的匹配阶段，若组织给予的劳动报酬和高端人才的劳动贡献偏离程度大，则会打消高端人才实现自身目标理想的积极性，不愿意从事富有挑战性的工作，导致高端人才在工作过程中不能尽情地展现自己，不能发挥自身的特长，工作技能也不能得到相应的提高。因此，劳动报酬对劳动贡献的偏离程度影响着高端人才工作嵌入的匹配程度，若偏离越大，高端人才贡献就越小，匹配性也越小；若偏离越小，高端人才贡献就越大，匹配性也越大。① 因此，在高端人才工作嵌入的匹配阶段，组织提供的劳动报酬要与高端人才所付出的贡献相匹配或不可偏离过大。除此之外，组织可以通过激励机制，激发高端人才的积极性和主动性；同时，组织还需要对高端人才行为的规范上实施理性化的制度。

3. 高端人才牺牲过程中的劳动报酬偏离劳动贡献效应

在高端人才工作嵌入的牺牲阶段，若组织给予的劳动报酬和高端人才的劳动贡献偏离程度大，高端人才的价值不能得到体现，那么高端人才不

① 参见刘蓉、薛声家：《中高端人才工作嵌入对个体与组织影响的实证研究》，《科技管理研究》2013 年第 8 期。

愿意从事现有的工作，放弃原有的福利，进而选择离职牺牲。因此，劳动报酬对劳动贡献的偏离程度影响着高端人才工作嵌入的牺牲程度，若偏离越大，高端人才越倾向于离职牺牲，若偏离越小，高端人才越倾向于留在组织中。因此，在高端人才工作嵌入的牺牲阶段，组织提供的劳动报酬要与高端人才所付出的贡献相匹配或不可偏离过大。除此之外，组织要稳定高端人才的不安因素即满足高端人才的情感及非情感因素，让高端人才的个人利益得到最大程度的保障。只有这样，才能让高端人才嵌入组织的程度更深，与组织的联系更密切，最终才能达到避免高端人才牺牲的目的。

（五）高端人才工作嵌入劳动收入补偿效应

由于商品价格的上涨会导致高端人才的实际收入水平的降低，因此收入补偿作为一种工具，通过假设的货币收入的增减来维持高端人才实际收入水平不变。组织为高端人才提供的劳动收入补偿对高端人才工作嵌入的联结、匹配和牺牲三个方面产生效应。

1. 高端人才联结过程中的劳动收入补偿效应

联结是高端人才刚刚进入组织的阶段，高端人才进入组织的时候，需要进行一系列的培训教育，由于工作潜能的稳定增加，收入分配稳定的情况下，组织对高端人才的培训教育即为收入补偿。组织对高端人才工作技能的提升，加快了其与组织之间的联结进程。组织对高端人才的前期培训越好，即劳动收入补偿越高，高端人才适应组织的能力就越强，联结程度就越深；若组织不对高端人才进行前期培训，即没有劳动收入补偿，高端人才就无法或者很难适应组织，导致联结程度低。

因此，在高端人才工作嵌入的联结阶段，组织应对高端人才进行前期培训教育，使高端人才与组织快速建立联结，还可为高端人才提供收入补偿。第一，满足高端人才对财富及学习、生活等方面的需求，由此保证高端人才能够持续为组织效劳。第二，为高端人才提供工作所需的软硬件配置，如设备、交通、通信、和谐向上的工作氛围等。

2. 高端人才匹配过程中的劳动收入补偿效应

在高端人才工作嵌入的匹配过程中，高端人才和组织达到了人岗契合，高端人才认可组织，组织充分依赖高端人才，组织为了平衡收入分配差距，以福利奖金的形式作为收入补偿，以弥补高端人才薪酬的不稳定性。收入补偿越高，高端人才与组织的匹配程度越强，反之亦然。组织为了加深和高端人才的匹配程度，可从以下几个方面入手：第一，建立组织现金及非现金形式的激励措施，如股票期权等长期激励薪酬、带薪休假、退休金、休闲场所会员卡等。第二，组织对高端人才予以赏识和支持，提供发展的机会，如个人技能得到提升、知识增长、职位的升迁以及获得培训的机会等。第三，组织对高端人才的工作给予认同和重视，让高端人才在组织工作中能看到自身的发展前景。

3. 高端人才牺牲过程中的劳动收入补偿效应

在高端人才工作嵌入的牺牲过程中，高端人才逐渐对工作产生了倦怠甚至对组织产生厌恶的情绪，收入水平逐渐下滑，产生离职的想法。此时，如果组织通过收入补偿留住高端人才，那么收入补偿越高，高端人才离职意愿越低，如果组织提供的收入补偿较低，那么高端人才的离职意愿越高。

组织为了留住高端人才，应加大对高端人才的劳动收入补偿：第一，增加高端人才的福利津贴、绩效奖金分成等；第二，完善福利待遇、带薪年假、保险、员工旅游、组织社团活动等；第三，给予高端人才更多的人文关怀和帮助，把高端人才的家庭纳入考虑范围内。当高端人才产生离职想法时，组织为高端人才提供的劳动收入补偿越多，高端人才所感知的牺牲就越大，就越不愿意离开，反而会提高自己以创造更多的价值。

（六）高端人才工作嵌入相对收入溢出效应

溢出效应是指组织在开展某项活动时，不仅会产生所预期的效果，还会对组织外部产生影响；高端人才相对收入溢出效应是指由于高端人才与普通员工存在着收入差距，高端人才便起到了榜样示范作用，激励他人向高端人才学习，进而使组织获得更高收益。该效应在高端人才工作嵌入的联结、匹配和牺牲三个阶段会产生不同的影响。

1. 高端人才联结过程中的相对收入溢出效应

高端人才在进入组织初期，一方面凭借自己的专业素养和学习能力可以创造价值，促进组织经济的发展；另一方面，组织经济发展后，会提升内在系统的环境，增加高端人才的劳动收入，从而提升高端人才工作嵌入度。在这一双向性的过程中，高端人才的嵌入会激励与其进行联结的那一部分同事，促使他们创造价值，从而提升自身收入。因此，组织要进行合理规划，做到统筹兼顾，使高端人才真正的融入组织，感到舒适，产生归属感。对于高端人才个体而言，要尽可能与组织内在主流价值观相契合，目标一致，小我与大我相互协作、相互配合、相互促进，形成一种良性的循环态势，最终实现组织与高端人才个体的共生共荣。

2. 高端人才匹配过程中的相对收入溢出效应

在匹配过程中，组织进一步依赖于高端人才，高端人才对于相对收入更看重，溢出效应就更明显。在高端人才工作嵌入达到一定程度时，与其他个体合作产生的价值更多，从而相对于其他的组织而言，收入差距越大。该种收入差距激励其他组织效仿，向较高的收入水平看齐，此时便产生了高端人才工作嵌入的相对收入溢出效应。因此，组织要注重提升环境，完善高端人才福利政策，积极打造可以让高端人才充分发光发热的平台，定期进行内部选拔，给予高端人才稳步晋升的机会，提高个体对组织的凝聚力和向心力，从而提高工作嵌入度，使得匹配过程中的相对收入溢出效应产生倍增效果。

3. 高端人才牺牲过程中的相对收入溢出效应

在高端人才工作嵌入的相对收入溢出效应达到峰值时，高端人才看不到在组织内的发展前景，这时高端人才便会面临离职或留职的选择，当相对收入不能满足高端人才的需求层次，高端人才便会选择离职，这时组织和高端人才都会产生或多或少的牺牲，对于组织而言，人才流失；对于高端人才而言，失去了组织提供的良好发展平台以及一些无法带走的资产。因此，组织可以定期开展员工活动，增进组织内的和谐，提高高端人才的工作嵌入度，降低离职率，避免无谓的牺牲。对于高端人才而言，使个人的目标与组织的主流价值观相契合，提高自身在组织内的兼容与舒适，弱化导致个体离职的因素，强化其工作嵌入，减少牺牲。

总而言之，数字时代，高端人才工作嵌入收入分配具有重要的研究意义。随着高端人才与组织的联结程度、匹配程度和牺牲程度的加深，高端人才个体的价值创造和潜力开发都大大提升，进而影响高端人才收入分配的一系列效应，组织应在了解高端人才需求和收入分配效应的基础上，不断为高端人才创设成长和发展的优良环境，让高端人才能够嵌入组织内，与组织建立多个稳定的联结，增加高端人才和组织的契合度，让高端人才能持续的为组织创造收益，进而促进高端人才主体及组织的发展。

第九章　高端人才工作嵌入网络经济模型构建

数字时代，高端人才工作嵌入水平与网络经济有着千丝万缕的联系。本章分析了高端人才工作嵌入网络经济的内涵与虚拟化、智能型、高效型、共享型四个方面特征；研究了高端人才工作嵌入的正反馈效应、外部性效应、区域一体化效应、集群效应；构建了数字时代高端人才工作嵌入的网络降价摩尔模型、网络倍增梅特卡夫模型、马太正反馈模型、网络经济内生模型、网络经济报酬递增模型、网络经济路径依赖模型。

一、高端人才工作嵌入网络经济的内涵与特征

（一）高端人才工作嵌入网络经济的内涵

1. 网络经济模型

数字时代，网络经济发展迅速，由于具有直接性、可持续性等特征，在新经济发展中意义重大。网络经济具有全球化、虚拟化、智能型、高效型、创新型、共享型、数字化、高渗透性的特点。网络经济是把“双刃剑”，即使人类社会经济发展迎来了更多机会，也不可避免地造成了一些

新的威胁。

2. 高端人才工作嵌入网络经济

高端人才工作嵌入网络经济是指高端人才个体或群体工作嵌入网络经济的过程和运行模式。数字时代，保留知识型员工并且增强其与组织的联结、匹配程度，减少牺牲是人才管理的重要问题，是促进网络经济发展的重要条件。① 研究高端人才工作嵌入问题，对于改善高端人才离职行为以及提升其工作满意度和工作绩效并最终使网络经济得以长足发展等皆具有重要借鉴意义。

（二）高端人才工作嵌入网络经济的特征

1. 虚拟化

网络虚拟化是指把逻辑网络从底层的物理网络中分离开来或在一个物理网络上模拟出多个逻辑网络，同时对每个逻辑网络进行独立的部署以及管理。网络虚拟化概念以及相关技术的发展使得网络更加多元化，被认为是解决现有网络体系僵化的最好方案。网络虚拟化本质就是资源共享。② 高端人才工作嵌入的虚拟化是指高端人才在嵌入网络经济过程中的活动是虚拟的。高端人才凭借其专业知识技能与组织内各种要素形成一系列联结网，并且运用其丰富的工作和实践经验进行精准定位。虚拟化的网络扩大了高端人才工作的范围和深度，加速其知识的传播与拓展，促进了高端人才工作的进程。这种影响是相互的，网络的虚拟性反过来也提升了高端人才的学习能力和管理协调能力，进而增强了高端人才与组织的匹配程度。一旦高端人才离职便会产生不同程度的牺牲，一方面是无形的损失，如脱

---

① cf. Collins, Brian J., Mossholder, Kevin W. Fairness Means More to Some Than Others: Interactional Fairness, Job Embeddedness, and Discretionary Work Behaviors [J]. Journalof-Management, pp.293—318, 2017.

② 参见王颖舒、王旭、左宇、刘晴、张娟娟、袁舒、于富财：《网络虚拟化仿真软件综述》，《西安交通大学学报》2019 年第 9 期。

离集体，无所适从；另一方面是有形的损失，如工资、养老金、股份期权等资产。

2. 智能型

智能型是指在网络经济发展时期生产、交换、分配和消费环节都将日益智能化。数字时代，经济已经由传统资源型社会的依靠体力发展转向了知识型社会的依靠知识和信息发展，信息、知识将作为主导生产要素，信息网络的发展为知识的传播提供了基础。由于高端人才具有优良的思想品质、良好的规划能力和开拓精神，在其工作嵌入的过程中，依靠自身具有的专业知识和技能，进行精准定位、专门研究，生产、交换、分配和消费环节都更加智能化。

3. 高效型

网络经济的高效型是指效率高且不受时间因素的制约。高端人才进入组织后可以提高组织的工作效率。高端人才凭借其扎实的理论知识、丰富的实践经验、较强的管理协调能力，可以获得高效、多样的产出并且承担更多的工作，使得组织中管理层次减少，传递速度加快，易于上下级交流。高端人才是产出以知识产权为主，这种资本可以能动地进行自身的增值，且产出大于投入的资本。因此，高端人才工作嵌入网络经济具有高效型的特征。

4. 共享型

共享是指将某一资源与第三方共同分享，资本拥有者可以将闲置资本通过各种渠道“租出去”并且获得相应报酬。数字时代，高端人才之间相互交流、相互促进，从而形成更多更好的研究成果。文化知识已经成为一项重要的生产要素，高端人才产出常常不受时间、地理位置的限制，并且有可能在多领域产生无与伦比的影响。高端人才工作嵌入网络经济的共享型使得信息不对称在这里被打破，高端人才个体之间共生共荣，充分发挥了大数据技术在高端人才工作嵌入中的作用。

二、高端人才工作嵌入网络经济模型构建

（一）高端人才工作嵌入程度与网络经济

1. 高端人才工作嵌入程度的正反馈效应

马太效应描述的是一种两极分化的社会现象。马太效应有正负两种。数字时代，马太效应对高端人才工作嵌入产生的影响中正反馈起支配作用。高端人才个体进入工作岗位后借助其专业知识技能快速融入集体，形成与组织的联结网，并且与同事有效匹配，强强联合，产生“1+1>2”的显著效果。在没有其他影响因素的情况下，这种作用是彻底的。一旦高端人才离开组织，便会产生一系列的牺牲，例如与同行精英共事的机会、自己感兴趣的项目、组织中的各项福利措施等。所以，组织应当尽可能提供舒适的办公环境，完善各项福利制度，加强高端人才与组织的联结，完善高端人才工作嵌入的匹配，降低高端人才个体的离职率，从而加强高端人才工作嵌入，避免无谓牺牲。①

2. 高端人才工作嵌入网络经济的外部性效应

外部性是指某个体的行为对他人造成影响而又不负担后果。高端人才个体通过自身学习能力和实践经验在完善专业知识技能时，不仅可以给同事起到良好的带头示范作用，使得大家共同进步，也能给组织带来更高质量的产出。高端人才在人岗契合形成联结后，通过其良好的环境适应性使个体的人生观、价值观与组织的主流文化和工作特性相匹配，提高自身的兼容度，而高端人才个体一旦脱离群体，便会产生失落感、无所适从、失去同事，此时便产生了牺牲。组织引进人才后不仅会给高端人才个体展现

① 参见杨廷钫：《组织嵌入、社区嵌入、组织支持感知与离职关系意愿研究》，《当代财经》2015 年第 6 期。

自我的平台，而且会对同事产生激励，形成良好学习风气，并最终激发更多的研究成果。所以，组织在选拔人才时应当考虑个人价值观与组织的主流文化是否一致，在提倡主流文化的同时，允许异性价值观的存在，使个体不愿意离开现有组织，产生组织依恋，提高联结、匹配程度，降低离职率，减少牺牲。

3. 高端人才工作嵌入网络经济的区域一体化效应

高端人才具有较高的流动性，在选择工作时会考虑地区、城市现状这些因素，综合比较后主观能动的选择自己想要去的城市，与自身能力相当的工作进行联结匹配，并且为区域发展作出贡献，一旦高端人才离开群体，便会产生相应的牺牲，对高端人才而言失去了在大城市发展的潜力和机遇，对组织而言失去了稀缺性的高端人才。而高端人才嵌入的区域一体化效应的影响是相互的，由于城市发展前景好吸引了大批高端人才的涌入，而大批高端人才的到来同时又加速了城市的发展。所以，组织应当为高端人才提供更好的平台、更广阔的前景，提升自身对高端人才的吸引度，激励更多高端人才与组织进行联结、匹配，使得个体不愿意离职，减少牺牲。

4. 高端人才工作嵌入网络经济的集群效应

集群效应指的是同种生物活在一起产生有利作用的一种重要经济现象。集聚效应也可以被理解为磁场效应。它会吸引高端人才和其他关键要素的集聚，可以引进含量高的项目，还能培育出一批创新创业的团队进而吸纳更多高端人才。数字时代，高端人才个体通过组织的明确分工，依据其各自能力联结在一起，相互匹配展开合作，他们一起专注于某一研究领域，形成一种互补模式，也可以说集群会形成某种知识溢出效果。如高校和科研院所，发展新兴产业，促进网络经济的繁荣。地区可以通过舒适兼容的环境来吸引高端人才流入。若高端人才离开组织，便没有了群体依托，可能会导致无所适从，产生无谓的牺牲。因此，地方政府应正确判断自身所处的大环境，为所需高端人才提供合适的环境，完善相应高端人才策略，吸引高端人才流入，形成人才集聚，从而提升高端人才归属感，降低离职率，并且最终会促进组织的和谐发展。

（二）高端人才工作嵌入网络经济模型构建

1. 高端人才工作嵌入的网络降价摩尔模型

摩尔定律（Moire’s Law）反映的是随着信息技术的发展功能价值的一种体现规律。① 在摩尔定律的直接作用下，科技不断进步，高端人才附加值越来越高，而投资越来越少。应用到高端人才工作嵌入上来表示高端人才附加价值的产出与高端人才前期培养阶段的投入之比。

第一，在联结阶段，高端人才进入组织后凭借其所具备的专业素养及能力迅速融入组织，形成各种联结网。

第二，在匹配阶段，高端人才嵌入达到一定程度后，凭借其自身良好的适应性和管理协调能力自行匹配展开工作，随着研究的深度和广度不断累积，高端人才们挖掘的有价值信息越来越多，也为组织创造出更多的成果，这就体现出了高端人才的附加值与高端人才工作的嵌入度呈现正相关（见图 9–1）。

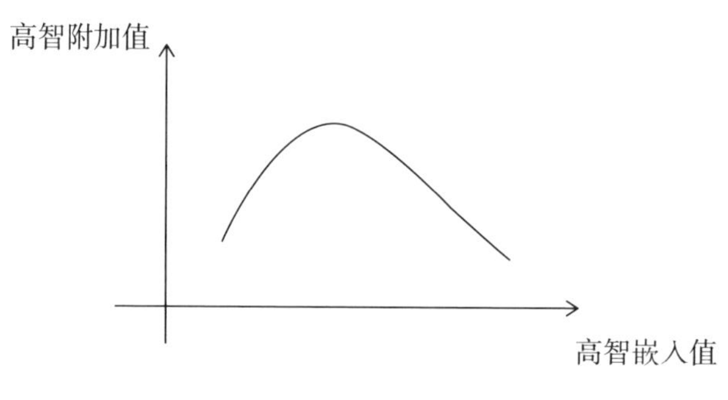

图 9–1　高端人才嵌入度与高端人才附加值的关系

第三，在牺牲阶段，高端人才工作嵌入发展成熟到一定临界点时，高端人才可能会为提高个体兼容度而被环境同化或是因为自身惰性导致停滞不前，此时高端人才将面临去留的选择，如果个体选择离开组织，

① 参见辛冬播、李廷军：《大数据时代数据总量增长的新摩尔定律辨析——吉姆 · 格雷是否真的提出过新摩尔定律?》，《软件导刊》2022 年第 9 期。

将会面临失去同事、组织提供的发展机遇平台的牺牲。所以，数字时代高端人才在工作嵌入的过程中，组织应当提高自身技术，提供良好环境，提高高端人才在组织中的舒适度。高端人才个体也应当通过自己扎实深厚的理论知识、较强的学习能力，不断进行自我反省、自我强化，增强与组织和其他个体的联结、匹配度，降低高端人才离职率，避免无谓牺牲（见图 9–2）。

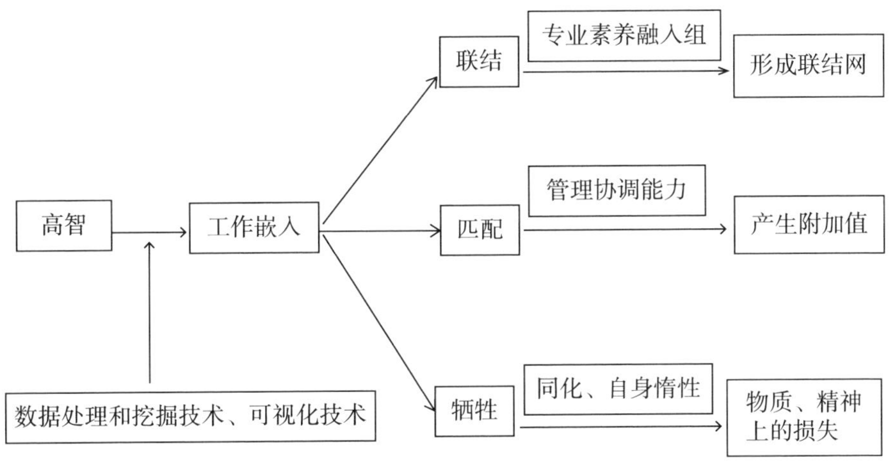

图 9–2　高端人才工作嵌入网络降价摩尔模型

2. 高端人才工作嵌入的网络倍增梅特卡夫模型

梅特卡夫法则是指网络经济呈倍数增长的一种规律，也称为网络外部性。高端人才工作嵌入的网络倍增梅特卡夫模型是由于高端人才之间的互补性而产生的。高端人才在嵌入组织工作的过程中，如果在原有的基础上增加一位高端人才进入组织的话，不仅整体研究范围更加广泛，对原有高端人才团体也会产生正外部性，分担他们的工作，提高组织效率。第一，个体与组织之间相互了解、相互协调，与组织内在系统进行初步联结；第二，在与组织联结相对成熟后，高端人才个体会依据不同需求和特征与同事进行有效匹配，分工合作；第三，当高端人才发挥作用达到倍增效应的峰值时，高端人才可能会选择离开组织，这时便会面临或多或少的损失，此时便产生了牺牲。所以，组织需要根据自身特点善用人才，并且提升自我，吸引更多高端人才的到来。高端人才个体需要凭借良好的学习和协调能力与组织和其他高端人才个体相互联系、相互影响、相互作用，最终达到倍增效果，为组织发展和自我提升做出贡献（见图 9–3）。

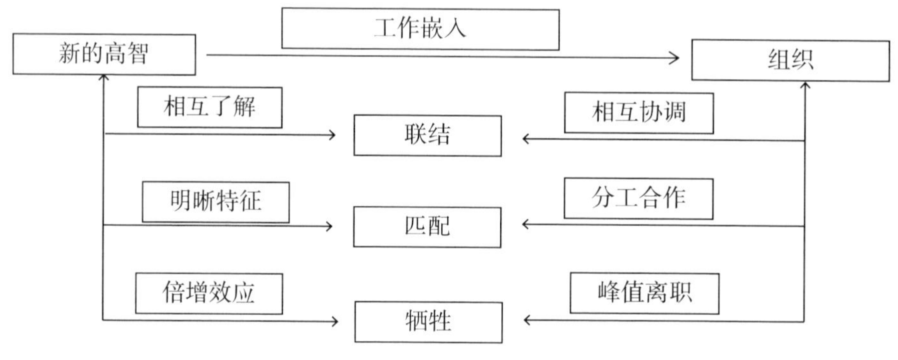

图 9–3　高端人才工作嵌入网络倍增梅特卡夫模型

3. 高端人才工作嵌入的马太正反馈模型

正反馈是马太效应的一种情况。正反馈表示强者越强，弱者越弱。将马太效应运用到高端人才中会体现出正反馈。高端人才在进入组织且融入组织后，他们不再是个体单独进行研究工作，而是组织内相互探讨、相互激励、相互鞭策的规模经济。第一，高端人才具有较强的流动性，在初期，会主观能动地选择合适的组织进行联结，这是一个强强联合的过程。第二，在嵌入达到一定程度后，高端人才个体会在组织内起到榜样示范作用，激励他人往更好方向发展，使得组织内强者越多，弱者越少。第三，“人往高处走”，在高端人才所处环境已不能适应自身发展需要时，此时组织内在系统运转达到饱和状态，规模效应达到最大值，此时高端人才可能选择离开组织，这时高端人才流失便对组织造成了牺牲；对高端人才个体而言，如果高端人才离开组织，将会失去组织对自身的支持，失去在组织内的发展前景，产生牺牲。所以说，要更加注重人才输出，培养出更多的专门人才，尽管高端人才在前期培养阶段资本投资高、教育周期长、条件要求高，但后期会得到高效益、多样的产出。组织也应当为高端人才提供良好的学习交流平台，提升高端人才的同时也能给组织自己带来更多机遇（见图 9–4）。

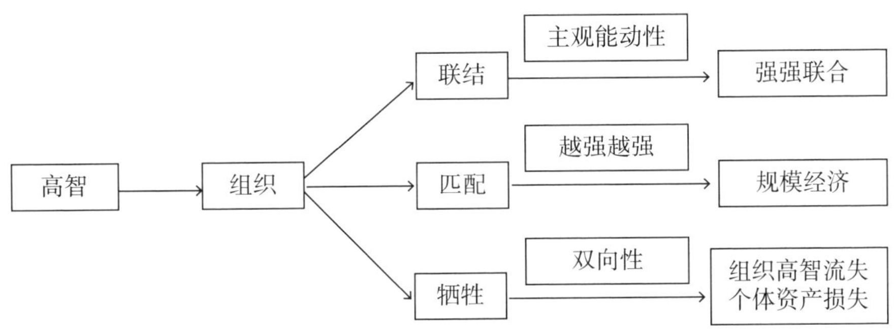

图 9–4　高端人才工作嵌入马太正反馈模型

4. 高端人才工作嵌入的网络经济内生模型

内生增长理论是用来解释经济增长差异的一种模型，它将技术进步引入了模型当中。高端人才工作嵌入会经历三大阶段：第一，在联结阶段，高端人才进入组织后凭借其较强的学习能力获取知识，不断总结经验，引起技术进步，技术进步反过来又提升了高端人才获取知识的途径和能力，基于此，高端人才个体便与数字时代组织中的各项技术形成联结；第二，在匹配阶段，高端人才的学习会通过一种知识的外溢过程传到团队其他成员，进而提高团队的效率；第三，在牺牲阶段，即高端人才嵌入网络经济的成熟期，高端人才会面临离开组织或继续留下的选择，如果高端人才决定留下就会产生或多或少的牺牲，例如组织的股权期权等资产、与同事一起学习进步的机会、在原有组织积累的人脉等物质或心理上的损失。所以，在数字时代，组织要充分利用数据处理和挖掘技术、可视化技术等来提高组织技术创新能力，完善组织内部相关福利政策，提供良好学习平台，使得高端人才与组织产生较深的工作嵌入度，提高个体凝聚力和向心力，乐于为组织服务，降低离职率，避免牺牲（见图 9–5）。

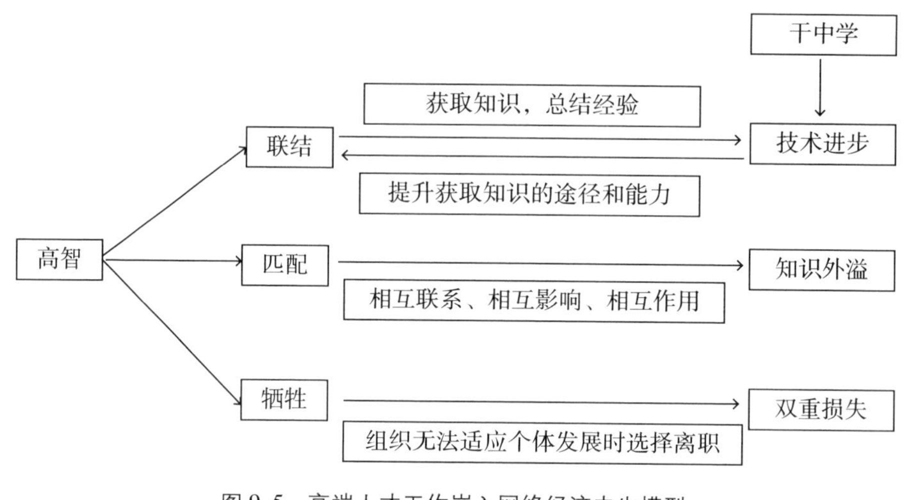

图 9–5　高端人才工作嵌入网络经济内生模型

5. 高端人才工作嵌入的网络经济报酬递增模型

从外部经济的视角出发，报酬递增是来自知识、人力资本投入及科技创新。高端人才工作嵌入网络经济报酬递增模型是双向的：一方面，高端人才嵌入组织后凭借其专业素养和协调能力，为组织创造更多成果，从而加速组织的经济发展；另一方面，组织经济发展后就乐于为高端人才提供更好的环境，给予更高的报酬，加强个体对组织的归属感，提升高端人才工作嵌入度。我们可以划分为萌芽初期、发展成熟期、衰落萧条期。第一，在组织环境等其他条件不变的短期投资中，高端人才个体嵌入组织后凭借自身理论知识、学习能力和实践经验，迅速适应周围环境，为组织作出贡献；第二，随着高端人才个体与组织形成联结后，个体会能动的根据自身特色有选择地进行匹配，在这一阶段，高端人才可以将自己的优势发挥到极致；第三，在达到某一临界点后，高端人才会根据现有报酬能否满足自身需求层次选择离职或留职，一旦离开可能会造成组织和个体的双重牺牲。所以，组织应当根据内部高端人才不同需求层次制定并完善自身环境，竭力为高端人才提供足以满足其发展的平台，让高端人才能够尽情地发光发热，从而提高高端人才工作嵌入度。高端人才个体也应当积累更多知识，促进人力资本的形成，通过技术创新促进高端人才工作嵌入的报酬递增。国家方面也应当注重组织变革和创新（见图 9–6）。

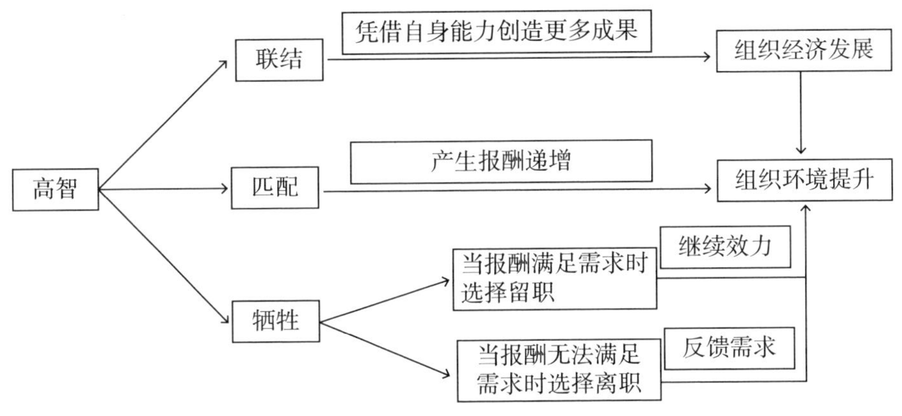

图 9–6　高端人才工作嵌入网络经济报酬递增模型

6. 高端人才工作嵌入的网络经济路径依赖模型

路径依赖是指人们一旦作出了某种选择，就会有一种延续下去的惯性，即某一行为即使终止仍会对后面行为产生影响的路径依赖的自我强化效应。高端人才工作嵌入的路径依赖模型可从三个维度来分析：第一，在联结阶段，高端人才个体在嵌入组织后，凭借自身良好的适应性融入周围环境，使得内在系统与组织体制形成各种联结；第二，在匹配阶段，在嵌入达到一定程度后，由于高端人才个体通过技术的相关性与组织体制匹配，使得个人目标与组织趋同，从而提升高端人才的兼容和舒适；第三，在牺牲阶段，在高端人才嵌入发展成熟到一定阶段后，个体将面临选择，如果离开会产生一定程度的牺牲，而离开与否取决于高端人才工作嵌入程度。① 考虑到路径依赖的存在，工作嵌入并非越高越好，因为相比之下一个嵌入程度较高的高端人才在选择离开组织时往往牺牲更大一些。所以，

① 参见逯野、黄婉凝、杨春江：《基于多路径框架的离职决策过程与工作嵌入的影响效应研究》，《管理学报》2016 年第 9 期。

我们在做决策时要慎之又慎，培养个体用长远目光分析问题的能力；组织也应当时刻审视自身路径与组织的长期计划是否一致，一旦发生偏差，要即时地采取纠偏措施，以免最后积重难返（见图 9–7）。

图 9–7　高端人才工作嵌入网络经济路径依赖模型

三、高端人才工作嵌入网络经济的应用

（一）基于技术创新和技术传播的经济增长的主体效应

在海量数据呈现“爆发式”增长的数字时代，网络经济效应是新经济增长的主体效应。高端人才工作嵌入网络经济的主体效应体现为新技术创新和传播会对高端人才工作的嵌入造成一定滞后。[①] 在工作嵌入初期，由于高端人才需要一定的适应过程，所以会有一段效率低下的滞后期，接着因为其具有较强的流动性，个体与组织内部不断发生人力、物力、财力和信息的交流，高端人才个体们结成非正式组织的联结网，并且通过良好的管理协调能力相互匹配达到增值效果，在高端人才嵌入成熟期达到峰值。后期由于组织内在系统的一系列限制因素会导致高端人

① 参见方俊杰、雷凯：《面向边缘人工智能计算的区块链技术综述》，《应用科学学报》2020 年第 1 期。

才工作嵌入度逐渐降低（见图 9-8）。所以，要利用大数据技术，充分发挥高端人才的主体效应价值，提高工作嵌入度，最终实现高端人才个体与组织的共生共荣。

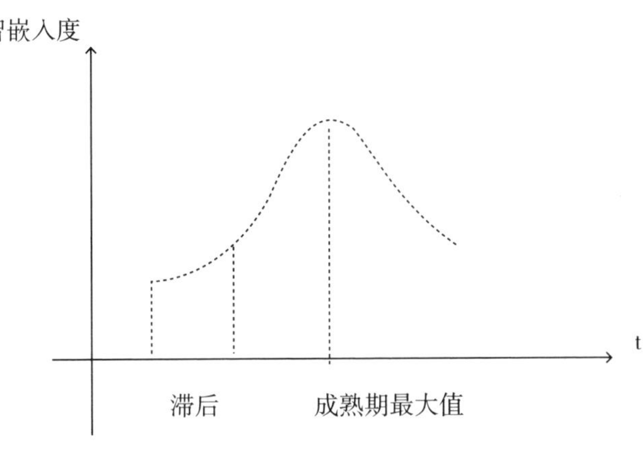

图 9-8　高端人才嵌入度与时间的关系

（二）高端人才工作嵌入网络经济的协调度

协调度是指组织与组织、组织与个人、个人与个人之间的彼此兼容度和一致度，体现出从混乱走向和谐的特征。高端人才工作嵌入的协调度是指高端人才个体在进入组织后人岗契合形成联结、匹配的嵌入程度。数字时代数据规模庞大且混杂，高端人才个体凭借其扎实深厚的理论知识和丰富的实践经验进行自身角色的精准定位，并且与组织相融合、相协调，形成较高的匹配度。当嵌入程度较高后，高端人才个体便能充分发挥自己的专业才能，为组织创造更多的成就。当到达高端人才工作嵌入的临界点后，高端人才面临去留的抉择。协调度较高的高端人才相比之下更易产生留职倾向。如果高端人才选择离开组织，就要做好面对物质或心理上的牺牲的准备。所以，对于组织而言，要进行合理规划，做到统筹兼顾，使高端人才真正地融入组织，感到舒适，产生归属感。对于高端人才个体而言，要尽可能与组织内在主流价值观相契合，目标一致，小我与大我相互协作、相互配合、相互促进，最终实现组织与高端人才个体的共生共荣。

（三）高端人才工作嵌入的非单调非凹的网络效应

杨和巴瑞特（Yi-Nung Yang and C. C. Barret）提出了非单调非凹的网络效应，以此来描述网络规模和效应的相关性。高端人才工作嵌入网络经济在一定程度上也遵循着非单调非凹的函数关系（见图 9–9）。数字时代，数据信息具有共享型的特征，组织可以借助相关技术，依据特定化原则了解高端人才个体的个人偏好，并且有针对性地制定出一系列满足个性化需求的方案，以求提高高端人才个体的工作嵌入度。第一，高端人才会明晰自己的优势和短板，找到适合自己的定位，与组织形成联结并共同成长进步；第二，在高端人才嵌入一定时间后，组织与个体逐渐相互适应，相互匹配，双方共同分享、共同承担、共生共荣；第三，在衰落期，个体的离职会造成双方或多或少的损失。所以，组织应当充分利用大数据技术，对高端人才个体单独分析，充分了解高端人才的个性化需求，因人制宜地制订方案，这样才能提高高端人才的工作嵌入程度，降低离职率，避免无谓牺牲，最终实现组织与高端人才个体的双赢。

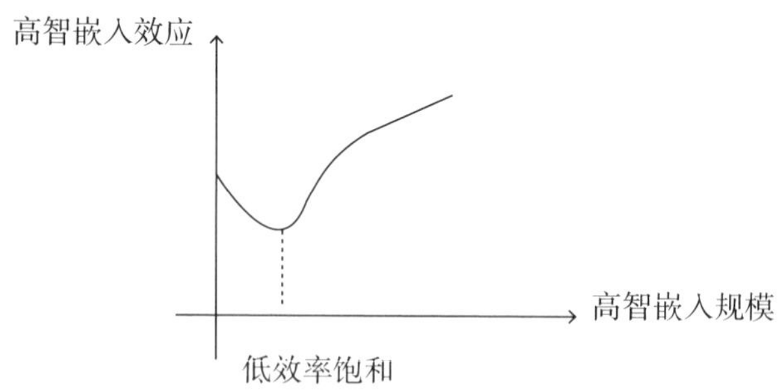

图 9–9　高端人才嵌入规模与高端人才嵌入效应的关系

（四）高端人才工作嵌入网络经济的享乐价格

享乐价格法是指运用享乐价格函数进行回归分析来估量网络产品的价

值。[①] 环境因素是其中的关键因素之一。高端人才工作嵌入的享乐价格函数是指高端人才个体为优质环境的享受所支付的成本，进而推算得出组织的价值。第一，高端人才在初期会先确定环境指标，对同种类型的不同组织进行环境分析比对，根据自身特征选择最适合自己的组织进行联结；第二，高端人才会对组织进行资产价格分析，使自己付出的劳动与组织要求匹配，逐步嵌入组织工作当中；第三，高端人才面临离开或留在组织的选择，如果高端人才选择离开组织，则意味着他将放弃与同事共事的机会、自身之前为嵌入组织所做的付出、组织提供的发展前景与展示平台等这些有形或无形资产，产生一定程度的牺牲。所以，数字时代高端人才工作嵌入的过程中，组织应当为高端人才提供良好的办公环境、稳步缓慢的晋升空间，优化内在系统的资产，使得高端人才个体乐于为组织提供优质服务。高端人才在初步进行环境分析时，应当眼光长远，审慎选择以提高个体的兼容性和舒适度，加强各要素间的联结、匹配，提升嵌入度，减少牺牲。

（五）高端人才工作嵌入网络经济系统的拓扑关系

拓扑关系（topological relation）是指符合拓扑几何学原理关系的可以用线段等图形来直观描述数据关系的一种数据集合。[②] 高端人才工作嵌入网络经济系统的拓扑关系是一种面向人类经济、政治、社会、文化等领域的十分复杂的拓扑性质的变化。任何一个新进入的高端人才都会导入一个新的节点，组织原有联结网与新的节点之间会产生新的联结关系。各个高端人才之间互相影响、互相促进，并且作用着组织的整体效果。开放性使得高端人才个体与组织不断发生人力、物力、财力和信息等关键因素的交

① 参见郑其敏：《通过非参数可加模型回归估计的享乐价格函数》，《统计与决策》2006年第10期。

② 参见董星亮、苑晶、张雪波、黄亚楼：《室内环境下基于图像序列拓扑关系的移动机器人全局定位》，《机器人》2018年第7期。

流，增强彼此间的了解。初期，高端人才与组织通过新增节点产生联结，这是点与面之间的连接关系；中期，同层级的高端人才间会形成匹配关系，相互协调、相互影响，这是点与点之间的连接关系；后期，如果高端人才想要脱离组织，那么这一节点与组织和其他高端人才直接的连接线将会断开，不仅会是脱离的个体失去重心、无所适从，而且组织也会因此破坏内在系统的稳定，造成损失，此时便产生了无谓牺牲。所以，组织要有高瞻远瞩的眼光，使得复杂的内在系统尽量趋于结构化，增强组织的稳定性。高端人才也应当提升自身能力，与组织产生较高的嵌入度，降低离职率，减少牺牲。

第十章　高端人才工作嵌入价值波动强度与驱动因素

数字时代，高端人才价值波动的强度随高端人才工作嵌入过程和程度不断变化，识别价值驱动因素有利于充分理解高端人才工作嵌入问题。本章分析了高端人才工作嵌入、价值波动、价值驱动的概念、内涵、特征以及相互之间的影响作用，探讨了高端人才工作嵌入价值波动强度的识别，梳理了高端人才工作嵌入价值驱动因素的识别方法。

一、高端人才工作嵌入程度与价值波动强度及驱动相关性

价值规律表现形式认为，商品价格受供求关系的影响，围绕价值上下波动。一般情况下，供求关系是影响商品价格变动的主要因素。在市场上，当某种商品供不应求时，其价格就可能上涨到价值以上；而当商品供过于求时，其价格就会下降到价值以下。商品价值规律是人们在商品市场里普遍认同的观点，也同样适用于人才需求市场的价值规律。高端人才往往有很强的时代环境适应性、知识接收能力、思维创新能力、协调规划能力、经营管理能力，凭借自身的专业性为组织创造财富。社会中企业所需求的高端人才越稀缺，高端人才的价值也就越高，而企业为了得到这些高

端人才所愿意付出的代价也就越高。相反，企业所需求的这类高端人才广泛存在，那么企业自然会付出更少而得到他们。但是高端人才本身具有高价值，无论市场如何波动，价格都不会过度偏离价值。

价值驱动要素是价值创造的有效载体和具体方式，价值驱动要素和价值创造是共生、互动的关系。① 正确地确定价值驱动要素并合理分析，从而引导高端人才工作嵌入的强度，让高端人才个体价值的实现，推动组织价值的实现。组织价值是高端人才各项决策的最基本依据，高端人才作出的各种决策最终都表现在组织价值问题上，高端人才工作嵌入价值驱动因素的研究可以为高端人才的这些行为提供指导。随着社会市场竞争日趋激烈，高端人才将成为组织发展前进的核心竞争力，组织想要在竞争激烈的环境中生存乃至脱颖而出，必须了解高端人才工作嵌入的价值驱动因素，从而改变这些因素以达到提高组织价值的目的。

（一）高端人才工作嵌入程度与价值波动

1. 高端人才工作嵌入程度的正向识别

高端人才工作嵌入程度是高端人才与组织联结、匹配、牺牲三个阶段在各因素作用下加深与组织关系的能力。② 高端人才运用大数据能力越强，其工作嵌入程度越深。高端人才自身具备高智慧性，随着数字时代信息高速发展，高端人才需要运用大数据技术加强工作嵌入程度。第一，在联结期，高端人才刚进入组织，其运用仓储系统数据对新环境、新岗位、新同事、新制度等数据进行提取、清理、存储、更新，从而形成联结初期的仓储数据库，向高端人才表达出最快，最好的联结方式，了解组织的运行模

---

① 参见吴晓云、杨冠华：《“双驱动”创新战略对企业技术创新绩效影响的实证研究——价值网络资源属性的调节作用》，《研究与发展管理》2019 年第 12 期。

② Cf. Watson, Jennifer Moradian. Job Embeddedness May Hold the Key to the Retention of Novice Talent in Schools[J] . Educational Leadership and Administration: Teaching and Program Development, 2018,Vol.29（No.1）: 26-43.

式、政策实施、管理模式、组织结构、领导方式等，快速与组织建立非情感性联结，达到加强工作嵌入程度的目的。此时高端人才的工作嵌入程度较低。第二，在匹配期，高端人才的自身特性、专业素养、个人价值观逐渐与组织的岗位职责、工作氛围、组织文化相匹配，高端人才与组织越匹配，对组织依附感加强。高端人才通过人工智能技术快速方便地为组织创造价值。人工智能是对人的意识、思维的信息过程的模拟，可以充分解放高端人才的劳动力，提高工作效率，为组织作出贡献。此时高端人才工作嵌入程度加深，渐趋成熟阶段。第三，在牺牲期，高端人才的离职牺牲感越强，其工作嵌入程度越强。高端人才具有高流动性的特征，其离开组织将会面临损失。高端人才可以通过虚拟化技术分析离职损失的大小，以此衡量离职与否。虚拟化技术将组织构建成一个虚拟化网络系统，把留职幸福感和离职牺牲感相关情景导入虚拟机进行整合最后导出成果，根据所得结果，决定离职或留职。大数据为高端人才工作嵌入程度的识别提供分析工具，数据结果具有科学性和可信性，因此大数据对高端人才工作嵌入程度识别有积极作用。

2. 高端人才工作嵌入价值波动强度的正向识别

价值波动是一种经济波动现象，体现的是个体价值波动的趋势。高端人才运用大数据能力越强，其工作嵌入价值波动越强。语言描述的价值波动趋势缺少直观性，准确识别这一价值变动趋势需要借助数据可视化技术。数据可视性技术将数据进行可视化处理，经过获取、分析、过滤、显示等流程，直观、科学地描绘出价值波动趋势。高端人才运用大数据可视化技术分析高端人才与组织、高端人才与团队之间的关联性，找出数据之间的交互影响力，发现规律，提升高端人才价值。第一，高端人才身为组织的核心人员，应以强大的规划能力引导企业经营方向、以开拓创新能力提高组织社会竞争力、以协调能力保持组织的平稳运行，高端人才为组织构建蓝图，自身价值得以实现，组织与高端人才二者相辅相成，共同进步。第二，高端人才身为团队的思想领袖，应以自身优秀品质和言行举止引领团队前进，良好的团队关系能增强高端人才的组织依附感、认同感、奉献感，团队的进步推动高端人才价值的实现。大数据对高端人才工作嵌入价值波动强度的识别有积极作用。

（二）高端人才工作嵌入过程与驱动因素

1. 高端人才工作嵌入过程的正向作用

高端人才工作嵌入的过程是指高端人才与组织发生联结、匹配、牺牲的过程。数字时代，高端人才工作嵌入的不同阶段会产生不同的效益。嵌入的过程是一个动态变化的过程，将高端人才工作嵌入的数据集合在一起分析往往是不可行的，高端人才通过分布式数据挖掘系统，利用分布式计算的能力对相关的数据进行分析与综合。将高端人才工作嵌入数据分为三个模块，即联结数据、匹配数据、牺牲数据。由数据挖掘系统并行处理，最后将各个模块处理结果合成最终的输出结果。高端人才通过结果分析，采取应变措施，提高自身工作嵌入。第一，高端人才进入组织，应凭借自身迅速适应环境的能力，与组织建立联结，包括岗位联结、环境联结、团队联结、领导联结等。第二，联结达到一定程度后，高端人才应继续渗透到组织各个方面，高端人才的专业素养、个人价值观、职业目标与组织的企业文化、发展目标要求应相匹配。① 高端人才与组织的匹配程度越高，高端人才对组织的依附感越强，最终高端人才与其岗位完美匹配，推动组织绩效提升。第三，高端人才在考虑离职或留职时应充分考虑损失感、幸福感的强弱，以此作出合理的决定。高端人才群体凭借其较高的素养、顽强的意志、坚定的毅力、敏锐的洞察力和领悟力、缜密的思维能力充分运用数据信息，在企业创新战略中发挥着导向作用，在企业创新实践中发挥

① Cf. Ferreira, Aristides I. Martinez, Luis F. Lamelas, Jose Pereira; Rodrigues, Rosa I., Mediation of job embeddedness and satisfaction in the relationship between task characteristics and turnover［J］. International Journal of Contemporary Hospitality Management, Vol.29, pp.248—267, 2016.

着主导作用，对企业创新能力发挥着核心作用。促使高端人才人群与企业紧密联系，依附或者嵌入组织中，不会轻易离开。因此，大数据对工作嵌入的过程识别发挥导向作用。

2. 高端人才价值驱动因素识别的正向作用

价值驱动要素是价值创造的有效载体和具体方式，确定价值驱动因素是实现高端人才主体价值的秘诀。数字时代，高端人才工作嵌入产生海量的数据，借助大数据云端处理技术，将高端人才工作嵌入的各种相关信息构建一个云端系统，运用云技术将这些信息数据进行梳理、整合、清洗、过滤，最终推算出准确性高、信服力强的数据结果：影响高端人才工作嵌入的价值驱动因素分为物质性价值驱动因素和非物质性价值驱动因素。因此，组织满足高端人才物质和精神方面的需求，可保证高端人才对组织的忠诚力、贡献力。第一，为高端人才提供工资薪酬、晋升空间、福利津贴、带薪休假、工作环境等物质性机制，提高高端人才嵌入组织的动力。第二，打造优良的组织文化、公平的企业制度、自由的领导方式、融洽和谐的团队等非物质性机制，使高端人才的精神与组织的灵魂相融合，深深嵌入组织中，并积极为组织的发展出谋划策。

二、高端人才工作嵌入价值波动强度的识别

（一）高端人才工作嵌入联结程度对价值波动的稳健态

稳健态是指在工作嵌入的过程中价值波动对相关因子变化的敏感性，是一种趋于平衡的能力。在高端人才嵌入组织的过程中，其联结程度在各种相关因子的影响下存在价值波动。高端人才进入组织并与组织以及组织各部分之间建立大大小小的联结。在联结初期，高端人才初步接触组织的工作环境、组织结构以及组织里的团队等因子，高端人才慢慢熟悉组织基

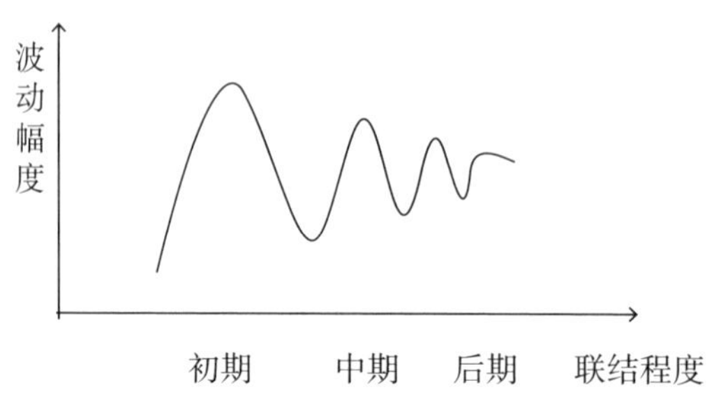

图 10-1　高端人才工作嵌入联结程度对价值波动的稳健态

本情况，工作嵌入的程度很低，价值波动幅度较大，对相关因子的敏感性高。在联结中期，高端人才掌握组织的运行模式以及组织对自身岗位能力要求，并且最大限度地调整自己的专业素养，工作嵌入程度逐渐加深，价值波动幅度较小，敏感性变小。在联结后期，高端人才完全了解组织价值追求、企业文化等，工作嵌入程度进一步加深，价值波动渐趋于稳健态，此时，价值波动对组织环境中各因子的敏感性弱化直至消失（见图 10-1）。总体来说，高端人才在组织中的联系越多，其工作嵌入联结程度越深，价值波动越稳健。

为了建立更稳定的联结，高端人才进去组织后，第一，要随时掌握高端人才的适应性、工作能力等，帮助其快速了解企业的基本环境，融入组织这个大家庭中，增强高端人才的存在感以及对组织的认同感，使其愿意留在组织并为组织作出贡献。第二，组织也要加强高端人才与组织间非工作性的紧密联系，为高端人才的家庭成员提供优良的生活设施、舒适的生活环境等。

（二）高端人才工作嵌入匹配程度对价值波动的增强态

增强态是指在工作嵌入的过程中引起价值增强的现象，是一种不断上升的能力。高端人才与组织建立深层次的联结后，开始进入与组织的匹配阶段（见图 10-2）。第一，高端人才凭借自身超强的学习能力和适应能力，与组织工作环境、结构制度、岗位要求、团队群体相匹配，在组织中感到兼容和舒适，灵活自如应对自己的职责。高端人才工作嵌入程度继续加深，价值波动处于上升期。第二，高端人才的个人价值观、职业发展、未来规划等都应与企业文化和价值追求完全相匹配，此时高端人才的发展就是组织的发展，组织的前进就是高端人才的前进，高端人才与组织荣辱与共同进退。高端人才工作嵌入程度达到最高，价值趋于水平状态，并保持不变，不变即是增强。因此，高端人才工作嵌入匹配程度越高，越能推动其自身价值的增强态。员工与组织之间的匹配性越强，就越有可能与组织维系在一起。

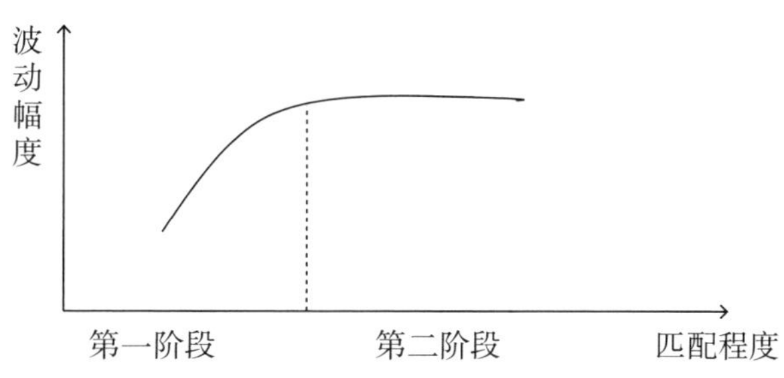

图 10–2　高端人才工作嵌入匹配程度对价值波动的增强态

为了增强高端人才与组织的匹配程度，应该采取如下措施：第一，招聘高端人才群体时，应谨慎选择与职位相匹配的人才，充分考虑其专业素养，改善入职后的嵌入可能性。第二，高端人才进入组织后，要充分了解高端人才的职业发展状态，提供必要的组织培训，提高高端人才的职业性技能，从而加强高端人才与组织的匹配程度。一般而言，高端人才的价值不是固定不变的，其自身价值随其为企业所作的贡献而定，高端人才与企业的匹配程度越高，对企业发展的价值越大，其自身价值自然水涨船高。

（三）高端人才工作嵌入牺牲程度对价值波动的熵值态

在物理学上熵是指体系的混乱程度，熵的大小反映系统所处状态的稳定情况。[①] 运用到工作嵌入系统中，熵值态是指在一个工作嵌入系统中，牺牲程度越大、越混乱，熵越大。高端人才与组织建立联结、匹配使工作嵌入程度达到最高，高端人才从组织得到了稳定的工作、升职机会、福利

① 参见张楠、彭珍瑞、殷红、董海棠、董小圆：《基于熵值法的目标模态最优数目确定新方法》，《铁道科学与工程学报》2018 年第 2 期。

报酬、同事认可、组织满意、工作意图等，一旦高端人才想要离职就会被这些从组织获得的事物所束缚，产生离职牺牲感，这种牺牲感越强烈，高端人才离职的可能性越小。可以看出，高端人才离开组织所面临的牺牲程度越大，其价值波动程度越小（见图 10–3）。

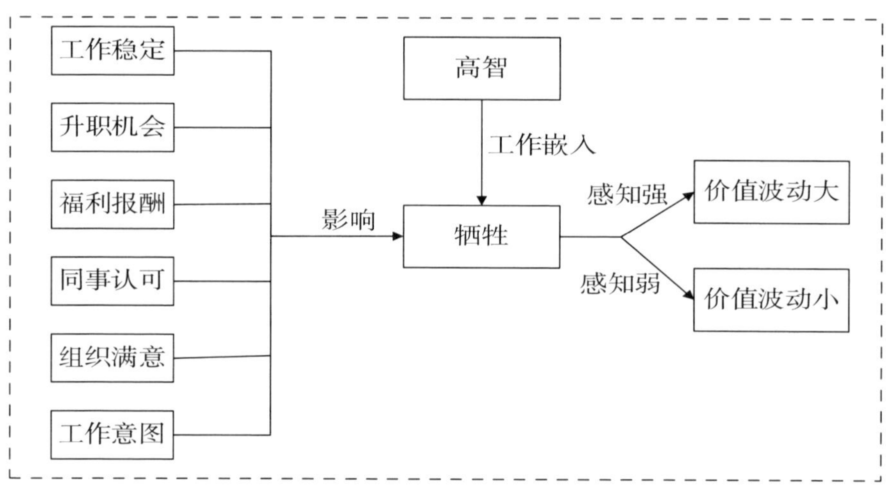

图 10–3　高端人才工作嵌入牺牲程度对价值波动的熵值态

企业改善高端人才的牺牲感知是组织留住人才的关键。第一，在保持合理薪酬的基础上，增加福利津贴、绩效奖金分成等，并根据其在职年份逐年增加，让高端人才能充分感受到组织对自身的认可。第二，组织应该完善福利待遇、带薪年假、各种保险、员工旅游、组织社团活动等。第三，组织要为高端人才提供舒适的工作环境、良好的工作氛围、弹性的工作制度等非经济性报酬。当高端人才产生离开组织的想法时，企业为高端人才付出的越多，高端人才所感知的牺牲的代价越大，那么其离开组织的意愿也就越低，最终选择继续留在组织，为组织作出贡献。

（四）数据挖掘水平对价值波动的扩展态

扩展态是一种属性的发展与延伸。数据挖掘技术是运用合适的工具集成数据源、存储数据源、分析数据源、呈现数据结果的过程，是从数据集中寻找其规律的技术。[①] 在高端人才工作嵌入的过程中，组织内多样复杂的数据类型给高端人才处理数据带来极大的挑战，高端人才运用数据挖掘技术有效应对。第一，必须对高端人才工作群嵌入过程中的相关数据进行抽取与集成，并清洗垃圾信息和冗余信息，保证数据的量与质。第二，将集成的嵌入数据存储于大数据平台，数据分析是数据挖掘的核心内容，高端人才嵌入组织的价值产生于分析环节，根据影响高端人才价值波动的因素需求对存储有选择进行分析。第三，通过分析得出结果。高端人才的大数据挖掘水平的高低直接决定了其自身价值的水平（见图 10–4）。

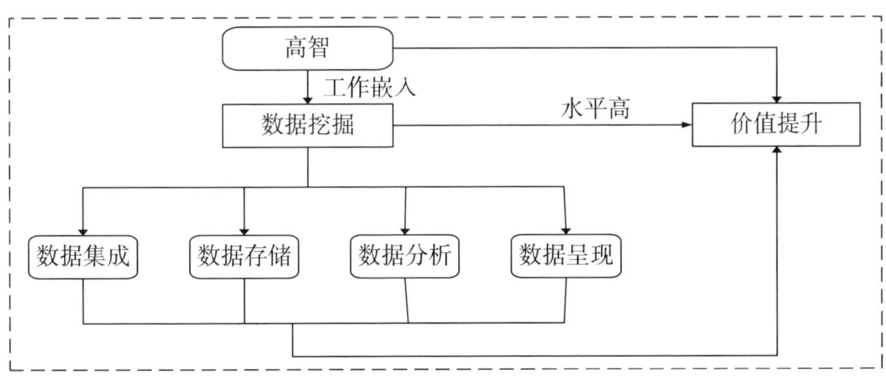

图 10–4　数据挖掘水平对价值波动的扩展态

为了实现高端人才的价值增值，应该采取如下措施：第一，作为企业的核心人员，高端人才必须掌握数据挖掘技术，从大量的数据集中抽取、变换、分析，提取核心数据，发现规律，才能增强企业的竞争力并保持竞争优势，从而为企业的发展指明方向，领导组织前进。第二，高端人才群体应当不断学习，不断增强自身的专业素养，提升自身水平，与时俱进，才能不断提升价值，让自身价值不断向上扩展与延伸。

① 参见柳益君、何胜、熊太纯、冯新翎、武群辉：《大数据挖掘视角下的图书馆智慧服务——模型、技术和服务》，《现代情报》2017 年第 11 期。

（五）高端人才工作嵌入主体价值实现对价值波动的谐展态

谐展态是主客体与周围环境之间和谐共进的发展态势。主体价值是组织对个体需要的满足，反映的是组织和个体之间的一种关系。高端人才工作嵌入主体价值是指在工作群嵌入的过程中，高端人才通过自身所掌握的专业知识和专业技能，获得作为主体的高端人才所需要的物质和精神上的追求。这些追求反映着高端人才的主体能力和主体精神。高端人才作为价值主体，其价值实现离不开组织环境。组织环境包括高端人才与组织的关系，高端人才和团队以及其他高端人才的关系。高端人才进入组织，为组织贡献自己的工作选择、知识、技能、思维、创新、协作等个体资源；同样，组织为高端人才贡献原材料、资金、工作环境、发展空间等企业资源。高端人才组织行为还需要团队协同、领导支持。高端人才充分融入组织环境，并与组织环境中的各个因素和谐发展，才能实现自身主体价值（见图 10–5）。高端人才的组织行为决定其是否能实现主体价值：第一，高端人才作为组织的关键职位的核心人才，应最大限度运用自身具备的专业素养引领组织发展方向。第二，高端人才在组织中应发挥带头示范作用，其言行、思维方式都能影响组织中其他成员。

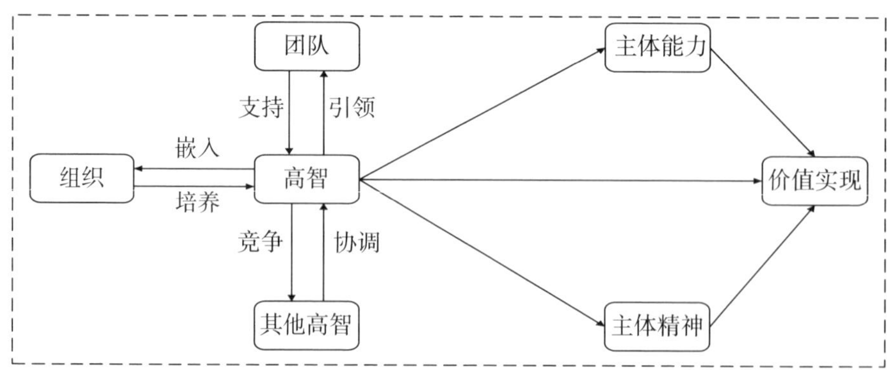

图 10–5　高端人才工作嵌入主体价值实现对价值波动的谐展态

三、高端人才工作嵌入价值驱动因素的识别

（一）高端人才工作嵌入主体价值创新驱动模型

高端人才的主体价值是多方面的，比如经济价值、思想价值、文化价值、道德价值等，这些价值追求反映着高端人才的主体能力和主体精神。[①] 高端人才价值实现和组织价值增值是密不可分的。高端人才嵌入组织，为组织带来技术创新、思维创新、管理模式创新、经营理念创新，以自身组织行为为示范，带动团队的前进，高端人才不仅给组织带来有形资产（业绩、绩效）增值，还促进无形资产（稳定性、创新氛围、组织形象）增值。高端人才主体价值的实现体现在组织提供的物质层面的薪酬水平的提高、晋升空间的上升、福利津贴的增加等，还包括非物质层面的组织团

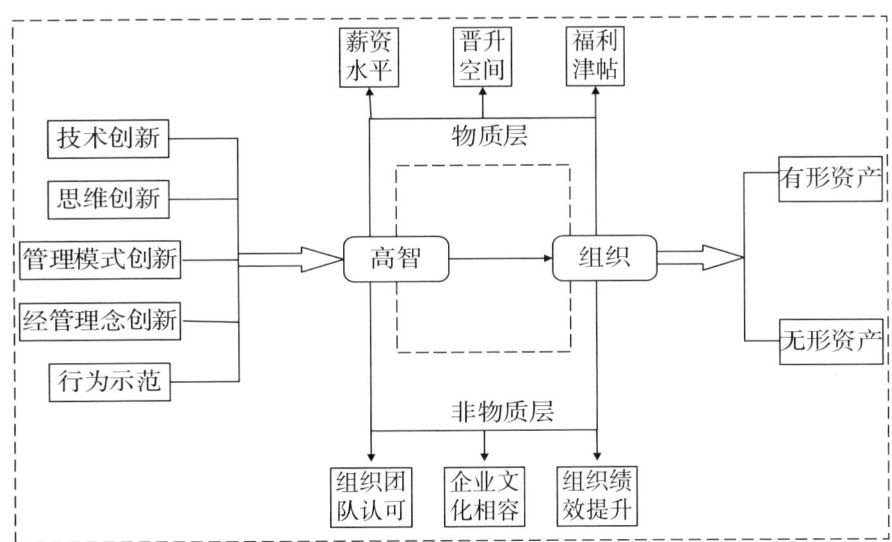

图 10–6　高端人才工作嵌入主体价值创新驱动模型

① 参见田江、陈歆：《零售银行数据价值驱动模型研究与应用》，《电子科学技术》2016年第6期。

队的认可、企业文化的相容、组织绩效的提升、组织竞争力的增强等。高端人才与组织互为助力，共同实现价值（见图 10–6）。

高端人才主体价值的实现依靠的不仅仅是高端人才的组织行为，它还需要组织环境中的各种因素相互协调。在高端人才层面：第一，作为高端人才本身应有着为组织奉献的精神，所制定的每一个实施方案都以组织价值实现为目标。第二，高端人才的人际关系协调能力也至关重要，同事支持、领导认可更有利于组织整体工作的展开。在组织层面：第一，打造优良的企业文化，让高端人才感知文化相容性，与其自身价值观相符，认同企业文化，并为了企业文化传播而不懈努力。第二，企业自身要不断前进，高端人才喜欢竞争、喜欢挑战，一个故步自封、停滞不前的企业不是高端人才的目标，高端人才的进步能推动企业的进步；同样，企业的进步也促进高端人才的进步，高端人才是一个不断前进的群体。第三，企业要给予高端人才价值认同，高端人才推动企业发展，企业要认同高端人才作出的贡献，并给予回报，包括经济性报酬和非经济性报酬。

（二）高端人才工作嵌入过程动态驱动模型

在工作嵌入的过程中，高端人才不可避免地要和组织以及组织中的成

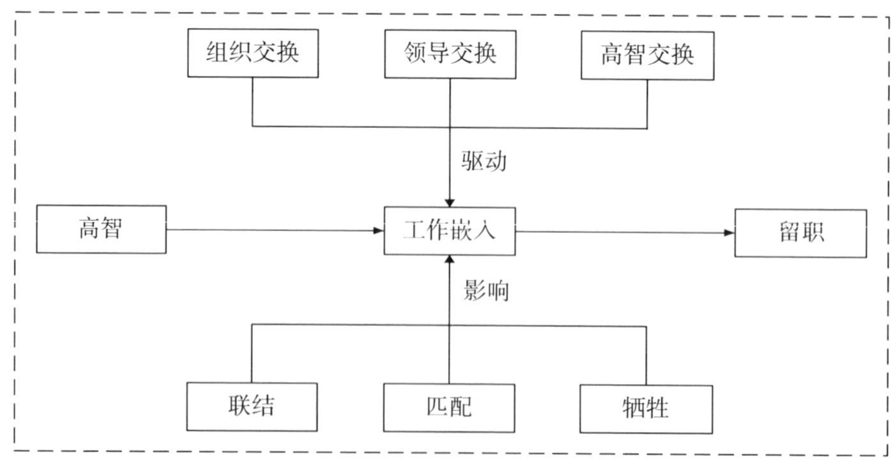

图 10–7　高端人才工作嵌入过程动态驱动模型

员发生各种各样的联系，并建立各种正式或者非正式的联系，使得高端人才快速适应新的组织环境。在新的组织环境中，高端人才根据自身的专业素养以及与任职岗位的相似性迅速与组织环境相匹配。高端人才与组织的联系匹配程度越深，对组织的依附性越强，那么他想要离开组织所面临的牺牲越大，因此继续留在组织的意愿更强烈。根据社会交换理论，在高端人才工作嵌入的过程中，影响因素包括高端人才与组织之间的交换关系、高端人才与领导的交换关系以及高端人才与高端人才之间的关系（见图 10–7）。

处理好与组织各层次的关系，有利于高端人才的工作嵌入。第一，高端人才在组织中一般处于核心发展岗位，他们对组织运行模式、管理制度的认同会影响其决策行为。组织不仅能够通过经济交换的方式获得高端人才的组织能力、创新思维、规划理念等，还可以通过对其价值认同等非经济性回报，促使其积极为组织发展出谋划策，把组织绩效价值的实现当作自身主体价值的实现。高端人才对组织这种非经济性回报制度的认知，是提高工作嵌入的主因。第二，高端人才和其领导的交换关系是影响高端人才工作对组织依附认同的另一要素。组织领导对高端人才能力的认可可以加强高端人才对自身价值的认可，高端人才才能最大限度地发挥自身的能力为组织作出贡献。同时，高端人才作为组织的一员，要尊重领导，认同组织领导的制度安排从而提高组织工作的整体效率。第三，高端人才之间的协同竞争关系，其协作关系有利于取长补短，共同进步；高端人才之间的竞争导致思维模式的碰撞进而促进思维创新，不断进步。这种交换关系会影响到高端人才工作嵌入的程度，决定高端人才留职意愿。

（三）高端人才工作嵌入时空系统再造模型

高端人才工作嵌入可比喻成一个包含时间和空间因素的时空系统，可以从时间和空间这两个视角来认识和分析影响高端人才工作嵌入的因素。空间上的工作嵌入主要是让高端人才尽可能地适应当时和可预见未来的环境，而时间上的工作嵌入是要求高端人才能够随着时间的变化不断进行自身调整，以适应未来不断变化的环境。[①] 只有让空间因素和时间因素有机结合起来，才能促进高端人才工作嵌入程度，促进组织发展。

影响高端人才工作嵌入的空间系统可以划分为从微观到宏观的层次，即划分为高端人才个体和高端人才团体、组织。高端人才个体在工作嵌入的过程中与团体和组织建立大大小小的联系，其组织行为需要团队的合作，其发展需要组织提供良好的资源与环境。高端人才团体中包含两种高端人才：一是专业素养相似的高端人才，他们相互协作，相辅相成，共同发展；二是专业素养不同的高端人才，他们互为补充，取长补短，共同进步。两者都能促进团体的进步。组织想要在激烈的社会竞争中生存，必须依靠高端人才个体和高端人才团体的组织行为，高端人才个体提出活动策划方案、组织发展战略，而高端人才团体则筛选、讨论、总结出最佳方案，并组织积极地贯彻实施，推动组织发展。

影响高端人才工作嵌入的时间系统可以划分为高端人才嵌入过程中的学习型高端人才组织行为和创新型高端人才组织行为。高端人才在工作嵌

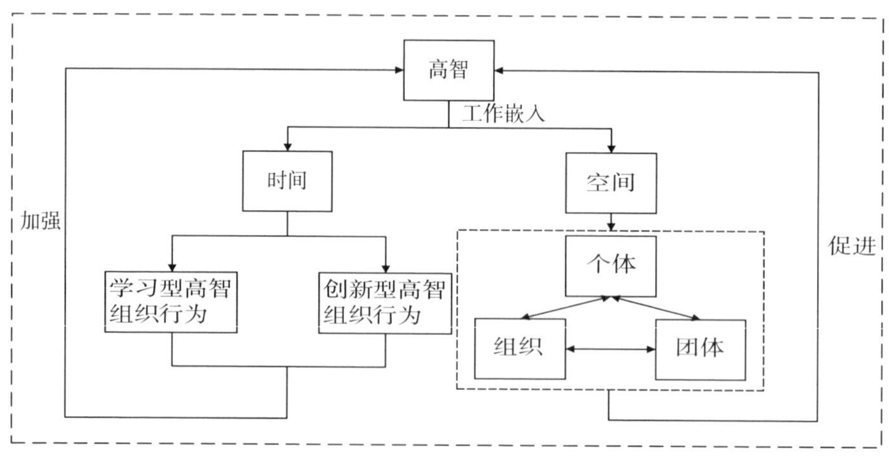

图 10–8　高端人才工作嵌入时空系统再造模型

① 参见陈国权：《领导和管理的时空理论》，《中国管理科学》2017 年第 1 期。

入初期阶段，其本身对新的组织并不了解，要学会适应并学习组织的企业文化、价值理念、运营模式等，才能与企业建立更好的联系，才能与组织岗位更好地匹配。当高端人才充分了解组织，与组织建立很深的联系和匹配后，应该发挥自身作为高端人才的品质，运用自身掌握的最新知识和核心技术以及突出的创新能力，为组织作出应有贡献。高端人才的创新活动是其区别于普通个体的鲜明之处。组织需要发展变化，因此需要创新，创新包括技术创新、市场创新、管理与组织创新。通过创新应对环境变化，保持组织的生存和可持续发展性（见图 10–8）。

第十一章　高端人才工作嵌入生态模式

本章分析了高端人才工作嵌入生态思想的内涵及主体生态发展、群体生态联动、资源生态配置和价值生态增值四个方面特征；考察了构建起高端人才工作嵌入生态思想新内涵，介绍了高端人才工作嵌入生态的现状，探讨了高端人才工作嵌入生态个体、生态群、环境的角色定位，阐释了高端人才工作嵌入的本质和表现形式、数字时代高端人才工作嵌入生态链的运行方式以及非对称生态耦合的现状、特征及其影响因素。利用大数据技术平台构建了一个从前期模拟预测到中期动态运行再到后期反馈评价的生态思想运行模型；构建了耦合度模型和耦合协调度模型，实现非对称生态的深度耦合，更好地实现非对称生态耦合向成熟化和规模化进程。

一、高端人才工作嵌入生态思想

在碳中和碳达峰目标下，优化高端人才工作嵌入组织的效度，创设有利于高端人才成长和发展的环境，促进高端人才主体及组织的发展，如何构建起和谐的竞争生态环境显得尤为重要。高端人才工作嵌入生态思想需体现时代需求和人文诉求，拓展生态思想的内涵，赋予更多的时代性和人文性。

（一）高端人才工作嵌入生态思想的内涵及特征

1. 高端人才工作嵌入生态思想的内涵

数字时代，高端人才工作嵌入生态思想的内涵是指将生态思想核心元素引入高端人才工作嵌入过程中，实施生态嵌入性人才资源战略，以实现高端人才及组织的生态发展。主要可以从以下三个层面去阐释。

（1）高端人才工作嵌入和谐生态角色定位。“和谐”是中华文明的核心价值理念。和谐是内在系统与外在系统兼顾的和谐。和谐生态是指人与自然双向给予、共生共荣。借鉴生态位理念即一个物种在群落中的功能位置或角色这一思想①，高端人才工作嵌入主要表现在：从高端人才个体出发，转变人岗契合理念，在对自身与工作岗位匹配、联系和牺牲的权衡中更加注重素质和技能的可持续性，高端人才在工作嵌入过程，也处于一个生态系统当中，所以需要找准自身在整个和谐生态系统中的角色定位，正确认识自身在竞争中的优势和短板。高端人才工作嵌入生态角色不和谐的表现：第一，判断角色内在系统发展的不和谐，具备充分的专业知识和技能与拥有工作创新能力的匹配性不够。第二，判断角色对外在系统的不适应，角色嵌入组织牺牲的最低限度与实现角色与组织系统联结和匹配的不一致。运用主观能动性积极修复高端人才工作嵌入过程生态角色的不和谐：第一，运用主观能动性寻找、创设有利于角色发展的资源和环境；第二，运用主观能动性进行能量转移和互动，调和工作嵌入中不和谐的生态矛盾，利用正面生态因子弥补负面生态因子造成的损害。通过生态和谐促进高端人才工作嵌入形成新的生存方式：第一，增强高端人才个体与组织价值识别能力，对高端人才各方面素质全面认识，评估自身价值量度，找准高端人才最适工作角色定位，发挥最佳功能；第二，拓展高端人才工作

① 参见罗嘉文、谢耀雯：《前孵化器发展模型及路径构建——基于战略生态位管理理论的视角》，《科技管理研究》2019 年第 12 期。

嵌入过程的生态位宽度和深度，增强对组织环境的适应性，提升高端人才从事岗位的多样性和工作的多元性。

（2）高端人才人岗契合绿色生态思维转化。高端人才人岗契合是指高端人才与工作岗位的增益性匹配。绿色生态是指人与自然和谐的可持续发展理念。高端人才工作嵌入绿色生态思维是指追求高端人才人岗契合，从而实现高端人才与岗位的自然和谐、可持续性双向匹配。高端人才群体因其高智慧、高能力等特点，呈现高流动性，因此不可避免会因个体主观原因或组织客观原因等导致在工作嵌入中这类人才与岗位的匹配度不高、网络联结不紧密，缺乏对所在岗位及组织的认同和归属感。所以，高端人才工作嵌入要通过绿色生态思维转化达到最佳人岗契合程度，主要表现：一方面，从高端人才个体出发，转变人岗契合理念，在对自身与工作岗位匹配、联系和牺牲的权衡中更加注重素质和技能的可持续发展，深入挖掘自身潜力，促进组织整体发展，关注人岗契合过程中高端人才与工作岗位的双向给予、双向选择和双向成就；另一方面，作为高端人才成长和发展的主要平台，组织要对人才聘用和岗位调配进行绿色管理，创设对高端人才更具吸引力的岗位，将高端人才从常规性、操作性的岗位转向新的智慧型工作模式，让高端人才成为符合组织和社会需要的人力资源，努力为高端人才提供工作和成长的绿色条件和环境，增强人岗契合程度，使组织的产出效益更具理性。

（3）高端人才智能嵌入网络生态良性互动。随着智能技术的不断成熟，人力资源管理模式经历了从科层式发展到扁平式再到当今的网络式管理。高端人才智能嵌入网络生态是指高端人才工作嵌入过程中高端人才主体与机器、群体和组织等客体之间形成网络式交互联通，信息的传递距离因智能趋向缩短，提高数据传输的精准度，实际工作中尽量规避主客体之间面对面的碰撞，工作嵌入过程趋于理性化的智能运作。在该生态网络中，通过联结网络调度组织各部分的人力、财力、物力资源，利用人工智能手段，创设工作嵌入生态云平台，高端人才主体和对象共同遵循生态网络运行规则，通过生态云平台交流成长经验、共享生态资源、借鉴学习模式。以此减少由恶意竞争导致的资源流失和人才锐变，增加高端人才与组织之间的联结点，提升高端人才对组织的依附感，使生态网络更加紧密，实现高端人才智能嵌入网络生态内的良性互动。在高端人才工作嵌入中，加强组织关系的联结，完善嵌入组织的匹配，降低高端人才的离职率，避免无谓牺牲。

2. 高端人才工作嵌入生态思想的特征

（1）高端人才嵌入主体生态发展。高端人才嵌入主体生态发展是指高端人才作为完整的自组织体生态系统，通过工作嵌入实现各项机能最大限度的延伸。高端人才拥有属于内部系统的生态部件，如对理论知识的存储部件、高端专业技能的提取部件、关联知识和技能的联结部件、工作岗位匹配的分析部件和工作满意度的感知部件等，各部件之间协调运行，在高端人才工作和成长过程中发挥各自的效用。高端人才内在系统通过学习和工作，从理论到实践都有充分的训练和储备，遵循高端人才个体发展特性和规律，充分利用人工智能使高端人才延伸各项机能，提升高端人才各生态部件的伸张力，让高端人才成为具备较强综合素养的复合型人才，实现高端人才主体的多元化生态发展。

（2）高端人才嵌入群体生态联动。高端人才嵌入群体生态联动是指高端人才个体与个体、个体与机器、个体与组织建立联结形成的高端人才群体在工作嵌入中合理匹配、智能联动，增强各部分的关联性。高端人才个体在嵌入过程中不是孤立的，每个个体在工作环境中都占有一定的关系网络。高端人才个体积极嵌入高端人才群体，形成牵一发动全身的联动效应，在很大程度上增强高端人才对组织的依附感，提高离开组织的损失。以高端人才个体工作嵌入行为催生高端人才群体发展动力，以高端人才群体联动提升高端人才个体发展空间，增强高端人才个体与高端人才群体在目标、价值观和自我效能感等方面的内在一致性。高端人才群体之间相互联系、相互配合，各司其职又协同运行，弱化高端人才群体各部件之间的交流隔阂，实现高端人才嵌入群体的生态联动，使高端人才在组织中主动创造更多的绩效。

（3）高端人才嵌入资源生态配置。高端人才嵌入资源生态配置是指高端人才工作嵌入对组织内部和外部资源的合理配置和高效利用。组织内部资源包括组织内部人力资源、制度资源和文化资源等；组织外部资源包括产品原材料资源、科技资源和社会资源等。将工作嵌入资源进行梳理、整合、归类并存储，形成符合高端人才和组织需要的资源管理仓库。高端人才自身蓄积深厚势能（组织与周围环境之间交换能量的速度和能力），工作嵌入会消耗各类情绪和物质资源，要想使高端人才继续留在原有岗位创造超值绩效，就要及时补偿已耗费的生态资源，例如组织的支持和认可等。利用智能手段，挖掘新鲜的工作嵌入资源，提供嵌入新动力。高端人才主体及组织要提升将内外资源进行整合、构建、再配置的能力，兼顾高端人才职内嵌入和职外嵌入的资源利用，以此准确应对外部环境快速变化，降低高端人才工作的离职率。

（4）高端人才嵌入价值生态增值。高端人才嵌入价值生态增值是指通过工作嵌入对高端人才离职意愿的正向预测效用，促进高端人才个体价值和群体价值的创造和再造，实现高端人才嵌入价值的增值。高端人才工作嵌入的价值体现出高复合性、强指向性、动态性和增殖性①，生态思想的嵌入使得高端人才工作嵌入价值更具延展性和人文性。良性的工作嵌入使高嵌入度的高端人才将自身所掌握的资源投入高回报率的角色行为中②，主动改善工作内外绩效，愿意将组织文化、特征等加入高端人才的自我定义中，在工作目标、工作绩效、工作评价等方面与组织保持一致。削弱高端人才离职意愿，实现高端人才自身价值与组织价值的高度融合，培育增

① 参见殷凤春：《高端青年人才工作嵌入价值识别研究》，《科技进步与对策》2015 年第 24 期。

② 参见李燕萍、郑馨怡、刘宗华：《基于资源保存理论的内部人身份感知对员工建言行为的影响机制研究》，《管理学报》2017 年第 2 期。

值性价值。

（二）数字时代高端人才工作嵌入生态思想的架构

大数据技术作为合适的媒介来实现生态思想在工作嵌入领域的融合与多维分析，体现出深层、集成、多元、高效的特性，基于大数据的高端人才工作嵌入模式将迎来新变革。通过查阅相关文献发现，原有的生态思想相关理论研究主要有“生态人”理论、生态深层理论、生态整体理论、生态良知说以及生态正义理论等，在融合、提炼原有生态思想的内核后形成核心的生态思想元素，对其进行重组、再加工，生成新的生态思想创建理念。主要架构起以下五种生态思想：

1. 高端人才工作嵌入生态数据核心思想

高端人才工作嵌入生态数据核心思想是指高端人才在纷繁复杂的数据中，梳理出有效的工作嵌入核心数据进行优化组合，过滤、剔除其中无效的污染数据，保留绿色数据，释放数据的隐藏价值，使高端人才决策更精准。大数据增大了生态环境数据集的数量和规模，并增加了数据采集的方法和类型①，还给高端人才工作嵌入提供了新的数据管理方式。一切数据皆可量化，将工作嵌入现象中的态度、情绪等转化成可视的生态数据，主要包括：联结数据，即高端人才个体与他人、组织正式与非正式联系的数量和程度②；匹配数据，即高端人才个体与组织环境的相容程度；牺牲数据，即高端人才个体选择或离开岗位所面临的物质和精神损失大小。高端人才工作嵌入的生态数据可做如下处理：

（1）生态数据收集与清洗。高端人才工作嵌入前期、中期、后期分别

① Cf. Willow Hallgren, Linda Beaumont , Andrew Bowness, Lynda Chambers, Erin Graham , Hamish Holewa: Shawn Laffan. The Biodiversity and Climate Change Virtual Laboratory: Where ecology meets big data[J] . Environmental Modelling & Software, Vol.76, pp. 182—186, 2016.

② 参见杨春江、刘丹、毛承成：《中国情境下的工作嵌入：构念内涵、维度和量表开发》，《管理工程学报》2018 年第 9 期。

会产生大规模的工作嵌入数据，利用大数据手段把这些海量数据收集起来，将收集到的冗杂数据分层次组合后进行过滤、转换、清洗，得出完整、规范、无重复性的有效绿色数据。

（2）生态数据追踪与验证。对不同高端人才工作嵌入生态数据样本实行双向追踪，在实际的高端人才工作嵌入行为中进一步验证，包括嵌入联结和嵌入匹配的相容性检验以及嵌入牺牲的利益检验，检验结果及时反馈给高端人才，以此为高端人才后续决策行为提供有效支撑。

（3）生态数据更新与补偿。工作嵌入生态数据要随着不同阶段、不同主体进行实时更新，对追踪过程丢失的部分样本数据要及时补偿，完善生态数据体系；形成高端人才工作嵌入生态数据的完整处理环节，提高生态数据管理效率。理性分析生态数据，对高端人才保持留职或考虑离职决策产生正向预测效应，提升高端人才对组织的嵌入感和依附感，增强高端人才的自我效能感，从而主动在组织中创造高质量的增益绩效成果。

2. 高端人才工作嵌入生态智慧价值思想

高端人才工作嵌入生态智慧价值思想是指工作嵌入中采取合目的性和合规律性统一的手段对高端人才智慧深入挖掘，高效利用其智慧实现个体及组织价值最大限度的生态开发。

（1）高端人才主体嵌入生态智慧价值挖掘。高端人才自身需具备生态智慧价值意识，利用 SWOT 分析法全面分析主体内部生态系统和组织外部生态系统，明确自身在岗位竞争中的智慧优势，清晰认识自身劣势，深层次挖掘自身潜在的智慧价值。建构智能化价值识别和实现路径，争取以最低智慧代价实现最高端人才价值。

（2）智能体嵌入生态智慧价值挖掘。智能体作为高端人才工作嵌入行为的重要客体，要充分发挥其智慧价值。组织积极引进先进的智能体，通过智能体的自动运行或半自动运行完成高端人才工作嵌入中基础的操作类常规任务，最大限度解放高端人才人力劳动，从而使高端人才将精力投入高层次绩效的创造中。

(3) 高端人才群体嵌入生态智慧价值挖掘。高端人才在原组织内占有一定的群体网络,当其决定进入新组织时会带走一定的关系资源,新组织要为高端人才提供更大的发展空间、更高的薪酬待遇,使高端人才尽快嵌入新群体中,愿意将已掌握的科技、人脉、文化等资源嵌入组织,建立新联结,激发高端人才群体生态智慧。将高端人才个体和群体生态智慧价值扩大、增值、延伸,达到与工作岗位最佳程度的联结和匹配,最低程度的留职牺牲,使高端人才工作嵌入呈现智慧型、集成型、高效型的运行常态。

3. 高端人才工作嵌入生态预警思想

高端人才工作嵌入生态预警思想是指高端人才利用大数据对工作嵌入所受威胁进行识别和预警,并对嵌入效果进行正向预测。数字时代,数据信息获取便利的同时,也会带来数据泄露等不安全因素。高端人才工作嵌入会受到来自多方面的威胁,与所在工作组织的联结、匹配中缺乏信任度和嵌入度,对牺牲的权衡会出现模糊或扩大化的现象,决策行为的依据、方向和选择都可能会比较狭隘或发生偏差,导致高端人才无法创造高质量的生态绩效,所以需要对高端人才的工作嵌入设计生态预警体系。

(1) 预警前期监测。一方面,实时监测高端人才工作和成长状况,包括高端人才自我监测及组织监测,找准高端人才在组织中的关键关联物,根据相关关系分析高端人才可能会作出的牺牲或离职行为,提前做好预警方案设置;另一方面,实时监测高端人才工作客体及组织生态环境,包括机器设备运行状况、组织管理策略等,尽量规避消极的工作氛围。

(2) 预警中期应对。当高端人才工作嵌入发生偏差时,对监测结果获得的嵌入警情进行分析,确定影响嵌入决策的威胁警源,判断警情程度大小,采取预警措施方案及时有效处理警情,缓解高端人才负面态度和离职冲动情绪。

(3) 预警后期修复。工作嵌入后期及时总结,梳理警情发生的起源、经过、后果等,作为一项重要参考指标和数据资源存储到高端人才工作嵌入生态资源管理系统里。在数字时代下,高端人才要对工作嵌入做好生态安全预警方案，实现对工作嵌入生态压力可视化、自动化评价和实时预警[①]，有利于减少不确定性生态压力导致的高端人才不稳定离职倾向或冲动离职。

4. 高端人才工作嵌入生态有效链接思想

高端人才工作嵌入生态有效链接思想是指从工作嵌入联结视角入手，利用大数据技术搭建高端人才工作嵌入生态桥梁，促进高端人才工作嵌入中联结、匹配、牺牲三个环节的流畅性和准确度，实现工作嵌入三个环节间有效链接。

（1）高端人才主体有效链接。高端人才主体内部系统各部件的有效链接，这也可以称为嵌入主体联结。高端人才作为一个完整的自组织生态系统，通过有效训练和调配，高端人才要能对自身各部件间构建有效链接，灵活运用，提高自我成长、自我修复、自我发展、自我循环能力。

（2）高端人才群体有效链接。高端人才群体之间的有效链接，这也可以称为嵌入群体联结。借助智能技术在高端人才与同事、机器、生产材料之间建立有效链接。创设专门的线上线下交流平台，让高端人才与同事间相互分享信息资源和学习经验，在协同合作中良性竞争，壮大高端人才队伍，加强人际关系融洽程度。通过大数据手段实现大规模数据集的智慧设备的流通可获得性，增进人机结合熟练程度，提高产品产出效率及质量。

（3）高端人才人岗有效链接。高端人才主体与其工作岗位之间的有效链接，这也可以称为嵌入人岗联结。要提高高端人才工作嵌入的准确度，就必须提高人岗匹配度，增加高端人才与工作岗位之间的联结点，让高端人才在组织内的关系网络更加紧密，其离职面对的利益牺牲就越大，对其组织网络的约束力越明显，其保持留职的意愿就越强烈。生态组织要提高高端人才人力资源的利用效度，革新高端人才人力资源嵌入管理策略，增

① 参见王庭明、李朋朋、孙宝海、曹连民：《综掘设备人员识别预警系统》，《煤矿安全》2020年第1期。

强高端人才对组织的认可度和忠诚度。

5. 高端人才工作嵌入生态协同共生思想

高端人才工作嵌入生态协同共生思想是指高端人才工作嵌入系统各部分生态因子进行多维度协作联动，同处于一个生命体的共生理念。

（1）高端人才与组织生态协同。高端人才与组织生态协同是指高端人才工作嵌入与一系列合作伙伴互补性及增益性协作，这里的合作伙伴包括单个人，也包括各类相关性的机器设备和组织部门，相互之间共享联结资源、共建匹配平台、共担牺牲风险。高端人才应深刻认识到在组织生命体中所承担的角色使命，遵循组织工作生态伦理，不可违背发展规律和法则，尽最大努力为所在组织创造角色内外的高质量绩效，促进组织适应环境变化和激烈竞争；高端人才知识和技能的培养、岗位匹配与牺牲的权衡、工作满意度与幸福度的评价等要考虑关联性要素的影响，把握多个生态部件的效用，注意内在系统的协同发展，以联动的方式利用自身所占有的各项关系资源。

（2）高端人才与组织生态共生。高端人才与组织生态共生是指不论是高端人才内在系统还是外部组织系统，都可看作一个多元的生命体，生命体的各部件之间相互协作、相互配合、相互依赖。作为高端人才工作和成长的环境和平台，组织要积极主动抓住各种正向生态因子协同作用，为高端人才创设和谐稳定的成长条件和环境，如高端人才聘用甄选条件因子、高端人才嵌入岗位设计因子和高端人才薪酬激励制度因子等。最大限度激发高端人才的潜在价值，增强高端人才在组织中自我效能的获得感，留住高端人才资源，使其在目标、情感、成就感等方面与组织保持一致，增进其与组织的共生发展，削弱其对组织承诺和现实状况之间的失落感，降低其离职意愿，主动为组织创造生态绩效。

（三）高端人才工作嵌入生态思想的应用

在数字时代下，构建高端人才工作嵌入生态思想的目的是运用生态思想优化高端人才的工作嵌入行为过程和结果，这个过程包括前期的模拟预测、中期的动态运行以及后期的反馈评价。

1. 生态思想在高端人才工作嵌入前期模拟预测中的应用

（1）高端人才工作嵌入生态数据虚拟化运算。生态数据核心思想认为，一切数据皆可模拟化，利用智能体建构一个抽象的虚拟化平台[①]，对高端人才个体特征、工作态度等工作嵌入主观变量以及生态组织承诺、行业生态趋向等工作嵌入客观变量赋予一定分值，以数据量化形式输入运算平台，对输入的生态数据进行整体运算和分维度运算，通过虚拟平台输出工作嵌入可能达到的效果即高端人才生态绩效，包括任务、关系、适应、创新绩效等。根据这些输出的生态数据运算结果，高端人才预测保持留职意愿或考虑离职倾向，这样在很大程度上提高高端人才工作嵌入的科学性和预警性。增强理性因素对高端人才工作嵌入的指导作用，减少感性因素对高端人才工作嵌入的影响，降低因不准确工作嵌入行为导致高端人才工作决策失误或资源流失的概率（见图 11–1）。

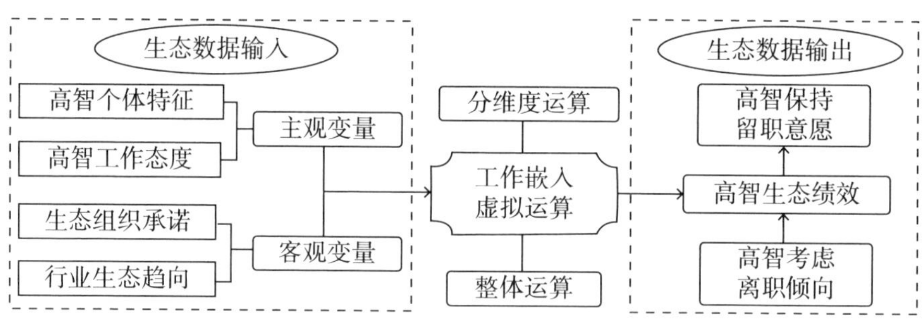

图 11–1　高端人才工作嵌入生态数据虚拟化运算

（2）高端人才工作嵌入生态压力可视化评估。生态压力是指高端人才深入分析数据结果，尤其是从生态数据中得到的信号标识所指向的压力。

① 参见雷凯、黄硕康、方俊杰、黄济乐、谢英英、彭波：《智能生态网络：知识驱动的未来价值互联网基础设施》，《应用科学学报》2020 年第 1 期。

高端人才工作嵌入生态压力是指危及高端人才生态嵌入系统稳定性的干扰因素，包括综合能力、情感态度等内在系统压力和行业前景、“系统震撼”（指能被员工辨认并思考工作价值的相关事件①）等外在系统压力。高端人才准确判断工作嵌入中生态压力的来源，对生态压力进行预测评估，将这种压力因子的大小测算过程和结果作可视化的处理，即直观的展示数据之间的内在联系，让数据“发声”。运用大数据相关关系分析法，构建数据分析模型，把模拟的生态压力数据以图表、图形、动画、视频等多种量化形式表现出来，给高端人才主客体最直观、最简洁的可视化体验。生态学相关理论提出生态压力测度主要表现为生态盈余或生态赤字②，所以可视化评估就是让数据“读出”盈亏情况：若高端人才工作嵌入生态压力的评估结果呈现生态赤字，则高端人才离职倾向剧增；若评估结果呈现生态盈余，则高端人才留职意愿强烈。由此可以提高高端人才工作嵌入预警行为的准确性（见图 11–2）。

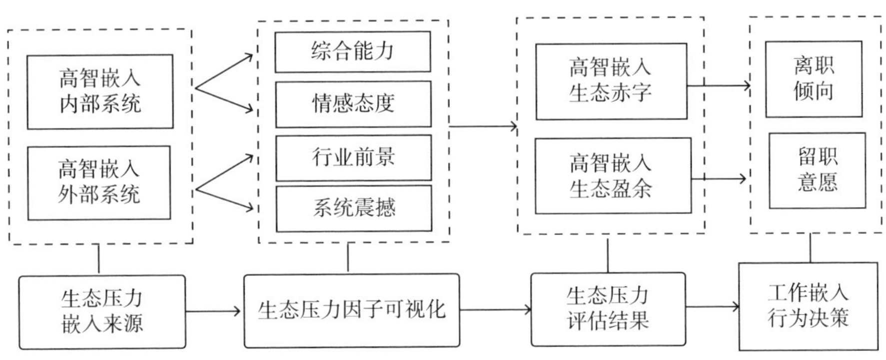

图 11–2　高端人才工作嵌入生态压力可视化评估

（3）高端人才工作嵌入生态应激战略化预设。生态相关预警思想认

① 参见逯野、黄婉凝、杨春江：《基于多路径框架的离职决策过程与工作嵌入的影响效应研究》，《管理学报》2016 年第 9 期。

② 参见史丹、王俊杰：《基于生态足迹的中国生态压力与生态效率测度与评价》，《中国工业经济》2016 年第 5 期。

为，高端人才工作嵌入生态系统会受到来自多维度的威胁，造成系统动荡甚至崩溃。高端人才工作嵌入生态应激战略化预设是指高端人才根据智能预测结果作出反应，形成包括目的、内容、方式和结果在内的完整战略化工作嵌入预设体系，预防或弥补嵌入系统的不稳定。在成长和工作过程中，高端人才主体要对与组织的联结、匹配和牺牲权衡中不稳定、不均衡的嵌入状态具备应激能力，对可能发生或已经发生的生态系统警情有完备的应对措施。结合自身实际特点和所在组织环境做好应激战略化方案的预设，准备充足的应激策略，这些策略随着高端人才工作嵌入实际发展情况和周围环境的改变逐步更新，使高端人才适应新的环境和生存条件。在虚拟运算和可视评估两种方式的实时监测基础上，根据预设体系结果层呈现出的主观态度标识和客观绩效标识实施应激策略，包括嵌入系统补偿和高端人才人工修复，以最快方式解除高端人才工作嵌入的生态警情，使高端人才嵌入组织系统的状态重回稳定，为后续工作嵌入提供参考（见图 11–3）。

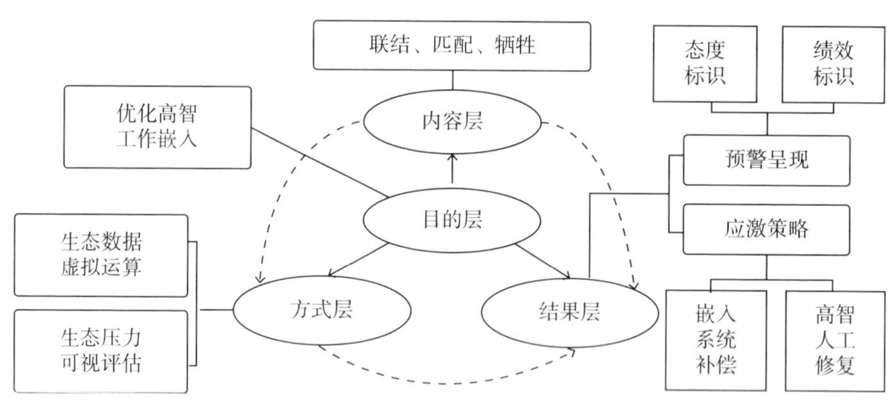

图 11–3　高端人才工作嵌入生态应激战略化预设

2. 生态思想在高端人才工作嵌入中期动态运行中的应用

（1）高端人才工作嵌入生态智人多元化融合。“人机结合”的智人融合理念用于高端人才工作嵌入，表现为高端人才与智能体间的有机结合。

高端人才是具有多层次需要的自组织生命体，而且是不断向更高层次需求递进发展的人，可以自我发展、自我修复、自我成长。智能体是具有多维度功能的自运行计算系统，可以自我运行、自我调适、自我更新。但是，由于高端人才本质是人，智能体本质是机器，就必定有各自的机能缺陷。生态有效链接思想认为，智人融合应是高端人才智能化趋向和智能体人性化趋向：一方面，高端人才要借助智能体延伸自身机能，在遵循人类基本伦理规范的基础上，充分利用智能体资源，提高理性判断能力、领导管理能力和科技创新能力；另一方面，智能体要吸纳人类个性化元素，提高自主决策能力、道德控制力和能源节约能力，为高端人才工作和发展提供便捷、高效的服务。高端人才工作嵌入充分利用智能体优势，打破传统思维模式的固有偏见，从物联网生态系统中准确抓取所需信息和资源，不断完善主体内在系统各部件的运作，投身于各行业的工作岗位，与岗位形成有效链接，以智人多元融合创造高端人才的额外价值（见图 11–4）。

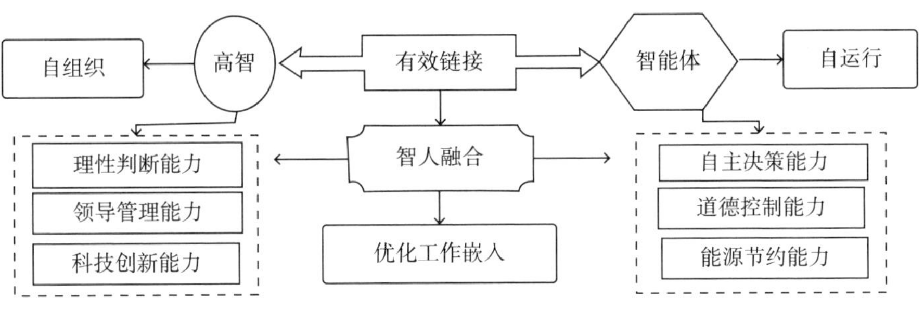

图 11–4　高端人才工作嵌入生态智人多元化融合

（2）高端人才工作嵌入生态组织智能化管理。高端人才所在高联结、高匹配组织可称为生态组织，生态组织对高端人才工作嵌入的管理很大程度上会影响组织对高端人才人力资源的开发和组织整体绩效的创造。生态智慧价值思想认为，要利用高端人才和工具的集合智慧创造生态价值，在生态组织的管理中也要充分运用生态智慧，提倡智能化管理，促进高端人才工作嵌入。生态组织建立专门的数据资源、人力资源和生产资源管理系统，各生态组织管理系统都有对应的数据智库、档案库和原料仓库作为支撑，系统间相互配合、相互联通。针对高端人才工作嵌入所需信息快速、准确提取并传输，创设高端人才工作嵌入便捷条件和良好环境，使高端人才的招聘、高端人才的任命以及高端人才的调动等角度均实现智能化管理。根据工作嵌入数据智能化对高端人才资源的使用进行监控和决策，增强高端人才对组织的嵌入度（见图 11–5）。

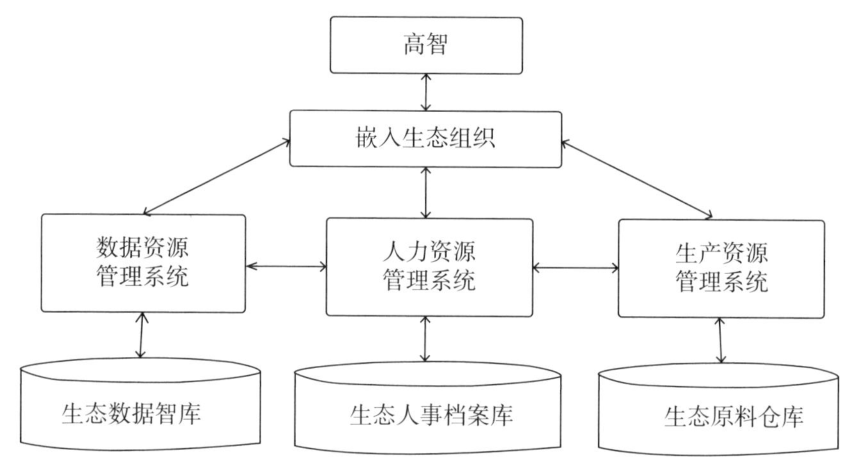

图 11–5　高端人才工作嵌入生态组织智能管理

（3）高端人才工作嵌入生态系统循环式运行。高端人才生态个体和所在生态群体、生态岗位以及生态组织都可看成是自生命体，在具备独立内部系统的同时还处于相互协同构成的社会生态系统中并且承担不同的生态职能。生态有效链接思想认为，不论是生态个体内部系统还是生态组织外部系统都要建立有效链接，实现资源均衡利用、生态系统稳定运行。在整个生态系统中，高端人才作为“生态人”主体资源，要准确把握其生态位，投入特定的生态角色，承担相应的生态责任。以生态人作为起点，聚集成生态群体，与生态岗位匹配，嵌入生态组织，培养出更多更优秀的高端人才。生态人与生态组织之间形成生态联结，以高端人才为元生命体，寻找关联事物，激发高端人才积极实施角色外绩效创造行为，促进生态组织对生态岗位绿色调配，推动生态岗位与高端人才群体的有效链接，从而加强高端人才嵌入群体生态联动。整个生态系统各环节之间相互合作、相互联系，形成明确分工、规范监督、协作补充、共享资源、及时反馈的网络化联结，实现高端人才工作嵌入生态系统的有序循环运行（见图 11–6）。

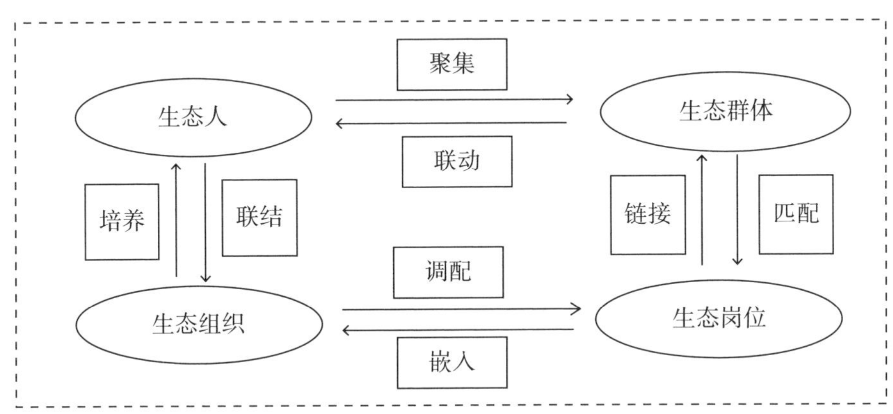

图 11–6　高端人才工作嵌入生态系统循环式运行

3. 生态思想在高端人才工作嵌入后期反馈评价中的应用

（1）高端人才工作嵌入生态智库云端化处理。在数字时代，信息智能技术带来海量数据的同时，也带来了数据处理和存储的难题。生态智慧价值思想认为，高端人才工作嵌入的多方面数据都具有潜在的附加值，要利用智慧手段进行价值挖掘。高端人才工作嵌入积累了来自多方面的数据，包括前期预测数据和中期成长数据。高端人才可以借助云挖掘技术，即由云计算技术支撑的并行数据挖掘来处理工作嵌入的海量数据①。在高端人才工作嵌入的后期，对生态数据进行智能云挖掘，将整合、清洗、过滤后的绿色数据转换成经验数据，为高端人才新一阶段的工作嵌入提供参

① 参见韩昀瑾、许亚男：《基于灰云聚类模型的绿色港口竞争力评价》，《物流技术》2019 年第 3 期。

考。经验数据的存储和提取可以借助云端处理技术，在云处理平台上给经验数据进行梳理、整合、重组，经云端处理后形成的绿色数据组成生态智库。高端人才可从生态智库智能调度工作嵌入所需信息，给嵌入行为提供参考。在高端人才工作嵌入过程中，要不断更新智库的内容和管理技术，有效节省数据存储空间，节约信息存储成本，力求在有限的空间容纳无限的信息，提高高端人才工作嵌入相关数据的性能和可靠性（见图 11–7）。

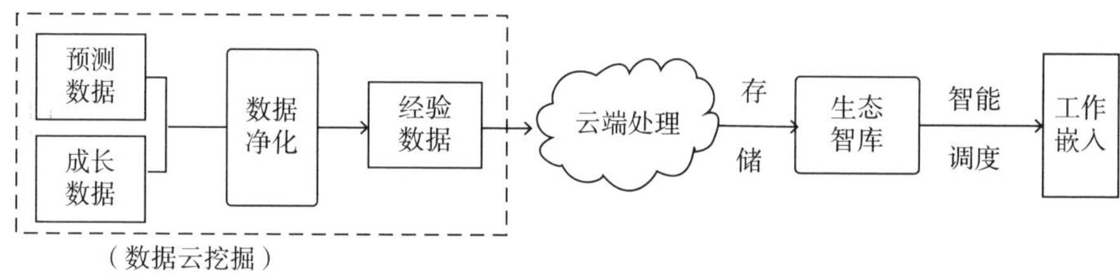

图 11–7　高端人才工作嵌入生态智库云端化处理

（2）高端人才工作嵌入生态伦理交互式评价。大数据技术的推广引发了关于数据分享和运用的伦理话题的热议①。高端人才工作嵌入生态伦理是指高端人才处理与组织的关系权衡时所遵循的一系列道德规范。生态协同共生思想坚持生态本位理念，认为高端人才工作嵌入要在遵循生态伦理规范的前提下进行，力求与生态组织环境的友好嵌入。在权衡工作嵌入生态联结、生态匹配和生态牺牲时，高端人才与组织双向选择、双向评价。一方面，高端人才主体作出工作嵌入行为和决策时，要考量留职或离职是否符合生态伦理，既要追求个体利益，也要考虑到生态组织的整体利益；另一方面，生态组织在招聘高端人才和考核高端人才绩效时，既要追求经济效益，还要照顾到高端人才主体的成长和发展，兼顾社会效益。所以，高端人才工作嵌入主客体间要构建起双向的交互式评价模式，树立双方共

① Cf. Richard Herschel, Virginia M. Miori.Ethics & Big Data[J] . Technology in Society. Vol.49, pp.31—36, 2017.

同认可的生态伦理指标，遵循公平公正的生态伦理评价规则。若双向选择和评价结果符合生态伦理指标，则高端人才保持留职状态；若不符合则考虑离职（见图 11–8）。

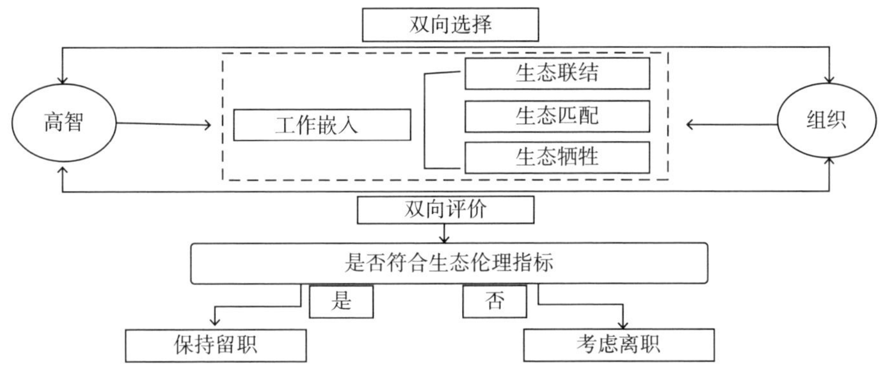

图 11–8　高端人才工作嵌入生态伦理交互式评价

（3）高端人才工作嵌入生态优势社会化考量。高端人才工作嵌入的理论和实践合理性评价要纳入社会化因素，即以全面、辩证、客观、公正的科学态度考量高端人才工作嵌入行为。高端人才自身具备很多优秀属性，较一般人才而言，工作嵌入行为效率更高、视角更新、投入产出比率更大，呈现出一定的生态优势，主要表现为集成高效优势、创新思维优势、绩效引领优势。对生态优势的考量并不固化，要结合高端人才个性化嵌入行为具体分析，在联结、匹配、牺牲环节分维度进行社会化考量。若考量出高端人才生态优势导致工作嵌入程度过低，即高端人才离职率太高，要防范人才流失、资源损耗等问题；若工作嵌入度过高，即高端人才离职率太低，要防范工作僵化、缺乏活力等问题。高端人才工作嵌入生态优势实行动态评定模式，在不同阶段、不同岗位、不同环境对高端人才的生态优势进行科学分析。只有合理的工作嵌入生态优势才能为高端人才下一步发展做好准备，逐步提高适应不断变化的生存环境的能力，也为生态组织创设有利于高端人才成长和工作的环境提供变革、优化的依据（见图 11–9）。

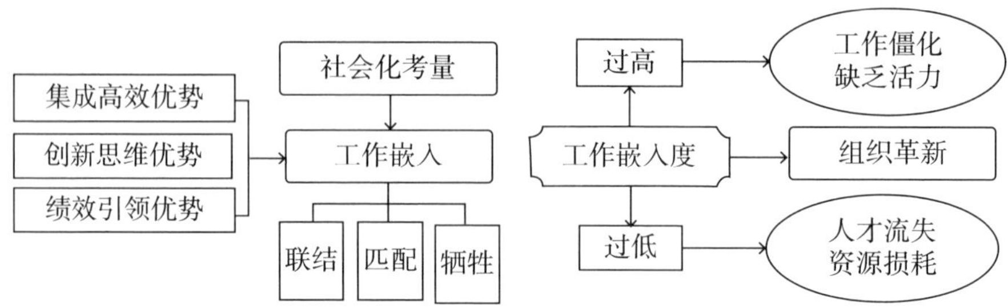

图 11–9　高端人才工作嵌入生态优势社会化考量

在数字时代，高端人才工作嵌入生态思想的研究既有利于优化高端人才工作嵌入的方式和结果，也是对于生态思想的丰富发展，赋予原有生态思想新的时代内涵，在继承其思想精髓的基础之上加入时代元素，是高端人才工作嵌入思想的创新发展。高端人才工作嵌入生态思想力求最大化的实现高端人才主体生态智慧价值，充分利用高端人才人力资源，促进生态组织系统可持续发展，获得最大程度的经济效益和社会效益，保持整个社会生态系统平稳均衡运行。

二、高端人才工作嵌入生态角色

角色定位是指在一定的系统环境下，在一个组合中拥有相对的不可代替性的定位。数字时代异常激烈的经济竞争归根到底是人才的竞争，人才在工作嵌入生态系统中承担着不同的角色。高端人才的知识、技能等是组织核心竞争力的重要组成要素，要将这些嵌入组织网络中，发挥其效能。基于此，对高端人才工作嵌入生态角色的识别显得极其重要。运用大数据思维打造好高端人才工作嵌入生态的角色，有利于优化高端人才工作嵌入效度，创造高端人才成长和发展的工作环境，降低高端人才的离职率。

（一）高端人才工作嵌入生态现状及影响因素

1. 高端人才工作嵌入生态现状

（1）高端人才工作嵌入生态系统协同化。生态系统是指生物与周边生态环境彼此约束、作用，在此基础上达到动态平衡的过程。协同是指多个物种之间彼此协调，完成目标的过程。① 高端人才工作嵌入生态系统协同化是指高端人才工作嵌入生态系统时，高端人才与组织内一系列合作伙伴之间互相协作，大幅度提高组织效率的过程。高端人才工作嵌入生态系统协同化表现：在工作嵌入这一过程中，高端人才与组织各组成部分建立联结，通过一个个联结形成网状结构，进行信息分享，使得合作成为可能。在此过程中，高端人才能通过联结网络调度组织内的人员、机器设备、信息资源、财力等通力合作，由此大大提高完成组织目标的工作效率。

（2）高端人才工作嵌入生态资源配置化。配置指摆正位置，将事物放在恰当的地方。高端人才工作嵌入生态资源配置化是指在高端人才工作嵌入生态系统的过程中，对组织内部资源重新调整，放在适当位置和高效利用。组织内资源丰富多样，包括财力、人员、物体、信息等。随着高端人才嵌入组织时间增长，高端人才与组织各部门之间联结加深，对组织各部门的了解也是逐渐深入。因此，高端人才在嵌入生态系统时，可以进行细致深入的分析，制订出最佳的资源分配方案。高端人才工作嵌入生态资源配置化，从以下两方面考虑：第一，为了避免各职能部门哄抢、滥用资源，高端人才将有限资源进行整合、精准配置，分配到不同的部门；第二，高端人才督促各职能部门最大效率利用资源，使配置的资源在企业内部达到最佳的组合。

---

① 参见卢瑜、向平安：《城镇化和生态环境的协同耦合研究——以长株潭城市群为例》，《城市发展研究》2020 年第 1 期。

（3）高端人才工作嵌入生态价值增值化。价值增值是指经营者在经营或管理活动过程中，实现价值总量的增加，简单来说，就是使产出大于投入。高端人才工作嵌入生态价值增值化是指高端人才工作嵌入生态系统时，经过联结、匹配、牺牲上的综合考虑，实现高端人才个体价值和群体价值的增值。高端人才工作嵌入生态价值增值化途径具体表现为：从匹配度考虑，责任心较强的高端人才通常会主动调整自身来迎合岗位，因此他们愿意花费大量的时间和精力来提高自己的专业知识和技能，实现"人岗合一"的最佳匹配。从联结度考虑：第一，组织内同类性质高端人才集聚，相互交流的过程中，共享知识资源，补充不足，拓宽各自的知识面，实现价值增值；第二，在和谐的工作嵌入的过程中，高端人才和组织的依存关系得到大幅度提升，为了实现双方的共赢，高端人才把自身掌握的专业知识和技能拿出来和组织成员分享，而组织成员若不想被淘汰并获得利益，就必须自动认真地去学习，积极的自我提升。从此意义上来说，高端人才群体价值得以增值。

（4）高端人才工作嵌入生态过程非均衡化。空间内物质循环和能量转换的过程就是生态过程。非均衡是指不均衡的状态。高端人才工作嵌入生态过程非均衡化是指高端人才工作嵌入生态系统中，物质循环和能量转换过程呈现不均衡状态。高端人才是非一般的人力资源，在能量转换的过程中，可能会存在自身价值得不到充分发挥等现象。高端人才工作嵌入生态过程实现均衡化，从匹配角度考虑：第一，建立高端人才辅助机制，及时发现高端人才在工作中存在的问题，解决问题，并给予有利于高端人才与工作岗位匹配的支持①；第二，组织给高端人才提供清晰的符合高端人才实际情况的职业发展规划，加深高端人才在组织中的嵌入，充分发挥高端人才自身价值。从工作联结角度考虑，组织鼓励伙伴制，使高端人才与上

① Cf. Yilmaz Akgunduz , Sabahat Ceylin Sanli.The effect of employee advocacy and perceived organizational support on job embeddedness and turnover intention in hotels[J] . Journal of Hospitality and Tourism Management, Vol.31, pp.118—125, 2017.

级、同级、下属建立正确的沟通，加深高端人才在工作中的联结。从牺牲角度考虑，建立工作牺牲制度。以福利制度为例，建立多样化福利制度，满足高端人才个性化需求，通过工作上有关奖励、福利支持，让高端人才忠于组织。①

2. 高端人才工作嵌入生态影响因素

（1）高端人才工作嵌入生态主体流动影响。主体流动是指按照高端人才主体的价值规律所进行的空间动态调节。高端人才工作嵌入生态主体流动是指高端人才工作嵌入这一过程中，高端人才主体进行流动，寻找与自己相匹配的位置。高端人才专用性很高，但由于个体主观原因或组织的客观原因，可能导致与工作匹配度低，使得角色冲突，缺乏对岗位及组织的认同感和归属感。高端人才嵌入生态主体流动从以下两点实现：首先，直接引入高端人才，合理配置。第一，高端人才不是一般的人力资源，需求比较高，组织内部可以进行合理的规划，提供一些有吸引力的岗位进行招聘；第二，打造一流的、开放的组织文化吸引高端人才流入。其次，内部岗位流动，实现人岗匹配：组织允许高端人才根据自己的专业知识、技能，进行内部岗位调换，找到适合自身的岗位，把高端人才留在组织而不是某一个岗位上。② 由此高端人才嵌入主体流动一方面为组织留住了人才，实现人岗匹配，高端人才的价值得以充分的发挥；另一方面加强了岗位的良性竞争，岗位获取须竞争才行，为了不被淘汰必须不断学习。这种竞争压力下，员工能力得到快速的提升，组织内部形成了一个创新、积极向上、进取的良好氛围。

（2）高端人才工作嵌入生态角色多元影响。角色多元是指主体角色不仅仅只局限于自己的本职工作，还与组织各组成部分呈现交融之势。高端

① 参见佘启发、叶龙：《工作嵌入、工作满意度对工作绩效的影响研究》，《江西社会科学》2018 年第 1 期。

② 参见罗昆、连燕玲、张璇：《“高官”还是“高薪”：何种更易留人》，《财经研究》2019 年第 1 期。

人才工作嵌入生态角色多元是指高端人才工作嵌入过程中，高端人才与组织各组成部分联结，角色随着情境变化而变化。高端人才工作嵌入生态角色多元化具体表现：第一，能力的高复合性。高端人才往往拥有超强获取和驾驭知识的能力，他们在诸多工作中表现为多面手，由此促使角色多元化。① 第二，建立联结。高端人才在组织中一般担任重要职位，与组织各组成部分建立了一个个网络联结，在组织中起着承上启下、沟通协调的作用，由此角色灵活多变。高端人才工作嵌入生态角色多元化，建立了高端人才与组织多重联结，高端人才与组织依存关系加深，对组织更有归属感，使高端人才深深的“嵌入”组织当中，不会轻易离职。

（3）高端人才工作嵌入生态价值难控影响。高端人才工作嵌入生态价值难控是指高端人才在工作嵌入过程中，在联结、匹配、牺牲上，受到各类因素的影响，价值创造具有难控性。虽然高端人才是非一般的人力资源，但本质毕竟是人，所以生理和心理机能一定程度上会存在缺陷。高端人才嵌入价值难控表现为以下几个方面：第一，匹配度。高端人才知识技能与工作岗位匹配，只有高端人才价值追求与组织文化契合，他们的知识技能才可以得到充分发挥，最大限度实现价值创造。② 反之，若高端人才与组织适配性低的话，自身的知识技能就得不到充分发挥，进而会产生离职意图。第二，联结方面。高端人才工作嵌入实现价值创造除了依靠高端人才本身拥有的知识技能，还要依靠组织内部所提供的一系列支持。在此过程中，高端人才与组织内其他人员、机器设备、信息资料等联结，但他人可能会存在缺陷、机器设备可能落后、信息资料可能存在不准确等诸多因素，由此高端人才嵌入生态价值创造可能会出现偏差，导致价值难控。由此可以看出，高端人才工作嵌入生态价值难控可能会导致高端人才嵌入

---

① 参见殷凤春：《高端青年人才工作嵌入价值识别研究》，《科技进步与对策》2015 年第 24 期。

② 参见李永周、黄薇、刘旸：《高新技术企业研发人员工作嵌入对创新绩效的影响——以创新能力为中介变量》，《科学学与科学技术管理》2014 年第 3 期。

实现价值创造过程中，自身价值得不到充分的发挥，以及价值创造出现偏差。

（二）高端人才工作嵌入生态角色的定位

1. 高端人才工作嵌入生态个体角色定位

高端人才工作嵌入生态个体角色定位是指高端人才工作嵌入过程中，高端人才个体在组织中承担着不可替代性的角色。组织中不同类型的高端人才主体能够根据各自的功能进行信息活动，具有不同的信息功能。

（1）高端人才工作嵌入生态信息生产者。信息生产者是指产出新信息的人。[①] 在高端人才工作嵌入过程中，实现价值创造，承担着信息生产的角色定位。高端人才嵌入信息生产实现：从联结角度看，高端人才具有创新意识，高嵌入度的高端人才与相关的人员、事物联结，容易投入工作当中，激发创新意识，以新的方式解决工作中的问题，实现信息产出。

（2）高端人才工作嵌入生态信息分解者。对信息进行选择性采集，并进行分析整理的人就是信息分解者。高端人才工作嵌入过程中，对组织网络大量而无序的信息进行筛选，整理出可利用、有价值的信息。高端人才工作嵌入生态信息分解实现：从匹配角度讲，高端人才嵌入组织存在适配过程，尽责性高的高端人才会自动调整自身适应组织，对组织信息进行分解，得出可利用信息，形成适合岗位的知识和技能。

（3）高端人才工作嵌入生态信息传播者。将信息传播出去并作用与他人的人就是信息传播者。高端人才工作嵌入过程中，将信息传播从而实现信息流转。高端人才嵌入信息传播的实现：提高牺牲。给予高端人才广阔的职业发展空间，加深联结，使高端人才的隐性知识得以传递和分享，并提高整个团队的知识水平。

---

① 参见隋岩：《群体传播时代：信息生产方式的变革与影响》，《中国社会科学》2018 年第 11 期。

（4）高端人才工作嵌入生态信息消费者。对信息获取和进行利用的人是信息消费者。高端人才工作嵌入过程中，对信息根据需要汲取、利用，承担信息消费的角色定位。高端人才嵌入信息消费的实现：高嵌入的高端人才对组织的信息资源有着深刻了解，通过利用信息资源，从而调控组织内人、财、物合作方式的匹配。

2. 高端人才工作嵌入生态群角色定位

某时间、区域内，具有特定功能及成长规律的彼此影响、作用的各种生物组成的集合体就是生态群。高端人才在工作嵌入过程中，是处于一种生态群内的，在生态群中处于明显控制主导地位的角色定位。因此，不同类型的高端人才在不同功能的生态群中扮演着不同的角色。

（1）高端人才工作嵌入生态功能群。生态功能群是指在生态组织活动中拥有直接执行能力的生态群。高端人才在工作嵌入过程中，担任着领导者的角色。高端人才一般都具有良好的规划管理能力，能够制订计划，为生态功能群的活动把握正确的方向，协调功能群中的人与人、人与机器、机器与机器的相互配合，以高端人才嵌入行为影响整体生态功能群的活动。

（2）高端人才工作嵌入生态支持群。生态支持群是指为开展生态组织活动中提供人、财、机器等支持的生态群。高端人才工作嵌入生态支持群在生态组织活动过程中，担任着协调者的角色。高嵌入度的高端人才一般对生态支持群中的人、机器等具有深入的了解，根据组织活动的需求，将各种资源进行优化配置、调控，极大地提高了组织工作效率。

（3）高端人才工作嵌入生态集成群。生态集成群是指在组织中提供集成管理服务的生态群，对人员、信息、技术等资源集成管理，进而提高组织整体的知识量。高端人才工作嵌入生态集成群过程中，担任着整合者的角色。高端人才是非一般的人力资源，可对信息、技术、人才这些智力资源进行整合，融合成新力量，产生“1+1>2”的效果。

3. 高端人才工作嵌入生态环境角色定位

（1）高端人才工作嵌入生态系统优化。生态系统是指生物与周边生态环境中的生物互相约束、作用，从而达到动态平衡的过程。优化是指为使某方面更出色。高端人才工作嵌入过程中，高端人才与组织内不同物种建立网状联结，通过物质和能量转换，形成协同进化的链锁关系，实现组织整体进化。高端人才工作嵌入生态系统的优化，重视高端人才个体发展。第一，高端人才个体拥有主动学习的意识。通过自主自愿不断地学习专业知识、技能等，剔除过时知识，及时掌握相关的新知识，新技术、实现知识突变，促进生态系统的进化；第二，高端人才拥有合作意识，加速了知识交流。高端人才个体之间相互交流，分享经验，开展合作竞争，加速了知识的流转，促进生态系统动态平衡发展。重视高端人才群体发展。第一，高端人才明确组织中各生态群不同的工作重点和核心知识，可定期安排有效的知识学习机会，共享知识，进行整体提升；第二，加强群间交流，通过与其他生态群的沟通、反馈，改进工作。

（2）高端人才工作嵌入生态流程再造。对组织原有管理方式分析、创新，重新组成构成要素，进行业务流程再造。① 高端人才工作嵌入过程中，对组织当前业务流程思考、分析和创新，对其组成事物重新组合。业务流程对组织的工作效率起到非常重要的作用。传统的以职能部门为导向的管理方式带来了一系列问题，如中间管理层级过多、信息失真、不能快速响应等。② 在当今快速发展的市场竞争中，组织若不彻底变革就必失败。流程再造步骤：高端人才工作嵌入要以组织目标为核心，以高端人才主体作为起点，打破部门界限，联结周边工作环境中相关的员工、机器设备等，实行团队管理，即聚集成生态群体，实现人岗匹配，建立围绕流程目标的扁平化组织架构。这样的业务流程机动性和适应能力都比较强，信息的传

① 参见张亮：《人工智能时代新闻生产的流程再造》，《出版广角》2019 年第 3 期。

② 参见胡浩志：《人力资本投资、有效劳动力供给与高质量就业》，《经济问题》2019 年第 4 期。

递距离短，数据传输精准度高，将各部门相关人员融合一体，大大提高了组织的工作效率（见图 11–10）。

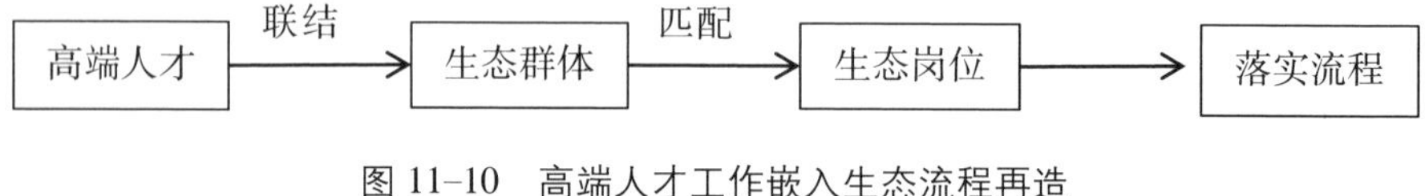

图 11–10　高端人才工作嵌入生态流程再造

（3）高端人才工作嵌入生态机制构造。高端人才在工作嵌入过程中，研究生态系统中各部分关系及其具体的运行方式，发现系统问题，并慢慢完善内部运行机制。比如，信息循环机制、生态平衡机制等。高端人才工作嵌入生态机制构造：第一，信息循环，建立联结。高端人才对信息主体之间关系进行调控，使得组织内各部门内部及部门之间进行有效的信息传递，实现信息共享，避免信息不畅带来冲突。第二，生态平衡，合理匹配。高端人才工作嵌入生态系统是一个自组织平衡机制，是一个动态平衡过程。但是系统的自我调节能力是有限的，如果超过这个能力范围，生态系统的平衡就会破坏。此时就需要高端人才去调节组织各种因子去进行互补、合作，使生态系统再次恢复平衡态。①

（三）高端人才工作嵌入生态角色的打造

在数据时代，基于大数据产生的技术运用到高端人才工作嵌入过程中，不仅为高端人才嵌入组织提供了智能化的处理手段，还给高端人才嵌入组织的发展提供了一种新的思维方式和管理模式的借鉴，能够更好地打造生态角色，极大促进了高端人才嵌入度。

1. 高端人才工作嵌入云计算数据处理

云计算可按照需求进行网络访问，进到可以配置的计算资源共享区

① 参见孙锐、孙雨洁、孙彦玲：《人才创新创业生态系统的构成与运行机制研究——以苏州工业园区为例》，《中国科技论坛》2021 年第 11 期。

域。对数据的搜集、储存、整理和输出的过程就是数据处理。高端人才在工作嵌入过程中，以云计算为平台，对数据进行智能化处理，得到对高端人才来说有价值、可用的信息。数字时代，数据爆炸式增长，以往的数据处理方式不能满足现在的需求，云计算技术的出现恰好解决这一难题。高端人才工作嵌入云计算数据处理过程：首先是基于云的平台，负责数据的存储和交换，并分派到各个处理模块；其次是云虚拟应用系统，为特定的数据分配虚拟化的软件资源和系统环境，并提供与外部数据通信的接口，可以由高端人才根据需要单独定制；最后是数据处理，和具体的功能应用软件结合在一起，会提供所有的数据分析服务，最终会以图、表等形式提供给高端人才。①

2. 高端人才工作嵌入信息整合调节

对信息进行整理、共同分享、调控，实现信息配置的优化、应用方面的拓展和发掘信息价值的管理过程就是信息整合。高端人才在工作嵌入过程中，对信息资源进行整合，实现组织内共享信息、提高工作效率。在很多组织信息资源管理过程中，往往存在多个系统并行的状态，每个系统自成一体，无法对其他系统提供数据支持，共享信息资源，导致工作效率低下。由此高端人才在工作嵌入的过程中，要进行信息整合、共享。具体包括以下几个方面：首先，建立规范的信息共享机制。明确各部门信息采集和共享情况，清理重复现象；对有实际需求，尚未收集的数据，明确数据采集主体和共享方式，消除盲点。其次，扩大信息共享范围。在跨部门信息机制下，统一梳理部门之间的信息需求和提供的数据；打破组织各部门已收集的信息独立，实现最大效率共享。②

3. 高端人才工作嵌入智能化反馈共生

反馈是指输出返回以某种方式改变输入，进而改变整个系统的过程。

① 参见赵永：《空间数据统计分析的思想起源与应用演化》，《地理研究》2018 年第 10 期。

② 参见李仪：《个人信息共享的治理机制研究——以实现大数据下共享的知识服务功能为视角》，《情报杂志》2019 年第 10 期。

共生是指根据某一种方式，多个生物之间相互依赖、作用，形成共同演化的互利关系。高端人才在工作嵌入过程中，根据智能化反馈得来的信息，化为组织强有力的行动，修正高端人才原来的行为，促进高端人才与组织共生发展。为了高端人才与组织共生发展的实现：第一，根据反馈而来的信息，组织制定培训规划。培训的出发点要注重高端人才与工作岗位的契合、职业发展规划与组织文化有机链接。第二，建立联结。高端人才个体的力量是有限的，要融入群体，与上级、同级、下属之间进行行之有效的沟通配合，员工共同发展是组织持续发展的基础。第三，创设适合高端人才工作发展的组织文化，更加人性化、科学化为高端人才个人价值的实现提供空间。

4. 高端人才工作嵌入可视化生态耦合

可视化是指使用计算机系统，让组织的信息展现在管理者眼前，使其有效掌握组织信息，实现管理的透明化。① 耦合是指多个物种通过各种相互约束、作用而彼此影响的现象。高端人才在工作嵌入过程中，利用可视化技术，将组织信息展现在高端人才面前，调节组织各物种之间彼此作用、影响，实现高效协同。高端人才虽然是非一般的人力资源，但本质毕竟是人，存在一定生理和心理机能上的缺陷。利用可视化技术，高端人才可明确组织内各种信息，防止人为遗漏、失误。高端人才工作嵌入可视化生态耦合可从以下几个方面实现：第一，部门内部耦合。借助可视化技术，高端人才明确掌握部门内人员、技术、财力等信息。比如掌握员工的个性、特征、工作职责，寻找到两个或更多员工的最佳合作方式，使其相互促进，提高工作效率。第二，部门之间耦合。通过可视化技术，明确各部门职责，高端人才牵头各部门有效衔接，保障部门之间的耦合。

① 参见鄢跃勇、陈涵、于晓东：《基于人因工程的数字化人机界面信息可视化设计》，《人类工效学》2018 年第 2 期。

5. 高端人才工作嵌入信息安全良性运转

信息安全是指信息系统（包括软硬件、人、数据、基础设施等），不遭到人为破坏、修改、泄密，信息服务保持畅通。高端人才工作嵌入信息安全良性运转是指高端人才在工作嵌入过程中通过信息安全，使得组织活动良性运转。信息化时代，数据处于透明状态下，信息的安全存在威胁。由此高端人才要使用大数据，建立信息保护制度，实现组织活动良性运转。要注意以下几点：第一，利用大数据认证技术，进行身份识别，防止外来者侵入。第二，完善数据匿名保护制度，保护员工的信息不遭到泄露。第三，建立员工隐私损害赔偿制度。若员工的隐私遭到侵害，组织要依据性质给予相对应的物质或精神补偿。①

高端人才工作嵌入生态系统中承担着不同的角色，对现代组织经济的发展起到了至关重要的影响。数据整合集中是高端人才工作嵌入生态的前提，云计算是统一的基础设施平台，可视化展现是高端人才工作嵌入智能化的信息展示。由此高端人才工作嵌入生态要充分结合云计算、可视化展现等新技术，统一基础设施建设，集中管理数据资源，推动系统整合互联和数据开放共享，促进业务协同，消除信息孤岛，为生态系统决策、公共服务提供支持。

三、高端人才工作嵌入非对称生态耦合机制

随着各种智能移动设备、社交网络、电子商务等时刻都在以数据的形式呈现，对于非对称耦合机制研究也起着重要介质作用，数据中存在着巨大的机会和不可量化的价值，给企业带来了变革性的发展。② 构建非对称

① 参见姚凯、桂弘诣：《大数据人力资源管理：变革与挑战》，《复旦学报》（社会科学版）2018 年第 5 期。

② 参见李学龙、龚海刚：《大数据系统综述》，《中国科学：信息科学》2015 年第 1 期。

生态耦合机制的潜在价值和高端人才工作嵌入研究目的吻合，有助于发挥其特征优势。同时，大数据精准数据分析和大数据可视化，工作嵌入与非对称生态耦合，整合资源创造了绩效价值和价值成效，更系统性的打造高端人才聚集的生态环境，使高端人才工作嵌入的程度与价值成效最大化。

（一）高端人才工作嵌入非对称生态耦合的现状、特征和影响因素

1. 数字时代高端人才工作嵌入非对称生态耦合的现状

（1）高端人才工作嵌入生态角色非对称。从生态学的角度来解释生态角色非对称。生态角色非对称是指在完整的生态系统中个体生态各尽其职，形成循环运作的生态链。高端人才工作嵌入在既定生态环境中，改变一贯不变的角色状态，对不同生态角色作出不同类别相关性识别的研究。① 以往员工是产品走向市场的搬运工，员工实行分工协作，各尽其职。数字时代，高端人才成为了产品技术的重要载体，有很强的工作适应性和学习能力，迅速的适应其他岗位。在工作嵌入中，高端人才与生态角色的匹配度越高，与组织的联结度就越高，工作嵌入度亦越高；反之，则越低。高端人才工作嵌入生态角色非对称应建立相应的匹配制度，主要体现：首先，从高端人才个体角度出发，高端人才掌握的知识结构决定其能担任的角色。其次，高端人才的择业标准决定其是否愿意担任。再次，从企业角度出发，企业根据组织结构，选择与岗位相符的高端人才，避免出现人才浪费或者人才短缺的现象；高端人才属于复合型人才，根据企业的职位需求，对高端人才进行培训、培养，使高端人才能胜任企业需要的岗位。如何使原有生态角色向多元化转化和延续，主要表现：第一，扩大

① 参见黄子洋、余翔、尹聪慧：《颠覆性技术的政策保护空间研究——基于战略生态位管理视角》，《科学学研究》2019 年第 4 期。

人才甄选范围，引进国内外高端人才，注入新鲜血液；第二，适时适度对员工进行知识与技能培训，与外界进行交流；第三，对高端人才进行知识与技能深造与考核，推行互助带动体制，壮大高端人才队伍，实现集聚效应，为企业可持续发展创造条件。

（2）高端人才工作嵌入生态结构非对称。生态结构的解释源于生态学，生态结构非对称是指生态系统的构成要素和在时空上的分布方式及系统中物质与能量交换循环的途径存在不合理、不匹配的特征，是对工作嵌入生态系统层次结构、时空分布不合理、不匹配进行优化重组①，促进要素之间协调发展的过程。数字时代，生态系统是一个复杂的系统工程，高端人才推动企业生产经营活动的整个生命周期的发展，通过岗位匹配、组织联结和作出个体牺牲使生态结构螺旋上升发展。高端人才具有很强的管理组织能力，在工作嵌入过程中，能够调整组织结构和改革管理制度，使各子系统之间井然有序的互通，剔除结构非对称的短板，高端人才能发挥能动性思维并结合市场需求和经济发展规律，研发核心技术，开发结构非对称的潜在优势。高端人才通过数据分析，重构企业内部的组织构架，实现内部组织融合与企业生态链的协同发展。

（3）高端人才工作嵌入耦合效果非对称。基于低耦合状态下，高端人才运用云技术促使耦合效果大幅度提高。高端人才工作嵌入实现共存、协调、共赢的“双轮驱动”效应，使耦合发展状态向高度协调型转变，耦合效果从失调耦合发展型向优质耦合发展型的转变。② 但是，非对称生态耦合效果可能受到多种因素制约，比如，企业的发展模式与高端人才不匹配、信息不流畅等。因此，高端人才工作嵌入耦合效果提升，主要从以下几个方面考虑：第一，高端人才需通过自我完善，提高岗位契合度和与组织工作匹配度，使耦合效果得到显著提升。第二，企业应该制定高端人才

① 参见郑军：《数字时代企业人力资源管理的创新认识》，《劳动保障世界》2020 年第 1 期。

② 参见陈淑凤：《工业化、城镇化、信息化、农业现代化和绿色化耦合协调发展研究》，《中南林业科技大学学报》（社会科学版）2017 年第 2 期。

甄选标准，进行人岗匹配，加大高端人才与组织联结，提高高端人才对工作环境兼容性，促进组织间信息流畅。高端人才利用企业的资金、技术支持以及自身优势，在生态协同理论和共生理论下，实现企业可持续发展，使生态子系统之间达到动态平衡。

2. 数字时代高端人才工作嵌入非对称生态耦合的特征

（1）高端人才工作嵌入智能性概念非对称。智能性是数字时代发展的产物，智能性概念非对称是不同于简单的人脑机制的一种本质的复杂性能，它是集合了智力和能力的表现，[①] 是指高端人才将知识和能力结合运作，从而高效地完成工作。高端人才工作嵌入智能性概念，主要体现在以下几个方面：第一，高端人才具有很强的工作规划能力，将主观能动想法付诸行动，辅助智能设备进行工作，提高人机契合，实现人机交互；第二，高端人才具有很强的整合资源能力，高端人才工作嵌入发挥高端人才价值，高速高效、节能省时的提高企业整体绩效，紧密地与组织联结于一体。

（2）高端人才工作嵌入精准性空间非对称。精准性空间非对称是追逐互交效率的必然结果。网络空间的出现，使单一空间向多样化空间转化，拓宽了发展空间，使企业运营模式得到了升级变革。高端人才在有利的三维空间条件下，进行的空间虚实转化。空间非对称加快了信息资源的融合、共享和技术的更新换代，高端人才工作嵌入能帮助企业快速地获得一手资源和最新数据。提高高端人才工作嵌入精准性空间非对称运作，能给企业带来很大的效益，其主要表现：第一，高端人才具有思想上的活跃度和兼容度，在开放的空间平台上，集思广益；第二，利用空间非对称进行取长补短，通过发挥智力能力取得极大的成就，得到了精神和物质上的满足，提高了高端人才留职意愿，作出心理上、晋升其他岗位的牺牲，降低

① 参见钱慧敏、杨代君：《基于系统动力学的“智慧 + 共享”背景下物流产业升级路径研究》，《科学与管理》2019 年第 12 期。

了高端人才离职率。[①] 提高高端人才工作嵌入精准性空间非对称，能加大人才聚集和高端人才群体聚集程度，实现高端人才个体间、个体与机器设备、个体与生态资源之间的协同性，使在空间非对称下获得更多效益。

（3）高端人才工作嵌入高效性时间非对称。从管理学角度解释高效性时间，高效性时间即效益，它是指在特定时间内，组织的所有投入与产出之间的比率关系。主要包括两个方面：第一，生产效率；第二，资源配置效率。高端人才工作嵌入高效性时间非对称是指在既定条件下，高端人才进行合理支配及规划工作，并带来不同时期效益的具体表现。高端人才工作嵌入高效性时间非对称为企业解决了生态组织工作效率低，工作完成率低，甚至导致员工对工作不满意度增加，员工离职率增加[②]，严重阻碍了企业的发展这一系列问题。工作嵌入过程中体现了高端人才具有强复合性、强指标性、动态性和增值性。[③] 它的运作是由高端人才完成，高端人才实现高效性时间非对称，主要体现在以下几个方面：第一，高端人才将现有资源进行充分合理配置，是生态系统良性的运作；第二，高端人才为使繁琐大量的工作从简化、效率化，主动学习相关技能与知识，提升个人，提高与工作、组织的联结度；第三，企业愿意作出牺牲，大力培养高端人才，为高端人才提供发展环境和条件。时间非对称促进企业的组织各部门协作力度，使企业工作效率和工作质量的提高实现质到量的飞跃。

3. 高端人才工作嵌入非对称生态耦合的影响

（1）高端人才工作嵌入非对称生态耦合的流动趋向影响。流动趋向在生态学中解释为生态的发展动向，高端人才工作嵌入非对称生态耦合的流动趋向是指高端人才在非对称生态耦合条件下进行流动，以及生态要素流

① 参见刘燕：《论“三生空间”的逻辑结构、制衡机制和发展原则》，《湖北社会科学》2016 年第 3 期。

② 参见万道、乔玉洋：《薪酬公平性与高管离职率关系的实证研究——以江浙沪制造业为例》，《中国劳动》2019 年第 8 期。

③ 参见马灿、周文斌：《全情景支持对技能型员工创新行为的影响机制——创新效能感与工作投入的链式中介作用》，《财经论丛》2020 年第 1 期。

动对企业的发展影响的过程。高端人才工作嵌入产生非对称生态耦合的流动趋向的原因，主要有以下几个方面：第一，企业文化与高端人才自身发展不相匹配；第二，高端人才所获得的薪酬和福利与付出不相匹配；第三，高端人才密集区对高端人才有同类归属感的吸引；第四，高端人才因为自身、家庭原因，寻求更好的生活条件和环境。高端人才向经济发达地区流动，为该区增加了“创新血液”，推动新知识新价值的产生，高端人才吸收先进的知识和技能，实现自我价值的提升，为高端人才获得更多晋升空间创造了条件。高端人才具有奉献牺牲精神，高端人才放弃了更好的晋升机会向欠发达地区流动全身投入工作中，与员工互帮互助，加快其他员工向高端人才转化，高端人才的加入促进该区企业转型，资源得到有效配置。打破高端人才流动的羁绊，畅通高端人才流动渠道，缩小差距，高端人才的多向、多元化流动，促进了高端人才和企业的同步持续发展。

（2）高端人才工作嵌入非对称生态耦合的经济效益影响。经济效益是衡量经济活动的终端综合指标，一个生态系统的经济效益是它本身一切经济活动的起始点。高端人才工作嵌入非对称生态耦合的经济效益是指高端人才为企业提高经济综合指标所进行的经济活动，是企业生产总值与生产成本的比例关系。其主要体现：第一，高端人才工作嵌入能有效的提高技术指标，提升生产率指标和效率指标。第二，能打破原有产业和企业组织界限，消除壁垒，形成融会贯通的生态链条，通过新的链条进行优化和重组、创新和耦合，提高劳动生产率，企业实行人岗匹配体制，提高嵌入度，提高高端人才技术含量，减少物化劳动的损耗，降低生产成本，使有限的资源发挥最大效益。高端人才工作嵌入改变了传统组织生死攸关处境甚至达到起死回生的状况，降低了行业退出壁垒。生态与互联网技术紧密结合，高端人才与组织紧密联结，提高了效率与效益，高端人才工作嵌入创造的价值能激发对未来工作的预见性和创造性思维，能提高高端人才的工作匹配，提高组织契合度，促进生态经济效益的提升。

（3）高端人才工作嵌入非对称生态耦合的社会价值影响。社会价值是通过个体价值加总和延续产生的。在符合企业的发展要求和发展方向的条件下，高端人才体现出满足企业和组织发展作出的个人贡献和产生的价值影响。高端人才的认知活动是在创新中不停的追求社会价值的过程。互联网、云计算的应用促进了人机交互，高端人才在人机交互过程中能正确地进行生态角色定位和自我定位，实现自我发展，充分发挥主观能动性，结合机器设备智能化优势，总结出具有前瞻的思想观念，促进非对称高端人才价值与生态价值集成化。非对称生态耦合产生的社会价值影响，主要和以下因素有关：第一，高端人才具有较高道德品质，超高的规划能力，开拓创新精神；第二，进行市场研究，进行管理变革，增强组织与高端人才的凝聚力；第三，促进高端人才流动内部化，促进各子系统间信息融通和组织结构优化，提高组织价值链；第四，组织要做出一定的牺牲，改革传统的薪酬福利制度，降低高端人才离职率。

高端人才创新和挖掘价值都会给企业带来很多不可预见的社会价值，因此这些都需要更多高端人才在实践中发掘，企业的价值实现离不开技术的更新换代。因此，高端人才必须培养创新能力，发挥其在社会价值的创造和影响中的主导地位。

（二）高端人才工作嵌入非对称生态耦合的机制构建

1. 高端人才工作嵌入的生态虚实转化机制

（1）高端人才工作嵌入生态信息传递机制。高端人才工作嵌入信息传递是指通过信息系统中的信息源发出信号，然后经过编辑器编码由传播通道将信息转换成适合传送的信息，通过高端人才工作嵌入从发出端向接收端传递，在企业各部门形成四通八达的路径，最后解码后传送到所有的组织部门最终被接收的过程。高端人才工作嵌入贯穿整个过程的始终，改变了以往的信息受阻和不畅的一系列问题，高端人才与组织紧密联结在一起，企业各部门相互联结在一起，形成一个有序的信息传递机制，使工作匹配中的高端人才和组织能够高效地完成任务。通过高端人才工作嵌入这一“介质”作用来扩大信息源，缩短传递路径，将它们联结形成全新的生态系统。① 构建生态信息传递机制是为了将非对称生态之间信息得到及时有效的传递，它有效地解决了非对称生态之间存在壁垒、信息私人化、难以量化和传递等一系列特征问题，信息难以得到更好的传递互通，所以在耦合机制建立前必须加强信息对称化，使信息量少的一方尽可能获得更多信息。如图 11-11 所示。

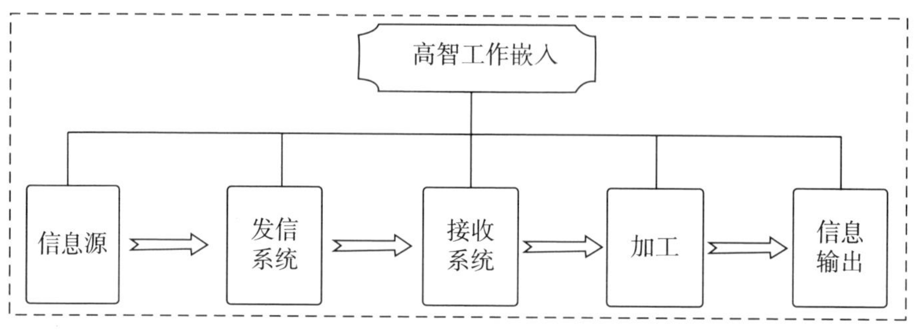

图 11-11　生态信息传递机制

（2）高端人才工作嵌入生态价值再造机制。价值再造能够加大非对称生态之间的关联度，高端人才岗位匹配度，让内部结构得到更好的结合互通，构成新机制体系，将“硬性”效益转化成“软性”效益，最终促进企业生态化发展。高端人才结合可利用资源再次创造价值是工作任务的体现。企业过去通过技术提升再由宣传的方式让体验者被动感知，价值转换率极低，而在高端人才工作嵌入下信息流自上而下形成双向流动和多项向流动，让整个企业体验得到前所未有的满意高度。② 企业在选择高端人才时，也更看重高端人才的再造价值和高端人才创新力。高端人才工作嵌入非对称生态之间相关性解读及打破信息不对称带来了再造价值驱使，让企

① 参见金雁南、田林：《信息不对称下供应链成员的决策顺序研究》，《中国管理科学》2019 年第 11 期。

② 参见何桦、贾雅雯：《“电商＋报纸”：互联网时代的商业合作新模式》，《出版广角》2019 年第 3 期。

业内部生态得到了耦合相容，追逐连接红利的商业模式成为趋势。价值再造的实现途径主要有：第一，企业通过 HR 甄选高端人才，建立人才甄选标准体系，创新能力驱动指标评价体系；第二，实行人才激励机制，激发高端人才创造价值的潜力和能力，最终完成价值再造并得到企业的认可。高端人才工作嵌入生态价值再造必须坚持以人为本，坚持可持续，高端人才工作嵌入运用云平台、智能化，将资源整合创造新价值，减少资源的报废率，增加回收利用率，节约资本、人才、物力，实现多方共赢的战略模式。如图 11–12 所示。

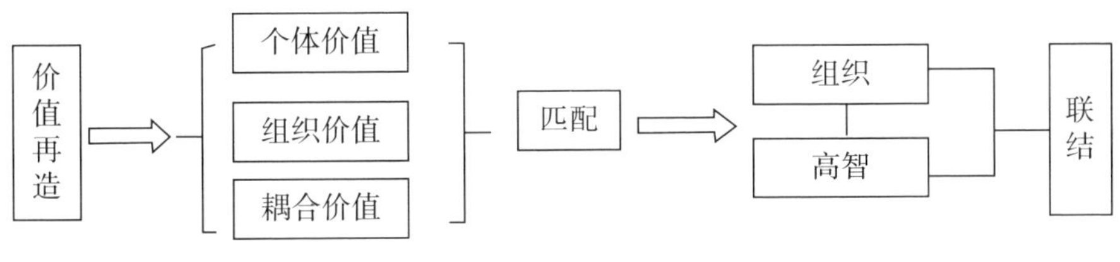

图 11–12　价值再造机制

（3）高端人才工作嵌入生态数据移植机制。数据移植是指将原有系统的数据源通过新技术导入新的数据系统的全过程。高端人才工作嵌入生态数据移植是通过高端人才将新技术、新方法和新观念灌输其中。在移植过程中，因为数据存在于不同硬件上，移植过程会出现诸多困难，且移植数据需花费大量资金成本和时间成本，所以构建生态数据移植机制具有极大必要性。其主要表现：第一，高端人才工作嵌入能极大限度降低移植过程消耗的资金成本和时间成本；第二，高端人才能高效的将内部存在不对称新旧数据进行优化重组，将分散的数据合并，完成绿色数据的转换，与外部资源和生态对接实现共享，受益于企业生态群。高端人才贯穿数据移植过程始终，其表现途径：高端人才先对所有数据进行分析，确定移植类别和移植范围后，将原系统的接口和新系统的接口对接，然后编码；因新旧设备存在差异，高端人才工作嵌入要将旧数据进行形式检查与更正，再使其进行转换和处理，通过传递渠道输送，最后成功对接新系统数据接口，完成移植工作。而对于以后出现更复杂的数据移植，还需要高端人才工作加大技术的嵌入，不断地学习新知识，提高认知水平和工作嵌入度和人机交互程度，掌握数据移植发展规律和趋势。数据的移植工作能促进数据资源的整合内化，提高组织、高端人才群之间的联结度。如图 11–13 所示。

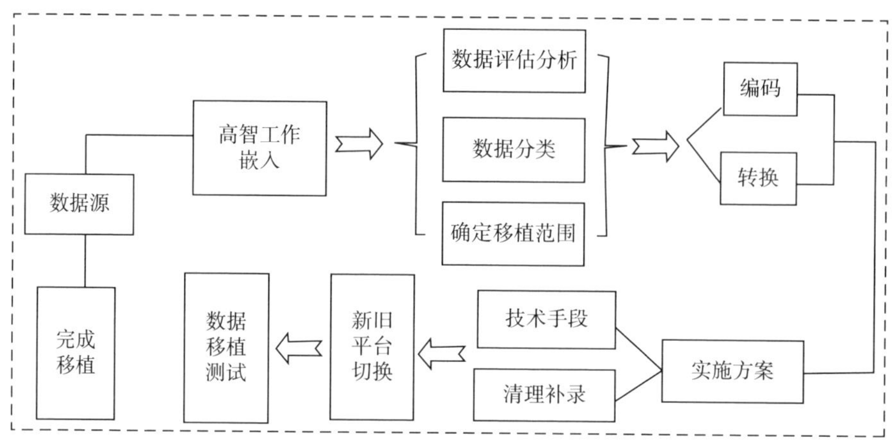

图 11–13　生态数据移植机制

2. 高端人才工作嵌入非对称生态耦合有效补偿机制

（1）高端人才工作嵌入非对称生态耦合的资源补偿机制。生态补偿是以维护和利用生态系统服务为目的，生态补偿机制是以实现生态和谐为目的，高端人才工作嵌入非对称生态耦合的资源补偿机制是指基于企业自身为主的补偿主体，把非对称生态耦合过程中出现的短板效应，进行填补漏洞、补偿。补偿机制系统具有预警性，能及时反馈信息，高端人才根据不同时期情况进行具体问题具体解决。其主要体现：第一，开发期运用精细型模式，对内部资源进行详细清点；第二，成长期加大开发深宽度；第三，进入成熟期后将资源进行储备，包括物资资源储备、高端人才储备，为企业可持续发展做铺垫；第四，枯竭期后高端人才工作嵌入非对称生态耦合进行资源补偿，填补组织内资源短缺漏洞，特别是高端人才的短缺会影响企业的转型升级，影响竞争力和企业的发展，高端人才补偿，能实现企业的持续发展。如图 11-14 所示。

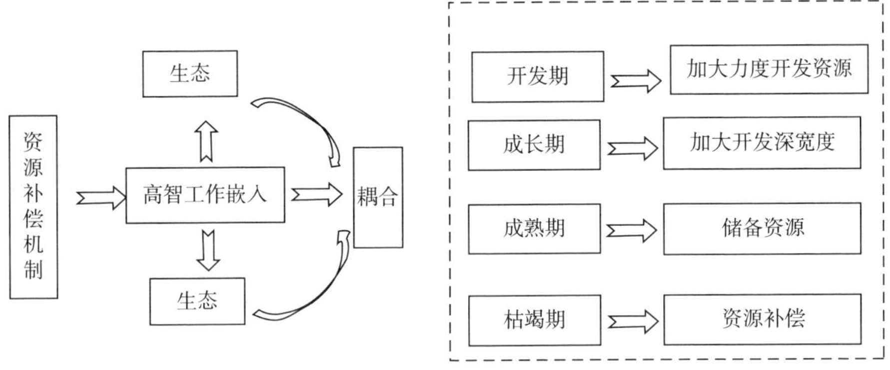

图 11-14　资源补偿机制

（2）高端人才工作嵌入非对称生态耦合的环境补偿机制。高端人才工作嵌入非对称生态耦合的环境补偿机制是通过高端人才工作嵌入支持，结合企业运用经济手段保护生态资源、环境、促进与生态互利共生一体化实现的过程。企业的环境补偿主要以政府补助和生态自救为主，高端人才工作嵌入跨区域的企业环境补偿机制尚未建立，规避风险能力比较薄弱，实现非对称生态环境补偿能力低，在资源与数据共享和互通的大时代，构建非对称生态耦合环境补偿机制是必要的。其主要表现：第一，企业发展需求，高端人才工作嵌入要匹配相应的生产资料，促使匹配相应的环境补偿；第二，环境承载与生态的矛盾日益凸显，为此，高端人才权衡后选择最优环境进行匹配，形成完整的生态和谐系统，多方面规避环境带来的风险和消除边界壁垒。高端人才具有高尚的道德品质和很强的生态保护意识，在组织中对其他成员有很强的思想感染，树立良好的榜样作用。基于此，企业必须建立环境补偿机制，给予开展实施的经济支持，促进补偿机制的运行。[①] 如图 11-15 所示。

① 参见何立华：《产权、效率与生态补偿机制》，《现代经济探讨》2016 年第 1 期。

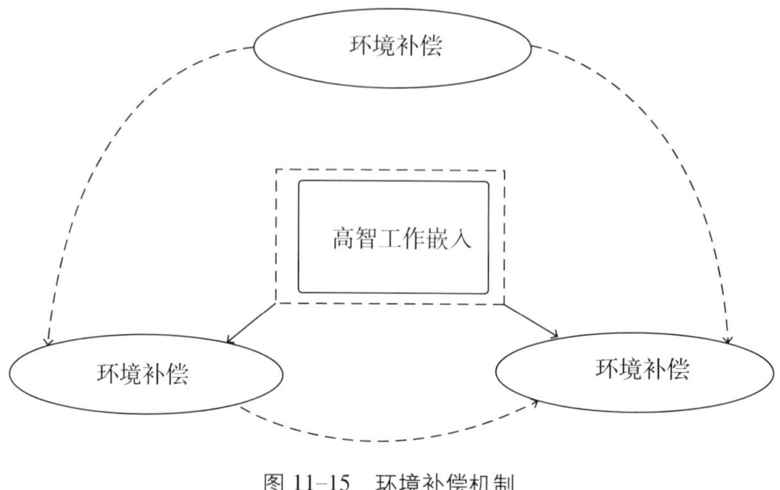

图 11-15　环境补偿机制

（3）高端人才工作嵌入非对称生态耦合效益补偿机制。效益补偿机制又称利益协调机制，建立效益补偿机制对企业未来的耦合成熟化发展有着推波助澜的作用。高端人才工作嵌入进行生态补偿并得到效益最大化，主要体现：第一，高端人才通过大数据分析，能够全面分析并应激制定决策，修复和恢复环境和促进资源可再生利用，构建监督机制和效益补偿机制；第二，自救的效益补偿具有补偿力度低、期限短、补偿主体统计不全

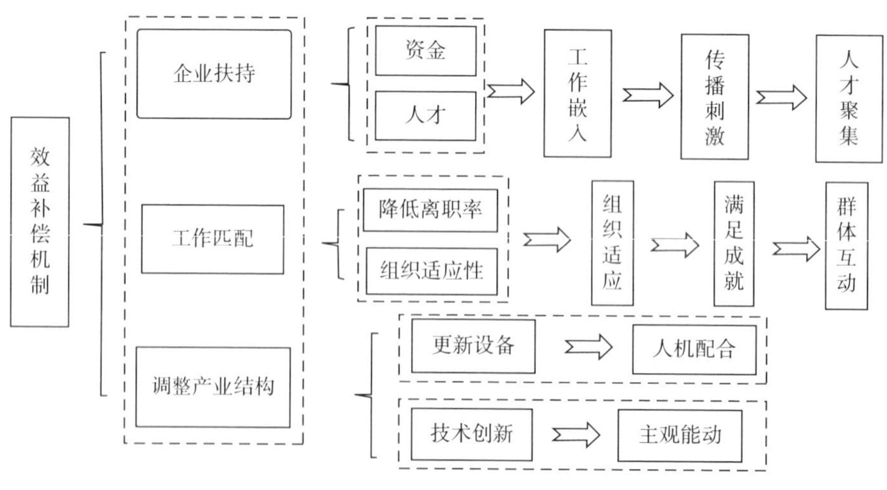

图 11-16　效益补偿机制

等特征，高端人才工作嵌入效益补偿的数据资源和生态群得到了深度的交叉、耦合，全面地对各个组织生态群进行分析，全方位的补偿，补偿效果显著。高端人才具有极高的成就动机，因此能在工作嵌入过程中体现出较高匹配程度和职业效能，通过病毒式传播、刺激效应吸引更多高端人才人群，提高高端人才聚集和整体补偿力度，实现高端人才价值最大化，如图 11-16 所示。

3. 高端人才工作嵌入的非对称生态耦合主客体转化机制

（1）高端人才工作嵌入非对称生态耦合能值转化机制。能值分析理论指的是单位的某物质或者任何形式的能量里所含有的太阳能焦耳数量（单位：sej/J）。通过高端人才这一媒介将生态系统中具有价值的能源转化为兼具使用价值的非对称生态的过程。随着非对称生态耦合跨领域发展，传统能值分析方法已经不能获得相应的经济效益，所以必须加大技术投入，引进高端人才，因为高端人才工作嵌入使值转化具备时代性、高效性、多样性，为能值转化提供了一个全新匹配的设备工具。所以企业应选择匹配的高端人才，能减少人才流失量，聚集高端人才、加大工作嵌入度，同时建立激励人才制度，留住高端人才和吸引高端人才，因为高端人才的离职

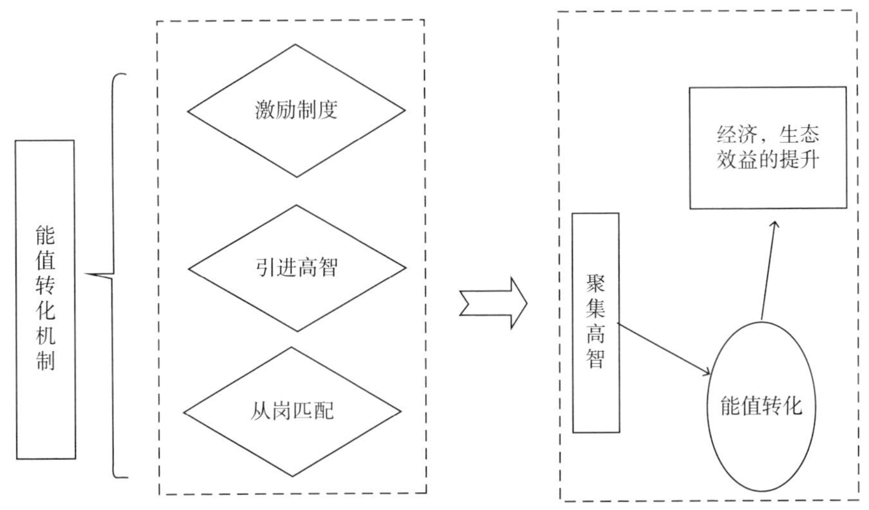

图 11-17　能值转换机制

意愿强，组织将面临牺牲，主要表现在经济、人才的牺牲。聚集高端人才能为企业引进创新血液，加大企业与高端人才的紧密关系，能促进能量转化，提高人才储备，提高效益。如图 11–17 所示。

（2）高端人才工作嵌入非对称生态耦合生态足迹比对机制。企业资源消耗强度、组织资源供给能力和总消耗量占总资源的比率关系，通过高端人才工作嵌入平衡调节的过程。在过去的研究中存在很多问题，如生态承载问题、经济发展问题、政策的局限性、缺乏技术等。高端人才工作嵌入能合理调控和优化生态资源与企业之间的关系，企业发展中对生态造成的承载压力，通过高端人才工作嵌入对产生负的影响因素进行有效处理。比如，排放的废弃物和有毒气物，给自然生态和人类生活带来影响和危害，危害指数通过可视化技术显示出来，由高端人才识别后嵌入处理，通过人机交互建立感应机制，有效解决生态足迹超出承载力时出现的赤字状态和生态足迹低于承载力值时出现的盈余状态的情况，一定程度上缓解了生态的空间压力。① 高端人才工作嵌入能与组织达成很高的认同感，在工作中找到归属感，通过获得的成就实现自我提升和自我发展。机制的建立能为企业节约成本和提升生态足迹使用率，高端人才具有很强的价值匹配能力和工作适应能力，能快速地进入状态，实现高度的人机结合；具有超强洞察能力和牺牲精神，能节约时间成本，在短期内完成工作任务。高端人才为满足成就动机，协助其他组织完成任务，创造较高效益，使内部组织紧密联结在一起，建立一个相互联结的生态链，实现了双赢战略，能促进科技的创新，保持生态平衡，这对研究非对称生态耦合有着重要的意义。②如图 11–18 所示。

① 参见赵敏、吴鸣然、王艳红：《我国研发投入、科技创新及经济效益初探——基于复合系统发展水平及协调度的研究》，《中国科学基金》2017 年第 2 期。

② 参见姚建建、门金来：《中国区域经济—科技创新—科技人才耦合协调发展及时空演化研究》，《干旱区资源与环境》2020 年第 2 期。

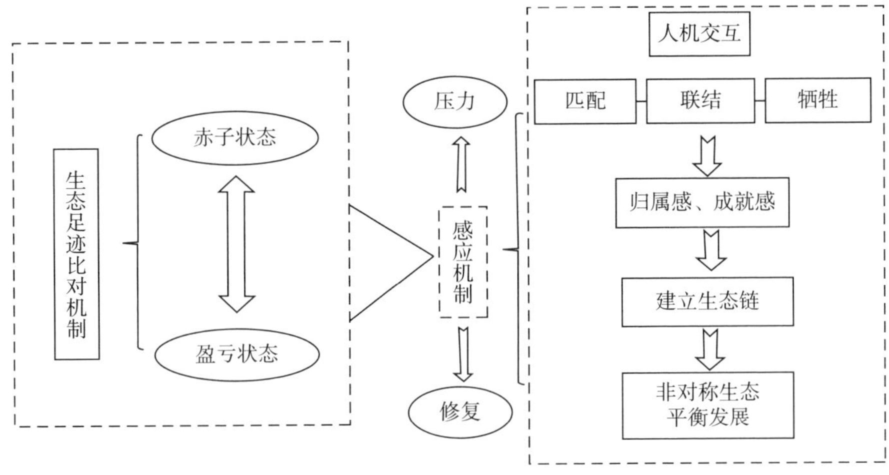

图 11-18　生态足迹比对机制

（3）高端人才工作嵌入非对称生态耦合投入产出比分析机制。投入产出比是指高端人才对全部的投资与运行寿命期内产出的项目增加值总和之间的反比关系。高端人才工作嵌入对比例进行优化，其适用于科技项目、技术改造项目的经济效果的评价指标。如将 K 令为投资总额，IN 令为企业项目的寿命期内各年增加值的总和。那么由公式可以得到 $N = IN/K$，N 值越大，企业项目经济效益越好。构建该机制初始期，企业需要大量资金投入与技术支持。因此，高端人才的首要目标就是提高信息的传递效率，实现非对称生态之间产生协同效应，实现深度耦合，在工作嵌入中减少资金投入，增加产品转化率，这能使企业产出更多的供给数量，能提高市场竞争力。高端人才工作嵌入对机制构建取得了不可小觑的效益，其主要表现：第一，提高高端人才与组织联结，在工作嵌入中体现组织利益为先，规划生产成本投入与产出有合理策略，从节约人力、物力、财力，使投入产出比越小；第二，资本短期回本快，高端人才工作嵌入的回报率是不可量化的，嵌入技术成效具有不可衡量性，高端人才的精准匹配具有高度专业性和持续性，能够提高市场应变能力；第三，企业加大力度培养高端人才，引进新设备、新技术、新知识，企业投入资金对高端人才进行培训，让高端人才掌握先进的管理方法，更权威专业的技能，增加产品的科技含量，如图 11-19 所示。

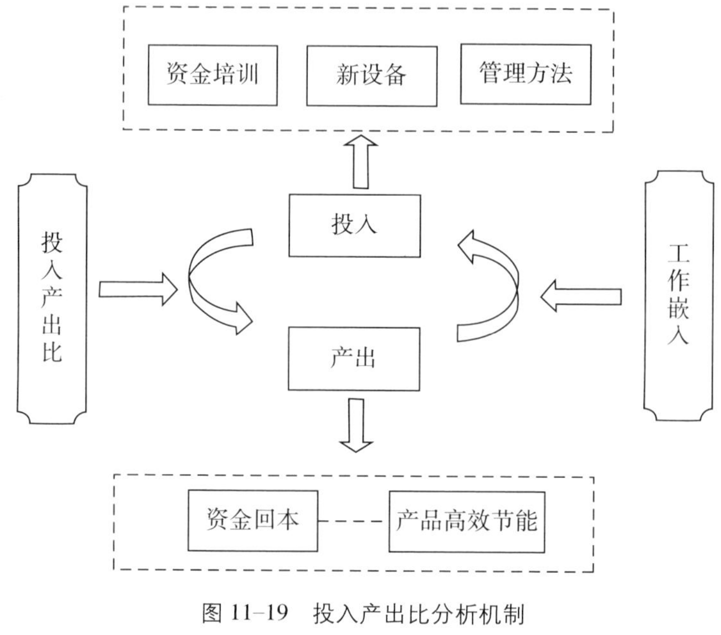

图 11-19　投入产出比分析机制

（三）高端人才工作嵌入非对称生态耦合机制的应用

1. 高端人才工作嵌入非对称生态的跨领域合作

云平台确保非对称生态耦合精准对接。云平台如同虚拟计算的资源库，自动地进行数据动态匹配和数据计算对接。高端人才在工作嵌入非对称生态耦合过程中使分工更优化、结构更合理、发展更具持续性。高端人才具有很强的工作适应力、分辨力和战略思维，能在大脑中构造任务思维导图，工作嵌入提高创新新引擎，扩大对接领域，提高非对称生态耦合度，云平台数据交换平台和数据转换平台消除生态耦合中壁垒部分，使非对称生态耦合走向成熟化、规模化。在高端人才识别和匹配中，对数据源进行接口对接，并在对接点处接入多接口节点，完成多重对接，实现非对称生态耦合集群化和价值集群化。云平台在高端人才工作过程中始终起到监督和安全保护的作用，体现在：第一，实时反馈信息；第二，智能化感应接口工作是否到位；第三，给出对接分析报告和答案。云平台数据化使高端人才对非对称生态耦合的跨界嵌入更具有时代性和高效性，推动高端人才聚集化，是高端人才工作嵌入的一次质的飞跃。

云平台智能化网织非对称生态耦合互利共生。从生态学上看，互利共生多发生在两种功能和结构存在差异的非对称生态之间，在云平台智能化的笼罩下，高端人才工作嵌入推动非对称生态兼容性的相互依存的发展。云平台智能化推动了高端人才虚实空间的耦合对接，满足了生态各需所有，推动了生态互利共生的发展趋势。在云平台智能化交织运作下，将非对称生态信息进行分析、整合、反馈，在云平台的自动化运作中，可视化的反馈结果，使耦合效果逐次优化，推动非对称生态兼容性的顺利发展。非对称的上下游之间存在的壁垒在逐渐地减弱，打破传统的封闭发展模式。不管是生态之间合并重组还是产业改革换代，都有效推动了跨领域合作的发展，促进了高端人才的交流。云平台智能化促进了人机结合，云平台智能化具备感知识别和实现自动化服务，实现非对称生态耦合互利共生的双赢战略，提升耦合生态软实力，促进了生态的协同发展。

云平台提高非对称生态耦合资源利用。在生态系统中，员工失业、机器设备和自然资源闲置等是经常存在的状态。资源利用致力于推动非对称生态耦合，促进资源可再生、技术进步和推广。在企业中资源充分利用主要体现：第一，高端人才与工作匹配度高、与组织联结度高，高端人才获得的物质价值与岗位匹配度高；第二，生产资源的利用适当充分，不会造成浪费或者过剩；第三，外部资源及内部资源进行补偿、充分流动，与外部生态在协同价值点的基础上，创造更多价值。云平台能够整合非对称生态之间的数据，改变了以往杂乱无章的数据的不完整性和滞后性，将数据进行收集、整理、筛选，加以合理运用；在企业与企业间耦合资源相互利用能够实现优势互补，为企业解决短板缺陷带来的损失；资源共享促使生态链有序循环发展，提高转换速度和利用频率，高端人才资源的利用，推动企业的转型升级，拓宽产业价值，实现资源共享化和价值集群化。通过云平台数据化显示，高端人才工作嵌入对资源进行精准化识别，提高耦合资源的再利用率，实现并构建资源节约型的生态关系。

云智能信息化提高非对称生态耦合挖掘价值。非对称生态耦合挖掘价值是在生态相似价值或者寻求协同价值节点的基础上，进行挖掘价值。通过云智能信息化的协助，及时、精准地反馈信息，且防止数据信息被泄露、丢失和被非法篡改，云平台信息化提供实时信息，使其掌握流动资源的变化状况。挖掘价值分为生态内部和外部挖掘。高端人才工作嵌入生态内部的挖掘价值，效益在短时间内得到提升，可面对越来越激烈的市场竞争，这种内部挖掘价值带来的经济效益不能维持整个生态系统长远发展。因此，挖掘价值必须向外延伸，高端人才实现生态价值内外并驱发展，根据市场需求，云智能信息化为企业提供技术支撑和信息资源，企业寻求的价值趋向成为挖掘价值的方向标，加大高端人才与组织联结，提升自身的专业知识，提高工作嵌入挖掘生态边界的潜在价值，延伸生态本位价值，借助云智能的优势重塑企业价值构架，构造资源互动参与体系。

大数据可视化推动非对称生态耦合价值成效。如果说大数据是动力源、能量源，那么大数据可视化就是它最终价值呈现。可视化是价值成效实现的最后一个至关重要的环节，它以介质形式将数据的价值成效体现。主要表现：高端人才将非对称生态杂乱无章的数据从特定维度进行分析，然后可视化的显示成为有序交互的图表，完成了信息的传递和反馈，为高端人才工作嵌入追踪数据变化提供依据，降低认知壁垒，使价值成效迅速化、全面性呈现。大数据可视化推动了耦合价值挖掘和智慧型生态的发展，其价值成效的潜力是无限的；高端人才工作嵌入非对称生态耦合使内部系统优化重组，企业具备更强生命力；高端人才在组织发展中匹配、联结、牺牲对企业有着推波助澜的作用，企业本身具有一定的生态修复和发展认知；在数字时代下，高端人才工作嵌入实现技术和人才的协作，实现了高价值成效集群化。若价值成效达到双向指标，高端人才的留职意愿则强烈，从而作出牺牲，愿意放弃其他职位晋升以及离开熟悉的环境，投身到工作岗位上，使价值成效更上一层楼。

2. 高端人才工作嵌入非对称生态耦合机制模型

（1）高端人才工作嵌入非对称耦合度模型。非对称耦合度模型是指两种或两种以上生态之间和谐发展程度，存在着一定程度上相互依赖关系，因此构建非对称生态耦合机制模型能为耦合的发展战略实施提供相关理论依据。耦合度函数：

根据物理中容量耦合的概念及系数模型，可以得到：

$$C=\left\{(U_1U_2)/\left[(U_1+U_2)(U_1+U_2)\right]\right\}^{1/2} \quad ①$$

C 为耦合系统的耦合度，C∈[0，1]；U_1 和 U_2 为两种不同生态对总系统的贡献值。

耦合度发展阶段：

耦合度	阶段特征
$C=0$	生态之间存在着“封闭式”发展
$0<C\leqslant 0.3$	发展水平较低，耦合度提升空间大
$0.3<C\leqslant 0.5$	相互抗衡阶段
$0.5<C\leqslant 0.8$	进入生态磨合期，耦合向良性发展
$0.8<C\leqslant 1$	高度耦合期，价值成效和经济效益达到最大值和最优化效果

高端人才具有很强的主观能动性和创造战略性，与企业达成高度组织认同感，具有理性的组织感知选择。因此，高端人才会匹配向与之相似的高端人才，并向其聚拢，促进高端人才集群化，提升科技含量值。高端人才工作嵌入非对称耦合度模型的构建，合理进行资源配置，实现优势互补，描绘出发展模型蓝图，根据构思运用到实践中，为企业发展作出卓越贡献。

（2）高端人才工作嵌入非对称耦合协调度模型。耦合协调度是衡量两种生态之间的杠杆，使其平衡发展。因为非对称生态具有动态性、不协调发展性。高端人才工作嵌入耦合协调机制构建能判定各个生态的发展水平，权衡它们的不足，促进非对称生态同步发展，最大限度发挥耦合机制的协同效应。生态之间存在流动性，生态足迹是变化发展的，为了消除非对称生态的差异带来的不可综合性的问题，高端人才工作嵌入对指标的数据进行标准化。高端人才利用人机交互的预警性，向组织反馈信息，使耦合协调度在适当范围，实现耦合协调度最优化。

耦合协调度函数：

其中，D 为耦合协调度，C 为式（1）中的耦合度，T 为非对称生态综合调和指数。

$$D=(C+T)^{1/2} \quad ②$$

耦合协调度	阶段特征
$0<D\leqslant 0.4$	低度的协调耦合
$0.4<D\leqslant 0.5$	中度的协调耦合
$0.5<D\leqslant 0.8$	高度的协调耦合

高端人才对历史数据进行分析，通过大数据可视化分析发展方向和耦合度的变化趋势，综合高端人才思想观念和知识感知，促使生态内部和外部达到最佳平衡状态，使非对称生态之间实现互利共生，资源得到优化配置，使社会、经济、生态利益实现统一协调一体化发展。

第十二章　高端人才工作嵌入反哺价值识别的维度与方法

数字时代，数据的有效使用将更好地体现在工作嵌入反哺价值识别中。高端人才在工作嵌入过程中展示出高忠诚度、卓越的管理能力和开拓创新精神，其对于组织绩效具有引领作用。本章从情感承诺、工作满意、价值认可和自我特征四个方面分析了高端人才工作嵌入的维度。在分析维度的基础上，提出了高端人才工作嵌入反哺价值识别方法的建构，包括价值识别标准数据跟踪、价值贡献率动态数据评价、价值链过程控制数据建模和价值评估技术数据分析，最后提出可从人岗匹配、高端人才培养和改造组织文化三个方面进行综合运用。

一、高端人才工作嵌入反哺价值识别存在的问题

高端人才工作嵌入反哺价值识别是指工作嵌入中联结、匹配与牺牲程度的不同会对价值识别结果产生不同的影响。企业的经营和发展离不开人才，在顺应数字时代潮流的同时，也要准确找出高端人才工作嵌入反哺价值识别中存在的问题，使企业中的人力资本得到最大限度的发挥。

（一）信息不对称

随着互联网技术和各种社交网络的发展，每个行业产生的信息都是海量的，而且信息迭代的速度越来越快，一系列信息问题也越发突出。

1. 识别数据难共享

数据共享是指组织中高端人才所获得的数据要互相分享，通过整合使数据发挥出最大的作用。高端人才在工作或生活中会产生很多数据，包括生活中和工作中的数据。由于数据来源广、分类多且信息之间的联系很少，所以大多呈碎片式分布状态，难以发现并进行整理，进而导致数据难以分享。① 高端人才工作嵌入中产生的数据多数都是经过高端人才本身创造出来的，数据本身就具有不确定性，正确与否需要进一步考证。高端人才涉及很多方面，因此创造出的数据不一定适用于其他领域或其他人才。退一步说，即便知道对别人有用，也可能因为缺乏动力或者没有适合的渠道而放弃共享。数据能否共享还会受到组织文化的影响，管理者的行为在一定程度上影响员工的工作嵌入。如果组织对于数据共享重视程度高的话，就会通过一系列激励措施鼓励高端人才共享数据，建立数据共享平台。然而当下组织管理层并没有意识到数据共享的重要性，高端人才数据共享缺少组织管理者的承诺与支持，导致数据共享更加难以实现。数字时代，人们将快速适应数据的爆炸与价值增值体验。想要在数据洪流中获得相应的报酬，数据的生产者需要以一种可以解释的方式共享数据。而共享数据的背后又涉及很多方面的问题，如知识资产、奖励措施、研究与创新等。因此，数据能否共享成了一个难题。

2. 反哺通道不畅通

反哺通道是指工作嵌入反作用于价值识别的渠道。有效的工作嵌入是

---

① 参见梅丽英、黄道禹、龙瀚林：《利用数据共享和分析提升企业运营管理能力》，《电子技术与软件工程》2020 年第 1 期。

进行价值识别的基础，而反哺通道的建立很大程度上决定着工作嵌入能否实现价值识别。一般而言，高端人才对于自身的价值追求与职业生涯规划远高于常人，对于职业规划更加清晰明确。而组织对于高端人才的规划需求并非都能够满足，甚至对于高端人才的需求不闻不问，导致高端人才在工作嵌入中与组织间的联结越来越低。高端人才与组织间的信息无法得到及时传递，进而反哺通道受阻。数字时代，企业不断扩张，追求利益的最大化，经常会忽略高端人才的感受，会使高端人才不能及时了解企业发展的最新动态而觉得在企业中得不到应有的重视。一方面，高端人才与组织之间缺乏良好的沟通渠道，个人想法难及管理层，工作嵌入所创造的价值没有得到及时识别，进而对组织缺乏信心，产生离职的想法；另一方面，高端人才掌握核心科技，致力于解决具有挑战性的工作任务，在某一领域取得进展时可能会因为成果不被他人所理解接受而很难与其他人产生共鸣，会使高端人才因得不到同事、领导的认同而丧失工作满足感。因此，对于高端人才工作嵌入结果很难进行价值识别，对于价值识别的反哺更难达到。

（二）价值认定不精准

数字时代，高端人才具有多种能力，不同方面的能力所对应价值识别的标准存在着差异，因此，在如何进行价值认定方面存在着不精准的现象。

1. 工作嵌入与价值识别信息未精准对接

工作嵌入与价值识别信息未精准对接是指对工作嵌入的结果的评定与价值识别信息没有得到良好的匹配。高端人才掌握核心技术，越来越成为企业竞相拉拢对象，因此，高端人才所面临的外界的诱惑越来越多。在高端人才工作嵌入中，高端人才所面临的诱惑越大，牺牲的东西越少，离职的决心就越大。高端人才的高流动性大大增加了价值识别的不确定性，而价值识别的不确定性直接导致识别信息与工作嵌入之间的融合度大大地降低。随着社会的发展变化，社会对于岗位的要求越来越高。高端人才处于组织的关键位置，其薪资待遇等远远高于一般人才，因此组织对于高端人才的期望与要求也随之提高。过高的期望有可能导致高端人才价值识别的动态性。组织对于高端人才的期望过高，无形中增加了高端人才的工作压力，带来其心理或情感上的波动。因此，在工作中极有可能带来发挥失误或结果差强人意的现象。组织对于高端人才的价值创造期望过高，没有具体的识别标准，久而久之会使高端人才缺乏工作信心，导致工作嵌入的匹配度降低。组织对于高端人才价值识别的动态性影响了高端人才工作嵌入与价值识别信息对接的精准度。这时，组织应当适当降低对高端人才的期望值，对其进行适当的调整，使每个高端人才都能找到最适合自己的岗位，从而发挥其最大的价值。

2. 工作嵌入与价值识别数据源回馈未构成

数字时代，各种信息良莠不齐，复杂多变，每天产生的信息都是海量的，获得信息的速度远远落后于信息迭代的速度。高端人才致力于解决具有挑战性的项目，需要的数据量相对要多很多。而数字时代各种信息错综复杂，大多呈碎片式分布，组织中人员众多，每个人获取信息的来源各不相同，大大地增加了虚假信息的可能性。高端人才工作嵌入中的工作行为、工作方式或工作结果等都会形成相应的数据，在价值识别过程中，这些数据将作为工作嵌入的数据源，在一定程度上与价值识别信息相互结合，起到回馈作用。而现阶段，组织对于高端人才工作过程中所形成的数据还没有做到完全的记录，工作嵌入数据源体系还未建立，因此价值识别信息与工作嵌入数据源得不到良好的匹配，进而影响识别的科学性。这时，就需要组织对高端人才价值创造建立相应的信息资源库，在有效避免数据外泄的同时，也便于高端人才对数据源进行实时回馈，对工作嵌入分类评价。

（三）反哺识别技术不科学

1. 工作嵌入多维数据描述未形成

维度即角度，工作嵌入多维数据描述即在工作嵌入过程中，要从多个角度通过数据的形式来描述工作嵌入。高端人才工作嵌入被定义为影响高端人才是否离职的主要因素的集合，这些因素通常包括心理、社会和经济等方面，不仅表现在日常的工作中，还表现在高端人才直接接触的环境之外。现阶段，组织对高端人才的价值识别主要依据高端人才成果绩效的好坏，仅从工作方面取得的成果即经济角度来进行价值识别，忽视了其他维度。工作嵌入包括三个方面的维度，即联结、匹配、牺牲，每个方面的维度产生的影响包括工作内和工作外。要使高端人才价值识别更加科学准确，在价值识别过程中就要做到有"据"可依，"据"即数据。影响高端人才工作嵌入的因素有很多，而要想衡量每个维度的影响，就要用到数据描述。数据描述可以使高端人才工作嵌入更加直观地表现出来。将每个维度的影响因素用数据进行描述，在价值识别时通过对数据的观察与分析，在充分考虑到各个维度影响的同时快速准确地进行价值识别。因此，对于高端人才反哺价值识别应该充分考虑到各个方面，用数据进行全方面描述。

2. 工作嵌入信息移植技术未推广

信息移植技术指将不同领域、不同方面的信息经过辨别、归纳、整合，合理的应用到其他方面的技术。在数字时代庞大的信息中，信息与信息之间并不是相互独立的，大多数是通过已有的信息衍生出来，彼此之间是相通的。在不同的行业中，除关键的专业技术以外，解决问题的方法、看待问题的角度都是可以通过对信息进行移植而重新利用，如何科学灵活的使用已有的信息就成了关键。高端人才工作过程中需要用到很多数据，组织能够提供的少之又少，或者能够提供的仅仅是最原始的数据碎片，高端人才在使用过程中需要进行分类整合后再利用。当下组织和高端人才对于数据共享还不是很重视，没有意识到数据共享的重要性，使得高端人才缺乏信息移植的平台，从根本上阻断了信息移植的可能性。另外，组织对于高端人才的研究成果没有详细的数据记录，高端人才间对于需要移植的数据或方法找不到自动移植的平台，大大增加了移植的复杂性。由于信息得不到分享，高端人才解决问题的方法、思考方式以及互通的信息等无法互相借鉴，从根本上阻断了信息移植的广泛应用。因此，高端人才工作嵌入信息移植技术很难得到推广。

（四）工作嵌入结果未能有效挖掘

工作嵌入维度的划分日益精细，所需要识别的数据、信息也随之增加。而目前的识别方法及标准还存在着很多不足，因此会造成价值识别的不准确或对识别的结果不能进行更深一步剖析。

1. 人工智能穿戴技术未联结价值识别

人工智能是对人的意识、思维的信息过程进行模拟。作为人的智能化延伸，在智能的帮助下，高端人才可以更好地感知外部信息，实现人和信息间的无缝对接，智能穿戴技术是未来社会的发展方向。随着时代的进步，一些可穿戴产品也应运而生，如眼镜、手表、计算机等。可穿戴眼镜的使用可以使高端人才进入可穿戴视觉中，以自身为中心随时观察周围的环境，在这个过程中，人可以和视觉系统共同作用，相互辅助使信息的获取更加可靠，高效率完成工作。可穿戴计算机可以“穿”在身上，不受空间的限制，可以随时移动，高端人才在工作时不会受到传统计算机的约束，随时随地都可以使用。而现阶段，我国大部分企业的设备以及技术都不是很完备，可穿戴设备还未融入高端人才工作当中，高端人才工作嵌入与可穿戴设备还未实现完美结合，人工与智能之间还未形成良好的对接。因此，对于工作嵌入结果的挖掘还停留在表面，未得到深层次的挖掘。

2. 人脸识别技术未匹配使用于价值识别

人脸识别是指基于人的脸部特征信息进行身份识别的一种生物识别技术。我国现阶段，很多公司为了进行绩效考核也是用尽了各种方法，上下班打卡，按指纹，甚至手机内安装定位软件等层出不穷。传统方法对高端人才价值进行识别需要从数据库中调取高端人才的信息表，了解到高端人才各方面的信息之后才能对其进行识别。随着企业的不断发展，组织内人员越来越多，传统的识别方法不仅效率低下，而且还存在因高端人才基本信息类似而出现识别对象混淆的现象。一方面，人脸识别通过对高端人才脸部主要特征点的描述，对各个器官的划分，建立人脸信息库，在进行价值识别时，通过识别人脸迅速找到高端人才个人信息，在避免对象出现错误的同时，也提高了识别效率①；另一方面，人脸识别的运用还可以对高端人才工作进行实时保护。高端人才是组织发展的领头羊，更是国家发展的财富，将人脸识别技术匹配使用于价值识别，一旦有非高端人才本人试图读取高端人才研究成果时便立刻报警，可以使高端人才的研究成果不被窃取或外泄。所以，将人脸识别技术引入价值识别相匹配具有非常深远的意义。

二、高端人才工作嵌入识别维度

工作嵌入实际上是从离职角度来分析留职意愿，对影响离职的各项因素进行分析，包括环境、同事、文化等，这些都在不同程度上影响着高端人才的行为决策。基于工作嵌入理论，针对高端人才特性，从以下最能体

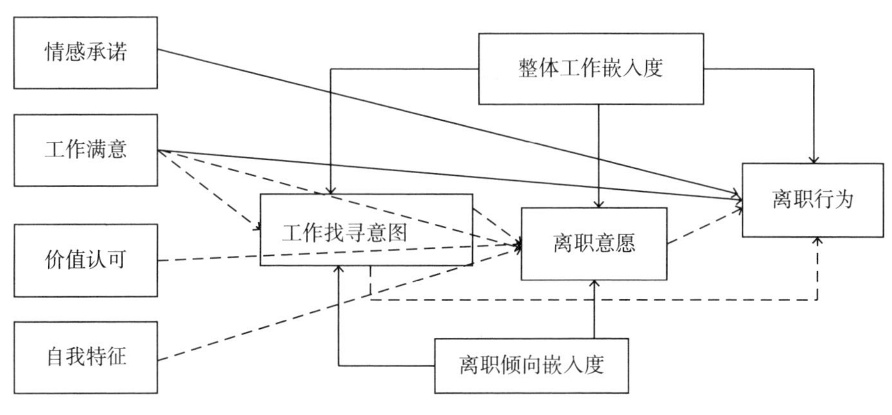

图 12–1　高端人才工作嵌入和离职意愿倾向图

① 参见刘祥楼、李天昊、张明：《融合梯度特征的轻量级神经网络的人脸识别》，《激光与光电子学进展》2020 年第 1 期。

现高端人才工作嵌入维度的四个方面进行了细分。如图 12–1 所示。

（一）情感承诺维度

情感承诺是指高端人才对于组织的感情依赖，或者可描述为高端人才对组织的一种积极态度。随着人们生活水平的提高，特别是高端人才这类高层次人才群体，在工作中其所重点关注的不再是报酬薪金，而是情感承诺。情感承诺是相互的，组织给予高端人才情感依靠，高端人才也会对组织表现出情感依赖，提高其嵌入程度。①

1. 组织信任

组织信任是指组织相信高端人才，从而使高端人才心理对组织产生支持和依赖。组织信任是组织人际交往过程之中重要的影响因素，它可以明显降低由教育程度差异所导致的个体间的冲突行为，从而更加有效地团结合作。由信任产生的合作使得高端人才之间、高端人才与组织之间在情感上产生联结。② 信任是双向的，当组织信任高端人才，例如将高端人才安排在重要的职位上，高端人才也会对组织、领导以及同事越信任，双方之间的合作也就紧密，情感联结也就深入，在组织层面上的嵌入程度也就越深。高端人才作为组织内的核心人才，一旦他们感受不到组织对其自身的信任，当出现利益冲突事件时就很有可能出现离职行为。因此，高的信任度才能够产生高的工作嵌入，跳槽行为才会减少。

2. 组织声望

组织声望一般是指组织在业界中众人所仰慕的名声，也可表现为公众对组织的认可程度。当高端人才选择进入一个组织时，势必会先了解这组织在行业中的声望，或者换句话说，就是该组织的外部形象怎么样。组织

① 参见王桃林、龙立荣、张勇、周浩、张军伟：《类亲情交换视角下员工组织关系对情感承诺的影响研究》，《管理学报》2019 年第 5 期。

② 参见杨春江、李陶然、逯野：《基于工作嵌入视角的组织伦理气候与员工离职行为关系研究》，《管理学报》2014 年第 3 期。

的声望高，高端人才就越愿意到组织中来。组织的声望高即他人对组织的评价高，高端人才就会由衷地感到自豪。显然，组织的声望会对高端人才的情感承诺起作用。同理，如果组织在员工中的声望受损，可能造成高端人才一边为目前的组织工作，一边寻找新的工作机会，这样就会增加组织的离职率。因此，组织应该努力提升自身综合能力，对其他组织和社会作出贡献，使组织在公众眼中受到尊重，以提高组织声望，增强高端人才与组织的嵌入性。

3. 价值观匹配

价值观匹配是指高端人才价值观与组织价值观的契合度或相似度。高端人才价值观是指由于高端人才的阅历、教育程度、背景等形成稳定的认知、行为和抉择模式。组织价值观是在长期实践过程中所形成的组织成员共享的价值观。如果高端人才与组织价值观相契合，可使高端人才与组织其他成员在信念、认知等方面达成共识，从而提高信息交换的正确性和增加协调性的行为，以提高组织绩效。反之，如果高端人才感受到组织价值观与其自身价值观相冲突时，高端人才在工作过程中就容易与组织其他成员发生冲突，增加离职意愿。因此，组织价值观与高端人才价值观匹配能增强高端人才对组织的情感承诺。①

（二）工作满意维度

工作满意是指高端人才对组织安排的职位、提供生涯需求机会以及伙伴认同等有关方面有良性感受的心理状态。高端人才对所任职工作相关方面的满意，有助于提高与组织的联结程度。②

① 参见肖益文、朱文娟、刘雪：《员工工作嵌入、资源保存与工作绩效：研究动态与展望》，《呼伦贝尔学院学报》2019 年第 6 期。

② Cf. Jeong Sil Choi RN, MPH, PhD, ICAPN, Kyung Mi Kim RN, PhD, ICAPN. Job embeddedness factors as a predictor of turnover intention among infection control nurses in Korea [J] , American Journal of Infection Control, Vol.43, pp. 1213—1216, 2015.

1. 工作职位

工作职位是指高端人才为处理一定组织业务而任职的岗位。高端人才担任的工作职位不仅应在组织中处于中高层，而且该工作职位应富有挑战性。高端人才与一般的员工不同，是一类追求权力、追求成就感和追求自我发展的高层次人才。高端人才工作主要是为了追求自我满足感，因而看重工作是否能够发挥自身才能，是否能在完成工作任务过程中创造价值。如果组织将高端人才安排在适当的工作岗位上，能够让他们运用自己的专业知识和技能解决具有挑战性任务，并能够及时得到关于他们工作好坏的及时反馈，高端人才会感受到自我价值的实现，增加对工作的满意度。相反，一般的工作职位会使高端人才感到厌烦和枯燥，从而丧失工作的积极性。因此，组织任命高端人才担任具有挑战性的中高层工作职位可提高高端人才嵌入度。

2. 生涯需求

高端人才的生涯需求是指高端人才对自身从事职业的欲望和渴求，即高端人才对所从事职业希望实现的目标。与一般人员相比，高端人才的生涯需求更为强烈，因而对职业生涯规划、职业生涯通道和职业生涯设计有明确清晰的认识和要求。组织如果能够根据高端人才特性满足其职业生涯的需求，那么就容易增强与组织的联结。组织如可以向高端人才提供咨询与帮助，给高端人才一个明确具体的职业发展引导，让其精确地完成自身职业生涯规划与职业生涯设计；同时为高端人才搭建职业生涯通道，如成立创新基金以及加强与行业之中领先组织的合作，让高端人才有足够的成本和资源去实现自身职业目标。如果这样，就能充分调动高端人才的积极性，形成组织与高端人才共同成长的良好局面。当高端人才感受到该组织能够满足其生涯需求时，就更愿意为这样的组织服务。

3. 伙伴认同

伙伴认同一般是指组织、领导、同事、下属和组织外其他人员对高端人才在组织中各个方面的肯定。伙伴认同可根据组织对高端人才业绩考核采用的360度评价来体现。360度评价是指组织中同事、领导、下属等评估人员对高端人才的人际关系、工作能力、沟通技巧等方面的评估。通过360度评价，高端人才可以从这些评估人员获得反馈，了解伙伴对自身的认同度。高端人才如果获得的反馈显示自身人际关系、沟通技巧等方面比较良好，那么会感受得到肯定的满足，提高对工作的满意度。① 因此，组织应增强高端人才与其他成员的沟通，让组织的其他成员更好地了解高端人才，提高伙伴对高端人才的认同度。

（三）价值认可维度

根据需要层次论，高端人才的价值认可可看作是自我价值实现的需要。此需要属于较高级的需要，能使高端人才从内部感到满足。由此可增加高端人才与组织的嵌入度，减少高端人才的离职意愿。

1. 工作溢出价值

工作溢出价值是指由于高端人才具备自然科学、社会科学等专业知识而带来超出工作劳动本身的价值。高端人才是一群高质量人才，其在工作过程中创造的贡献价值大于其劳动力自身创造的价值，实现工作溢出价值。组织应承认并认可高端人才在工作劳动过程中所创造出的额外价值；反之，高端人才的热情会受到影响，还可能导致他们中的一些人离开公司。因此，组织应区分高端人才劳动力价值和高端人才劳动价值，通过对高端人才价值贡献率的计量，来体现高端人才工作溢出价值，让高端人才感受到组织对其工作溢出价值的认可，使得他们以更高的热情投入工作。

2. 榜样示范价值

榜样示范价值是指高端人才优秀思想和创新行为在组织其他成员中产生共鸣，从而引导组织其他成员作出对组织有贡献的行为。高端人才是一

---

① 参见康雨佳、潘攀：《基于TPB理论的互联网企业知识型员工离职影响因素分析》，《经营与管理》2020年第1期。

群具有优良的思想品质、良好的规划能力和发展创新精神的高层次人才，他们的品质和行为能对其他员工的行为、语言、信念等方面起到引领作用，成为组织中其他员工的榜样。在高端人才人物的感召下，组织其他员工把个人命运与组织命运紧紧地联系在一起，把个人荣誉与组织荣誉紧紧地联系在一起，集中大家的智慧建设和发展组织。因此，组织要认可高端人才的榜样示范价值，更好地发挥高端人才的榜样示范作用，增强高端人才与组织和员工的紧密度。

3. 职位发挥价值

职位发挥价值是指高端人才在合适职位上能够更好地运用职位权力整合组织资源，同时利用自身的专业知识和技能，出色地完成工作任务，获得超额的工作业绩。组织应认可高端人才可以更好地发挥职位的价值。因此，组织要按照知人善任、适才适用、因事用人原则，并根据高端人才的专长、兴趣、志向等，将高端人才安排在适当的职位，实现职位发挥价值。同时，这也能让高端人才感受到尊重和自我价值实现的需要得到满足，以提高与组织的嵌入程度。

（四）自我特征维度

高端人才工作嵌入自我特征维度是指高端人才在工作嵌入过程中自身特征对工作嵌入的影响因素。这些影响因素主要包括以下三种：

1. 高创造性

高创造性是指高端人才具备足够的专业文化知识和技能，在工作过程中往往有自己独特见解，从而总能带来创新思想和行为。① 高端人才在创新的过程中不可能仅凭个人能力和知识，还需要组织团队成员的密切配合。因此，高端人才在组织工作中的高创造性，通过工作联结，与组织成员间建立良好的人际关系，增强高端人才对组织的依附性。高端人

① 参见殷凤春：《高端人才工作嵌入价值识别研究》，《科技进步与对策》2015 年第 24 期。

才创造性对其工作嵌入有正面影响，这种创造性越高，其工作嵌入程度越高。

2. 高嵌入性

高嵌入性是指高端人才在工作嵌入中与组织或者同事之间的社会和经济关系更加紧密地镶嵌于组织和社区联结中。与一般员工相比，高端人才具有更强的流动潜在性。因此，组织在进行工作嵌入过程中会考虑高端人才各方面的需求，例如组织价值观与高端人才价值观的匹配、工作职位与高端人才人格的匹配等，以加强高端人才与组织和社区的联结，实现高端人才的高嵌入性。如果高端人才工作嵌入不能满足高端人才工作和生活的需求，就会降低高端人才嵌入性，增加高端人才离职意愿，引起离职行为。

3. 高数据整合力

数字时代，高端人才具备对海量数据进行鉴别、分类、分析和整合的能力。在组织中，其他员工为高端人才提供多种数据资源，要想对这些数据进行较为精确的整合，这就要求高端人才深入组织了解数据所反映的本质，然后对这些数据进行分析，找出问题并提出建议。高端人才在深入组织的过程中，必然会与组织其他成员加强联系，形成良好的组织氛围，提高高端人才融入组织的意愿。可见，高数据整合力与工作嵌入呈正相关。

三、高端人才工作嵌入反哺价值识别方法建构

在认识高端人才工作嵌入维度的基础上，有利于组织识别高端人才工作嵌入的反哺价值，建构高端人才工作嵌入反哺价值识别方法，使组织能够更全面地了解高端人才工作嵌入。通过对文献分析和探讨，最终确定从价值识别数据跟踪、价值贡献率动态数据评价、价值链过程控制数据建模和价值评估技术数据分析四个方面进行高端人才工作嵌入反哺价值识别。

（一）价值识别数据跟踪

数字时代，高端人才工作嵌入过程中会产生纷繁多样的数据，需要鉴别、分析和筛选，从中挑选出能够体现高端人才工作嵌入反哺价值的数据，实现对高端人才工作嵌入反哺价值识别的数据跟踪。

1. 建立高端人才工作嵌入反哺价值识别标准

在构建高端人才工作嵌入反哺价值识别数据跟踪模型之前，需要确定高端人才工作嵌入反哺价值识别标准。在确定反哺价值识别标准时，须考虑高端人才工作嵌入情感承诺维度、工作满意维度、价值认可维度和自我特征维度，从高端人才工作嵌入维度反映高端人才工作嵌入反哺价值的特性。通过整合高端人才工作嵌入维度，最终确定从高端人才工作嵌入匹配、联结和牺牲三个方面来识别高端人才工作嵌入反哺价值，建立一个包含三级指标的高端人才工作嵌入反哺价值识别标准体系。如表 12–1 所示。

表 12–1　高端人才工作嵌入反哺价值识别体系

高智工作嵌入反哺价值识别标准指标体系				
一级指标	二级指标	三级指标与标准		
		指标名称	指标内涵	指标识别标准
高智工作嵌入反哺价值（A）	匹配（B1）	价值观匹配（C11）	高智价值观与组织价值观的匹配	高智能迅速融入组织
		生涯需求匹配（C12）	高智生涯需求与组织提供发展机遇的匹配	高智能以更高的热情参与工作
		工作职位匹配（C13）	高智专业知识和技能与工作职位的匹配	充分发挥高智才能
	联结（B2）	伙伴认同（C21）	领导和其他同事对高智各方面的支持	高智与领导和同事之间的紧密程度
		价值认可（C22）	对高智在工作中创造价值的认可	获得更多的报酬薪金和表扬

续表

高智工作嵌入反哺价值识别标准指标体系				
一级指标	二级指标	三级指标与标准		
		指标名称	指标内涵	指标识别标准
高智工作嵌入反哺价值（A）	牺牲（B3）	职业发展平台（C31）	组织为高智搭建职业发展通道	创造更多的创新成果
		牺牲（C32）	组织信任体现高智与组织的情感联结	减少冲突行为

高端人才工作嵌入匹配。高端人才工作嵌入匹配是指高端人才对所在组织感知的兼容性，在组织中高端人才的人格、职业生涯规划、价值取向等与组织的职位、业务、文化等都存在配合的过程。高端人才工作嵌入反哺匹配主要体现在：第一，价值观匹配。通过工作嵌入更新组织文化，高端人才与组织价值观匹配能够使高端人才迅速融入组织，增加高端人才的工作满意度，提高嵌入程度，减少高端人才的离职行为。第二，生涯需求匹配。通过工作嵌入为组织提供符合高端人才的发展机遇，高端人才与组织的生涯需求匹配能够满足高端人才职业发展的规划和自我价值的实现，以增加高端人才对组织的依附性。第三，工作职位匹配。根据高端人才专业知识和技能安排合适的职位，工作职位匹配能够使高端人才感到组织对自己的信任和支持，能以更大的激情投入工作。

高端人才工作嵌入联结。高端人才工作嵌入联结关系可能来自情感、工作和生活等多个方面。高端人才工作嵌入反哺联结主要体现在：第一，伙伴认同。通过工作嵌入加强高端人才与组织其他成员之间的沟通，组织中伙伴的认同能够提高高端人才融入组织的意愿。第二，价值认可。价值认可是指组织对高端人才在工作中所创造价值的认可，包括工作溢出价值、榜样示范价值和职位发挥价值。通过工作嵌入加强对高端人才价值的认可，让高端人才感受到自我价值实现的满足，增强与组织的联结。

高端人才工作嵌入牺牲。高端人才工作嵌入牺牲是指高端人才离职后丧失的各种好处。高端人才工作嵌入反哺牺牲主要体现在：第一，职业发展平台。职业发展平台是指组织为高端人才搭建职业发展或晋升通道。通过工作嵌入搭建高端人才职业发展平台，高端人才能够通过职业发展平台发挥自身才能带来更多的创新成果。第二，获得组织信任。组织信任是指组织对高端人才在工作中所作出的各种决策都予以支持。通过工作嵌入提高对高端人才的信任，减少冲突行为，高端人才获得组织信任后更愿为组织服务。

2. 构建高端人才工作嵌入反哺价值识别数据跟踪模型

根据高端人才工作嵌入维度确立的高端人才工作嵌入反哺价值识别标准，建立标准库，构建价值识别数据跟踪模型。所谓的数据跟踪，就是在各数据提供者、数据处理者和数据使用者之间建立地逻辑链条。高端人才工作嵌入反哺价值识别数据甄别系统是一个专门审查辨别工作嵌入产生的哪些数据能够体现工作嵌入反哺价值的系统，是实现数据跟踪机制的基本保障。整个系统的核心部分是智能甄选器，而数据仓库、方法库、标准库、标签系统和数据接收系统的协同工作为智能甄选器提供了良好的存储

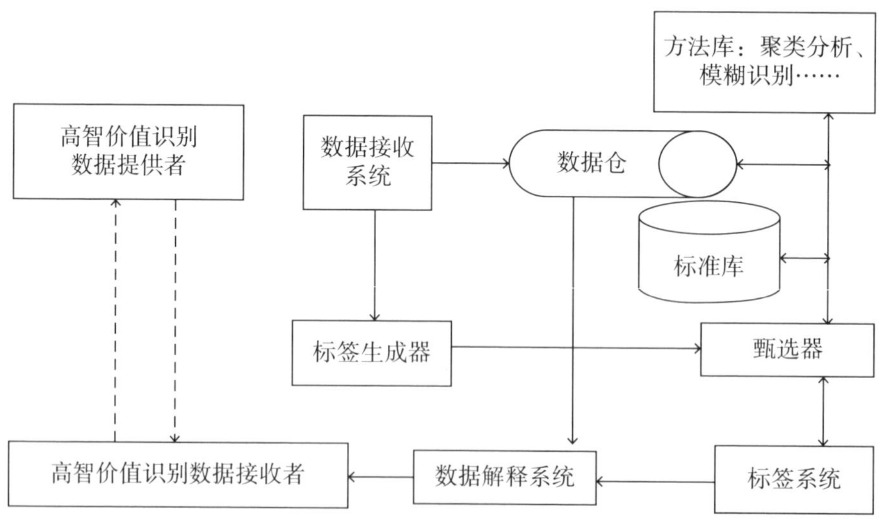

图 12–2　价值识别数据跟踪模型

环境。其中数据仓库、方法库和标准库分别承担着“数据元”“数据甄别方法”“识别标准”的任务。其工作原理及系统结构如图 12–2 所示。

第一步，系统接收高端人才价值识别者提供关于高端人才工作嵌入的数据文件，并同时存储到数据库之中和生成标签文件。

第二步，系统智能甄选器根据标准库中价值识别标准，运用方法库中的模糊分析，对数据进行聚类，将无用或错误的数据过滤。

第三步，系统接收符合高端人才工作嵌入反哺价值识别标准的数据，并通过数据解释系统将数据提供给高端人才价值识别数据接收者。

通过对高端人才工作嵌入反哺价值的数据跟踪，不仅可以体现高端人才工作嵌入带来的反哺价值，而且通过高端人才工作嵌入反哺价值甄别系统中的标签文件，还可以了解哪些高端人才数据提供者提供的数据能够有助于识别高端人才工作嵌入的反哺价值。为确保高端人才工作嵌入反哺价值甄别系统的正确性，在使用价值识别数据跟踪方法时，须针对高端人才工作嵌入数据文件和生成标签文件的特点，选用 Oracle 数据库，利用该数据库的存储功能、日志管理和用户权限设置来实现高端人才工作嵌入反哺价值数据的跟踪。此外，组织还需要建立诚信激励机制。诚信激励机制是指建立在价值识别数据甄别系统基础上的诚信激励制度。通过建立诚信激励机制，可以在一定程度上增加高端人才工作嵌入反哺价值识别的正确性。具体实施时，利用数据甄别系统过程中产生的标签文件来寻找相应的高端人才工作嵌入数据提供者和处理者；根据提供数据的有用度对其进行晋升、增长工资或者降职、撤职，鼓励组织成员提供有利于正确识别高端人才工作嵌入反哺价值的数据。

（二）价值贡献率动态数据评价

高端人才在组织工作嵌入中所创造的价值远远大于其自身所得到的报酬价值。在高端人才工作嵌入过程中包括对高端人才本身进行的投资和引进识别技术方面的投资。对高端人才本身进行的投资是指在工作嵌入中为提高高端人才的知识和技能等，在培训、能力提升等方面所进行的资金、实务和劳务的投入。引进识别技术方面的投资是指为减少高端人才离职率，在识别离职意愿技术、手段等方面所进行的资金投入。通过分析所识别的高端人才工作嵌入维度，其中工作满意维度和自我特征维度方面所进行的投入属于对高端人才本身进行的投资，情感承诺维度和价值认可维度方面所进行的投入属于引进识别技术方面的投资。为更好体现工作嵌入的反哺价值，将分离这两部分所带来的价值，确定高端人才投资贡献率（H），即工作嵌入中对高端人才进行投资所带来的贡献率。为确定高端人才贡献率（H），将组织产出与高端人才投资、技术投资用柯布道格拉斯投入产出函数来表示，即公式表示为：$Q=AL^aK^b$，式中：Q——组织产出，L——高端人才投资，K——技术投资，A——技术水平参数，α——高端人才投资效益参数，β——技术投资效益参数。为简化公式，对公式两边取对数可得到：$L_nQ=l_nA=\alpha l_nL+\beta l_nK$。然后再令 $Q=l_nQ$，$A=l_nA$，$L=l_nL$，$K=I_nK$，则公式可表示为：$Q'=A'+L'\alpha+k'\beta$，即公式为：$Q=A+L\alpha+k\beta$。其中：Q——组织产出对数值，L——高端人才投资对数值，K——技术投资对数值，A——技术水平参数对数值。为能求到 H，这里假设组织规模稳定，那么技术水平参数 A 保持不变。在短期内组织规模保持不变的情况下，可将 A 看作常量不进行考虑。那么，公式可以表示为 $Q=L\alpha+k\beta$。基于假设，可以利用在二个时间段内进行工作嵌入组织产出与高端人才投资和技术投资的二组数据代入公式 $Q=L\alpha+K\beta$，解方程组便可以得到 α、β。运用公式便可以求出 $H=L\alpha/(L\alpha+K\beta)$。但由于高端人才具有主观性和增值性。为避免这个问题，可以通过对多个阶段的 α、β 进行移动加权，使得到的结果符合变动趋势，让 α、β 更具代表性。① 在数字时代下，组织可以随时在数据库中获取不同工作嵌入时间段的组织产出、高端人才投资和技术

① 参见郭克良、张子麟、蒙运芳：《基于柯布道格拉斯模型的人才贡献率研究——以河北人才资本对经济增长贡献率分析为例》，《学术论坛》2015 年第 1 期。

投资，从而计算出不同阶段高端人才投资贡献率，并对这些贡献率进行比较和评价，以此识别高端人才工作嵌入的反哺价值。但运用价值贡献率动态数据评价方法，需要组织明确区分高端人才投资和技术投资，并对每一阶段的高端人才投资和技术投资进行认真统计，建立相应的数据库，减少高端人才工作嵌入贡献率计量的工作量。

（三）反哺价值链控制数据模型

高端人才工作嵌入反哺价值的创造是经过一系列过程，因而可通过对价值创造的过程进行控制，来识别高端人才工作嵌入的反哺价值。

1. 识别高端人才工作嵌入反哺价值链

组织识别高端人才工作嵌入反哺价值链，须根据高端人才工作嵌入维度来设想高端人才工作嵌入价值创造的一系列活动，这些活动可分为基本价值活动和辅助价值活动[①]。辅助价值活动可分为高端人才工作嵌入走访调查、高端人才工作嵌入人员管理、高端人才工作嵌入基础设施和高端人才工作嵌入技术更新四个阶段；基本价值活动包括确定高端人才工作嵌入

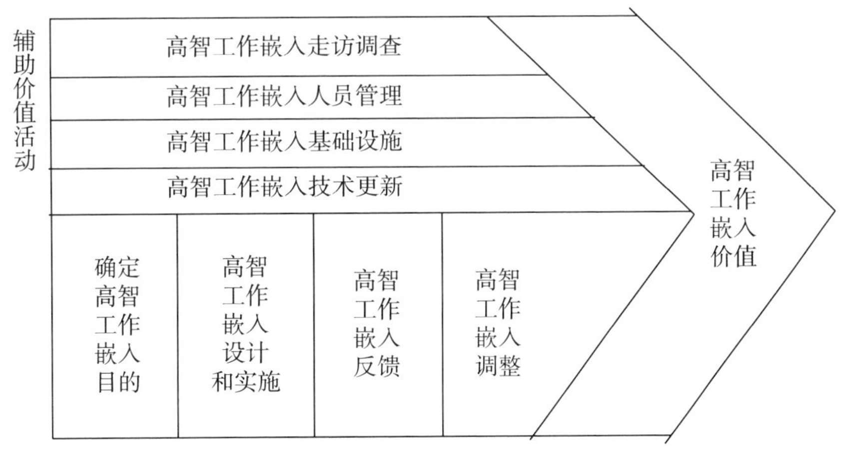

图 12–3　高端人才工作嵌入反哺价值链

① 参见康淑娟、安立仁：《政府干预、知识资源与区域创新绩效——基于价值链视角的双重门限效应》，《科技进步与对策》2020 年第 1 期。

目的、高端人才工作嵌入设计和实施、高端人才工作嵌入反馈、高端人才工作嵌入调整。这些不同但又互相联系的活动，构成了一个高端人才工作嵌入价值的动态过程，即高端人才工作嵌入反哺价值链。如图 12–3 所示。

2. 建立高端人才工作嵌入反哺价值控制数据模型

在认识高端人才工作嵌入价值链的基础上，为实现高端人才工作嵌入反哺价值，需要对高端人才工作嵌入的过程进行控制。控制活动可从以下两个方面来进行：第一，持续的高端人才工作嵌入沟通。组织可通过面谈、问卷调查、会议、聚会等方法，持续地与高端人才沟通，保持对高端人才工作嵌入的敏感性，然后利用情感分析可及时调整高端人才工作嵌入设计。第二，高端人才工作嵌入信息的收集与分析。组织首先可利用传感器、射频识别、数据检索工具如谷歌和百度、移动设备和社交网络来搜集反映高端人才在工作嵌入过程中所表现出的有关数据，并通过模糊或聚类分析方法过滤无用或错误的数据，将得到的数据集成建成数据库；然后通过云计算技术如 GFS、Big Table、MapReduce、Hadoop 等，来对以上的

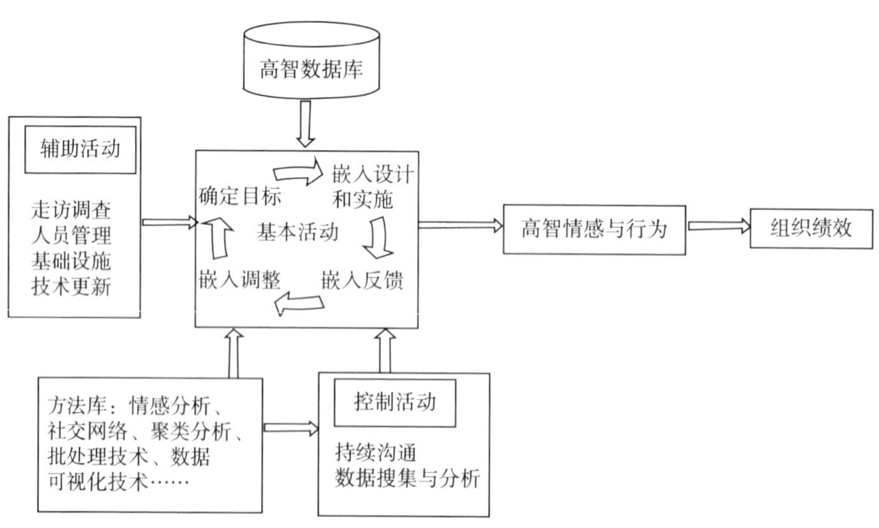

图 12–4　高端人才工作嵌入反哺价值控制数据模型

数据进行分析；最后运用基于图标可视化、基于图像可视化、基于集合可视化、基于像素可视化、基于分布式可视化等技术对高端人才在工作嵌入过程中表现出的数据进行解释，确定高端人才工作嵌入设计或调整的正确性。① 通过分析，建立高端人才工作嵌入价值链过程控制数据模型，如图 12–4 所示。

价值链过程控制数据模型虽可有效识别高端人才工作嵌入反哺价值，但在使用该方法时，须及时注意以下几点事项：第一，高端人才工作嵌入反哺价值链中的各项基本价值活动环环相扣，每一环节实施后的结果应及时反馈到下一环节中，以便可及时作出有利于高端人才工作嵌入的相应调整。第二，在高端人才工作嵌入反哺价值链辅助活动中的高端人才工作嵌入走访调查，应抽样对发达和不发达地区、不同组织类型、不同高端人才类型进行访问，从而得到有关高端人才工作嵌入的普遍性结论。第三，在控制活动中保持与高端人才工作嵌入的持续沟通，组织需要结合面谈、问卷调查等各种方法来获取高端人才工作嵌入的相关数据，避免单一方法得到数据的局限性。在注意以上事项的过程中，可以更好地利用价值链过程控制模型来识别高端人才工作嵌入的反哺价值。

（四）高端人才工作嵌入反哺价值评估技术数据分析

高端人才工作嵌入反哺价值评估是深入激发组织进行工作嵌入积极性并充分挖掘高端人才智力资源的重要手段。价值评估技术数据分析是结合模糊综合评价法来对高端人才工作嵌入反哺价值进行评估。

1. 建立高端人才工作嵌入反哺价值体系

利用根据高端人才工作嵌入维度建立的高端人才工作嵌入反哺价值识别标准指标体系作为价值评估测评体系，如图 12–5 所示。

---

① 参见王建民：《工业大数据技术综述》，《福建电脑》2017 年第 3 期。

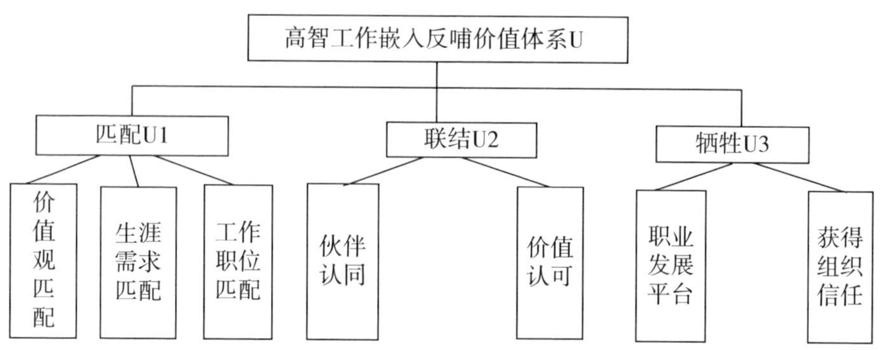

图 12–5　高端人才工作嵌入反哺价值体系

2. 构建价值评估技术数据分析模型

高端人才工作嵌入反哺价值测评指标具有模糊性，很难用传统的定量方法来评估，所以需要运用模糊评价法进行评估。通过如图 12–6 所示建模过程建立价值评估模型来对高端人才工作嵌入反哺价值进行识别。

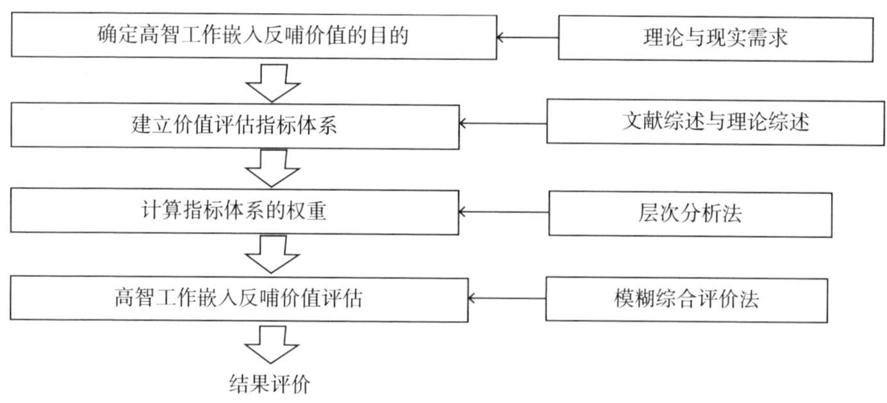

图 12–6　高端人才工作嵌入反哺价值评估建模步骤

高端人才工作嵌入反哺价值评估模型中运用模糊评价法的基本步骤如下：第一步，建立指标体系集 U。评价指标集分为两层：准则层指标集 $U=[U_1, U_2, U_3]$；指标层指标集 $U_i=[U_{i1}, U_{i2}, \cdots, U_{ij}]$。文中 $i=1，2，3$；$i=1$ 则 $j=3$，$i=2$ 则 $j=2$，$i=3$ 则 $j=2$。第二步，设立相应权重集。这里利用层次分析法得到评估权重集。准则层权重 $W=\{W_i, W_2, W_3\}$；指标层权重集 $W_i=\{W_{i1}, W_{i2}, \cdots, W_{ij}\}$。第三步，建立评价集 V。为每项评估指标都建立一组模糊值，如设计三种模糊评估结果：高、一般、低，并记为 $V=\{V_1=$ 高，$V_2=$ 一般，$V_3=$ 低$\}$。第四步，获得评价信息矩阵。挑选做过研究的学者组成评审小组，根据指标集 U_i 和评价集 V，对体系中准则层的各项指标进行单因素评估，从而得到单因素模糊评估矩阵 R_i：

$$R_i=\begin{Bmatrix} r_{11} & r_{12} & r_{13} \\ r_{21} & r_{22} & r_{23} \\ \cdots & \cdots & \cdots \\ r_{j1} & r_{j2} & r_{j3} \end{Bmatrix}$$

其中 j 为第 i 个准则层下的指标层指标的数目；r_{j1} 表示对评价指标 U_{j1} 作出 V_1 评价人数占参加总人数的百分比。第五步，综合评价。首先根据准则层各项评估指标模糊矩阵及相应权重集，得出各指标的综合评估矩阵：$B_i=R_i\times W_i$ 进行一级评价。然后根据目标层评价矩阵 $B=(B_1, B_2, \cdots, B_i)^T$ 及相应的权重集 W 进行二级评价，得到综合评价矩阵：$S=W\times B$。最后为计算目标层 U 评价值，须确定评价等级的加权向量 P 得到：$L=S\times P^T$。①

通过模糊价值评价法建立的高端人才工作嵌入反哺价值评估技术数据分析模型，能够清晰地体现高端人才工作嵌入带来反哺的价值以及明确哪项指标在工作嵌入中更能发挥作用。虽然基于模糊综合评价法的价值评估能对高端人才工作嵌入反哺价值进行相对客观公正的评价，且对高端人才工作嵌入反哺各个方面进行一定量化处理并得到最终评价值，但在运用模糊综合评价法时：第一，须注意高端人才工作嵌入反哺价值指标体系，应根据组织对高端人才进行工作嵌入的实际情况来设立，针对不同高端人才

① 参见张琼妮：《联盟企业知识贡献度评价研究——基于层次分析法和模糊评价法的分析》，《河北经贸大学学报》2015 年第 4 期。

可以更换、增加或减少指标。第二，利用层次分析法确定评估权重集时，特征值和特征向量的精确求法比较复杂，在求判断矩阵的特征值和特征向量时，可以使用比较常用的近似计算方法：和法、幂法和根法。第三，尽量挑选与组织无利益关系且做过相关研究的外部专家组成评审小组，对各项指标进行单因素评价，减少组织内学者或专家因各种原因不能客观地对各项指标进行评价的机会，确保单因素模糊评估矩阵的正确度，得到准确的最终评价值。

四、高端人才工作嵌入反哺价值识别方法的运用

为降低组织的离职率，加深高端人才对组织工作嵌入的意愿，在识别高端人才工作嵌入维度、利用海量数据和高端技术构建高端人才工作嵌入反哺价值识别方法之后，应进一步地加大对高端人才工作嵌入反哺价值识别方面的运用。

（一）人岗匹配

人岗匹配是指人员的专长和志向等符合工作职位的要求和条件，能最大限度地发挥人员的才能。高端人才与组织的工作职位匹配和生涯需求匹配，可以减少角色冲突，提高任务绩效。① 组织可利用高端人才工作嵌入价值链过程控制数据模型，基于人才雷达和云技术，将高端人才能力数据与人才雷达进行对比，寻找出相应的高端人才，实现人岗匹配。②

1. 有效整合信息资源

有效整合信息资源是指高端人才在工作嵌入过程中能够处理各类信息

① 参见钟佩彤：《人岗匹配理论与实践探讨》，《劳动保障世界》2019 年第 11 期。

② 参见刘婷婷：《工作嵌入视角下核心员工离职影响因素分析》，《人才开发》2019 年第 8 期。

并及时反馈各种信息，以表达各个层面的意愿。人岗匹配后，高端人才可以通过数据跟踪了解组织各个层面上的数据信息，整合一切可利用的信息资源，以最小的投入创造最大的经济效益。同时，通过数据跟踪了解外部市场的需求信息，整合组织人财物以提高组织绩效。

2. 提升高端人才利用率

提升高端人才利用率是指通过组织在工作嵌入过程中优化高端人才配置，充分发挥高端人才才能，提高已使用高端人才数量占高端人才总人数的百分比。利用高端人才工作嵌入反哺价值识别标准来体现高端人才在工作嵌入中的价值。依据高端人才价值，将高端人才安排在适当的职位上，提高人岗匹配度。高端人才人岗匹配后不仅能整合各种资源，处理各种棘手或突发事件，而且能根据不同员工的特征和需求制定适宜的管理模式等，从而提高高端人才在组织中的人才利用率，避免高端人才的浪费，造成组织损失。

（二）高端人才培养

组织依据高端人才工作嵌入维度中价值认可维度和自我特征维度，了解高端人才在工作嵌入中所创造的价值远远大于其他方面投资所创造的价值，并通过高端人才工作嵌入反哺价值识别标准反映的高端人才价值，有针对性地对高端人才进行投资培养，有助于提高组织绩效。

1. 搭建高端人才职业发展信息数据平台

高端人才职业发展信息数据平台是指组织根据高端人才特性，为高端人才及时提供有关职业发展的信息数据而设计的平台。组织可利用聚类或关联分析法、云计算技术、数据可视化技术搭建高端人才职业发展信息数据平台，以便高端人才随时获取职业发展信息的动态数据，这是实现高端人才价值的先决条件。搭建高端人才职业发展信息数据平台，有助于高端人才职业生涯规划，满足高端人才工作嵌入中的工作满意维度，从而激发其工作热情，更好地为组织服务。

2. 提升高端人才工作嵌入能力

高端人才工作嵌入能力是指对高端人才在工作嵌入过程中的一组标准化要求，用以判断高端人才是否能够与组织紧密联结。组织可通过高端人才工作嵌入反哺价值识别标准，来识别高端人才的工作嵌入能力以及依据价值链过程控制模型对高端人才数据进行情感分析，然后有针对性地在工作嵌入中对高端人才学习、成长和发展提供帮助和指导，以提升其工作嵌入能力，从而提高他们对组织的满意度。在提升工作嵌入能力后，高端人才工作积极性不断提高，从而降低高端人才的离职率。

（三）营造组织文化

组织价值观是整个组织文化模式的核心，为使高端人才与组织价值观相契合，须根据高端人才工作嵌入反哺价值识别标准对反映高端人才相关的数据进行解释，在一定程度上了解高端人才的价值体系。因此，组织须在工作嵌入中考虑采用高端人才价值观改造组织文化，增强高端人才融入组织的意愿。

1. 更新高端人才组织嵌入文化

更新组织嵌入文化是指组织应在工作嵌入过程中结合高端人才价值观改造组织文化，使组织文化能与高端人才相契合。文化契合能够让高端人才迅速或紧密地与组织联系在一起。① 高端人才是一类特殊的群体，因其动态性和增值性等特点，组织在工作嵌入中需不断地根据高端人才的变化趋势来更新高端人才组织嵌入文化，让高端人才感到与组织的契合，降低离职意愿。

2. 发挥高端人才价值创造榜样引领作用

高端人才是一群高层次人才，他们在工作中创造价值，能够成为组织

① Cf. Debjani Ghosh , L. Gurunathan. Do commitment based human resource practices influence job embeddedness and intention to quit?［J］. IIMB Management Review, Vol.27,pp.240—251, 2015.

中其他员工的榜样。通过高端人才贡献率的计量，组织应注重对高端人才的认识，根据高端人才贡献率数据的变化，及时改造文化，提高高端人才与组织的契合度。只有这样，高端人才在工作职位上才能更愿意发挥其价值，并引领组织其他成员进行价值创造。高端人才价值创造榜样引领作用能够给组织带来不可估量的效益。因此，组织应重视更新组织文化，发挥高端人才价值创造榜样引领作用。

高端人才作为重要的人才资源，其嵌入度对组织的发展至关重要，是各个组织必须予以重视的问题。在数字时代下，组织可从工作嵌入理论出发，研究高端人才工作嵌入维度及运用相关技术建构反哺价值识别方法，有针对性地采取措施提高高端人才整体嵌入度。总之，高端人才工作嵌入维度及反哺价值识别能够为组织提供依据，降低高端人才离职率，让组织在激烈的人才竞争中处于优势，具有重要的现实意义和理论意义。

第十三章　高端人才工作嵌入反哺价值识别回馈模型

本章从高端人才工作嵌入对价值识别的正回馈和反回馈两方面分析反哺路径的构建，认为高端人才工作嵌入从数据源联结、信息整合匹配、数据资源牺牲对价值识别进行回馈，包括联结行为数据库、关系数据库和层级数据库等手段；高端人才价值识别从价值标识、价值分类辨识、价值元端对比对工作嵌入进行回馈，主要包括价值量化、标注、分类、辨识等方法；最后探讨和构建了高端人才工作嵌入反哺价值识别的有效路径。

一、高端人才工作嵌入对价值识别的正回馈

（一）高端人才数据源联结对价值识别的正回馈

1. 高端人才嵌入行为数据库连接价值创造

高端人才嵌入行为数据库是指收集、存储、分析、管理高端人才工作嵌入过程中表现出的各种行为数据的数据库。高端人才工作嵌入过程会产生许多行为，而行为是创造价值的前提，对高端人才的发展潜力和价值创

造具有预测作用[①]，通过分析高端人才嵌入行为，可以预测和评判高端人才价值。高端人才嵌入行为可分为角色内行为和组织公民行为。角色内行为是指工作职责内所需要的行为。高端人才的角色内行为主要表现为：提高自身绩效；为组织策划出切实可行的工作方案；优化组织资源配置；优化组织管理；提高组织工作效率；协调沟通各个部门，提高合作水平；等等。高端人才的角色内行为的实现可以体现出高端人才突出的开拓绩效价值、统筹策划价值、管理价值等。

组织公民行为是指有益于组织，但在组织正式的薪酬体系中尚未得到明确或直接确认的行为。[②] 组织公民行为不是义务行为，但对提高组织绩效具有非常大的作用，一般高端人才具有非常丰富的组织公民行为。高端人才的组织公民行为一般表现：超额完成工作目标，价值产出高；愿意为同事提供帮助、与同事融洽相处；工作遇到困难时，能保持积极的态度，不抱怨不后退；甚至会为了集体利益而牺牲自己的利益；主动关心、投入、参与组织中的各种活动，时时关注组织情况，组织出现问题时及时处理并反馈给相关部门。高端人才的组织公民行为不仅能提高自己的绩效，还能帮助同事提高绩效、辅助团队创造更大价值、全面提高组织绩效；另外，还能为组织营造和谐友好、合作高效的工作环境。高端人才的组织公民行为的实现体现出了高端人才的提高组织绩效、优化组织合作等价值。高端人才行为数据繁多复杂，行为是完成目标、创造价值的前提条件，对高端人才价值创造有评判、预测作用，组织可以为高端人才建立专属行为数据库，用于收集、存储、处理、分析、评价高端人才行为数据，从高端人才行为数据的表现来分析评判其价值创造。

① 参见杜连雄、张剑：《主动环境行为与技术创新对企业绩效的影响》，《华东经济管理》2019 年第 12 期。

② 参见卫武、黄昌洋、张琴：《消极情绪对组织公民行为和反生产行为的影响：自我控制视角》，《管理评论》2019 年第 12 期。

2. 高端人才嵌入关系数据库识别价值大小

高端人才嵌入关系数据库是指存储、分析、运用高端人才工作嵌入过程与组织、环境、成员等所有联系的数据集合的数据库。高端人才嵌入关系数据库内容主要包括高端人才与组织、部门、岗位、组织成员的联系，其具体表现可看图 13–1。

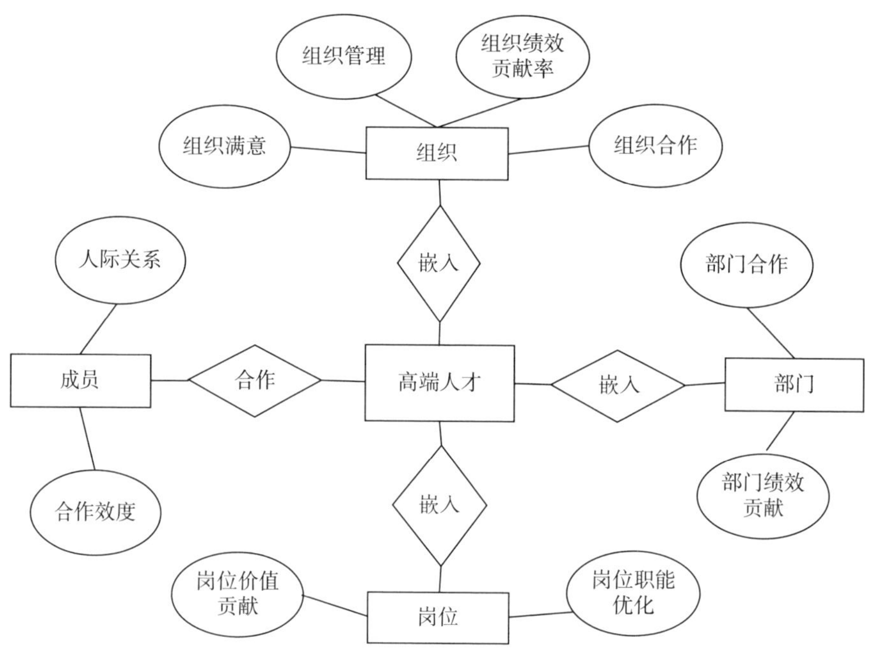

图 13–1　高端人才工作嵌入关系数据库概念模型

高端人才与组织、部门、岗位、组织成员有众多联系，可以根据高端人才在组织、部门、岗位的价值贡献率、管理成果、合作成果等及与组织成员合作时创造的物质和精神成果对其价值进行识别，高端人才价值贡献率越高、工作成果越多，其创造的价值越大。建立高端人才嵌入关系数据库能更直观、全面地识别高端人才价值，根据高端人才工作成果的多少、大小能有效判断其价值的大小。

3. 高端人才嵌入层级数据库判定价值流向

高端人才嵌入层级数据库是指对高端人才工作嵌入产生的行为、内容进行层级划分、存储、处理、分析的数据库。高端人才工作嵌入过程会产生许多不同类型的行为，主要分为三种：创意决策、管理、执行。创意决策行为包括发现新思路、提出高效的工作方案、提出的方案能有效提高组织绩效；管理行为包括协调组织成员合作、统筹管理组织财富、优化组织资源配置；执行层包括高效率高质量完成上级分配的任务。根据高端人才工作嵌入的行为内容，可以对其进行层级划分（如图 13–2 所示）。高端人才工作嵌入时，因为自身价值存在差异，在比较擅长的领域，其工作嵌入程度就会相对较深，会有突出的行为表现，分析这些行为数据，可以分析出不同高端人才具有的不同类型的价值，其价值最终在组织的哪些方面发挥了作用，从而可以判定其价值的流向。

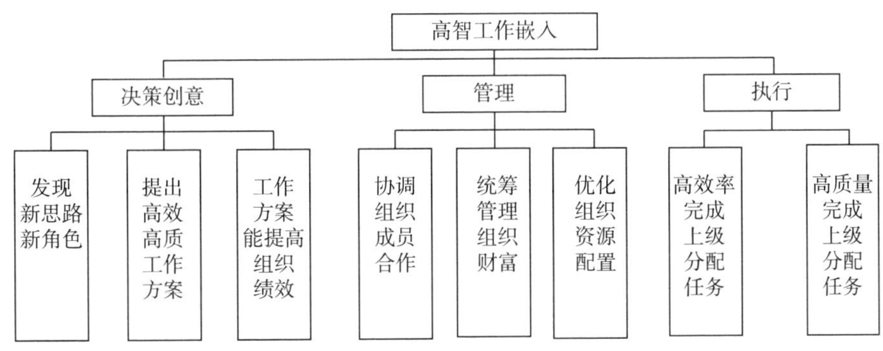

图 13–2　高端人才嵌入层级数据库模型

（二）高端人才信息整合匹配对价值识别的正回馈

1. 高端人才要素匹配嵌入环境推动价值创造

高端人才要素匹配嵌入环境是指高端人才的能力、兴趣、价值观、职业规划等与所处环境的需求、氛围、价值观等相容。[①] 如果高端人才对所

① 参见李昳、张向前：《社交媒体使用与反生产工作行为：基于人—环境匹配的视角》，《首都经济贸易大学学报》2019 年第 9 期。

处的工作环境感到难以适应，那么工作时就容易产生消极情绪，会制约其进行价值创造；如果高端人才在其所处环境中感到舒适协调，其工作积极性将更高，更易充分发挥价值。高端人才个体要素匹配环境推动高端人才价值创造，主要可以从以下三个方面来实现：

第一，高端人才个体—工作匹配推动价值创造。高端人才个体—工作匹配是指高端人才与其所做的工作协调，即高端人才的专业技能、特性及能力与工作需要的素质相符；高端人才的工作目标、利益诉求与工作提供的利益承诺相符。如果达到这样的匹配，能够提高高端人才与工作的嵌和度、对工作的满意度，这样高端人才工作效度和积极性就会更高，能提高价值创造效率。

第二，高端人才个体—团队匹配推动价值创造。高端人才个体—团队匹配是指在团队合作中，高端人才与团队成员相处友好，合作高效。组织中团队合作难以避免，如果团队成员之间合作默契、相处融洽、沟通畅通，所有的安排调度都能快速反应，那么高端人才的工作效率会大大提高，而且高端人才在这样的环境下工作心态会更好、更有动力，有利于推动价值创造。

第三，高端人才个体—组织匹配推动价值创造。高端人才个体—组织匹配是指高端人才的价值观、奋斗目标与组织的价值观、未来发展规划相一致。只有高端人才与组织匹配，高端人才才能融入其中，发挥自己的价值。高端人才如果和组织难以匹配，那么他们工作起来就容易产生无所适从感和排斥感，易产生离职意愿，难以进行价值创造。

2. 高端人才群体要素匹配嵌入环境助推价值实现

高端人才群体要素匹配嵌入环境是指高端人才群体的能力、行为模式、思维模式、专业技能、价值观等与其所处环境相容。高端人才群体要素匹配嵌入环境是不断发展才慢慢形成的，形成过程可以参考图 13–3。

高端人才个体被组织环境吸引，通过选拔进入组织，一部分高端人才

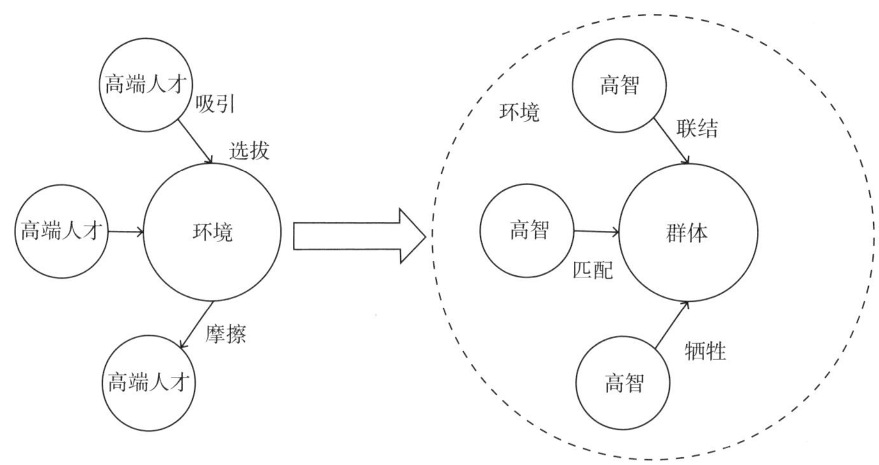

图 13–3　高端人才群体要素匹配环境模型

在工作嵌入过程中因与组织的需求、价值观等存在矛盾，与组织产生摩擦离开组织。剩下的就是与组织环境匹配程度较高的众多高端人才个体，留下的高端人才随着工作嵌入的深入，与组织的匹配程度不断提高。众多高端人才个体在工作嵌入过程中逐步形成了具有相似性的群体特征（如能力、行为模式、思维模式等），发展成为高端人才群体。因为高端人才群体都是由与环境高度匹配的个体组成的，所以高端人才群体与组织环境匹配程度就比较高。在这样的环境下，因工作氛围轻松、部门协调性好，组织成员间沟通交流隔阂少，组织成员合作高效，高端人才的工作效率就会提高，而且高端人才对群体、环境会表现出明显的认同感，并对群体成员表现出较高信任度，其工作会更有动力。高端人才较高的工作效率和舒适的心理状态，将对高端人才价值创造产生重要的推动作用。

3. 高端人才信息资源获取整合能力决定价值质量

高端人才信息资源获取整合能力是指高端人才通过一定方法获取其工作所需的各类信息资源，并能有效整合、分析和运用的能力。高端人才价值质量主要取决于高端人才获取和整合资源信息的能力，因为高端人才的决策、实践都需要信息资源的支持，只有保证信息资源的有效性和准确性，才能为其工作嵌入提供高质量的数据支持。

高端人才获取信息，首先要清楚自己需要什么信息。高端人才在日常工作中需要借助数据来分析、判断和决策，只有其能够快速、准确地判断自己需要什么信息，才能有方向地去查找。其次，高端人才要有逻辑地去获取信息。高端人才工作需要大量数据的支持，如果没有一定的信息获取策略而胡乱搜集一堆数据，不仅有效度低，而且整合分析起来难度也大。所以，高端人才获取信息要充分发挥逻辑思维的分析和判断能力，明确具体需要哪些方面的数据，然后设计信息查找策略，只有这样才能提高获取信息的效率。最后，高端人才要优化信息获取。在数字时代，数据量极大，即便有策略地去搜集数据，数据量还是非常巨大的。高端人才需要熟练运用各种信息检索工具，这样才能更快速、准确地获取信息，避免搜集到大量无效或低质的数据。另外，许多信息是隐藏在其他信息之中、不易被人发现的①，高端人才需要借助数据挖掘技术，深入分析各个数据间的联系，提高数据的质量。

信息资源整合就是对不同来源、不同层次、不同结构的信息资源进行识别、筛选、分析、运用的过程，对信息进行整合处理可以使信息资源更全面、具体、有效、条理清晰，更有逻辑性和价值性，更易被人理解和使用，便于为高端人才工作提供数据依据，创造更大的价值。

（三）高端人才数据资源牺牲对价值识别的正回馈

1. 高端人才数据比对显著易使自我价值认定变高

高端人才自我价值认定是指高端人才选择一定的价值标准对自身进行价值评判。高端人才在组织中一般会将自己的工作成果、价值贡献率、个人绩效、薪资水平、职位水平等数据与组织内其他成员的数据进行对比，

① 参见徐选华、杨欣、陈晓红：《基于 UGC 大数据挖掘的大群体两阶段风险性应急决策方法》，《运筹与管理》2019 年第 12 期。

以此来对自我价值进行认定，如果其数据与其他人的数据对比具有明显的优势，那么高端人才的自我价值认定就变高。

高端人才在组织内的自我价值认定，一部分是依据其在组织内拥有的资源来评判的，比如高端人才创造的高业绩，除了自身的优秀能力，还与组织提供的良好氛围和组织内部高效率的合作有重要联系。所以，数据对比是高端人才拥有的资源的显性表示，即高端人才拥有的资源比他人多时，其自我价值认定就越高。高端人才对自我价值认定后，会评判组织提供给他的利益与其自身价值所应得的利益是否相符，组织是否能满足其需求，如果高端人才觉得组织提供的利益并不能满足其需求，会觉得组织外部可能会有更多的机会，就容易产生离职行为。但高端人才一旦离开组织，其拥有的资源中断，相应的高端人才价值也会有所降低。

2. 高端人才离职意愿强烈易使价值认定选择更广

高端人才价值认定是指高端人才个体、组织依据一定的价值判断标准对高端人才价值进行评判和认定。当高端人才产生比较强的离职意愿，并被组织察觉到时，组织会采取相应的措施来挽留高端人才。譬如，提高待遇或许诺更多利益以满足高端人才需求，高端人才如果对此感到满意，工作时会更具有积极性，会为组织带来更多价值；如果高端人才对组织的挽留措施感到不满，最终还是决定离职，组织就需要寻找其他高端人才来弥补空缺，那组织的选择就会比较广了，可以选择不同类型的或价值更优的高端人才。

对于高端人才本身，离职意愿强烈也会使其价值认定选择更广。如果组织为满足其需要，提高待遇，许诺更多利益，那么高端人才将拥有更多的资源，工作态度也会更加积极，能创造更多价值，其自我价值认定相应也会提高；如果高端人才对组织的挽留策略仍然感到不满，决定离职，其离职后会有更广阔的就业选择，不同的工作平台能够创造不同的价值，其价值认定相应就会更加广泛。

二、高端人才工作嵌入对价值识别的负回馈

（一）高端人才价值标识利于提高工作嵌入的程度

1. 高端人才价值量化便于评价嵌入绩效水平

高端人才价值量化是指通过具体的数据来描述高端人才价值。高端人才工作嵌入绩效水平是指高端人才在工作嵌入过程中完成组织与个人目标的成绩和效果。[①] 高端人才创造绩效是基于高端人才价值进行的，高端人才价值的大小直接影响高端人才工作绩效水平的高低。由于高端人才的很多价值比较抽象，难以直接评价，因此可以对其进行量化处理，以具体数据来显示价值，对价值的量化可以通过高端人才价值量化表来实现（见表 13–1）。

表 13–1　高端人才价值量化表

评估维度	目标	指标	测量分数	权重	得分
基本情况	有较高的理论知识、专业技能或工作经验	受教育程度			
		专业知识和技能			
		工作经验			
能力	具备多样化、多层次、利于价值创造的能力	创新力			
		专业能力			
		统筹策划能力			
		协调沟通能力			
		执行力			
		学习力			

① 参见何勤：《大数据驱动的平台型组织灵活就业人员绩效管理创新研究》，《北京联合大学学报》（人文社会科学版）2019 年第 1 期。

续表

评估维度	目标	指标	测量分数	权重	得分
态度	理解认同组织文化、态度积极向上	组织认同			
		纪律性			
		积极性			
		独立性			
思想力	意志顽强，敢于挑战困难，百折不挠	毅力			
		意志力			
		抗压性			
		自信心			
工作嵌入结果价值	工作嵌入结果价值带来较高的个人和组织绩效水平	业绩			
		工作效率			
		个人目标完成度			
		组织价值贡献率			
高智价值					

这个量化表从五个模块来测量高端人才价值，测量分数通过相应的量表测量获得，权重根据组织自身情况，由专家讨论研究确定，测量分数与权重相乘的结果就是高端人才量化得分。其中基本情况量化可以从人力资源管理系统中获得，给高端人才的学历、专业知识、工作经验划分层次，并赋予相应分值。能力、态度、思想力量化可通过相应的量表来测量。最后最重要的就是工作嵌入结果价值的量化，从高端人才业绩、工作效率、个人目标完成度、组织价值贡献率四个方面来量化，四个方面的数据可以从绩效考核系统中获得。为这些数据划分层级，然后根据等级赋予相应的分值，可以得出高端人才工作嵌入结果价值的量化分数，最后汇总五个模块的量化分数，可以得出高端人才价值量化分数。分数越高，表明高端人才创造绩效的水平越高。

2. 高端人才价值标注便于工作嵌入分层管理

高端人才价值标注是指在数据库系统中通过标签来标注高端人才的价

值类型。策划价值即高端人才能为组织策划出适宜高效的工作方案，以实现组织目标；管理价值即高端人才能高效地对组织内的人、事、物进行管理，优化资源配置提高组织绩效；执行力价值即高端人才能够高效高质地完成各项工作；技术价值即高端人才在某一领域具有突出的技术能力，具有非常高的专业性；创新价值即高端人才思维新颖，可以为组织提供新思路、新想法；开拓业绩价值即高端人才能创造较高的业绩。将以上几种价值在系统中通过标签标注出来，同时组织对高端人才工作嵌入进行层级划分，对不同层级采取更有针对性的管理，可以有效提高高端人才工作嵌入程度。

第一，层级划分。一般组织内工作嵌入可划分为创意层、管理层和执行层。具体的高端人才工作嵌入层级和高端人才价值划分，可参考图 13–4。

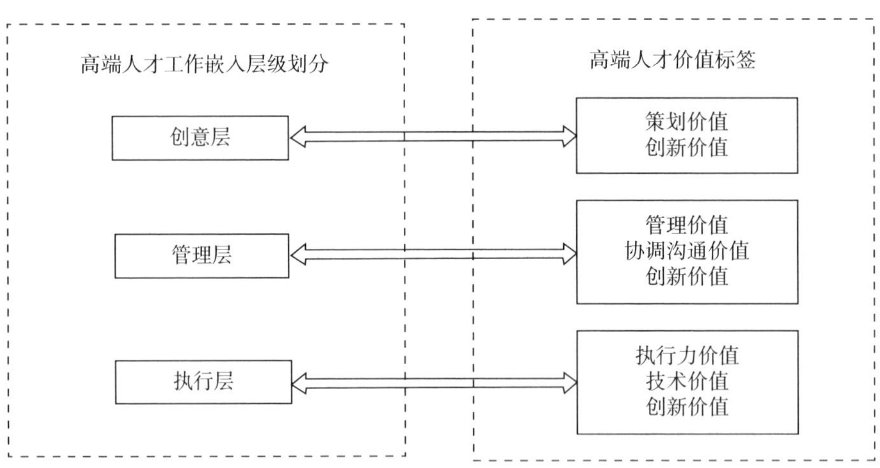

图 13–4　高端人才层级划分与高端人才价值

第二，各层级具体分工。创意层主要负责根据市场、组织需求策划可行的方案。策划层高端人才需要思维灵活，能设计出更高效、快捷、创新的实现组织目标的方案，因此具有策划价值的高端人才应该负责创意层工作。管理层是非常重要的一层，主要负责安排人员实施方案。管理层高端人才需要通过整合各种资源，分工部署任务，协调沟通各个部门，使方案能被高效实施，因此具有管理价值、协调沟通价值的高端人才应负责管理层工作。执行层主要负责实施方案。执行层高端人才需要能切实有效地完成上级分配下来的任务，不拖沓不出错，高效高质。一些方案实施起来可能需要较高的技术水准和专业能力，这也是执行层不可缺少的。因此，具有高执行力价值、技术价值的高端人才应该负责执行层工作。此外，创新能力是每个层级都需要的，高端人才具备较强的创新能力时，才能在策划方案时提出独特视角，在组织管理时策划出最有效的工作实施方案，在执行工作方案时采取最迅速高效的执行策略。

第三，分层作用。根据高端人才价值对工作嵌入进行分层管理，有利于提高高端人才人岗匹配程度，为高端人才提供更易发挥其价值的平台，提高高端人才资源利用率，降低用人成本，优化高端人才岗位分布，提高高端人才工作满意度，最终能提高高端人才工作嵌入效率、高端人才价值产出效率。

（二）高端人才价值分类辨识利于扩大工作嵌入的广度

1. 高端人才价值分类易于对工作嵌入范围的掌控

在高端人才工作嵌入过程中，对体现和创造的不同类型的价值进行分类管理。不同类型的价值是在高端人才工作嵌入的不同阶段和状态下产生的，因此，如果对高端人才价值进行分类评价，可以推断高端人才工作嵌入处于什么状态，组织内高端人才总体的嵌入状态。高端人才价值分类与高端人才工作嵌入范围的关系可以根据图 13-5 来表示。

高端人才价值主要包括组织价值和工作价值两方面。组织价值可以体现高端人才的组织嵌入状态，即高端人才组织联结、匹配、牺牲处于什么阶段；工作价值可以体现高端人才的工作嵌入状态，即高端人才工作联结、匹配、牺牲处于什么阶段。高端人才提高组织绩效价值、组织工作效率价值、组织榜样价值、组织合作价值、组织公民行为价值和人际关系价值体现高端人才组织嵌入范围；高端人才开拓个人绩效价值、团队绩效价值、岗位价值、协调沟通价值、知识分享价值、团队合作价值体现高端人才工作嵌入范围。

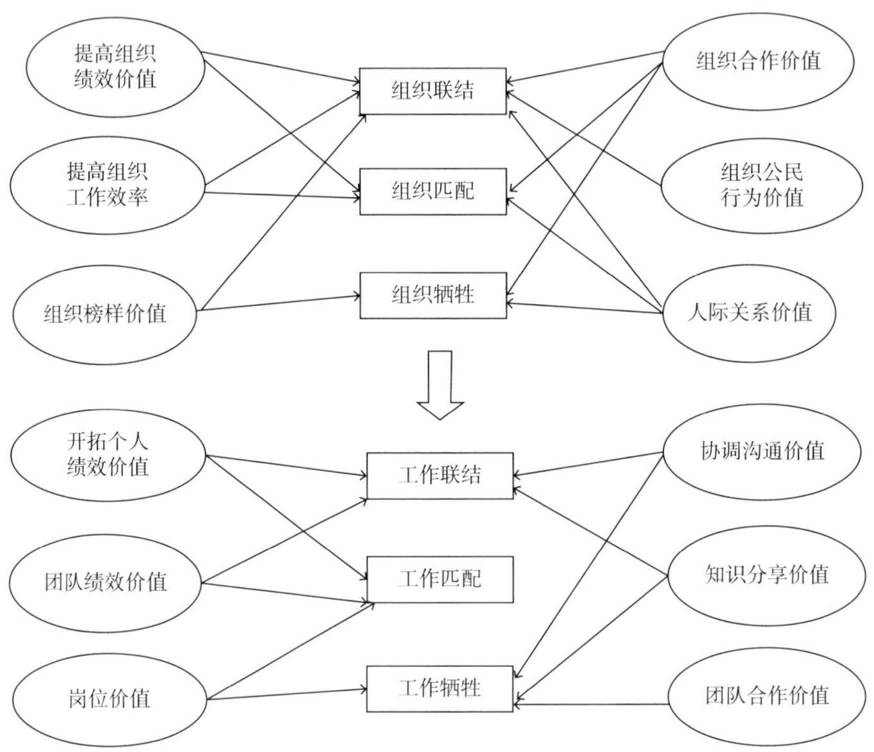

图 13–5　高端人才价值分类与高端人才工作嵌入范围

分析高端人才的价值类型，可以推断出高端人才工作嵌入处于哪个状态，是组织嵌入还是工作嵌入，是组织联结还是组织匹配，如此可以掌握高端人才嵌入范围；组织内具有相似价值的高端人才，其工作嵌入状态也会有相似性，可以根据高端人才群体价值类型，推断组织内有多少人处于组织嵌入、多少人处于工作嵌入，从而可以掌握组织内高端人才的总体嵌入范围。

2. 高端人才价值辨识易于工作嵌入供需的调节

高端人才工作嵌入的供需调节是指通过对高端人才岗位分工的不断调

整，使工作岗位的需求与高端人才能力相匹配。[①] 高端人才工作嵌入供需调节包括高端人才能力与其所处岗位的能力需求的调节，以及不同岗位的高端人才价值多寡的调节。

组织通过一定手段辨识出高端人才价值，并根据高端人才价值类型合理安排岗位，能保证高端人才价值与岗位需求大体匹配。而实际工作中是很难做到精准匹配的，所以还需要后期的调节。随着高端人才工作的深入，高端人才会展现出越来越多的价值，组织继续对这些价值进行辨识，再结合高端人才在其岗位的工作表现评判高端人才与其所在岗位是否高度匹配，如果发现高端人才在此岗位上价值创造率、岗位价值贡献率较低等问题，就表明高端人才能力与岗位需求存在偏差，组织需要重新任命更能满足岗位需求的高端人才到这个岗位上，对于高端人才则依据其最新辨识的价值安排他到更适合他的岗位上去。另外，对高端人才价值进行辨识，可以发现高端人才群体具备的总体价值是否满足所有岗位的需求：如果发现高端人才的某一些价值在组织内已经拥有太多，但组织内岗位有限，难以接收大量具有相似价值的高端人才，这时就需要组织进行供需调节，可以裁员或重新培养重新分配工作，将多余的高端人才移出岗位；如果发现高端人才的一些价值在组织内比较稀缺，但岗位对此价值需求又比较大时，组织就需要进行供需调节，可以从外部招聘相应高端人才或在组织内部培养，以此来为岗位提供需要的人才。

（三）高端人才价值终端对比利于优化工作嵌入认定

1. 高端人才价值创造信息源库构建便于工作嵌入分类评价

高端人才价值创造信息源库是指存储所有辅助高端人才进行价值创造的数据的数据库。高端人才价值创造不是一个孤立的过程，需要组织内部

---

① 参见王雪、何海燕、栗苹、张磊：《人工智能人才培养研究：回顾、比较与展望》，《高等工程教育研究》2020 年第 1 期。

不同层面的支持，主要包括组织资源、部门合作、团队分工和人员执行。高端人才价值创造需要整合组织资源，譬如人力资源、客户资源等①，价值创造过程还需要部门合作，价值创造是个复杂的过程，单凭一个部门的职能是难以满足的，所以经常需要跨部门合作。高端人才价值创造需要借助团队的力量，团队分工合作，能提高工作效率，还需要组织成员的配合执行。其具体表现可见图 13–6。

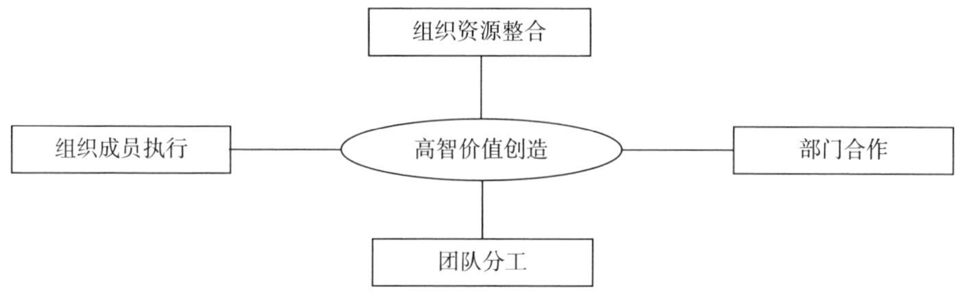

图 13–6　高端人才价值创造模型

构建高端人才价值创造信息源库，将高端人才价值创造过程中获得的组织支持联结起来，可以通过这些联系评价高端人才工作嵌入情况。如果高端人才价值创造过程中较多受到某个层次的支持时，就表明其在这个方面工作嵌入性较强，譬如如果高端人才进行价值创造时，只借助了组织资源和部门合作，基本没有依赖团队合作和组织成员执行，这两方面基本是自己独立完成的，那可以判断其组织嵌入和部门嵌入较高，团队嵌入和组织成员嵌入较低。通过分析高端人才价值创造过程，依据价值创造过程与组织、部门等之间的联系，可以对高端人才组织嵌入、部门嵌入、团队嵌入、组织成员嵌入进行分类评价。

2. 高端人才价值创造终端分类对比便于工作嵌入成效评定

高端人才价值创造终端是指高端人才创造的价值的最终运用及作用。

① 参见陈俊杰、同淑荣、聂亚菲、张静文：《考虑胜任力水平的研发项目群人力资源调度》，《计算机工程与运用》2019 年第 2 期。

高端人才价值创造终端主要包括高端人才个人价值终端、组织价值终端、区域性价值终端和社会价值终端四个方面。高端人才的个人价值创造终端的表现就是提高了绩效水平、组织价值贡献率、工作能力，实现自我价值；高端人才的组织价值创造终端的表现是提高了组织管理的效率和效度，为组织提出更加高效、灵活的管理方法；高端人才的区域价值终端表

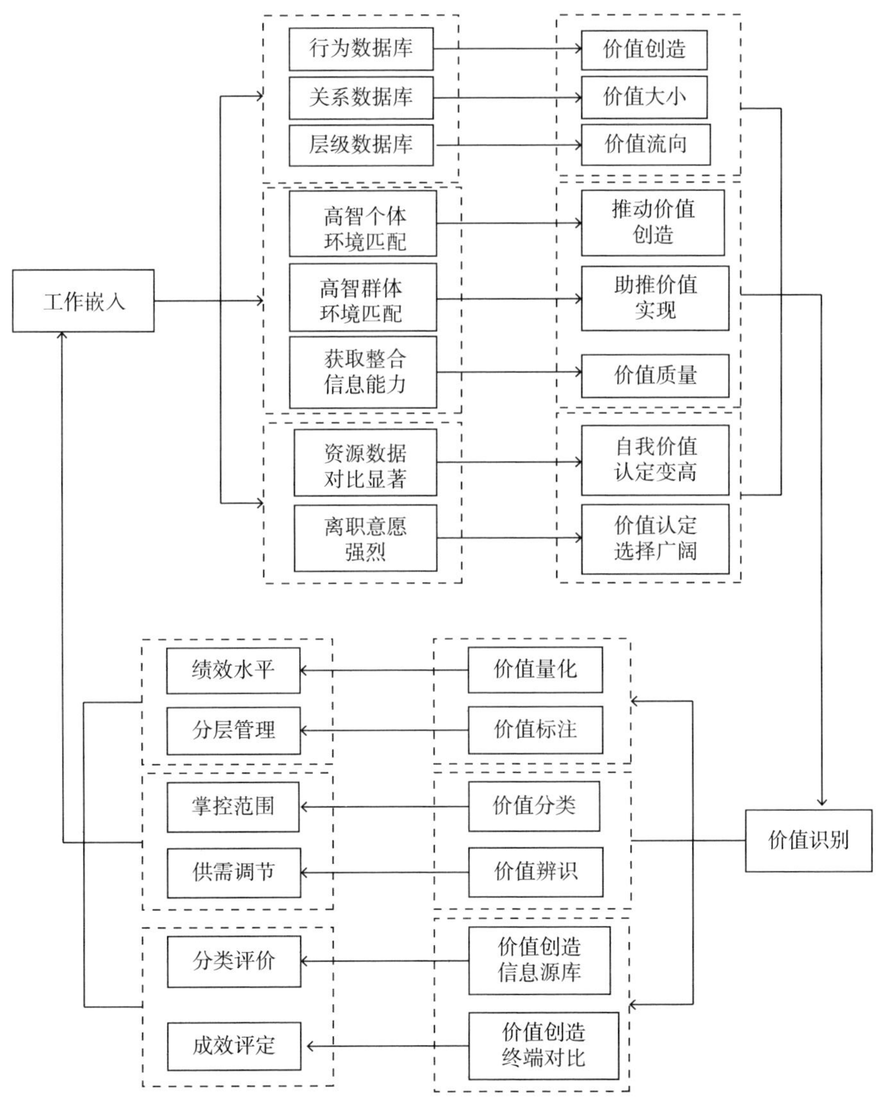

图 13–7　高端人才工作嵌入反哺价值识别路径

现为促进区域经济发展，为区域发展提供新思路新路线，提高区域价值创造能力和区域工作效率，优化区域文化，吸引其他地区高端人才流入等；高端人才的社会价值终端表现为促进社会经济发展，提高经济发展质量，增强国家竞争力，为社会经济发展指出一条新路等。通过对这四个价值创造的终端对比，对高端人才实际创造的价值进行评价，看高端人才价值主要在哪个方面运用效度比较高，最终可以对高端人才工作嵌入的效果进行评定。基于大数据背景，分析了高端人才工作嵌入及价值识别的现状及影响因素，提出目前急需建立一个高端人才工作嵌入反哺价值识别的有效路径，从高端人才工作嵌入对价值识别的正回馈和反回馈两方面分析路径构建的策略，最终构建了一个有效、循环的反哺路径（如图 13–7 所示）。

高端人才作为组织最重要的人力资源，对组织发展有至关重要的推动作用，但由于缺乏工作嵌入反哺价值识别的路径，导致高端人才价值识别不精准、工作嵌入程度较低等问题。一个高效的反哺路径，能使组织动态识别高端人才工作嵌入过程中产生的价值数据，不断调整对高端人才的价值识别，使识别更加精准，价值识别的精准性又为组织安排高端人才工作提供了重要依据。高端人才工作嵌入反哺价值识别路径是一个动态、循环、高效的过程，对提高高端人才工作嵌入程度和高端人才价值识别精准性都具有重要意义，因此构建一个有效的高端人才工作嵌入反哺价值识别的路径应受到更多企业的重视。

三、高端人才工作嵌入对价值识别的回馈运用

（一）加强智能数据共享，打通价值识别反哺通道

数字时代信息量急剧增加的同时，规模也在逐渐增大，如何在庞大的数据量中找到自己需要的、真实的、有用的信息是数字时代首要解决的问

题。随着社会的发展进步，人类社会已经进入智能时代，各种智能产品层出不穷，传统的数据传播方式和途径也愈发智能化，数据的迭代速度更加难以掌控。因此，组织应该完善信息管理系统，对各类信息进行分类汇总，以便于高端人才在海量的数据中快速找到所需要的信息。高端人才在数据获取方面的来源和途径存在差异，因而在对信息进行分析加工后所得到的结论也不同。高端人才虽然拥有一般人才所缺少的高创造力、辨识力等，但个人的能力毕竟还是有限的，因此，高端人才之间的数据共享变得尤为重要。组织应该对数据共享做到足够的重视，领导阶层起到模范带头作用，自上而下带动高端人才间的数据共享意识。同时，也要对于数据共享制定一定的奖励措施，为数据共享提供良好的平台。在高端人才工作嵌入反哺价值识别方面，组织要了解高端人才的心理动态，为其提高工作满足感，完善职位升迁机制等，使高端人才更好地嵌入组织中去。

（二）加强工作嵌入数据源，建设精准对接价值识别

数字时代，信息更加多样化的同时，也会带来很多虚假信息。虚假信息的获取与利用会导致决策的失误，从而带来一系列损失。所以，企业应该转变现有的信息分析办法，建立科学的分析手段，将信息进行整合，并在此基础上归纳出一般规律，与数据源进行实时对接。企业的生存与延续脱离不了对高端人才的渴求，高端人才的高流动性大大增加了价值识别的不确定性。高端人才数据源精准对接价值识别，可以在价值识别过程中对高端人才所作出的贡献或成果找到数据依据，而数据与识别信息一一对应，有效避免高端人才价值识别的遗漏或重复，提高识别的准确性、科学性。因此，一方面，组织应该及时了解高端人才的心理动态，将所有与高端人才有关的信息进行汇总，确保在识别时有据可依；另一方面，组织应该提高对信息的处理分析能力，对数据进行可视化挖掘，提取出隐藏在深处、不为人知的信息，建立特有的数据平台，实时监控数据源与价值识别的对接。

（三）多维数据描述工作嵌入有效回馈价值识别

当下企业为了扩大发展，越来越重视高端人才所带来的经济利益，而忽略了高端人才工作中带来的其他方面的价值。高端人才拥有高于一般人才的创造力和辨识力，对于问题通常有其独到的见解，对一般人才所遇到的难以解决的问题往往只需要一个简单的举动或一句话就能得到解决。长此以往，高端人才会成为组织人员竞相学习的榜样，在高端人才榜样的作用下，带动整个组织成员的工作热情，形成良好的工作氛围，促进组织内的良性竞争。另外，高端人才致力于解决科技含量高、具有挑战性的工作，在这过程中，很可能因为高端人才的一个想法或研究成果对组织管理层产生影响，甚至影响组织的发展方向，提高组织的竞争力。高端人才价值贡献是综合多种元素共同作用的结果。对于高端人才价值识别不能单一地从经济方面识别，应该从多个维度对工作嵌入进行描述识别出高端人才各个方面的价值。数字时代，各种信息纷繁复杂，高端人才获取数据碎片还要进行整合分析，为了提高高端人才工作效率，组织应该鼓励高端人才之间的数据共享。借鉴其他高端人才的有利数据，将有用的信息或研究方法移植到自己的研究中去，对价值识别实现正回馈。

（四）利用穿戴技术实时监控工作嵌入，捕捉高端人才价值识别因素

现阶段，我国大部分企业的设备以及技术都不是很完备，工作嵌入价值识别还保留了传统的识别方法，人工与智能之间还未形成良好的对接。因此，需要利用穿戴技术来实时监控工作嵌入。可穿戴设备不仅仅是一种硬件设备，它能够通过各种软件对数据的收集、加工等步骤，依据人工智能的加工，实现虚拟与现实的完美对接。近年来，可穿戴设备在使用过程中所产生的越来越庞大的数据也引发人们的关注。

可穿戴技术可以结合高端人才的状态和经验等，形成以高端人才为中心的视觉辅助。可穿戴设备可以“穿”在身上，不受时间空间限制，在智

能网络的帮助下，高端人才可以更好地感知外部信息，实现人与信息间得无缝交流，捕捉到人们无法获取的信息。① 利用可穿戴眼镜、计算机等设备感知外界，持续辅助高端人才工作，有利于增强高端人才对外界的感知力，有效捕捉工作嵌入中的价值识别因素。

在数字时代下，高端人才早已变成企业竞争的核心以及主要因素。高端人才在工作嵌入过程中持有的态度往往是决定员工离职率的主要因素。在此基础上加强数据共享、数据源体系建设，引用人脸识别技术及人工智能穿戴技术捕捉高端人才价值识别因素，有助于提高员工的工作热情，降低离职率，提升我国企业的管理水平。

（五）以价值最大化为目标，促进价值提升

组织在经营生产过程中所取得的回报，回报越大，价值越大。② 组织价值最大化是指企业的经济价值、社会价值以及高端人才的价值都达到最大化。然而，高端人才的价值是随着组织价值同步提升；反之，当一个组织长期处于劣势状态，组织价值得不到提升，高端人才的价值更不会得到提升。对于实现组织价值最大化，促进价值提升，有以下两方面的途径：

1. 建立以产出管理能力为价值评价的机制

产出管理能力是用来评价组织和高端人才的效率和效能。高端人才产出管理的能力的强弱决定着组织的经营状况，其最终目标是实现组织价值最大化。高端人才在产出管理的过程中，首先要根据组织的销售状况制定符合组织发展的线路，保证销售不断链。其次，在组织正常运行的情况下，高端人才通过自身的努力，为组织带来财富效益。最后，组织要适应社会经济发展的变化，不断地调整组织的决策、发展战略，使组织的产出

① 参见宋庆宇、张樹沁：《身体的数据化：可穿戴设备与身体管理》，《中国青年研究》2019 年第 12 期。

② 参见周飞、邱琳、王娜：《战略柔性、智力资本与双向开放式创新》，《科研管理》2019 年第 1 期。

管理能力能够跟上社会发展的脚步，促动组织价值最大化。

因此，以产出管理能力为价值评价机制，只要看组织的价值是否达到最大化。当组织的价值达到最大化时，说明了高端人才的经营策略和工作嵌入是有效的，在这样的情况下，高端人才给组织带来价值创造是有意义的，高端人才提升的价值才会被组织认同，达到双赢的局面。

2. 信息化建设促进价值提升机制

组织的信息化是指将组织的性质、文化、经济状况、财务细节、人事变动、人才发展等事项，借助网络科技的平台上传到本组织的网站中，形成一整套全新的面向社会大众的组织战略信息资源，促进资源能够得到合理的配置和利用。建设组织信息化平台，使得每一个员工都能在第一时间获得有效的、科学的、公开的工作事项，促进工作有条不紊地开展。在具有丰富资源的基础上，使得组织在激烈的竞争市场环境下，取得信息优势，高端人才利用信息化的优势所创造的贡献并为组织所用，逐步实现组织价值的最大化，使其获得经济效益，说明了在这前提下，高端人才自我提升的价值是有实际意义的。以信息化建设促进价值提升机制，为高端人才的发展创造了信息平台，也使组织迈向了更高的起点，促进了组织价值最大化，最终提升高端人才的价值。

（六）以完善的工作嵌入为前提，建立价值增值机制

完善的工作嵌入是指组织已经克服多种影响工作嵌入的因素，其模式是符合组织和高端人才的发展的。一方面，完善的工作嵌入根据高端人才对工作上的物质和精神需求，引领组织政策调整，促进工作嵌入达到新的高度；另一方面，根据组织环境的变化和高端人才离职的意向，对工作嵌入的内容进行改善，使高端人才留在组织中并为组织创造更多的利益。

1. 以开发高端人才资源建立价值增值机制

当今组织之间的竞争是人力战略资源的竞争，是具备高素质、精技术的高端人才之间的较量。组织高端人才资源的开发，对其工作潜能、兴趣

爱好、职业规划进行深度开发，使高端人才与组织岗位相匹配，使人力资源开发带来的价值成本得到回报。另外，将高端人才所具备的一切优势条件能够被组织充分地利用，如知识基础、工作技能、文化内涵，帮助高端人才发挥他们最大的潜能，最终为组织带来更多的增值财富。

2. 以绩效考核创设价值反馈机制

价值反馈机制是建立在绩效考核的基础上，通过绩效考核识别高端人才的差距，激励他们改正工作的态度，认真地“嵌入”工作，为企业带来财富。

绩效考核必须有合理的评价主体和评价标准，避免了以往评价主体的单一，评估内容带有感情色彩的弊处；组织必须本着科学、公正的原则对每一个高端人才进行全方位的考核，考核的内容必须是可以掌握的和确定的，如岗位职责考核、专业知识点考核等；考核需要从多元化的角度考虑问题，不能形成固定思维模式，要因人而异，综合考量；考核还需要根据高端人才个人绩效占集体绩效的百分比，计算个人的贡献值来提升高端人才的价值；价值反馈的结果以公开的方式公布。

高端人才的工作绩效是衡量他给组织带来多少利润的直接反馈，高端人才的绩效越高，带来的利润就越多，创造的增值价值就越多，以此给予高端人才额外的激励。在激励中，物质激励的效果最为明显。①

（七）以客户为中心，促动工作嵌入和高端人才价值提升

客户是组织经营活动的载体，是能够为组织和高端人才带来利益的对象，高端人才在组织和客户之间以“桥梁”的形式存在。作为以营利为目的的组织来说，组织、客户、高端人才为三点一线，缺一不可。因此，一个没有客户资源的组织，在如今以经济建设为中心的社会大背景环境下，

① 参见马洪坤、李仲飞：《基于不完全信息竞赛理论的员工激励机制研究》，《系统工程理论与实践》2019 年第 10 期。

将难以生存，拥有客户资源才是壮大组织的必要前提，这就必须考虑客户的需求、满意度等，促动工作嵌入和高端人才价值提升。

1. 以客户满意度作为高端人才价值提升的标准

组织对高端人才价值的评判有多种方法，但往往忽视了客户满意度这一标准。客户满意度是指某一消费者购买某种有形或者无形的商品后，客户对产品在购买过程中至使用之后，对高端人才在整个服务过程中持有的客观的态度评价标准。

以客户满意度作为高端人才价值提升的标准，这就需要组织为高端人才创造一个具有后勤保障、技术支持、资金支撑的平台。高端人才对客户进行专业的产品介绍，展现自己良好的职业道德，以热情的服务态度引导，让客户满意，最终和客户达成购买的行为。研究表明，客户满意度的高低对商品的再次购买有强烈的影响。① 如果客户对高端人才的满意度高而进行了二次复购，那么，说明了高端人才得到了客户的认可和高度评价。

以客户满意度作为高端人才价值提升的标准，提升指数越高，意味着客户满意度越高，代表工作嵌入的良性发展趋势，高端人才提升的价值是有意义的，是可以为组织带来经济价值的。反之，提升指数越低，说明客户的满意度越低，代表工作嵌入不完善，高端人才价值的提升对组织价值的创造影响不大。

2. 以工作嵌入的有效性为价值提升创造环境基础

有效的工作嵌入不仅要考虑客户的需求，还要为客户和高端人才之间创造一个优越的、轻松的、实际的、有保障的购买环境，这是对高端人才工作的一种尊重，使得高端人才更加轻松愉悦地工作，获得精神上的满

---

① Cf. Chareeya Ittisak; Sirion Chaipoopirutana; Howard Combs.A Study of The Relationship of Trust and Customer Satisfaction on Repurchase Intention of Shopping Online via Facebook in Thailand[C]. Conference Proceedings of International Conference on Advances in Business Management（ICABM）, Bangkok, Vol.11, p.20, 2015.

足。当高端人才在精神上得到满足之后，便会进一步提高自己对工作的要求，对提升自身价值的愿望就更加强烈。另外，通过组织各方面的扶持，让高端人才全身心地投入事业中，展现了高端人才提升自身价值的能力，为我国市场经济作出卓越贡献。

组织之间竞争是高端人才战略资源的较量，组织若要在市场经济环境下获得发展的空间，必须大力培养高端人才，着重抓住高端人才的工作嵌入。在这个过程中，组织需要通过完善和调整相关政策，消除在工作过程中的不良因素产生的影响，使高端人才不会因为外界出现了可供选择的就业机会而产生离职的行为，并让高端人才所拥有的资源为组织所用，促进工作嵌入的有效运行，最终实现高端人才工作嵌入反哺价值的提升。

第十四章　高端人才价值识别及工作嵌入互馈信息系统

在数字时代，将信息管理系统理论、决策支持系统理论、工作嵌入过程理论作为构建互馈信息的理论基础，互联网联结、物联网匹配、人工智能优化作为构建互馈信息系统的技术基础，仓储系统数据、分布式缓存数据、实时数据对接交流作为互馈信息系统的实践基础，这都为了高端人才工作嵌入价值识别打下了坚实的基础。本章分析了高端人才价值识别及工作嵌入互馈信息系统构建的基础、构建互馈信息系统的模型、互馈信息系统在高端人才价值识别与工作嵌入现实中的运用三个方面，构建了高端人才价值识别与工作嵌入具有智能化信息管理系统、数据库辅助决策系统、互馈人脸识别数据处理系统、互馈智能云盘处理系统、互馈物联网虚拟系统五个系统，包含互馈信息系统的三个功能，最后对高端人才价值识别及工作嵌入互馈信息系统模型的运用进行了探讨。

一、高端人才价值识别与工作嵌入互馈信息系统构建的基础

（一）互馈信息系统构建的理论基础

1. 信息管理系统理论在互馈信息系统构建中的应用

为了提高绘制不同工作场景内人员的工作效率，对工作嵌入过程中的海量数据信息进行可视化管理，设计一种基于三维虚拟的海量数据信息管理系统。系统分为三维图像处理模块、信息感知模块、数据交互模块、三维模型重构渲染模块和输出程序控制模块。采用视景仿真渲染工具 Vega Prime 进行海量数据信息管理系统的三维立体建模和视景分析，采用 3ds MAX 软件进行海量数据信息管理建模，结合自适应图形跟踪渲染方法，实现网络中海量数据可视化三维图形绘制，提高对海量数据信息的跟踪能力，构建视景分析模型数据库，实现对海量数据信息进行实时管理。① 信息管理系统在价值识别与工作嵌入互馈信息系统中，可以提高系统的工作效率，提供具有新一代互联网特征的信息网络存储理论知识和有关技术，提供大规模数据服务质量的重要指标和质量保证模型的系统理论。

2. 决策支持系统理论在互馈信息系统构建中的应用

应急决策系统数据自助挖掘方法。首先，利用应急系统数据传输信道，对整个系统需求数据进行采集，利用采集数据构建信号模型，通过信号模型提取应急决策系统中需求数据特征；其次，运用最大间隔准则算法，将应急系统中的需求数据高维特征投影至低维特征空间中，结合最小最大概率机算法，对应急系统中需求数数据进行自助挖掘，得到需求数据

① 参见张莹：《海量数据信息管理系统设计与实现》，《现代电子技术》2019 年第 4 期。

挖掘结果。① 决策支持系统理论主要是对高端人才在互联网中不确定信息的采集，信息质量分析问题的应用，同时为价值识别与工作嵌入提供新的方向。在互联网高速发展的环境下，企业有必要根据决策支持系统理论分析高端人才的信息质量，从而更好地建立数字时代下职位的岗位分布。

3. 工作嵌入过程理论在互馈信息系统构建中的应用

工作嵌入过程理论是指个体与组织内外所有与高端人才价值识别之间所形成关系网络的密切程度。它可以分为外工作嵌入与内工作嵌入。前者是指高端人才嵌入组织工作的程度，后者指在多大程度上嵌入高端人才和生活，这也就构成了 3×2 的矩形结构（见表 14–1），在工作中，这意味着嵌入高端人才生活的程度。大多数研究人员认为，这种多维结构，为了进一步加强相互反馈系统提供了基础。

表 14–1　工作嵌入概念多维度的 3×2 的矩阵结构

组织联结（Link to organization）	社区联结（Link to community）
组织匹配（Fit to organization）	社区匹配（Fit to community）
组织牺牲（Sacrifice to organization）	社区牺牲（Sacrifice to community）

资料来源：根据百度百科“什么是工作嵌入”整理得出。

（二）互馈信息系统构建的技术基础

1. 区块链联结工作嵌入与价值识别

区块链构建了一个分布式点对点的系统，作为一种安全可验证的分散确认事务的机制，广泛应用于企业经济管理、大数据、云计算和边缘计算领域。② 区块链联结工作嵌入与价值识别指的是广域网、局域网及单机按

① 参见彭秦晋：《应急决策支持系统需求数据自助挖掘仿真》，《计算机仿真》2019 年第 8 期。

② 参见方俊杰、雷凯：《面向边缘人工智能计算的区块链技术综述》，《应用科学学报》2020 年第 1 期。

照一定的通信协议，并以高端人才为主体从而联结工作嵌入与价值识别（见图 14–1）。区块链具有开放性、流行性、互动性、时间和空间性、越级低门槛等技术优势，重新定义了高端人才的生存和方式通信，从而导致了兴衰领先的社会化媒体。在数字时代，区块链的发展对高端人才有着日益密不可分的关系和深远的影响。通过区块链联结工作嵌入与价值识别在 Internet 环境下，可以开放工作嵌入性能值和价值识别度，规范企业管理的价值，更有效地工作，发挥主导作用。

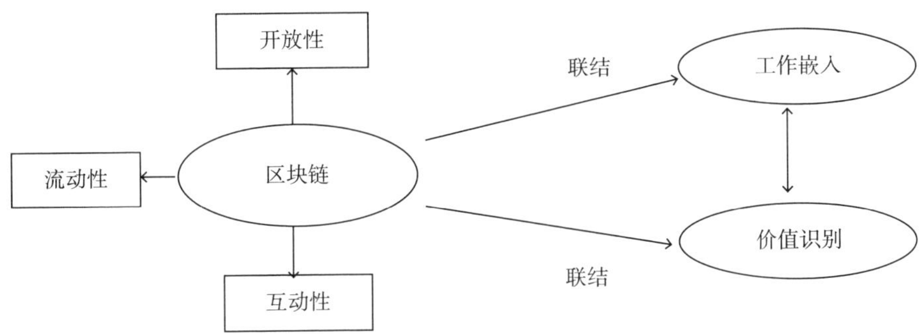

图 14–1　区块链联结高端人才价值识别与工作嵌入图

2. 物联网匹配工作嵌入与价值识别

物联网匹配工作嵌入与价值识别是高端人才通过射频识别（RFID）装置、红外感应器、全球定位系统、激光扫描器等信息传感设备，按约定的协议，匹配工作嵌入与价值识别，进行信息交换和通信，以实现智能化

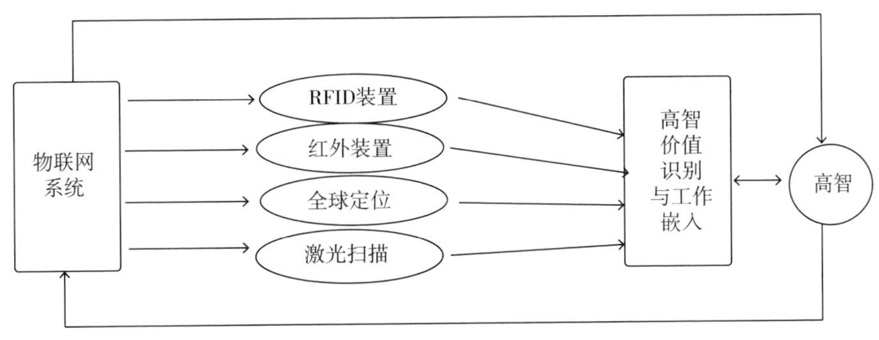

图 14–2　物联网匹配高端人才价值与工作嵌入模型

识别、定位、跟踪、监控和管理。高端人才将工作嵌入过程与价值识别的数据通过物联网来传输，这大大地提高了在工作嵌入识别价值的效率。通过建立信息模型（见图 14-2）匹配工作嵌入价值识别是一个非常有效的方法。

3. 人工智能优化工作嵌入与价值识别

人工智能优化工作嵌入与价值识别也称为机器智能优化工作嵌入与价值识别，从技术角度来看，高端人才通过人工智能更有效地为企业提供服务，从而使工作嵌入与价值识别不断的优化、不断的成熟。人工智能包括知识表示、自动推理和搜索方法、机器学习和知识获取、知识处理系统、自然语言理解、计算机视觉、智能机器人、自动程序设计等方面（见图 14-3）。高端人才通过这些技术支持，工作嵌入与价值识别会变得容易许多，也给互馈信息系统提供了很大的技术支持。

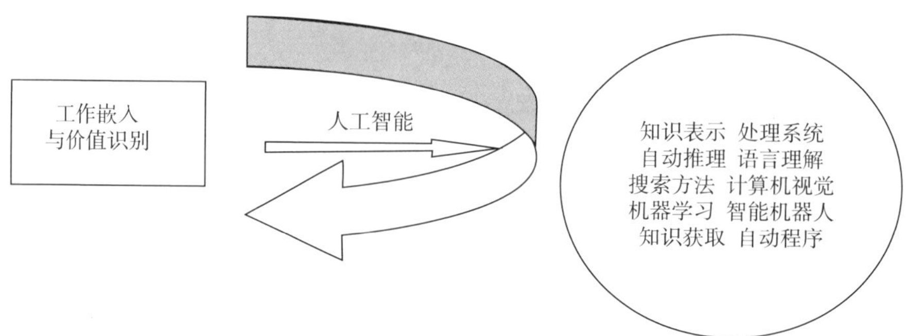

图 14-3 人工智能优化工作嵌入与价值识别

（三）互馈信息系统构建的实践基础

1. 工作嵌入仓储系统数据提取有效判别高端人才价值

工作嵌入仓储系统数据提取有效判别高端人才价值是企业通过仓储系统数据管理员工工作时间、工作质量、工作贡献度来判别高端人才的价值程度。图 14-4 是高端人才数据仓库概念结构图，来自操作环境的数据是数据仓库的数据源，通过抽取、清理、装载、刷新填充数据仓库，从而对数据访问生成报表，以及对数据的挖掘。而工作嵌入正是通过对仓库系统数据的提取，从而有效的去对高端人才进行一个评估，并且去判别他的价值。

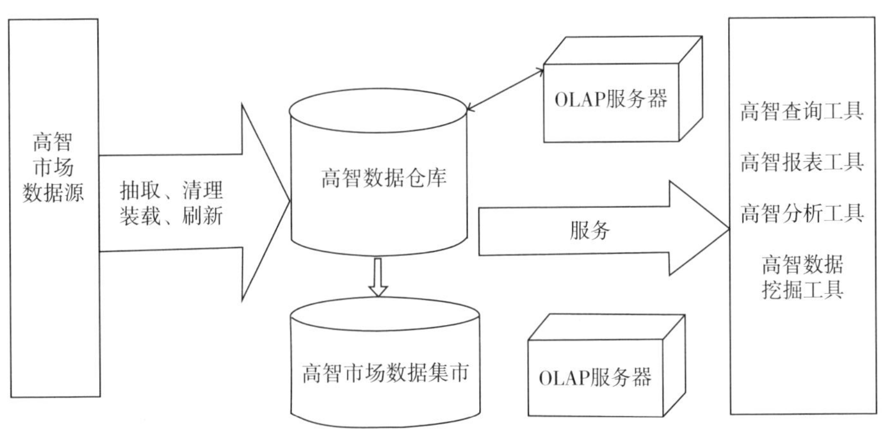

图 14–4　高端人才数据仓库概念结构图

2. 工作嵌入分布式缓存数据分析精准识别高端人才价值

工作嵌入分布式缓存数据分析精准识别高端人才价值企业由一个服务端实现对高端人才的管理和控制，有多个客户端节点存储数据，由这些数据来识别高端人才价值。工作嵌入分布式缓存数据具有如下几个特性：(1) 高性能。当传统数据库面临工作嵌入大规模访问时，往往会出现响应延迟，而分布式缓存数据将高速内存作为数据对象的存储介质，数据以 key/value 形式存储，从而使读写性能得到很大的提升，更加精准识别高端人才价值。(2) 动态扩展性。支持弹性扩展，通过动态增加或减少节点应对变化的数据访问负载，为工作嵌入提供了可预测的性能与扩展性，大大地提高了对识别高端人才价值的精准率。(3) 易用性。提供单一的数据和管理视图，当工作嵌入通过分布式缓存识别高端人才价值，便于统一维护。企业利用工作嵌入分布式缓存数据的特性，对高端人才价值得到更多、更细的数据，从而及时对高端人才价值进行识别、筛选。

3. 工作嵌入实时数据对接交流充分挖掘高端人才价值

工作嵌入实时数据对接交流充分挖掘高端人才价值是企业在工作嵌入过程中可以及时高效的对高端人才的价值数据进行处理。数字时代，在工作嵌入和高端人才价值之间有着实时信息相互和及时性，数据的实时对接是一种实时交换的行为，及时地去作出判断，通过实时数据对接交流，高端人才价值可以得到充分的体现，工作嵌入也变得容易许多，从而更加挖掘出有效的高端人才价值。

二、高端人才价值识别及工作嵌入互馈信息系统模型

（一）互馈信息系统模型架构

1. 高端人才价值识别与工作嵌入智能化信息管理系统

企业较强的创新能力可以提升其智能服务平台质量和服务智能化绩效；优化企业智能化服务平台质量可以提高其服务智能化绩效水平；智能服务平台质量在高端人才创新能力与服务智能化绩效之间起部分中介作用。① 高端人才价值识别与工作嵌入智能化信息管理系统模型即通过智能化信息管理系统对高端人才在工作嵌入过程中进行价值识别。随着高端人才在工作嵌入过程中展现出优秀的思想品质、规划能力和开拓能力，对他的信息化管理建设提出了更高的要求，如何借助现代信息技术和现代管理，建立合适的管理信息系统，成为高端人才价值识别与工作嵌入面临的巨大挑战。高端人才价值识别与工作嵌入对智能化信息管理系统有如下几个要求：

① 参见韩箫亦、董京京、许正良：《制造企业动态能力对其服务智能化绩效影响的研究》，《工业技术经济》2020 年第 2 期。

（1）系统性。高端人才价值的识别和高端人才工作价值嵌入相互依存。因此，智能信息管理系统必须在外部系统有一定的结构和秩序，使该系统能够发挥组件的新功能。（2）开放性。高智在一个复杂的组织环境内，需要通过内外环境的交互作用实现对资源信息的有效整合，从而推动工作的嵌入和有效创新。开放的组织更有利于高智对组织的适应与融入，更有利于工作嵌入和创新行为的发生。（3）全面性。识别高价值工作嵌入是一个全面的项目，它们相互关系、相互合作、相互配合，形成工作的整体，这也需要具有综合管理能力的智能信息管理系统。（4）实用性。高端人才价值值识别和工作嵌入是一个动态过程，在这一过程随时可能出现一些突出状况，这就需要建立实时实用的智能信息管理系统，通过实时监控、实时预警、实时分析、实时反馈，从而实现实时优化流程提高效率的目的。

2. 高端人才价值识别与工作嵌入数据库辅助决策系统

高端人才价值识别与工作嵌入数据库辅助决策系统模型（见图 14–5）即通过实现数据共享和集中控制，并保持数据的独立性、可维护性和一致性，快速地对高端人才的价值进行决策。数据库的决策支持系统充分利用数据库技术处理信息的快速、准确、直观等优点，提高高端人才的效率与质量信息和数据信息的使用管理，能较好地为高端人才价值识别和工作嵌入提供科学合理的决策支持。利用数据库辅助决策系统来辅助高端人才价值识别与工作嵌入已成为必然的发展趋势。

系统面向高端人才价值识别与工作嵌入，屏蔽技术细节和频繁的用户操作，界面简洁直观，将高端人才价值识别与工作嵌入最精华的数据提炼出来，形成更精确的决策数据。不同的用户可设置显示不同的内容，同一页中集成各个不同的工作嵌入高端人才价值识别数据，达到一页而知全局。在传统的数据库面前，费时费力的缺点显露无遗，通过数据库辅助决策系统实时有效的查询数据，制订出在工作嵌入高端人才价值识别的最佳方案。

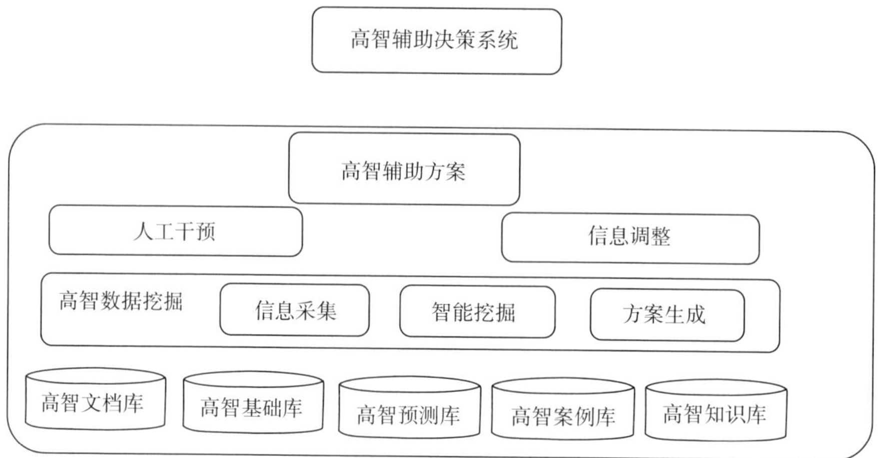

图 14-5　高端人才数据库辅助决策系统模型

3. 高端人才价值识别与工作嵌入互馈人脸识别数据处理系统

高端人才价值识别与工作嵌入互馈人脸识别数据处理系统模型即通过人脸识别技术对高端人才在工作嵌入中进行价值识别（见图 14-6）。人脸识别系统被分成三个主要部分：面部图案库，在拍摄面部图像时，给每个

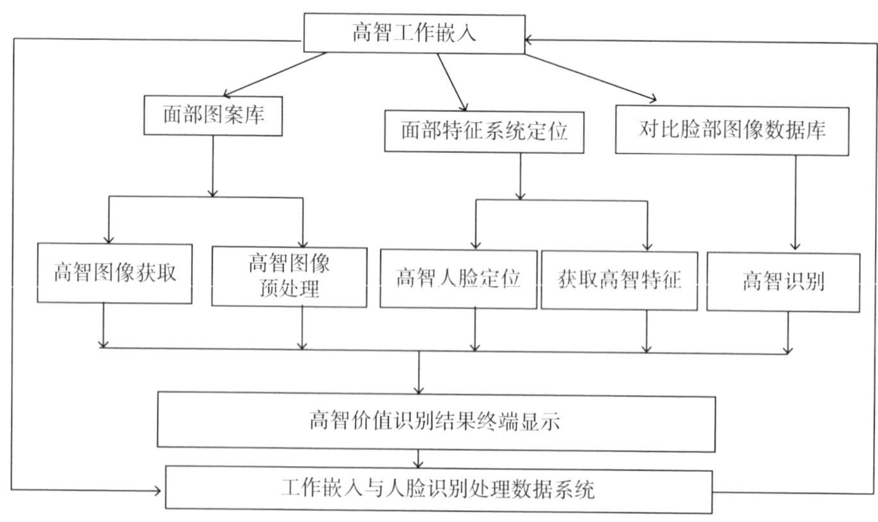

图 14-6　高端人才人脸识别数据系统图

高端人才的面部的位置大小；面部特征系统定位，检测面部主要特征信息并记录；对比信息确认身份。根据高端人才面部特征定位的结果和对比脸部图像数据库确定高端人才身份信息。通过设计人脸识别数据处理系统对高端人才进行识别与工作嵌入，它分为以下几个部分：首先通过高端人才图像过滤功能，其次对高端人才图像进行预处理，再次对高端人才进行人脸定位，最后对高端人才的特征进行提取然后识别。通过人脸识别数据系统，可以有效地对高端人才价值进行判断，从而为企业提供高端人才判别依据。在工作嵌入的过程中，高端人才也可以利用人脸识别数据处理系统对自身的价值进行识别，这使得高端人才价值识别与工作嵌入变得更有效率。

4. 高端人才价值识别与工作嵌入互馈智能云盘处理系统

高端人才价值识别与工作嵌入互馈智能云盘处理系统，即在云盘中储存大量的不同形式的数据，把高端人才的各种信息构建一个数据模型库，从而通过云盘技术将这些数据对高端人才价值识别进行互馈。如何实现高端人才价值工作嵌入数据迁移工作，快速构建高价值知识嵌入识别和数据环境，已经成为一个紧迫的问题。云盘处理系统采用主从式分布架构（见图 14–7）。智能云盘处理系统针对高端人才价值识别与工作嵌入量身定制，迅速响应快速变化的业务环境，提供端到端的安全移动办公解决方案，交互界面简洁，具有方便快捷的数据分享、完美的数据安全性和完整性、无限量的存储空间、智能化的数据恢复以及快速读写文件等特点。（1）实名制。这个系统主要是基于嵌入式高价值识别和工作，所以使用实名制的原则，每个高端人才都有自己独特的高知识分子的身份。同时，该系统具有客户端密码保护、密码恢复和许多其他功能。（2）资源的共享。可以将高端人才价值识别面对工作嵌入自身的要求，对任何资源的文件进行分享，提供了一个方便简洁的平台，提高了对互馈信息查找的效率。（3）数据的安全。高端人才作为社会不可或缺的，在面对工作嵌入高端人才价值识别的秘密数据，通过智能云盘处理系统进行处理，大大地提高了他的安全性。(4) 完善的系统更新与升级。"一键式"的系统更新与升级,实行智能化安装覆盖,自动保存数据,真正做到高端人才价值识别与工作嵌入在智能云盘处理系统中相辅相成。

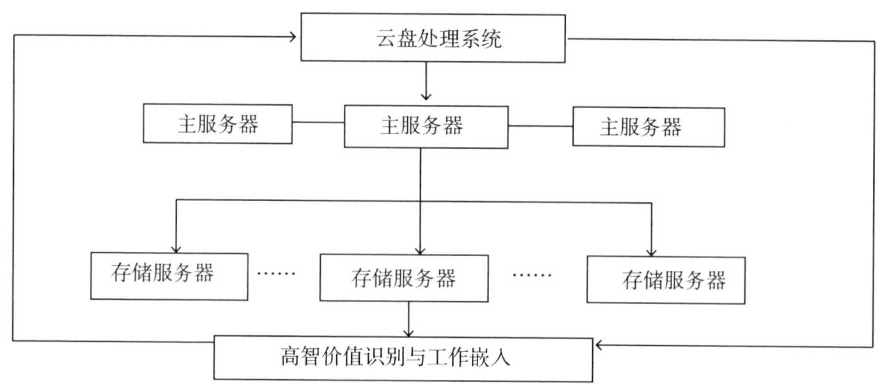

图 14–7 云盘处理系统主从式分布架构

5. 高端人才价值识别与工作嵌入互馈物联网虚拟系统

高端人才价值识别与工作嵌入互馈物联网虚拟系统即是一种智力价值认同与嵌入深度对话和双向的信息转换机制,也可以说将高端人才工作嵌入价值识别与物联网之间相互转换及互馈(见图 14–8)。如何解决高端人才价值识别和嵌入式信息工作之间的虚拟工作传播的矛盾成为主要问题。通过互联网为媒介解释高端人才的演变变化物联网概念,以高端人才思想来分析事物的逻辑。在物联网虚拟系统的优势下,网络信息资源和信息传递的凝聚力渗透对高端人才的影响力传播打下了坚实的基础,自然也催生了高端人才价值识别形态的深刻变化。我们基于"高端人才价值识别—物联网虚拟系统—高端人才工作嵌入"主题类别对应用户空间域、信息域空间、物理空间域三元系统架构,并通过运行控制流、数据流、感知流动态交互模式,三次元的信息传播过程中的动态空间域提出的东西放在一起形成的通信问题的世界,把重点放在如何在同一时间解决高端人才价值识别与工作嵌入在物联网虚拟系统中双向的转换机制。高端人才需要更复杂的物联网虚拟系统的变化，是由价值识别与工作嵌入之间的多代理关系的互动来实现的。

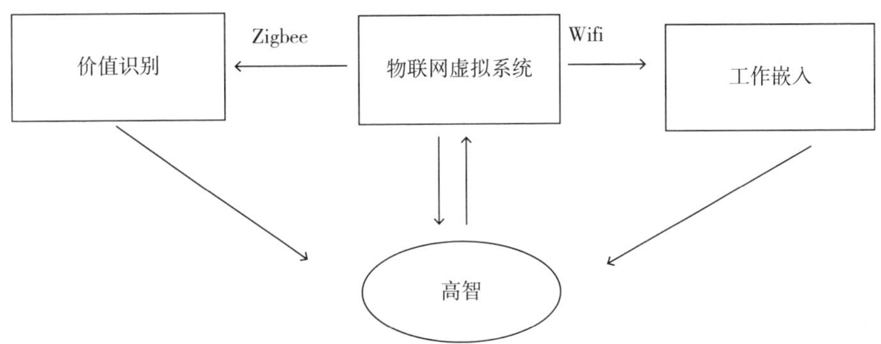

图 14–8　物联网虚拟系统互馈高端人才价值识别与工作嵌入

（二）互馈信息系统模型的功能

1. 仓储系统数据库容量决定互馈信息控制的程度

仓储系统数据库容量决定着高端人才价值识别与工作嵌入之间互馈信息的控制程度。仓储系统数据库容量指的是以计算机为设备支持，数据库的容量也越来越大，通过对仓库的物资管理进行对应模拟，收录仓储过程中的各种数据，进行相应的数据处理。也就是说，高端人才价值识别与工作嵌入之间相互反馈的信息大小是由仓储系统数据库容量决定的。仓储系统数据库的容量越大，随之处理高端人才价值识别与工作嵌入互馈的信息也越来越多。随着企业对管理系统的越来越重视，再加之仓储系统数据库容量在高端人才价值识别与工作嵌入之中的作用越来越大，传统的仓储系统数据库必然向着更加网络化、智能化、集成化、国际化的方向发展，数据库的容量也会随之越来越大，高端人才的数量及质量也会随之上升，这在其中发挥着重大的作用。

2. 分布式缓存数据节奏决定互馈信息处理的能力

高端人才在分布式缓存数据的节奏下，其价值在工作嵌入过程中日益地显现出来，但是如何去有效的反映出高端人才的能力，这就需要分布式缓存数据去解决。一方面，分布式缓存实际上是由一群管理机器，它负责维护集群更新每个高端人才成员的名单，并负责执行各种操作。也就是说，当高端人才价值识别与工作嵌入处理反馈信息问题时，分布式缓存数据通过维护和有效的节奏处理问题，从而提高了价值识别与工作嵌入互馈信息的可用性。另一方面，分布式缓存用于实现互馈信息高可伸缩性的技巧，通过将高端人才的数据分配到价值识别与工作嵌入中去，互馈信息的能力将会呈线性增长。在企业中，数据的一致性关系到互馈信息处理的能力，分布式文件系统通常采取层次化的命名空间，Coda系统对文件进行复制，以一致性为代价换取互馈信息处理的能力，采用专门的解析机制处理互馈信息的冲突，分布式缓存系统中数据在保证可靠性的情况下，提高互馈信息的处理能力。因此，缓存系统中不需要所有节点都同步更新，在分布式系统中，节点机器的性能决定着它如何处理互馈信息，面对高端人才价值识别与工作嵌入互馈的时候，提供量化依据。

3. 实时数据对接交流决定互馈信息挖掘的水平

对于挖掘高端人才价值识别与工作嵌入互馈信息来说，如何去提高高端人才价值识别在工作嵌入中的水平和在工作嵌入中挖掘高端人才的价值，这就需要实时的数据对接交流。实时数据对接交流可以分为六个模块：数据采集模块、所收集的数据缓冲器模块、广播、存储模块被写入、显示模块、一个通信模块。数据采集模块即是采集高端人才的价值数据；所收集的数据缓冲器模块即是将采集到高端人才价值的信息进行缓冲；广播即存储模块即是将高端人才价值的数据进行广播和存储；显示模块和通信模块即是对高端人才价值的信息进行特定的处理并报告到企业的高层，使得高端人才得以充分利用。当一个模块的功能被启用，如果工作缓冲器已经充满，存储线程就开始将高端人才价值数据存储在缓冲器内，如果服务器将数据发送，广播将被启用。高端人才价值识别会通过嵌入这六个模块用于识别工作嵌入的价值，然后互馈级别的信息将得到极大改善。

三、高端人才价值识别与工作嵌入互馈信息系统的应用

（一）高端人才工作嵌入过程实时控制提升人才利用率

有效的工作嵌入是高端人才创造的基础前提，在此基础上提高人才的利用率，具有十分重要的意义。主要是：第一，在高端人才工作嵌入过程中以需求为前提、以利益为目的的情况下，提高人才利用率。高端人才的创造并不是没有目的的，在当今这个社会环境下，要以利益为目的进行高端人才的创造，提升人才的利用率；也就是说，高端人才的创造要能为企业带来利益，只有在这个基础上才会它的人才利用率。第二，在高端人才工作嵌入过程中，以客户为中心，在市场经济大环境下，企业与客户不仅仅局限与单纯的交易关系，对于企业来说，生产的产品，提供的服务能不能使客户满意，这是最为关键的，从而本质上控制着人才的利用率，只有在客户满意的前提下，人才利用率才会直线上升。当然，这也就说明高端人才工作嵌入过程需要与市场相匹配。第三，在高端人才工作嵌入过程中，要以公平为原则，去提升人才利用率。随着市场经济的深入影响，各生产要素的市场化程度越来越高，企业作为市场的主体，必须要以公平的原则去制定机制，首先要反对平均主义，对于不同的贡献程度给予不同的奖励机制；其次要制定出符合高端人才的标准，将其与市场经济相对应，从而提升人才利用率。

（二）高端人才价值识别过程精准对接降低用人成本率

通过精确的识别高端人才价值，减少无谓的成本。高端人才识别具有

以下几个标准：

第一，辨识力：高端人才首先就要对自身进行识别，目的要明确，经验要丰富，技能知识达到一定的标准，有团队协作能力。第二，统筹力：高端人才在工作嵌入过程中不仅需要识别自身的能力，还需要有大局观，要有突出的沟通能力，敏锐的洞察力。第三，思想力：思想决定行动，优秀的思想才会让高端人才作出正确的判断，要有工作的意志，创新的思维，奉献的意识。第四，领导的评价：高端人才在工作过程中一定担任着重要的职务，他们必须获得领导的肯定，这才会让他们体现出价值，这需要忠诚度，管理协调的能力，交流反馈的能力。第五，绩效反馈：绩效是衡量你作为高端人才的一个重要指标，只有当你作出了成绩，你才会体现出高端人才的价值，这需要有创新的成果，高额的报酬，贡献的程度。在这些标准中对高端人才进行价值识别，可以大大提高对高端人才的筛选，从而降低了用人的成本。

（三）互馈信息系统联结全力打造企业高端人才创造力

将信息管理系统、数据库辅助决策系统、互馈人脸识别数据处理系统、互馈智能云盘处理系统、物联网虚拟系统结合，打造企业高端人才的创造力，将信息管理系统的系统性、开放性、全面性、实用性，数据库辅助决策系统的独立性、可维护性和一致性，互馈人脸识别数据处理系统的人脸识别过程，互馈智能云盘处理系统的实名制、资源的共享、数据的安全、完善的系统更新与升级，物联网虚拟系统深度对话机制和双向的信息翻译机制结合，去打造企业高端人才创造力。

（四）打造互馈信息系统智慧化云盘平台

智慧化云盘平台即是对高端人才的海量信息进行筛选，使高端人才线下线上互动的潜能放大。首先，通过物联网技术对高端人才数据进行实时的上传，构建和共享资源库，并对高端人才数据进行统计分析，搭建智慧化的平台。其次，智慧化云盘平台的核心是高端人才资源的数据，通过构建智慧化云盘平台，不断的筛选高端人才信息，将企业与智慧化云盘对接，从而使得企业与高端人才之间达到互馈。高端人才通过智慧化云盘服务，了解自己的优点与缺点，企业通过智慧化云盘服务更好地对高端人才进行了解，在这不断互馈与互动中，提升高端人才，提高企业竞争力。

（五）构建互馈信息系统人工智能技术平台

近年来，人工智能技术越来越蓬勃发展，特别是通过信息管理系统、专家系统、决策支持系统给人工智能技术注入了新的活力。人工智能在计算能力、可靠性方面远超人类，但是它的技术瓶颈在突破的过程中正是由高端人才去创造的，你可以多次击败世界冠军，在计算机程序的人工智能领域的快速发展这无疑是一场政变，在其动荡的表面，更绝望的赌博是悄悄酝酿——人工智能，人才争夺战。谷歌、Facebook 等科技巨头，微软和百度急于发展自己的产业领地。因此，在人工智能技术的平台上，要充分发挥高端人才价值识别与工作嵌入。

总而言之，构建数字时代高端人才价值识别及工作嵌入互馈信息系统对现今社会具有重大的意义，互馈信息系统的构建能够为人才管理方面作出巨大的贡献，为高端人才工作嵌入价值识别提供了一个平台，为我国步入创新型阶段打下了坚实的基础。

第十五章　高端人才工作嵌入反哺价值识别大数据跟踪服务平台

对高端人才工作嵌入反哺价值识别大数据跟踪服务平台构建，有助于对企业组织、政府组织等对高端人才提供服务型的绩效管理。本章以跟踪数据类型、跟踪数据种类和跟踪数据特点三个方面来构建高端人才价值识别大数据服务跟踪平台；在这基础上服务了高端人才工作嵌入反哺价值识别大数据跟踪服务平台的构建模式，包括功能模式、空间布局模式和发展模式；最后提出了人脸识别服务平台提升企业高端人才仓储率、智慧云盘服务平台增加企业高端人才回馈率和嵌入管网服务平台强化企业高端人才贡献率的三大综合运用。

一、高端人才价值识别大数据服务跟踪平台

（一）跟踪数据的类型

针对高端人才的一个系统化的人力资源管理体系，主要包括人力资源规划、高端人才的引进与培训、绩效考核、职业生涯规划、薪酬待遇管理、人员异动管理等部分。在本章研究所关注的核心愿景中，高端人才相关的数据库类型主要是与教育培训、岗位分布、价值贡献率这三个模块

相关。

1. 教育培训大数据库

教育培训主要是指向高端人才对组织使命、价值观、战略文化、知识技能等的掌握和认同，这也是高端人才工作嵌入的一个初始环节。具体来讲，教育培训大数据库主要是有针对性地对高端人才的知识需求规划进行落实，主要包括组织文化与核心愿景培训、不同岗位高端人才专业化知识技能培训、培训计划与规划、培训工作的具体管理台账、组织机制、培训效果等。

2. 职位岗位分布大数据库

职位岗位分布大数据库主要是对高端人才的组织分布进行把握和掌控，为准确衡量其价值贡献和绩效产出提供一个分析的基本单元。高端人才在岗位分布上应当服从于组织的战略需要，同时做到“定岗定编”，避免出现因人设岗、因人增岗的组织行为。这个数据库对于高端人才的人岗匹配、技能掌握、提拔任用、调岗轮岗、人员异动等具有重要的决策指导价值。大数据库在发展过程中，智能化分析功能逐渐强大，企业有必要根据内部各岗位特点分析用人需求，建立职位岗位分布大数据库。

3. 价值贡献率大数据库

价值贡献率是指高端人才价值对事业发展的贡献率。对高端人才的贡献价值进行收录，并且客观公正地确定其价值贡献率，是一项攻坚性课题。价值贡献率大数据库主要收集和跟踪高端人才的工作产出（如发明专利或者论文发表数量、带来的直接经济效益、减少的直接损失）和工作成本（如提供给高端人才的货币奖金、工资、福利等）以及对整个事业的贡献所构成的不同领域、不同区域高端人才价值贡献率的数据。

（二）跟踪数据的来源

1. 人脸识别

人脸识别技术是通过对人脸特征的识别，从而进行识别身份的技术。

这项技术的诞生对人类的生活以及科技的发展产生了巨大的变革，在理想条件下，人脸识别系统的性能已经令人比较满意。① 对高端人才反哺价值进行测量的一个环节是绩效的测量，而绩效测量的前提是对组织制度、纪律的遵守。在诸如人力资源管理环节中的考勤考纪等环节，人脸识别技术有着广阔的试验空间。

2. 智慧云盘

智慧云盘一般也被称为智慧云数据处理中心，起初为了解决个人储存空间的不足而被研发②，是数字时代的一种信息集中共享中心。在高端人才组织内部、组织与组织之间均可以借助于数据共享的“智慧云盘”实现互联互通和情报信息共享，在整体上有利于形成一种信息团体优势，根据新制度经济学的理论，这种团体化的运作有利于降低交易成本。

3. 嵌入管网

嵌入管网的核心便是“工作嵌入”。在市场营销和组织行为、企业管理学等多学科的范畴中，对“高端人才”的“工作嵌入”进行研究是一个前沿热点学术话题。“工作嵌入”概念最早在 2001 年由美国的米特彻提出，概括地来看，“工作嵌入”描述了个体与组织和社区间的依附关系，把“工作嵌入”运用到嵌入管网中，顺应了组织理论与心理理论相融合的发展趋势。③ 高端人才拥有着丰富的知识与非凡的能力，如何任用正确的高端人才，对各种组织而言是一个重大的挑战，所以在高端人才工作中进行嵌入管网十分重要。我们在对工作嵌入的管网进行分析时，往往有多种管网或者说嵌入途径可以分析，比如社区管网、心理契约管网、社会资本管网等

---

① 参见何元烈、刘峰、孙盛：《基于深度学习的动态人脸识别方法》，《计算机工程与技术》2019 年第 11 期。

② 参见解腾刚、马毓杰：《基于 Hadoop 的数据云盘的设计与实现》，《现代计算机》2019 年第 5 期。

③ 参见张亚军、尚古琦、张军伟、周芳芳：《资质过剩感与员工工作绩效：心理权利的视角》，《管理评论》2019 年第 12 期。

都可以用来建构高端人才的工作嵌入。

（三）数据跟踪的特点

在数字时代，与这一时代有关的云计算、物联网、智慧城市、数字地球、电子政务、在线治理、新媒体传播、社交网络、人的数字化消费和数字化生存等都得到了蓬勃的发展。学术界目前对“数字”概念界定比较权威的一个观点是“3V”界定，即认为大数据是一个兼具“规模性、多样性和高速性”的数据集成系统。总的来分析，基于高端人才工作嵌入的反哺价值跟踪、测评大数据具有以下几个特点：

1. 协同共享

协同即协作、同步，具有相辅相成的功能；共享是指对高端人才数据的共同分享。大数据平台具有“协同共享”的特点，是在数据的开放性维度上而言的。这种协同共享本质上是一种“整体化治理”的过程，在这个数据共享的过程中，实际上克服了高端人才组织内部的本位主义、部门主义弊端，实现了一种高端人才组织行为上的跨部门协调、跨层级协调、跨区域协调、跨功能协调，这种信息上的数据联通降低了因为各部门各自为政而带来的高昂交易成本，为高端人才数据的传递与利用奠定了可行的基础。

2. 过程管控

过程管控即对高端人才工作的“入与出”进行深入的管理与指导。在企业管理、市场营销、人力资源管理的多重范畴中，对组织中管理的程序重塑、流程再造是一个涉及宏观绩效产出的创新环节。在大数据平台建设的前提下，流程再造带有“过程管控”的特点：一方面，组织可以从高端人才的工作过程中把控其反哺价值，比传统的粗放式人力资源管理更加系统化、细节化；另一方面，高端人才借助大数据平台，也可以动态地对自己的工作嵌入进行分析，为深层次的心理契约签订、组织文化认同及至企业战略的实现奠定一个互信的基础。

3. 动态预测

动态预测即大数据对事物发展趋势的预测。[①] 例如,2016 年 3 月 9 日,谷歌设计的一款人工智能程序阿尔法狗（AlphaGo）与世界围棋冠军、职业九段选手李世石(이세돌）的围棋大战中，阿尔法狗不仅战胜了李世石，还在距比赛结束前半小时就确信能赢得比赛，并报告给了 Google 技术分析团队。阿尔法狗的设计原理是深度学习，即是大量数据的输入，再像人脑处理事物一样进行复杂的处理，得出结论。阿尔法狗的成功，不仅反映出人工智能的厉害，也折射出大数据的力量。高端人才工作中也是如此，通过大数据技术对高端人才的工作状态、意愿与展望进行嵌入反馈并作出有效的数据分析，实时把握高端人才动态，并能够对高端人才价值发挥作出更合理的判断与预测。

4. 辅助决策

辅助决策即高端人才数据的收集、分析、预测的最终目的。在通过工作嵌入反哺价值识别，然后对高端人才进行修正优化工作方向的过程中，最难以协调的问题就是如何对高端人才的工作进行最合理的调配，从而实现岗位配对最优化。常规方式按岗设人，根据岗位特点来应聘相对适合的人才，这样的方法没有考虑到人才的个人兴趣、发展意向与潜在能力。仅从面试与岗位适应能力来评定，对高端人才的价值识别并不全面，也不一定能高效的人岗匹配。利用大数据的协同共享、过程管控、动态预测特性，能够有效从工作嵌入中反哺价值识别，从而使高端人才从事最适合自己的工作，充分发挥自己的才能；能够最大限度地发挥人岗高度匹配的功效，使工作业绩更上一层楼。

---

① 参见张志宏、常青、张彬、兰创宏、李永洲:《利用数学模型对生产计划实施动态预测管控》,《化工管理》2019 年第 5 期。

二、高端人才工作嵌入反哺价值识别大数据跟踪服务平台构建

（一）功能模式

1. 人脸识别定级评价服务模型

人脸识别定级评价服务模型即通过人脸识别技术对高端人才进行识别定级的模型。在本模型中（见图 15–1），主要分为五大模块，即前端监控设备、数据预处理、云计算平台、管理系统和用户终端。前端监控设备拍摄提供高端人才的视频资料；数据预处理对接收数据进行辨别与提取；云计算平台负责高端人才定级数据库储存与高端人才信息匹配；管理系统用于管理用户权限、资源使用问题；用户终端是人脸识别定级评价服务平台的最终受益者和直接用户。监控设备在拍摄到高端人才脸时，通过网络，分别把影像数据传输给用户终端与预处理中心，预处理中心辨别与提取有价值数据，传输给云计算平台。云计算平台在接受识别请求时，运用虚拟计算对接收到的影像数据进行识别计算，识别高端人才身份信息后，从大数据库中匹配到高端人才对应定级评价，上传到管理系；如果识别未成功则继续向监控设备要求提供数据。用户终端在接收到监控拍摄到的影像数

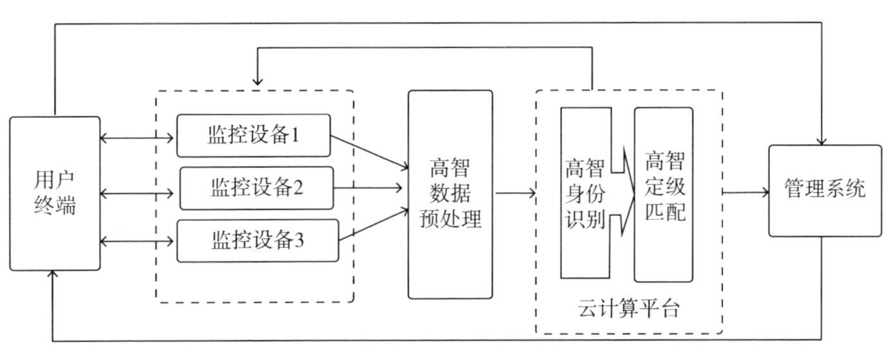

图 15–1　人脸识别定级评价服务模型

据后，向管理系统申请获得高端人才定级评级信息权限，管理系统受理后便把高端人才定级评价信息传输给用户终端，如果申请未通过，管理系统便会拒绝用户终端的请求。

2. 智慧云盘信息回馈服务模型

智慧云盘信息回馈服务模型即在云盘储存了高端人才在不同时间、空间的数据资源的基础上，把不同种类的信息数据整合成了一个巨大的数据库，从而通过云技术将数据进行重构、分配、管理与回馈，这样来确保数据合理高效地使用的模型。高端人才大多数物理数据即教育培训数据、工作绩效数据、价值贡献数据可通过物理捕捉与存储共享获得，但其隐性数据，比如偏好、意向等则需要借助爬虫等技术来深入挖掘。图 15–2 为隐性数据获取方法。在高端人才同意的情况下，利用爬虫技术来获取高端人才的言行，经过关键字提取后，通过高端人才云语法匹配，高端人才云语义匹配，高端人才云行为匹配来挖掘分析高端人才的隐性意愿与潜在能力。智慧云盘通过储存分析高端人才的物理数据与隐性数据来对高端人才价值判辩进行回馈。

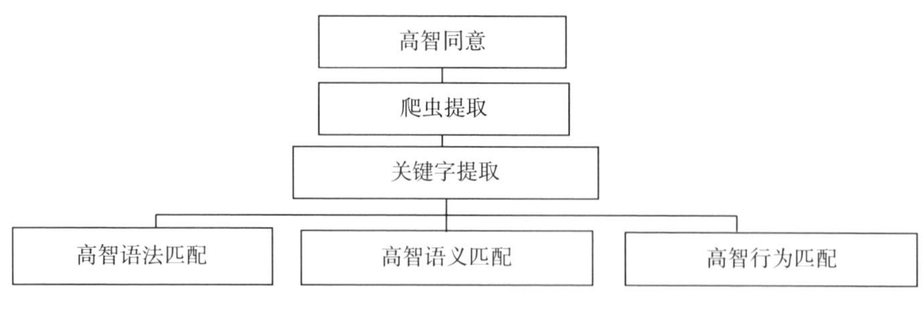

图 15–2　隐性数据获得模型

3. 嵌入管网质量评价服务模型

嵌入管网质量评价服务模型即通过对高端人才生活工作进行嵌入与管控，从而为后续对高端人才的正确评价获得高质量数据。在数字时代，任何高端人才，不仅是企业间争相抢夺的珍贵资源，也是人类社会发展的巨大财富。对于高端人才的数据收集，数据质量直接影响到高端人才的评定与发展，从长远来说，甚至能影响到人类社会的发展，所以在高端人才工作嵌入中进行管网嵌入，是对反馈数据质量的最大保障。图 15–3 所示为大致管控点模型。在嵌入网管下，对高端人才工作、至亲状况、学习培训等数据管控到点，可以使高端人才数据收集方完整、直观、准确地获得质量数据。

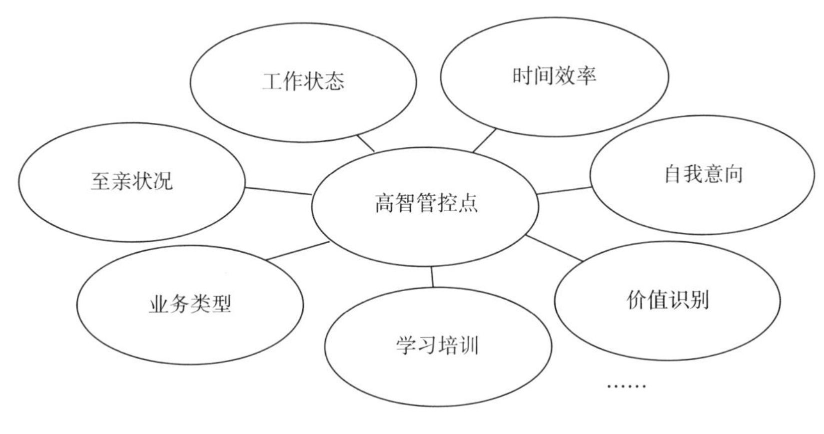

图 15–3　管控点模型

（二）空间布局模式

台　1. 企业与高端人才单级单核型服务平

企业与高端人才单级单核型服务平台空间布局形式（见图 15–4），是指企业自设一个服务平台，该平台作为企业独自平台不与外界共享。这种形式平台的建立，使企业高端人才在企业的工作中进行深度价值识别，然后通过服务平台修正工作方向，在企业内从事相对适合自己的工作，更好地发挥价值。但局限性是企业岗位固定，数量有限，很容易造成某岗位高端人才过于集中或缺少，甚

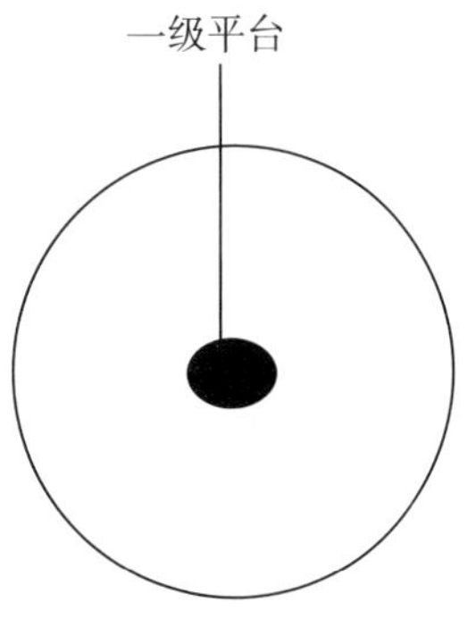

图 15–4

至造成高端人才的流失。

2. 企业与企业两级单核型服务平台

企业与企业两级单核型服务平台空间布局形式（见图 15–5），是指企业与企业之间共享非核心高端人才数据库，建立一个企业间共有的一级高端人才工作嵌入反哺价值识别大数据跟踪服务平台，分别各自再设立一个规模较小的二级服务平台。一级服务平台通过非核心高端人才共享，能助企业更好的发展，并且一定程度上保证了高端人才仓储量与减少了高端人才外流。对高端人才而言，一定程度上给自己提供了更多更适合自身的岗位并且在企业之间学习不同的优秀文化与知识。二级服务平台主要面向企业核心高端人才与忠诚员工，在保护企业核心价值的同时，也从一定程度上能看出企业高端人才的忠诚度。在经济社会发展，各行业竞争日趋加大的大形势下，企业与企业之间协同合作资源共享才是增强企业生命力与竞争力的关键，哪怕是竞争关系企业，面对人才流失，专业人才绝大多数跳槽都是去了竞争对手企业，造成的损失无法估量。既然如此，不如竞争企业在保留核心技术的同时，进行非核心高端人才共享，这样极大地避免了高端人才离职的损失，也增加了企业间学习。

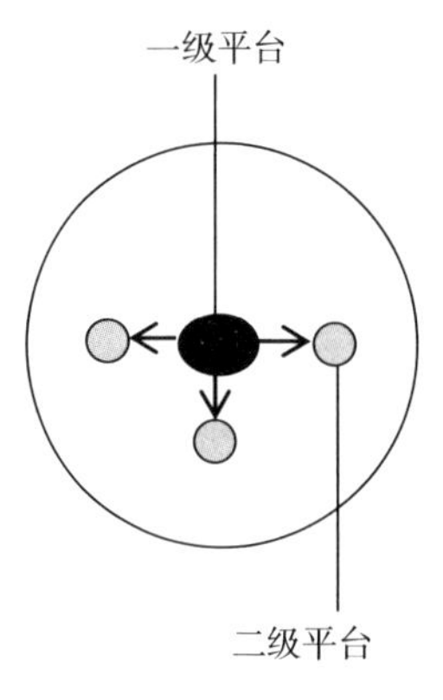

图 15–5

3. 城市与企业两级多核型服务平台

城市与企业两级多核型服务平台空间布局形式（见图 15–6），是指企业与城市共享云数据库，在城市的中心城区设立两个或以上功能偏向不同领域的多核型服务平台，据此建造一个中心服务平台，负责中

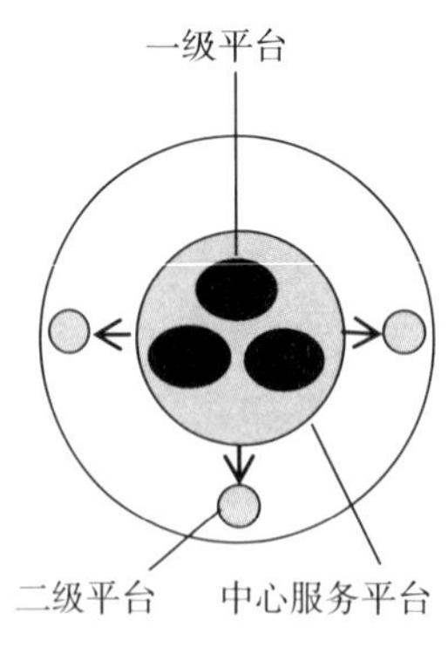

图 15–6

心区高端人才的生涯发展、建议推送，一级平台的下面还设有数个二级服务平台，负责辐射区的高端人才服务，如有特别突出的，便建议他至核心区更好地发挥才能。两级多核型服务平台的设立，能够有效地聚集高端人才，形成高端人才偏向群居区，比如金融高端人才群居区、医学高端人才群居区等。中心城区的高端人才优势能使城市内产生由核心区带动辐射区发展的良性循环。政府统筹调控，能使城市高端人才的资源利用率尽可能加大，同时优胜劣汰，对于一些不作为的无能之辈，给予警告或者惩罚。高端人才是企业的珍宝，也是社会发展的强大动力，高端人才的资源利用率直接影响着城市的发展。成熟利用高端人才工作嵌入反哺价值识别大数据跟踪服务平台，能使城市甚至国家在战略性政策上占取先机，从而推动社会的发展。

（三）发展模式

1. 人脸识别技术联结高端人才价值识别

人脸识别技术是一门新的生物识别技术。人脸识别技术可以非接触式远距离采集生物特征，既可以主动采集、隐蔽采集，也可以被动采集、强制采集。人脸数据获得方便，具有普遍性，使人不会感觉隐私受到侵犯。在数字时代，人脸识别技术的发展可谓是日新月异，与此同时，随着大数据的发展，关于高端人才价值的识别也从不可能变为了可能。由此人脸识别技术与高端人才价值识别的联结更显重要。高端人才是国家的财富，是社会发展的领头羊，国家有义务对高端人才进行生活中的帮助与工作中的保护。在高端人才生活中，通过人脸识别技术应该让高端人才享有景点免票、公交车免费等福利。在高端人才工作中，人脸识别技术是安防系统中运用广泛的技术①，为保证高端人才的人身安全，通过人脸识别技术，同

① 参见张凯兵、郑冬冬、景军锋：《低分辨人脸识别综述》，《计算机工程与运用》2019年第9期。

步关注高端人才的动态。对高端人才的工作单位安装人脸识别时时报警系统，如有非高端人才人员进入工作室，便立马报警，保护高端人才研究成果，防止机密外泄。

2. 智慧云盘技术匹配高端人才价值判辨

高端人才在工作嵌入中的数据被积极回馈到云盘中。云盘通过云技术可以将高端人才的数据进行重构、分配与管理，然后云盘通过分析能判断出高端人才工作嵌入价值的细分层次，比如像跆拳道等级一样白带为 10 级，黄带为 8 级，哪怕同为黑带，也分 1 段至 9 段。同为高端人才，在同一专业领域也有能力高低。通过智慧云盘技术完全可以把高端人才的价值判断出来，分成专业能力一般、优秀和卓越，从而使高端人才之间也有能力高低之分，方便了企业对于高端人才利用价值判断的同时，也促进高端人才互相之间竞争。

3. 嵌入管网技术降低高端人才离职率

嵌入管网是应对中国管理研究开发出来既有的问题、理论、开发和方法。① 高端人才在工作嵌入中的态度通常与离职联系密切②，于是嵌入管网技术对降低高端人才离职率的作用可见一斑。嵌入管网的低级目标是发现高端人才的离职前兆与动机，这样可以对高端人才离职有所准备，降低风险，同时能了解到高端人才离职的动机，作为反馈，研究应对方案，防止更多高端人才的流失；中级目标是把组织目标合理分解至每个岗位，对每个岗位全年绩效进行分段考核，并对核心目标的核心岗位人选进行慎重选择。这样一来规避了重要岗位高端人才离职带来的巨大风险，并且使岗位接替的高端人才能通过对阶段性绩效考核的认知，快速适应到新岗位中

---

① 参见张三保、张志学：《管理自主权：融会中国与西方、连接宏观与微观》，《管理世界》2014 年第 3 期。

② Cf. Richard N S Robinson, Anana Kralj, David Jsolnet, et al. Thinking job embeddedness not turnover: towards a better understanding of frontline hotel worker re-tention[J] . International Journal of Hospitality Mamage-ment, 2014（36）: pp. 101—109.

来。高级目标是形成管控自动化，管控过程根据不同工作数据进行自动分析评估，结合产生的异常数据，分析预判可能发生的问题及所造成影响，并自动策划应对方案，在问题发生前解决问题源。嵌入管网技术在高端人才绩效上分段管控，真实、公正、完整地管控着高端人才的工作状态，在反馈数据管控中预测高端人才将可能发生的离职问题，及时作出针对方案较少高端人才离职带来的损失或者防止损失加大。

三、高端人才工作嵌入反哺价值识别大数据跟踪服务平台运用

（一）人脸识别服务平台提升企业高端人才仓储率

1. 使企业高效选聘适岗人才

选用合适的人才对于提高企业的竞争力有着关键作用，同时随着选人和用人的直接成本与机会成本加大，选一个新人入职，要投入时间、精力、人力、财力去选人、引导人，已就职员来去不定、自动淘汰。高效选聘适岗人员，已是企业人力部门的重要战略项目。企业通过人脸识别服务平台，便能够以极低的成本高效获得人才的评定情况，在不使人才感到反感的情况下，了解到人才的特殊能力与职业素养，从而选择与岗位相配的人才。一来一去之下，作为人才，不必到处面试应聘，而对于企业，更是节约了时间、精力、财力，方便了高效选聘是岗人才，降低了各项成本。

2. 提高高端人才资源利用率

高端人才通过人脸识别服务平台获得定级评价，这个定级评级就像一个如影随形的智能档案袋，不仅科学公正地对每个高端人才的人力价值进行评估，还具有时效性。人脸识别服务平台的运用一定程度上辅助高端人才自我评估，避免了高端人才因为偶尔的意外造成的失败影响其自我判

断，从而自暴自弃，白费资源，又或者在面对不擅长的领域时，可以及时与企业相商，高效寻找当下最适合人选，邀请相应高端人才协助或替换，从而更合理和成功地完成作业。这便是提高高端人才资源的利用率的表现。

（二）智慧云盘服务平台增加企业高端人才回馈率

1. 海量信息筛选精准对接

智慧云盘服务平台脱离了传统空间物质的限制，能在随时随地通过网络上传海量与高端人才相关的信息数据。通过数据收集、分析和概念化间的不断交叠，即收集数据后，依靠强大的计算能力筛选出有用的数据，并加以分析判断。高端人才在工作中，通过工作嵌入，被收集到的所有高端人才显性数据上传到云盘，智慧云盘服务平台就会把海量数据进行精准筛选与意图捕捉。这种建立在海量数据下的平台功能，保证了高端人才与相关数据导向的精准对接，增加了企业高端人才的高品质回馈率。

2. 线上线下互动潜能放大

智慧云盘服务平台促进企业与高端人才间的契合关系。高端人才通过智慧云盘能更进一步的与企业对于工作进行互动，在了解自身能力强度的同时，也了解企业对不同工作的要求程度。企业通过智慧云盘能进一步把握高端人才的状态与能力，及时对高端人才进行工作安排与辅助。高端人才通过智慧云盘服务平台，了解到自己现有能力与不足时，在今后的工作方向注意改进，扬长避短，精益求精，并且在线上线下不停地互动中，时时了解自己的状况，尽最大能力地挖掘潜能。

（三）嵌入管网服务平台强化企业高端人才贡献率

1. 实时管控过程有效发挥高端人才价值

通过实时管控的数据具有高质量性，高质量的数据更加有利于云计算判辨预测的可靠性；实时管控具有及时性，在高端人才工作中进行实时管控，能及时反馈高端人才工作状态，并对高端人才的价值作出最新判断，高端人才通过实时反馈得到的回馈数据，及时调整自我状态，以更强的自我掌控、更高的自我要求去应对岗位工作。企业目标期望具有针对性，如何高效地完成企业计划的目标，对于企业的市场占领与竞争优势有着战略性作用。嵌入管网服务平台对高端人才工作过程进行实时管控，能够统筹全局、协调资源，引领重点攻克方向，在有限的时间内，为企业取得战略上的先机，高效地发挥高端人才价值。

2. 动态调控仓储增强高端人才适岗能力

个人与组织的良好匹配是实现组织灵活性的关键。[①] 嵌入管网服务平台的运用，能及时了解到企业岗位的高端人才能力要求。面对岗位的空缺，能第一时间从人才仓储中找到最适合的人才，使企业高端人才能及时高效地适应到新的岗位中来，并发挥其高度匹配的适岗能力。当有岗位工作临时要求多变或困难时，服务平台可以动态调控其他岗位高端人才到相应的岗位进行临时的工作操作，确保工作能很好完成的同时，又保持高端人才的高贡献率与高适岗能力。

作为一种特殊的具有潜在高附加值的商品，高端人才本身既具有使用价值，也可以为组织带来更多的价值和剩余价值。对于企业组织来讲，高端人才本身具有较高的附加值，高端人才这种稀缺性资源可以为企业带来战略性的、长期性的超额获利能力；对于国家来讲，高端人才是国家建设和发展所需要的重要资源[②]，高端人才开发是国家可持续发展的关键要素之一，有助提升国家的凝聚力。在高端人才工作嵌入的过程中，对其反哺价值识别，构建起一个基于大数据跟踪的服务平台可以纠正传统的“概念性评价”弊端，确立起一种量化的考核体系。这个服务平台的运用必将给我国人才评价带来更多机遇与挑战！

① 参见钟佩彤：《人岗匹配理论与实践探讨》，《劳动保障世界》2019 年第 11 期。

② 参见刘理晖、胡晓：《全球人才流动特点和自由贸易港（区）的人才政策》，《重庆理工大学学报》（社会科学版）2019 年第 12 期。

参 考 文 献

一、著作

1. 安鸿章、岳威、王守志：《企业人力资源管理师》，中国劳动社会保障出版社 2010 年版。

2. 陈秀山、张可云：《区域经济理论》，商务印书馆 2008 年版。

3. 董克用、叶向峰、李超平：《人力资源管理概论》，中国人民大学出版社 2010 年版。

4. 董保华、周长征、梁凯：《海外留学人才是中国巨大财富》，广西师范大学出版社 2010 年版。

5. 胡慧平：《高级人才，你的标准到底是什么》，华东理工大学出版社 2009 年版。

6. [美] 马斯洛，许金声等译：《动机与人格》（第三版），中国人民大学出版社 2012 年版。

7. 米雅：《人力资源经理是怎么思考和解决问题的》，清华大学出版社 2012 年版。

8. [美] 迈克斯・泰格马克（Max Tegmark）：《生命 3.0》，浙江教育出版社 2018 年版。

9. 涂子沛：《正在到来的数据革命》，广西师范大学出版社 2012 年版。

10. 吴健安、郭国庆、鈡育赣：《市场营销学》，高等教育出版社 2007

年版。

11. 王立敏:《人才市场需求预测模型的研究与应用》，师范大学出版社 2013 年版。

12. 原毅军、陈艳莹:《中国高端服务业发展研究》，科学出版社 2011 年版。

13. 殷凤春:《自主创新人才评价与提升》，南京大学出版社 2013 年版。

14. 殷凤春:《高端人才引进培养机制和管理创新研究》，人民出版社 2017 年版。

15. 周三多:《管理学》，高等教育出版社 2016 年版。

16. 赵恒平、雷卫平:《人才学概论》，武汉理工大学出版社 2009 年版。

二、论文

1. 白灿明:《新媒体时代传统纸媒体微信公众号发展研究——以“广西日报”为例》，《新媒体研究》2019 年第 9 期。

2. 曹三省、鲁丹:《万物互联时代的“物联网新媒体”》，《新闻与写作》2016 年第 1 期。

3. 程平、范珂:《数字时代基于云会计的信息生态系统研究》，《会计之友》2015 年第 20 期。

4. 常履碧:《充分考虑生态容量破解昭通农村发展难题》，《发展论坛》2014 年第 10 期。

5. 蔡平、蔡刚、韩琳琳:《如何提高国有企业高技能人才的供给质量？——基于工作满意度的分析》，《宏观质量研究》2020 年第 1 期。

6. 陈明:《面向云计算的视频监控人脸识别模型》，《广西广播电视大学学报》2015 年第 4 期。

7. 陈苏安、蔡英杰、杨志林:《多因素扰动下闭环供应链的契约设计》，《管理科学与工程》2018 年第 1 期。

8. 陈勇强、宋歌、张文静:《中国国际工程外派管理人员工作嵌入与离职意愿关系研究》，《工程管理学报》2014 年第 12 期。

9. 陈抗、战炤磊：《规模经济、集聚效应与高新技术产业全要素生产率变化》，《现代经济探讨》2019 年第 12 期。

10. 陈丹、隆茜：《面向极客群体的高校图书馆创新服务研究》，《图书情报工作》2018 年第 2 期。

11. 陈丽、黄晋、王锐：《Hadoop 大数据平台安全问题和解决方案的综述》，《计算机系统应用》2018 年第 1 期。

12. 陈淑凤：《工业化、城镇化、信息化、农业现代化和绿色化耦合协调发展研究》，《中南林业科技大学学报》（社会科学版）2017 年第 2 期。

13. 陈俊杰、同淑荣、聂亚菲、张静文：《考虑胜任力水平的研发项目群人力资源调度》，《计算机工程与运用》2019 年第 2 期。

14. 陈志斌：《新经济时代知识企业人才价值定位》，南京大学硕士学位论文，2009 年。

15. 杜小勇、陈峻、陈跃国：《大数据探索式搜索研究》，《通信学报》2015 年第 12 期。

16. 杜连雄、张剑：《主动环境行为与技术创新对企业绩效的影响》，《华东经济管理》2019 年第 12 期。

17. 段瑞君：《聚集经济、市场拥挤效应与城市规模》，《经济经纬》2014 年第 8 期。

18. 詹剑锋、高婉铃、王磊：《BigDataBebch ：开源的大数据系统评测基准》，《计算机学报》2016 年第 1 期。

19. 董楠楠、朝乐门：《数字时代下数据管理理念的变革：从结果派到过程派》，《情报理论与实践》2017 年第 2 期。

20. 董兆伟、李培学、李文娟：《“互联网 + 时代”的新型学习支持服务体系构建研究》，《远程教育杂志》2015 年第 6 期。

21. 董星亮、苑晶、张雪波、黄亚楼：《室内环境下基于图像序列拓扑关系的移动机器人全局定》，《机器人》2018 年第 7 期。

22. 冯芷艳、郭迅华、曾大军、陈煜波、陈国青：《大数据背景下商务管理研究若干前沿课题》，《管理科学学报》2013 年第 1 期。

23. 冯韶丹：《我国移动社交平台的发展现状与未来趋势》，《传媒》2019 年第 9 期。

24. 方瑀绅：《能源科技高端人才所需核心能力分析》，《科技管理研究》2017 年第 10 期。

25. 方俊杰、雷凯：《面向边缘人工智能计算的区块链技术综述》，《应用科学学报》2020 年第 1 期。

26. 付慧莲：《互联网背景下流通供应链整合研究》，《商业经济研究》2017 年第 6 期。

27. 范涌峰、宋乃庆：《数字时代的教育测评模型及其范式构建》，《中国社会科学》2019 年第 12 期。

28. 封志明、杨艳昭、闫慧敏、潘韬、李鹏：《百年来的资源环境承载力研究：从理论到实践》，《资源科学》2017 年第 3 期。

29. 樊文婧：《数字时代企业人力资源管理变革分析》，《中国管理信息化》2020 年第 2 期。

30. 关宇新、崔迪：《以过程管控为核心的创新管理体系建设》，《企业研究》2014 年第 17 期。

31. 胡亚谦：《大数据预测能力对公共决策的影响》，《东北大学学报》（社会科学版）2016 年第 5 期。

32. 胡瑞文、张海水、朱曦：《大众化阶段的人才供求态势与高等教育转型发展》，《教育研究》2014 年第 1 期。

33. 郝占军、李倍倍、党小超：《一种基于信道状态信息的人员轨迹跟踪方法》，《计算机应用研究》2018 年第 9 期。

34. 韩箫亦、董京京、许正良：《制造企业动态能力对其服务智能化绩效影响的研究》，《工业技术经济》2020 年第 2 期。

35. 韩昀瑾、许亚男：《基于灰云聚类模型的绿色港口竞争力评价》，

《物流技术》2019 年第 3 期。

36. 韩秀文:《中国经济结构调整的现状和展望》,《中国发展观察》2012 年第 4 期。

37. 韩箫亦、董京京、许正良:《制造企业动态能力对其服务智能化绩效影响的研究》,《工业技术经济》2020 年第 1 期。

38. 何安明、包灿灿、惠秋平:《把言情绪、共话健康——全国第五届情绪与健康心理学学术研讨会综述》,《心理学探新》2019 年第 6 期。

39. 何正源、段田田、张颖、张瀚文、孙毅:《物联网中区块链技术的应用与挑战》,《应用科学学报》2020 年第 1 期。

40. 何春明:《浅谈供应链一体化》,《企业科技与发展》2017 年第 11 期。

41. 何元烈、刘峰、孙盛:《基于深度学习的动态人脸识别方法》,《计算机工程与技术》2019 年第 11 期。

42. 何勤:《大数据驱动的平台型组织灵活就业人员绩效管理创新研究》,《北京联合大学学报》(人文社会科学版)2019 年第 1 期。

43. 洪玮铭:《数字时代个人信息面向及精准营销模式变革》,《社会科学家》2019 年第 2 期。

44. 侯爱军、夏恩君、陈丹丹、李森:《基于供需视角的我国区域人才流动研究》,《科技进步与对策》2015 年第 9 期。

45. 贺立龙、朱方明、陈中伟:《企业环境责任界定与测评:环境资源配置的视角》,《管理世界》2014 年第 3 期。

46. 亢琦、陈芝荣:《人脸识别技术在图书馆的应用实践与发展思考》,《图书与情报》2018 年第 2 期。

47. 郭克良、张子麟、蒙运芳:《基于柯布道格拉斯模型的人才贡献率研究——以河北人才资本对经济增长贡献率分析为例》,《学术论坛》2015 年第 1 期。

48. 郭东:《基于当前网络经济共享发展的探讨》,《现代商业》2017 年第 21 期。

49. 郭爱克：《智能时代脑科学的核心是探索智力的本质及其实现》，《中国科学：生命科学》2016 年第 2 期。

50. 郭洪林、甄峰、王帆：《我国高等教育人才流动及其影响因素研究》，《清华大学教育研究》2016 年第 1 期。

51. 谷来丰：《谁是新硬件时代的推动者》，《解放日报》2015 年 8 月 28 日第 14 版。

52. 谷莉、白学军、王芹：《奖惩对行为抑制及程序阶段中自主生理反应的影响》，《心理学报》2015 年第 1 期。

53. 桂绍明：《数字时代人才发展的量化研究与管理》，《中国人才》2014 年第 21 期。

54. 高娟：《新时代中国政府绩效评价研究》，《中国软科学》2019 年第 12 期。

55. 蒿坡、龙立荣：《员工情感与创造力：一个动态研究模型》，《管理评论》2013 年第 5 期。

56. 黄子洋、余翔、尹聪慧：《颠覆性技术的政策保护空间研究——基于战略生态位管理视角》，《科学学研究》2019 年第 4 期。

57. 黄昌勤、朱宁、黄琼浩：《韩中美支持个性化学习的行为大数据可视化研究》，《开放教育研究》2019 年第 4 期。

58. 罗杭、张毅、孟庆国：《基于多智能体的城市群政策协调建模与仿》，《中国管理科学》2015 年第 1 期。

59. 何植民：《农村最低生活保障政策评价指标体系的构建——基于群组决策分析模型的运用》，《中国行政管理》2013 年第 11 期。

60. 霍良安、邵洋洋、林徐勋：《演化博弈视角下的再制造闭环供应链回收策略研究》，《计算机应用研究》2018 年第 3 期。

61. 胡浩志：《人力资本投资、有效劳动力供给与高质量就业》，《经济问题》2019 年第 4 期。

62. 江务学、胡选子、刘敏霞等：《一种基于多智能体云供应链信息协同模型》，《系统仿真学报》2016 年第 1 期。

63. 金雁南、田林：《信息不对称下供应链成员的决策顺序研究》，《中国管理科学》2019 年第 11 期。

64. 简惠云、许民利：《风险规避下基于 Stackelbery 博弈的供应链回购契约》，《系统工程学报》2017 年第 6 期。

65. 孔国庆：《浅谈营销人才培养的有效途径》，《学习月刊》2012 年第 2 期。

66. 康淑娟、安立仁：《政府干预、知识资源与区域创新绩效——基于价值链视角的双重门限效应》，《科技进步与对策》2020 年第 1 期。

67. 康学芹、廉雅娟：《中美高新技术产业竞争力比较与中国的战略选择》，《河北经贸大学学报》2020 年第 1 期。

68. 康雨佳、潘攀：《基于 TPB 理论的互联网企业知识型员工离职影响因素分析》，《经营与管理》2020 年第 1 期。

69. 刘长江、张小丽：《科技创新驱动高端服务业集聚效应研究》，《科学管理研究》2014 年第 4 期。

70. 刘春年、张曼：《信息整合研究的定性与定量分析：多学科评估与科学生产趋势》，《情报理论与实践》2014 年第 11 期。

71. 刘冬梅：《基于数据融合的人脸识别研究》，福建师范大学硕士学位论文，2013 年。

72. 刘和东、徐亚萍：《联盟网络提升企业创新能力的统计验证》，《统计与决策》2020 年第 1 期。

73. 刘红艳：《网络口碑效应因人而异 ?》，《经营管理》2014 年第 2 期。

74. 刘理晖、胡晓：《全球人才流动特点和自由贸易港（区）的人才政策》，《重庆理工大学学报》（社会科学版）2019 年第 12 期。

75. 刘蓉：《中高端人才的工作嵌入性研究》，暨南大学硕士学位论文，2011 年。

76. 刘蓉、薛声家：《中高端人才工作嵌入对个体与组织影响的实证研究》，《科技管理研究》2013 年第 8 期。

77. 刘婷婷：《工作嵌入视角下核心员工离职影响因素分析》，《人才开发》2019 年第 8 期。

78. 刘维亚、李明、马宏伟：《结构分析模型互相转换统一数据交换平台关键问题研究》，《建筑结构》2019 年第 11 期。

79. 刘伟伟、原建勇：《人工智能难题的大数据思维进路》，《新疆师范大学学报》（哲学社会科学版）2018 年第 2 期。

80. 刘祎、王玮：《工业大数据资源转化为竞争优势的内在机理——基于资源编排理论的案例研究》，《华东经济管理》2019 年第 11 期。

81. 刘伟：《具有国际竞争力高端营销人才培养方式探析》，《消费导刊》2009 年第 1 期。

82. 刘欣，李永瑞：《绩效导向薪酬制度对员工创造性影响评述——基于自我决定理论视角》，《科技管理研究》2015 年第 2 期。

83. 刘祥楼、李天昊、张明：《融合梯度特征的轻量级神经网络的人脸识别》，《激光与光电子学进展》2020 年第 1 期。

84. 刘秀荣、刘勇、张本金、孟庆新、赵建芳：《中文创业人格问卷测评大学生样本的效度和信度》，《中国临床心理学杂志》2020 年第 1 期。

85. 刘燕：《论“三生空间”的逻辑结构、制衡机制和发展原则》，《湖北社会科学》2016 年第 3 期。

86. 刘震元、邓天任：《基于多维设计信息整合的设计目标定位方法》，《包装工程》2020 年第 1 期。

87. 李丹、杨建君：《联结强度与技术创新模式：企业间信任的中介作用》，《科技进步与对策》2018 年第 3 期。

88. 李芳菊：《多用户数据库中访问信息跟踪准确识别仿真》，《计算机仿真》2019 年第 1 期。

89. 李根强：《伦理型领导、组织认同与员工亲组织非伦理行为：特质调节焦点的调节作用》，《科学学与科学技术管理》2016 年第 12 期。

90. 李光全：《中国城市人才资本及其组成要素竞争力变化的空间格局分析》，《科技管理研究》2014 年第 8 期。

91. 李海垒、宫燕明、张文新：《创业人格研究述评》，《心理科学进展》2012 年第 3 期。

92. 李静：《基于数据挖掘技术的电子商务 CRM 研究》，《现代电子技术》2015 年第 38 期。

93. 李丽萍、沈文钦、赵芳祺：《精英大学教师的学缘结构及其十年变化趋势——以化学学科为例》，《教育学术月刊》2019 年第 10 期。

94. 李平、简泽、江飞涛、李晓萍：《中国经济新常态下全要素生产率支撑型模式转变》，《数量经济技术经济研究》2019 年第 12 期。

95. 李青昊：《加强人才库建设的研究与实施》，《上海铁道科技》2015 年第 1 期。

96. 李琪、温武军、王兴杰：《构建森林生态补偿机制的关键问题》，《生态学报》2016 年第 6 期。

97. 李舒婷：《双渠道供应链合作模式下需求信息共享研究》，《科技创新与生产力》2016 年第 2 期。

98. 李莎莎、李先德：《荷兰农业生态包容性治理经验及启示》，《世界农业》2019 年第 12 期。

99. 李文武：《企业创新人才价值分析》，《山东社会科学》2013 年第 3 期。

100. 李学龙、龚海刚：《大数据系统综述》，《中国科学：信息科学》2015 年第 1 期。

101. 李宪印、杨博旭、杨娜：《职业生涯早期员工工作满意度与离职倾向——基于多维度工作满意度分析》，《经济与管理评论》2016 年第 3 期。

102. 李晓东：《创新创业视角下博士后评价体系构建研究》，《技术经济及管理》2020 年第 1 期。

103. 李晓华、严欢：《“中国制造”正在丧失劳动成本优势吗》，《工业经济论坛》2015 年第 1 期。

104. 李新春、马骏、何轩：《制度演进、创业人力资本和社会资本贡献率》，《科研管理》2019 年第 12 期。

105. 李锡元、杨咸华、蔡瑶：《职场排斥与网络怠工：工作嵌入的调节作用》，《技术经济》2019 年第 6 期。

106. 李欣、李娜：《我国高端人才发展状况和创新能力评估研究》，《科学管理研究》2015 年第 12 期。

107. 李颖：《原动力理论视角下经济发展方式转变研究》，《商业经济研究》2016 年第 18 期。

108. 李一硕：《四川长虹：智能化嵌入式风险管控体系显奇效》，《中国会计报》2016 年 1 月 2 日。

109. 李亚琪：《"经济人"假设批判与新型伦理价值规范生成的可能性》，《学习与实践》2019 年第 7 期。

110. 李艳梅：《基于 Hadoop 平台的数据挖掘系统的分析与设计》，《电脑与信息技术》2018 年第 2 期。

111. 李燕萍、郑馨怡、刘宗华：《基于资源保存理论的内部人身份感知对员工建言行为的影响机制研究》，《管理学报》2017 年第 2 期。

112. 李仪：《个人信息共享的治理机制研究——以实现大数据下共享的知识服务功能为视角》，《情报杂志》2019 年第 10 期。

113. 李永周、黄薇、刘旸：《高新技术企业研发人员工作嵌入对创新绩效的影响——以创新能力为中介变量》，《科学学与科学技术管理》2014 年第 3 期。

114. 李昳、张向前：《社交媒体使用与反生产工作行为——基于人—环境匹配的视角》，《首都经济大学学报》2019 年第 9 期。

115. 卢福才、陈云川：《工作嵌入理论述评：结构测量及前因后效》，《江西财经大学学报》2013 年第 1 期。

116. 卢瑜、向平安：《城镇化和生态环境的协同耦合研究——以长株潭城市群为例》,《城市发展研究》2020 年第 1 期。

117. 卢纪华、陈丽莉、赵希男:《组织支持感、组织承诺与知识型员工敬业度的关系研究》,《科学与科学技术管理》2013 年第 1 期。

118. 卢燕:《创客时代高校创新创业教育路径探析》,《中国高校科技》2019 年第 3 期。

119. 柳洲:《"互联网 +"与产业集群互联网化升级研究》,《科学学与科学技术管理》2015 年第 8 期。

120. 柳卸林:《数字时代企业创新管理变革的分析框架》,《科研管理》2018 年第 12 期。

121. 柳益君、何胜、熊太纯、冯新翎、武群辉:《大数据挖掘视角下的图书馆智慧服务——模型、技术和服务》,《现代情报》2017 年第 11 期。

122. 蓝江:《5G、数字在场与万物互联》,《探索与争鸣》2019 年第 9 期。

123. 梁吉业、冯晨娇、宋鹏:《大数据相关分析综述》,《计算机学报》2016 年第 1 期。

124. 廖特明、张银平、罗昭源:《专业技术人才价值计量模型研究——基于立体综合评价方法》,《西南石油大学学报》(社会科学版)2013 年第 1 期。

125. 林弋筌:《环境规制环境规制、技术投入与工业转型升级》,《海南大学学报》(人文社会科学版)2020 年第 1 期。

126. 吕林、海龚放:《求知旨趣:影响一流大学本科生学习经历质量的深层动力——基于中美八所大学 SERU(2017—2018)调研数据的分析》,《江苏高教》2019 年第 9 期。

127. 乐云、李永奎、胡毅、何清华:《"政府—市场"二元作用下我国重大工程组织模式及基本演进规律》,《管理世界》2019 年第 4 期。

128. 廖诺、张紫君、李建清、赵亚莉:《基于 C—C—E 链的人才集聚对经济增长的贡献测度》,《人口与经济》2016 年第 5 期。

129. 罗昆、连燕玲、张璇:《“高官”还是“高薪”:何种更易留人?》,《财经研究》2019 年第 1 期。

130. 罗连化、周先波:《加班、工作量自主权与效用——兼论工时约束的存在性》,《经济学动态》2019 年第 3 期。

131. 罗嘉文、谢耀雯:《前孵化器发展模型及路径构建——基于战略生态位管理理论的视角》,《科技管理研究》2019 年第 12 期。

132. 路霞、吴鹏、王曰芬、张金柱:《中文专利数据地址信息清洗框架及实现》,《信息系统》2016 年第 4 期。

133. 雷凯、黄硕康、方俊杰、黄济乐、谢英英、彭波:《智能生态网络:知识驱动的未来价值互联网基础设施》,《应用科学学报》2020 年第 1 期。

134. 任磊、杜一、马帅、张小龙、戴国忠:《大数据可视分析综述》,《软件学报》2014 年第 9 期。

135. 任晓锋:《新硬件时代的图书馆服务初探》,《图书与情报》2015 年第 6 期。

136. 逯野、黄婉凝、杨春江:《基于多路径框架的离职决策过程与工作嵌入的影响效应研究》,《管理学报》2016 年第 9 期。

137. 穆桂斌、孙健敏:《领导者怎样才能拥有高产的下属:领导者可信性与下属绩效的关系研究》,《中国人力资源开发》2015 年第 3 期。

138. 马灿、周文斌:《全情景支持对技能型员工创新行为的影响机制——创新效能感与工作投入的链式中介作用》,《财经论丛》2020 年第 1 期。

139. 马鹏、李文秀:《高端服务业集聚效应研究——基于产业控制力视角的分析》,《中国软科学》2014 年第 4 期。

140. 马中英:《数字时代大学治理能力提升的双重境遇与路径选择》,《中国成人教育》2016 年第 1 期。

141. 马彦:《“互联网 +”时代我国产业转型升级研究——评〈互联网 +:

传统行业跨界融合与转型升级新模式〉》，《领导科学》2019 年第 5 期。

142. 马珂、田喜洲：《组织中的高质量联结》，《心理科学进展》2016 年第 10 期。

143. 马洪坤、李仲飞：《基于不完全信息竞赛理论的员工激励机制研究》，《系统工程理论与实践》2019 年第 10 期。

144. 梅丽英、黄道禹、龙瀚林：《利用数据共享和分析提升企业运营管理能力》，《电子技术与软件工程》2020 年第 1 期。

145. 麦启安：《发展高端服务业势在必行》，《国际人才交流》2014 年第 2 期。

146. 闵惜琳、杨帆捷、蔡煌、尹刘旺、莫赞：《基于企业社会资本视角的供应链整合决策选择机理仿真》，《系统工程》2019 年第 9 期。

147. 苗红、赵润博、黄鲁成：《老年可穿戴技术融合演化特征研究》，《情报杂志》2019 年第 5 期。

148. 苗仁涛、王冰：《心理契约破坏不利于组织认同》，《首都经济贸易大学学报》2016 年第 4 期。

149. 聂永成、董泽芳：《知识生产模式转型背景下应用型高校课程变革的路径探讨》，《湖北社会科学》2020 年第 1 期。

150. 彭剑锋、马晓苗、甘罗娜：《量子领导力构建：机理与路径》，《中国人力资源开发》2019 年第 12 期。

151. 彭剑锋：《互联网时代的人力资源管理新思维》，《中国人力资源开发》2014 年第 6 期。

152. 彭剑锋：《数字化的人力资源管理如何重塑组织与人》，《经济观察报》2021 年 3 月 19 日版。

153. 彭文平、揭阳扬：《比较优势推动产业结构升级中政府与市场的作用——基于新结构经济学视角的研究》，《上海经济研究》2019 年第 10 期。

154. 彭升、王运华：《以生态循环农业助推绿色发展》，《湖南大学学报》（社会科学版）2019 年第 5 期。

155. 彭皓玥:《邻避危机中的生态信任：从流失到重塑——“邻避冲突”的探索性解析》,《社会科学》2016 年第 2 期。

156. 彭建、董建权、刘焱序:《“系统思维、整体视角、综合治理，助力高质量发展”——“国土空间生态修复”专辑发刊词》,《自然资源学报》2020 年第 1 期。

157. 彭秦晋:《应急决策支持系统需求数据自助挖掘仿真》,《计算机仿真》2019 年第 8 期。

158. 潘如晟、韩东明、潘嘉铖、周舒悦、魏雅婷、梅鸿辉、陈为:《联邦学习可视化：挑战与框架》,《计算机辅助设计与图形学学报》2020 年第 1 期。

159. 庞燕:《跨境电商服务供应链与服务集成商能力的提升》,《中国流通经济》2019 年第 9 期。

160. 鲍旭源:《数字时代视域下的网络经济伦理研究》,《四川行政学院学报》2017 年第 4 期。

161. 逄健、刘佳:《摩尔定律发展述评》,《科技管理研究》2015 年第 8 期。

162. 逄金辉、史文强、吴双胜、刘浪:《信息不对称下多因素波动的应急数量弹性契约》,《运筹与管理》2019 年第 3 期。

163. 曲庆、高昂:《个人—组织价值观契合如何影响员工的态度与绩效——基于竞争价值观模型的实证研究》,《南开管理评论》2013 年第 5 期。

164. 祁双翼、西英俊、马辛:《中国人心理健康研究综述》,《中国健康心理学杂志》2019 年第 5 期。

165. 钱慧敏、杨代君:《基于系统动力学的“智慧 + 共享”背景下物流产业升级路径研究》,《科学与管理》2019 年第 12 期。

166. 宋鹏:《基于大数据挖掘的多维数据去重聚类算法分析》,《现代电子技术》2019 年第 12 期。

167. 宋常青、周庆行:《"工作嵌入"因素的重要度分析及其对人才保留的启示》《贵阳市委党校学报》2015 年第 1 期。

168. 熊琦:《移动互联网时代的著作权问题》,《法治研究》2020 年第 1 期。

169. 邵红伟、靳涛:《收入分配的库兹涅茨倒 U 曲线是必然还是或然——力量对比决定的一般趋势和特殊演变》,《经济管理》2016 年第 6 期。

170. 苏大伟:《人脸识别技术在安全保卫工作中的应用及发展趋势研究》,《无线互联科技》2015 年第 21 期。

171. 苏中锋、孙燕:《不良竞争环境中管理创新和技术创新对企业绩效的影响研究》,《科学学与科学技术管理》2014 年第 6 期。

172. 苏美文:《物理网产业发展的理论分析与对策研究》,吉林大学博士论文 2015 年。

173. 苏晓艳:《组织社会化策略、工作嵌入及新员工离职意向研究》,《软科学》2014 年第 5 期。

174. 苏玉娟:《大数据技术与高新技术企业数据治理创新——以太原高新区为例》,《科技进步与对策》2016 年第 6 期。

175. 苏荟、孙毅:《东中西部地区产业升级水平的区域差距及分布动态》,《科研管理》2019 年第 12 期。

176. 孙大伟、张广艳、郑纬民:《大数据流式计算:关键技术及系统实例》,《软件学报》2014 年第 4 期。

177. 孙连才:《数据化管理去趋势下人力资源外包模式创新》,《中国人力资源开发》2015 年第 7 期。

178. 孙劲光、孟凡宇:《基于深度神经网络的特征加权融合人脸识别方法》,《计算机应用》2016 年第 2 期。

179. 孙丽文、杜娟、王丹涪、米慧欣:《基于哈肯模型的生态产业链演化研究》,《科技管理研究》2018 年第 18 期。

180. 孙丽文、任相伟:《基于生态位理论的我国文化创意产业发展评价研究》，《北京交通大学学报》（社会科学版）2020 年第 1 期。

181. 孙雨生、雷晓芳：《国内可视化搜索引擎研究进展：核心内容》，《现代情报》2020 年第 1 期。

182. 孙静云：《基于主从博弈的收益共享契约协调性研究》，《物流经济》2017 年第 9 期。

183. 孙耀吾、葛平：《政府人才激励政策对高技术中小企业人才知识结构的影响》，《科技进步与对策》2019 年第 8 期。

184. 盛明泉、任侨、鲍群：《企业激励机制错位指数构建及应用研究》，《改革》2020 年第 1 期。

185. 史丹、王俊杰：《基于生态足迹的中国生态压力与生态效率测度与评价》，《中国工业经济》2016 年第 5 期。

186. 隋岩：《群体传播时代：信息生产方式的变革与影响》，《中国社会科学》2018 年第 11 期。

187. 沈荣华：《未来中国人才政策发展趋势》，《中国人才》2013 年第 17 期。

188. 佘启发、叶龙：《工作嵌入、工作满意度对工作绩效的影响研究》，《江西社会科学》2018 年第 1 期。

189. 唐朝永、牛冲槐：《人才聚集系统劣质化机理研究》，《系统科学学报》2015 年第 2 期。

190. 唐德森：《产业变革和互联网渗透下的产业融合》，《科研管理》2015 年第 1 期。

191. 汤英蓉：《高科技企业知识员工工作嵌入和组织公民行为关系研究》，南京邮电大学硕士生论文 2013 年。

192. 田江、陈歆：《零售银行数据价值驱动模型研究与应用》，《电子科学技术》2016 年第 6 期。

193. 王帮俊、杨东涛：《新生代农民工组织认同、工作嵌入及其对工作绩效影响的实证研究》，《软科学》2014 年第 1 期。

194. 王长峰：《大数据背景下企业创新模式变革》，《技术经济与管理研究》2016 年第 3 期。

195. 王长华：《杜绝学历歧视，促进高校毕业生就业机会平等》，《教育与职业》2014 年第 31 期。

196. 王公博、关成华：《知识溢出与集聚的互动关系：一个文献综述》，《中国科技论坛》2019 年第 11 期。

197. 王宏强：《产业链重构：概念、形式及其意义》，《山东社会科学》2016 年第 5 期。

198. 王红、张俊、蔡元启：《海尔 HR 大数据增值服务系统构建》，《中国人力资源开发》2015 年第 10 期。

199. 王海艳、曹丽英、邵喜武：《数字时代下的地方高校教育智库建设研究》，《情报科学》2015 年第 6 期。

200. 王江、魏晓欣：《北京与其他世界城市高端服务业发展的比较研究》，《经济体制改革》2014 年第 3 期。

201. 王靖宇、刘红霞：《央企高管薪酬激励、激励兼容与企业创新——基于薪酬管制的准自然实验》，《改革》2020 年第 1 期。

202. 王建民：《工业大数据技术综述》，《福建电脑》2017 年第 3 期。

203. 王佳元：《现代供应链：演变特征与发展战略》，《宏观经济研究》2019 年第 7 期。

204. 王林、邓沙：《新生代农民工离职倾向机制研究：工作嵌入的视角》，《农村经济》2017 年第 1 期。

205. 王宁：《劳动力迁移率差异性研究：从“推—拉”模型到四因素模型》，《河南社会科学》2017 年第 7 期。

206. 王宁：《地方分层、人才流动与城市人才吸引力》，《同济大学学报》（社会科学版）2014 年第 25 期。

207. 王桃林、龙立荣、张勇、周浩、张军伟：《类亲情交换视角下员工组织关系对情感承诺的影响研究》，《管理学报》2019 年第 5 期。

208. 王庭明、李朋朋、孙宝海、曹连民:《综掘设备人员识别预警系统》,《煤矿安全》2020 年第 1 期。

209. 王通讯:《世界人才高地观察报告》,《中国人才》2013 年第 5 期。

210. 王雪、何海燕、栗苹、张磊:《人工智能人才培养研究:回顾、比较与展望》,《高等工程教育研究》2020 年第 1 期。

211. 王效科等:《生态效益及其评价:Ⅰ、生态效益及其特性》,《生态学报》2019 年第 5 期。

212. 王向红:《大学生学习指导的社会工作嵌入:原因、路径与保障》,《高等教育研究》2015 年第 2 期。

213. 王晓阳:《人工智能能否超越人类智能》,《自然辩证法研究》2015 年第 7 期。

214. 王晓莉:《数字时代的道德监督功能》,《伦理学研究》2019 年第 5 期。

215. 王一雷、朱庆华、夏西强:《基于消费偏好的供应链上下游联合减排协调契约博弈模型》,《系统工程学报》2017 年第 2 期。

216. 王颖舒、王旭、左宇、刘晴、张娟娟、袁舒、于富财:《网络虚拟化仿真软件综述》,《西安交通大学学报》2019 年第 9 期。

217. 王志磊、顾梅花、陈文浩:《基于改进 Adaboost 算法的人脸识别系统设计》,《西安工程大学学报》2020 年第 1 期。

218. 汪志红、谌新民、周建波:《企业视角下人才流动动因研究——来自珠三角 854 家企业数据》,《科技进步与对策》2016 年第 5 期。

219. 王智宁、王念新、吴金南:《知识共享与企业绩效:智力资本的中介作用》,《中国科技论坛》2014 年第 2 期。

220. 王壮:《企业知识型员工信息素养培养模式多维度构建研究》,《情报科学》2009 年第 6 期。

221. 王宗军、蒋振宇:《从知识获取到创新能力:信息素养的调节效应》,《科研管理》2020 年第 1 期。

222. 魏立才、黄祎：《学术流动对回国青年理工科人才科研生产力的影响研究——基于 *Web of Science* 论文分析》，《高等工程教育研究》2020年第1期。

223. 温珂、于贵芳、吕佳龄、苏宏宇：《工作嵌入、制度环境与离职意愿——中科院人才流动的影响因素分析》，《科学学与科学技术管理》2018年第11期。

224. 吴翠花、张雁敏：《高端人才创新行为影响路径系统研究》，《科学管理研究》2014年第1期。

225. 吴杲、杨东涛：《工作嵌入的理论思考：社会网络、匹配理论和资源理论的启发》，《华东经济管理》2014年第9期。

226. 万元：《工作嵌入、组织承诺对知识型高端人才离职倾向的影响研究》，武汉科技大学硕士论文2015年。

227. 卫武、黄昌洋、张琴：《消极情绪对组织公民行为和反生产行为的影响：自我控制视角》，《管理评论》2019年第12期。

228. 吴晓云、杨冠华：《"双驱动"创新战略对企业技术创新绩效影响的实证研究——价值网络资源属性的调节作用》，《研究与发展管理》2019年第12期。

229. 吴向畅、石平、郭文军：《国六轻型车车载诊断系统开发》，《汽车工程学报》2020年第1期。

230. 万逍、乔玉洋：《薪酬公平性与高管离职率关系的实证研究——以江浙沪制造业为例》，《中国劳动》2019年第8期。

231. 薛禹胜、赖业宁：《大能源思维与大数据思维的融合》，《电力系统自动化》2016年第4期。

232. 邢海龙、翟丽丽、张树臣：《大数据服务平台用户价值识别与细分研究》，《情报理论与实践》2019年第6期。

233. 许吉斌、展勇忠、冉玉忠：《远程同步高速数据采集控制系统》，《探测与控制学报》2019年第4期。

234. 许泽浩、张光宇、黄水芳：《颠覆性技术创新潜力评价与选择研究：TRIZ 理论视角》，《工业工程》2019 年第 10 期。

235. 萧鸣政、陈新明：《中国人才评价制度发展 70 年分析》，《行政论坛》2019 年第 7 期。

236. 肖静、陈维政：《阻止精英人才离职的工作嵌入视角分析——以职业经理人为例》，《领导科学》2012 年第 2 期。

237. 肖峰：《人工智能的知识哲学审思》，《求索》2020 年第 1 期。

238. 肖益文、朱文娟、刘雪：《员工工作嵌入、资源保存与工作绩效：研究动态与展望》，《呼伦贝尔学院学报》2019 年第 6 期。

239. 肖克奇：《管控员工抱怨的第三种思维》，《企业管理》2015 年第 2 期。

240. 徐国庆：《智能化时代职业教育人才培养模式的根本转型》，《教育研究》2016 年第 3 期。

241. 徐选华、杨欣、陈晓红：《基于 UGC 大数据挖掘的大群体两阶段风险性应急决策方法》，《运筹与管理》2019 年第 12 期。

242. 徐广姝、张海芳：《“新零售”时代连锁超市发展生鲜宅配的策略——基于供应链逆向整合视角》，《企业经济》2017 年第 8 期。

243. 徐茜、张体勤：《工作嵌入与员工流动倾向：工作价值观为调节变量》，《管理工程学报》2017 年第 3 期。

244. 徐姗姗：《辽宁省国有企业高端人才队伍建设研究》，《沈阳农业大学学报》（社会科学版）2014 年第 9 期。

245. 杨廷钫：《组织嵌入、社区嵌入、组织支持感知与离职关系意愿研究》，《当代财经》2015 年第 6 期。

246. 杨咸华、蔡瑶：《职场排斥与网络怠工：工作嵌入的调节作用李锡元》，《技术经济》2019 年第 6 期。

247. 杨述明：《供求关系理论下人才培养的实现路径》，《社会科学辑刊》2015 年第 1 期。

248. 杨春江、李陶然、逯野：《基于工作嵌入视角的组织伦理气候与员工离职行为关系研究》，《管理学报》2014 年第 11 期。

249. 杨春江、蔡迎春、侯红旭：《心理授权与工作嵌入视角下的变革型领导对下属组织公民行为的影响研究》，《管理学报》2015 年第 2 期。

250. 杨春江、逯野、杨勇：《组织公平与员工主动离职行为：工作嵌入与公平敏感性的作用》，《管理工程学报》2014 年第 1 期。

251. 杨春江：《从留职视角预测离职——工作嵌入研究述评》，《南开管理评论》2014 年第 2 期。

252. 杨春江、刘丹、毛承成：《中国情境下的工作嵌入：构念内涵、维度和量表开发》，《管理工程学报》2018 年第 9 期。

253. 杨莉、陈昌凤、宣芳敏：《核心人才工作嵌入影响因素分析》，《商场现代化》2014 年第 30 期。

254. 杨剑、程勇：《组织忠诚感：概念、研究现状与前瞻》，《现代管理科学》2014 年第 11 期。

255. 杨婧、杨河清：《人力资源管理与组织绩效关系的实践——国外四大理论的阐释》，《首都经济贸易大学学报》2020 年第 1 期。

256. 杨灿明：《关于政府与市场关系的再思考》，《中南财经政法大学学报》2019 年第 11 期。

257. 颜延、邹浩、周林、袁婵、王磊：《可穿戴技术的发展》，《中国生物医学工程学报》2015 年第 6 期。

258. 颜爱民、郭好、谢菊兰：《新时代下中国情境人力资源管理的创新与发展——第 7 届中国人力资源管理论坛暨国际研讨会述评》，《管理学报》2019 年第 5 期。

259. 于伟、张鹏：《自我牺牲型管理风格对研发员工创造力的影响——基于多层线性模型的实证分析》，《研究与发展管理》2016 年第 4 期。

260. 余昭胜、廖艳芬、夏雨晴、顾文露、卢晓鸾、马晓茜：《基于层次和多指标综合评价分析法的能源与动力工程专业校外教学实习基地评价指标体系的研究》,《高等工程教育研究》2019 年第 12 期。

261. 余伟、李石军、杨莎:《Web 大数据环境下的不一致跨源数据发现》,《计算机研究与发展》2015 年第 12 期。

262. 袁曦临:《超文本结构与超文本阅读》,《图书馆杂志》2015 年第 5 期。

263. 袁庆宏、陈文春:《工作嵌入的概念、测量及相关变量》,《心理科学进展》2014 年第 6 期。

264. 袁晔:《“互联网 +”的广电云媒体技术平台探讨》,《传媒论坛》2019 年第 5 期。

265. 严光菊、赵成文、王虹:《泸州重点产业高层次人才现状分析》,《合作经济与科技》2011 年第 5 期。

266. 于立影、赵希男:《基于行为能力培训的组织人才战略管理研究》,《上海管理科学》2015 年第 32 期。

267. 闫佳琪:《共享经济背景下我国企业人才管理新模式研究》,《当代经济管理》2018 年第 2 期。

268. 易朝辉、陈朝晖:《创新绩效评价指标体系演变的国际比较及其启示》,《科技管理研究》2014 年第 6 期。

269. 鄢跃勇、陈涵、于晓东:《基于人因工程的数字化人机界面信息可视化设计》,《人类工效学》2018 年第 2 期。

270. 姚凯、桂弘诣:《大数据人力资源管理:变革与挑战》,《复旦学报》(社会科学版)2018 年第 5 期。

271. 姚建建、门金来:《中国区域经济—科技创新—科技人才耦合协调发展及时空演化研究》,《干旱区资源与环境》2020 年第 2 期。

272. 殷凤春:《消费新思维对高端人才择业创业的影响》,《社会科学家》2016 年第 3 期。

273. 殷凤春:《高端青年人才工作嵌入价值识别研究》,《科技进步与对策》2015 年第 24 期。

274. 殷凤春:《中外引才思路差异有多大》,《光明日报》2015 年 4 月 18 日。

275. 殷凤春:《网络媒介对人才价值实现的影响及对策研究》,《社会科学家》2016 年第 8 期。

276. 殷凤春:《高端人才区域集聚经济分析》,《管理学文摘》2016 年第 3 期。

277. 殷凤春:《新常态下高端引智对经济发展的影响研究》,《科学技术哲学》2017 年第 8 期。

278. 张安淇、李元旭:《互联网知识共享平台信息过载效应与弱化机制——基于知乎的案例研究》,《情报科学》2020 年第 1 期。

279. 张伯超:《制造业企业生产要素收入分配公平性与研发投入强度》,《上海经济研究》2019 年第 12 期。

280. 张丹丹、王凤婷:《$PM_{2.5}$ 与高端人才流动关系研究》,《科技经济市场》2015 年第 4 期。

281. 张波:《国内高端人才研究:理论视角与最新进展》,《科学学研究》2018 年第 8 期。

282. 张凤坡:《思想力是领导干部的“标配”》,《政工学刊》2019 年第 2 期。

283. 张寒冰、叶茂林、陈晓:《牺牲小我,成就大我:自我牺牲型领导研究述评》,《中国人力资源开发》2017 年第 2 期。

284. 张敬、李凤华、魏旭光:《供应链治理模式选择的理论溯源与研究展望》,《管理现代化》2019 年第 11 期。

285. 张健:《知识员工组织嵌入、组织忠诚与组织公民行为的作用机理》,《技术经济及管理》2014 年第 4 期。

286. 张佳盈、单丽丽:《构建城市生态网络的必要性与可行性分析》,《自然与生态》2014 年第 2 期。

287. 张凯兵、郑冬冬、景军锋:《低分辨人脸识别综述》,《计算机工程与运用》2019 年第 9 期。

288. 张蕾、章毅:《大数据分析的无限深度神经网络方法》,《计算机研究与发展》2016 年第 1 期。

289. 张亮:《人工智能时代新闻生产的流程再造》,《出版广角》2019 年第 3 期。

290. 张梦霞、郭希璇、李雨花:《海外高端消费回流对中国数字化和智能化产业升级的作用机制研究》,《世界经济研究》2020 年第 1 期。

291. 张明:《工作嵌入在在真乖情境下的适用性讨论》,《企业活力》2011 年第 6 期。

292. 张明:《工作嵌入的理论进展及在离职管理中的应对策略》,《生产力研究》2012 年第 2 期。

293. 张楠、彭珍瑞、殷红、董海棠、董小圆:《基于熵值法的目标模态最优数目确定新方法》,《铁道科学与工程学报》2018 年第 2 期。

294. 张琼妮:《联盟企业知识贡献度评价研究——基于层次分析法和模糊评价法的分析》,《河北经贸大学学报》2015 年第 4 期。

295. 张淑华、刘兆延:《组织认同与离职意向关系的元分析》,《心理学报》2016 年第 12 期。

296. 张三保、张志学:《管理自主权:融会中国与西方、连接宏观与微观》,《管理世界》2014 年第 3 期。

297. 张陶、王锋:《数字时代智慧社会治理中的人机合作》,《学海》2019 年第 5 期。

298. 张翔、孙其珩:《基于进化博弈的建设供应链协调机制研究》,《价值链供应链》2017 年第 8 期。

299. 张婷:《人机交互界面设计在产品可用性中的应用研究》,《工业设计》2014 年第 20 期。

300. 张莹:《海量数据信息管理系统设计与实现》,《现代电子技术》2019 年第 4 期。

301. 张兴旺：《以信息推荐为例探讨图书馆人工智能体系的基本运作模式》，《情报理论与实践》2017 年第 12 期。

302. 张亚军、尚古琦、张军伟、周芳芳：《资质过剩感与员工工作绩效：心理权利的视角》，《管理评论》2019 年第 12 期。

303. 张燕南、赵中建：《数字时代思维方式对教育的启示》，《教育发展研究》2013 年第 21 期。

304. 张政：《由“定势思维”转向“生态思维”——高校思想政治教育工作思维变革与创新》，《党政论坛》2015 年第 2 期。

305. 郑志强：《基于成就导向的企业营销高层人才激励研究》，《洛阳理工学院学报》（社会科学版）2012 年第 4 期。

306. 张志宏、常青、张彬、兰创宏、李永洲：《利用数学模型对生产计划实施动态预测管控》，《化工管理》2019 年第 5 期。

307. 赵波、李瑞芝：《快递企业员工离职的推拉模型及验证——基于开展模型与工作嵌入理论》，《江苏商论》2016 年第 2 期。

308. 赵长伟、王留军、应向伟：《粤苏浙鲁皖五省创新创业生态系统比较研究》，《工业技术经济》2020 年第 2 期。

309. 赵丹、高策：《在真相与后真相之间——量子引力理论蕴含的时空观》，《自然辩证法》2020 年第 1 期。

310. 赵敏、吴鸣然、王艳红：《我国研发投入、科技创新及经济效益初探——基于复合系统发展水平及协调度的研究》，《中国科学基金》2017 年第 2 期。

311. 赵鹏、刘晓冰：《知识型团队领导——成员交换关系差异对工作嵌入的影响：成员公平感的中介效应》，《科技与管理》2015 年第 9 期。

312. 赵武、李馥萌、高樱、秦鸿鑫：《个体——组织匹配、内隐协调对跨功能团队创造力的影响：内部人身份感知的调节效应》，《科学学与科学技术理》2016 年第 12 期。

313. 赵永：《空间数据统计分析的思想起源与应用演化》，《地理研究》

2018 年第 10 期。

314. 周飞、邱琳、王娜:《战略柔性、智力资本与双向开放式创新》,《科研管理》2019 年第 1 期。

315. 周荣辅、刘博、赵欣勃:《基于工作嵌入模型的中国情景下企业保留员工的主要因素研究》,《科技与管理》2014 年第 3 期。

316. 周宇、方至诚、米恩广:《包容型领导、心理资本和员工敬业度的关系研究——工作嵌入的调节作用》,《技术经济及管理》2018 年第 11 期。

317. 周如意、龙立荣、贺伟:《自我牺牲型领导与员工反生产行为领:导认同与心理权利的作用》,《预测》2016 年第 3 期。

318. 郑其敏:《通过非参数可加模型回归估计的享乐价格函数》,《统计与决策》2006 年第 10 期。

319. 郑馨怡、刘宗华:《新生代员工工作嵌入会促进建言吗?——工作—家庭冲突和主管支持的作用》,《当代经济管理》2020 年第 1 期。

320. 郑军:《数字时代企业人力资源管理的创新认识》,《劳动保障世界》2020 年第 1 期。

321. 解腾刚、马毓杰:《基于 Hadoop 的数据云盘的设计与实现》,《现代计算机》2019 年第 5 期。

322. 钟佩彤:《人岗匹配理论与实践探讨》,《劳动保障世界》2019 年第 11 期。

323. 章帆、秦宇旋:《国际人脸识别技术景观分析》,《科技管理研究》2018 年第 5 期。

324. 战炤磊、韩莉:《全面深化改革背景下高新区转型发展路径选择》,《科技进步与对策》2015 年第 7 期。

325. 朱金莉:《数字时代对传统新闻媒体的颠覆与嬗变》,《学术论坛》2015 年第 1 期。

326. 朱华友、陶姝沅:《产业集群“虚拟—实体”价值链的协同发展研究——浙江诸暨珍珠产业集群的实证》,《科技管理研究》2015 年第 19 期。

327. 朱耀华:《论纸质媒体与电子媒体的共存互补》,《编辑学刊》2014 年第 4 期。

328. 朱家村:《基于工作嵌入理论的营销人员离职行为探讨》,《全国流通经济》2019 年第 11 期。

三、英文论著

1. Anca Serban, Marcela Andanut, "Talent Competitiveness and Competitiveness through Talent", Procedia Economics and Finance, Vol.16, 2014.

2. Anca Butnariu,"Silvia Avasilcai. Research on the Possibility to Apply Ecological Footprint as Environmental Performance Indicator for the Textile Industry", Procedia - Social and Behavioral Sciences, 2014.

3. Bourgain J, Shao P, Sogge C D, et al, " On L p -Resolvent Estimates and the Density of Eigenvalues for Compact Riemannian Manifolds", Communications in Mathematical Physics, 2015.

4. Chareeya Ittisak, Sirion Chaipoopirutana, Howard Combs, "A Study of The Relationship of Trust and Customer Satisfaction on Repurchase Intention of Shopping Online via Facebook in Thailand", Conference Proceedings of International Conference on Advances in Business Management (ICABM), Bangkok, Vol.1, 2015.

5. Chuck Russell, "Nathan Bennett. Big data and talent management: Using hard data to make the soft stuff easy", Business Horizons, Vol.58, 2015.

6. Collins, Brian J., Mossholder, Kevin W, "Fairness Means More to Some Than Others: Interactional Fairness, JobEmbeddedness, and Discretionary Work Behaviors", Journal of Management. 2017.

7. Cooke F L, "Human resource development and innovation in China:State HRD policies, organizational practices, and research opportunities", Journal of Chinese Human Resource Management, Vol.2, 2015.

8. Debjani Ghosh , L. Gurunathan, "Do commitment based human resource practices influence job embeddedness and intention to quit ?" , IIMB Management Review, Vol.27, 2015, 27.

9. Ebru Beyza Bayarcelik, Mine afacn findikil, "The Mediating Effect of Job Satisfaction On The Relation Between Organizational Justice Perception And Intention To Leave" , Procedia - Social and Behavioral Sciences, Vol.235, 2016.

10. Edyta Rudawska, "Sustainable marketing strategy in food and drink industry: a comparative analysis of B2B and B2C SMEs operating in Europe" , The Journal of Business & Industrial Marketing, Vol.5, 2019.

11. Elizabeth Kennedy, " Data security and multi-factor authentication: Analysis of requirements under EU law and in selected EU Member States" , The International Journal of Technology Law and Practice. Vol.1, 2016.

12. Fengchun,Yin Jun Yin,"Research on an Economic Localization Approach" , Computer and Information Science, Vol.12, 2019.

13. Ferreira, Aristides I.; Martinez, Luis F.; Lamelas, José Pereira; Rodrigues, Rosa I., "Mediation of job embeddedness and satisfaction in the relationship between task characteristics and turnover" , International Journal of Contemporary Hospitality Management, Vol.29, 2017.

14. Gatling A, Kang H J A, Kim J S, "The effects of authentic leadership and organizational commitment on turnover intention" , Leadership & Organization Development Journal, Vol.2, 2016.

15. Ibrahim Abaker Targio Hashema, Victor Chang , Nor Badrul Anuar, Kayode Adewolea, Ibrar Yaqooba, "The role of big data in smart city" ,

International Journal of Information Management, Vol.36, 2016.

16. Jiang, K., i. Me Kay. P. F.,“When and How is Job-Embeddedness Prdietive of Turnover A Metoanaly tie Investiation”, Journal of Applied Psyehology, Vol.5, 2012.

17. Junhua Wang, “Ecological performance analysis of an endoreversible modified Brayton cycle”, International Journal of Sustainable Energy, Vol.3, 2014.

18. Jun Yin, Fengchun Yin,“Indoor Localization Based on Bluetooth”, Artificial Intelligence Research, Vol.7, 2018.

19. Jeong Sil Choi RN, MPH, PhD, ICAPN, Kyung Mi Kim RN, PhD, ICAPN, “Job embeddedness factors as a predictor of turnover intention among infection control nurses in Korea”, American Journal of Infection Control, Vol.43, 2015.

20. Kaifeng Jiang, Dong Liu, Patrick F. Mc Kay, Thomas W. Lee, Terence R. Mitchell, “Research Report When and How Is Job Embeddedness Predictive of Turnover A Meta-Analytic Investigation”, Journal of Applied Psychology, Vol.5, 2014.

21. Kiazad K, Holtom B C, Hom P W et al, “Job Embeddedness: A Multifoci Theoretical Extension”, Journal of Applied Psychology, Vol.3, 2015.

22. Klein H J, Molloy J C, Brinsfield C T, “Reconceptualizing Workplace Commitment to Redress a Stretched Construct:Revisiting Assumptions and Removing Confounds”, Academy of Management Review, Vol.1, 2012.

23. Laurie A. Schintler, Rajendra Kulkarni, “Big Data for Policy Analysis: The Good, The Bad, and The Ugly”, Review of Policy Research, Vol.4, 2014.

24. Lee T W, Mitchell T R, Sablynski C J, et al, “The effects of jobembeddedness on organizational citizenship, job performance, volitional absences, and voluntary turnover”, Academy of Management Journal, Vol.5, 2014.

25. Lee T W, Sablynski C J, Burton J P et al, “The effects of job embeddedness on organizational citizenship job performance, volitional absences, and voluntary turnover”, Academy of Management Journal, Vol.5, 2004.

26. Lee X, Yang B, Li W, “The influence factors of job satisfaction and its relationship with turnover intenton taking early-career employees as an example”, Anales De Psicología, Vol.3, 2017.

27. Ma L Yue F, “Industrial Clusters’ Talents Agglomeration Effects on High-TechEnterprises’ Innovations”. E-Product E-Service and E-Entertainment, Vol.1, 2010.

28. Mary Bambacas, T.Carol Kulik, “Job embeddedness in China: how HR practices impact turnover intentions”, The International Journal of Human Resource Management, Vol.24, 2013.

29. Mezzina M P, Wetzler D E, Almeida A, et al., “A phasin with extra talents: a polyhydroxyalkanoate granule-associated protein has chaperone activity”, Environmental Microbiology, 2015.

30. Miller M S, “HR and big data:Not yet, first things first”, Workforce Soiutions Review, Vol.4, 2013.

31. Orin Edword Reitz, phD, “The Job Embeddedness instrument:An evaluation of validity and reliability”, Geriatric Nursing, Vol.35, 2014.

32. Pelin Kanten, Selahattin Kanten, Mert Gurlek, “The Effects of Organizational Structures and Learning Organization on Job Embeddedness and Individual Adaptive Performance”, Procedia Economics and Finance, Vol.23, 2015.

33. Philip Beske,Anna Land,et al, “Sustainable Supply Chain Management Practices and Dynamic Capabilities in the Food Industry:A Critical Analysis of the Literature”, International Journal of Production Economics, Vol.152, 2014.

34. Peter Marsh, Saide panel."The new industrial revolution" , Zhong Xin Press, 2013.

35. Richard Herschel, Virginia M.Miori, "Ethics & Big Data" , Technology in Society. Vol.49, 2017.

36. Ronald S. Burt,Yanjie Bian, Sonja Opper, "More or less guanxi:Trust is 60% network context 10% Individual difference" , Social Network, Vol.12, 2017.

37. Sarah R. Horn, " Understanding resilience: New approaches for preventing and treating PTSD" , Experimental Neurology, Vol.2, 2016.

38. Van Den Broeck A,Vansteenkiste M, Dewitte H,et al,"Capturing Autonomy, Competence, and Relatedness at Work:Construction and Initial Validation of the Work-related Basic Need Stisfaction Scale" , Journal of Occuptional and Organizational Psychology, Vol.4, 2010.

39. Watson, Jennifer Moradian,"Job Embeddedness May Hold the Key to the Retention of Novice Talent in Schools" , Educational Leadership and Administration: Teaching and Program Development. Vol.29, 2018.

40. Willow Hallgren, Linda Beaumont, Andrew Bowness, Lynda Chambers, Erin Graham , Hamish Holewa:Shawn Laffan , "The Biodiversity and Climate Change Virtual Laboratory: Where ecology meets big data", Environmental Modelling & Software. Vol.76, 2016.

41. Yilmaz Akgunduz, Sabahat Ceylin Sanli, "The effect of employee advocacy and perceived organizational support on job embeddedness and turnover intention in hotels" , Journal of Hospitality and Tourism Management, Vol.31, 2017.

42. Yin Fengchun, Yuan wenli,"The research of Ecological china structure of high-intelligence" , Managenent Organizational Studies, Sciedu Press, Vol.12, 2017.

后 记

在数字时代，高端人才价值识别及工作嵌入反哺跟踪模型研究，是信息化时代许多人才理论工作者和管理工作者高度关注的课题。近年来，国内外许多知名专家、学者在各自领域对大数据、工作嵌入、价值识别方面的研究默默耕耘，提出了很多富有建树的思想和观点。因此，当我们这个学术团队申请到国家社会科学基金资助项目——“大数据时代高智价值识别及工作嵌入反哺跟踪模型研究”（项目号为：15BGL101）课题时，既感振奋和激动，又感压力和挑战。回想研究团队在一起时的商讨时光，观点的争辩和碰撞、调研时的幽默和欢笑、伏案撰写的眼涩和腰酸，此时手捧带有墨香的书稿，激动之情无以言表。作为一名在职攻读博士后的学习者，边工作边学习边研究，将学习、科研和工作有机结合在一起，个中酸甜苦辣难以用语言表达。如果没有博士后导师王济干教授的鼓励，没有研究团队的支持，没有家庭的温暖和单位的后援，要完成任务是不敢想的。

本人作为项目负责人，不仅负责整体规划、提纲拟定、框架设计、理论构架、观点修正、学术把关和统稿审稿等全面和核心的研究工作，而且经常带领团队成员深入开展调查研究。当然，在这里要感谢我的课题组的全体成员的鼎力支持；同时，对书中引用和引述的相关专家学者的观点在此也深表谢意！由于总感到书稿对有些问题的研究不够深入，论述不够充分，恳请各位专家学者能提出宝贵意见。

特别感谢我的课题组成员李秀文、王姝、唐仕喜、姜琳、黄利秀、殷珺和我的学生许双双、袁文莉、毕珊珊、曹凡、何立志、孔莉莉、孙萍、孙雅露、王亚敏、薄文雅、刘思嘉、苏彬、孙玉卿、张婷婷、顾志豪、邵晶晶、张琴芳、吴丽、崔榕、丁露、冯倩倩、梁明慧、徐渡安、虞晶香、邱徐博、施洪明、王芳、吴玉婷、蒋励、肖维、杨晓越、章丹、赵赛楠、刘婕、毛东毅、王品然、吴月健、杨明娟、朱莉、徐程程、王海芹、王纬国、杨丹、杨明娟等同志提供的详细资料和进行的整理、分析研究。

感谢我所在单位盐城师范学院各位领导和同人给予的支持和帮助。

最后要感谢我的夫人潘竹燕在我调查研究期间给予的充分理解和支持。

殷凤春

2022.10.2

责任编辑：方国根

图书在版编目（CIP）数据

高端人才价值识别及工作嵌入研究 / 殷凤春 著 . — 北京：人民出版社，2024.8

ISBN 978 – 7 – 01 – 026006 – 8

I. ①高…　II. ①殷…　III. ①人才培养 – 研究 – 中国　IV. ① C964.2

中国国家版本馆 CIP 数据核字（2024）第 057306 号

高端人才价值识别及工作嵌入研究

GAODUAN RENCAI JIAZHI SHIBIE JI GONGZUO QIANRU YANJIU

殷凤春　著

人民出版社 出版发行

（100706　北京市东城区隆福寺街 99 号）

中煤（北京）印务有限公司印刷　新华书店经销

2024 年 8 月第 1 版　2024 年 8 月北京第 1 次印刷

开本：710 毫米 ×1000 毫米 1/16　印张：25.25

字数：350 千字

ISBN 978 – 7 – 01 – 026006 – 8　定价：98.00 元

邮购地址 100706　北京市东城区隆福寺街 99 号

人民东方图书销售中心　电话（010）65250042　65289539